Schreiben in Ost und West

Kinder- und Jugendkultur, -literatur und -medien
Theorie – Geschichte – Didaktik

Herausgegeben von Hans-Heino Ewers,
Ute Dettmar und Gabriele von Glasenapp

Band 81

Maria Becker

Schreiben in Ost und West

Ostdeutsche Autoren von Kinder- und
Jugendliteratur vor und nach der Wende

Bibliografische Information der Deutschen Nationalbibliothek
Die Deutsche Nationalbibliothek verzeichnet diese Publikation in
der Deutschen Nationalbibliografie; detaillierte bibliografische
Daten sind im Internet über http://dnb.d-nb.de abrufbar.

Zugl.: Dortmund, Techn. Univ., Diss., 2012

Umschlaggestaltung:
© Olaf Glöckler, Atelier Platen, Friedberg

Umschlagabbildung:
Wolfgang Sünderhauf/Umbruch Bildarchiv.

Gedruckt auf alterungsbeständigem,
säurefreiem Papier.

D 290
ISSN 1435-4721
ISBN 978-3-631-62958-1
© Peter Lang GmbH
Internationaler Verlag der Wissenschaften
Frankfurt am Main 2013
Alle Rechte vorbehalten.
Peter Lang Edition ist ein Imprint der Peter Lang GmbH.

Peter Lang – Frankfurt am Main · Bern · Bruxelles · New York ·
Oxford · Warszawa · Wien

www.peterlang.de

Danksagung

Ich möchte mich ganz herzlich bei Prof. Dr. Peter Conrady und Prof. Dr. Ute Gerhard für ihre Betreuung bedanken, für ihre Anregungen, Offenheit und konstruktive Kritik.

Mein weiterer Dank gilt im Besonderen Frau Fickert sowie meiner Familie, meinen Freunden und Kollegen, die mich während der Promotion begleitet und in verschiedenster Hinsicht unterstützt haben, vor allem:

Markus Stewen
Sebastian Meinecke
Stefanie Rose
Sigrun Nötzold
Carina Becker
Corina Löwe
Kristine Tschierschky

Der Rosa-Luxemburg-Stiftung danke ich für den Erhalt des Promotionsstipendiums.

Inhaltsverzeichnis

Tabellenverzeichnis

1. Einleitung

„Jetzt wächst zusammen, was zusammengehört" (vgl. Rother 2001, 25).
Die berühmte Sentenz Willy Brandts ist eine klare Widerspiegelung zeitbedingter Emotionen, Bekenntnisse und Hoffnungen während der gesellschaftlichen Umbruchsprozesse 1989/1990. Doch mit dem Verlauf des Zusammenwachsens verbanden sich ebenso faktische, noch immer spürbare Disparitäten sowie ein bis heute anhaltender Diskurs über verpasste Möglichkeiten und erfahrene Grenzen (vgl. Ahbe 2010). Auch die nachwendezeitliche[1] Umgestaltung der ostdeutschen Kinder- und Jugendliteraturszene unterband ein äquivalentes Zusammenwachsen frühzeitig. Konziliante Bemühungen einzelner Personen und Organisationen um einen regen Austausch zwischen Ost und West erweckten zunächst den Eindruck einer sich paritätisch entwickelnden Vereinigung beider Systeme (vgl. Peltsch 1995b). Kinder- und Jugendbuchautoren[2] der DDR nahmen Einladungen westdeutscher Arbeitsgemeinschaften, Verbände und Vereine entgegen, renommierte Titel hielten Einzug in westdeutsche Verlage. Doch der Signalisierung ernst zu nehmenden Interesses zum Trotz vollzog sich ein Austausch auch über prospektive Entwicklungsmöglichkeiten eher selten. Schon bald zeigten sich die Ausmaße nachwendezeitlicher Handlungsprozesse unmissverständlich, als sich ostdeutsche Buchhandlungen nahezu ausschließlich an westdeutschen Publikationen orientierten und sich Schulen der DDR ihrer ehemaligen Lektüren entledigten. Fast die Hälfte aller Bibliotheken wurde (hauptsächlich von Betrieben, aber auch von Gemeinden und Städten) aufgegeben, alte Buchbestände gezielt entsorgt (Lux 1998). Vor allem aber komplettierten größere kulturpolitische Handlungen die Verdrängung ostdeutscher KJL: Im Rahmen administrativer Maßnahmen erfolgte die Auflösung des Ministeriums für Kultur, verschiedene Organisationen verloren ihre Existenzberechtigung, darunter der Schriftstellerverband der DDR sowie

---

1   Der Begriff Wendezeit ist historisch definiert und meint die Zeit des Übergangs zwischen dem 9. November 1989 und dem 3. Oktober 1990. Die Bezeichnung Nachwendezeit verweist entsprechend auf die Zeit nach der Vereinigung der beiden deutschen Staaten (vgl. Kormann 1999).

2   Zur besseren Lesbarkeit wird nachfolgend ausschließlich die männliche Form benutzt, die selbstverständlich die weibliche Form mit einschließt.

das DDR-Zentrum für Kinder- und Jugendliteratur[3]. Systematisch wurden die
ehemaligen volkseigenen Betriebe (VEB) von der Treuhandgesellschaft in die
Privatwirtschaft überführt und von westdeutschen Verlagen oder interessierten
Personen aufgekauft und geschlossen. Dem Westen fremd, dem Osten über-
drüssig: Millionen Buchexemplare schichteten sich auf Müllhalden (vgl. Weskott 1995, Lokatis 2009). Der gesamte Entwicklungsverlauf kulminierte in der
völligen Anpassung des ehemals realsozialistischen KJL-Systems an das westdeutsche Pendant. Im Jahr 2006 wurden Kinder- und Jugendbücher erstmals als
Träger deutscher – „ostalgischer" – Erinnerungskultur lanciert, als der Verlag
Faber und Faber zwölf ehemalige Kinderbuchklassiker der DDR herausgab.
Dass hieraus eher eine ostdeutsche Reminiszenz als ein tatsächliches Interesse
bundesdeutscher Käufer hervorging, ist nahe liegend. Zweifellos wirkte sich der
kulturpolitische Umbruch auch auf die Erwerbsverläufe einschlägiger Autoren
aus, denn nur wenige Literaten können derzeit auf eine konstante, nachhaltige
Integration in den Kinder- und Jugendbuchmarkt verweisen (vgl. auch Peltsch
2001, Doderer 1999). Zweifelsohne stehen auch die Aktanten des erwachsenen-
literarischen Bereichs grundlegenden Erneuerungen in Produktion und Distri-
bution gegenüber, doch erweisen sich die daraus resultierenden Konsequenzen
als weniger konfliktär. Barbara Beßlich fasst die wende- und nachwendezeitliche Berufssituation bekannter und weniger bekannter Schriftsteller der DDR-
Literaturszene wie folgt zusammen:

> Schlagartig sahen sich die Schriftsteller mit der ungewohnten Anforderung konfrontiert,
> marktgerecht zu schreiben. Für die weniger bekannten Autoren der zweiten Garde, die in
> der DDR von staatlicher Förderung gelebt hatten und nun ihre bisherige materielle Basis
> vernichtet sahen, wurde diese Umstellung zum Existenzkampf. Aber auch für die bereits eta-
> blierten Autoren bedeutete die Wiedervereinigung eine Erschütterung ihres künstlerischen
> Selbstverständnisses und eine Gefährdung ihres bisherigen sozialen Status. Nicht wenige
> Autoren sahen sich einer rückwirkenden Umwertung ihrer Schriften und ihrer ganzen Person
> ausgesetzt. (Beßlich et al. 2006, 14)

Der zentrale Unterschied zwischen dem allgemeinen Literatursystem und dessen
Subsystem Kinder- und Jugendliteratur nach 1989 spiegelt sich augenscheinlich
in dem Status ihrer Literaten wider. So sind es nicht nur Kinder- und Jugendbuchautoren der »zweiten Garde«, denen der Zugang zu westdeutschen Verlagen
immer stärker versperrt bleibt, sondern auch solche Literaten, die dem renommierten Autorenkreis des sozialistischen Staats angehörten.

---

3   Der Begriff Kinder- und Jugendliteratur wird nachfolgend durch die Bezeichnung KJL
     ersetzt.

Fragestellung und Darstellungsverlauf

Die vorliegende Untersuchung erfolgt im Rahmen narrativer Interviews mit sechs ausgewählten Kinder- und Jugendbuchautoren der DDR, deren biographischen Erfahrungen in Anlehnung an die folgenden Fragestellungen analysiert werden:

Welche Faktoren beeinflussen die Stabilität der Systemintegration vor und nach 1989/1990?

Welche Systemkonstanten erfahren renommierte DDR-Kinder- und Jugendbuchautoren vor und nach 1989/1990 als förderlich, welche als restriktiv?

Welche literarischen und außerliterarischen Strategien benutzen renommierte DDR- Kinder- und Jugendbuchautoren vor und nach 1989/1990 als Reaktion auf Systemgrenzen und welche Konsequenzen sind zu konstatieren?

Im Mittelpunkt steht die Frage, welche Faktoren Kinder- und Jugendbuchautoren der DDR als Grenze wahrnahmen, wie sie aktiv darauf reagierten und welche Konsequenzen folgten. Dieses Vorgehen schafft eine authentische Sicht auf die Strukturen des Literaturbetriebs der DDR und demzufolge einen erweiterten Blick auf die literarischen Texte selbst. Analog gewährt die Fokussierung der nachwendezeitlichen und gegenwärtigen Situation der Literaten einen Einblick in die Auswirkungen kulturpolitischer Maßnahmen um 1989/1990 sowie in die allgemeinen Distributionsbedingungen der freien Marktwirtschaft.

Die vorliegende Untersuchung basiert auf einer Einzelfallanalyse der signifikanten Erfahrungen und Sichtweisen ausgewählter Kinder- und Jugendbuchautoren, einem Vergleich der Fälle sowie einer theoretischen Zusammenfassung der konstatierten Untersuchungsergebnisse. Um ein umfassendes Verständnis für die Besonderheit der DDR-KJL und infolgedessen auch für die entsprechenden literarischen Handlungen bieten zu können, wird im Anschluss an die Darlegung des gegenwärtigen Forschungsstands in Kapitel 2 eine Zusammenfassung der konstitutiven Merkmale der DDR-KJL aufgezeigt. Nach einer in Kapitel 3 erfolgenden systemtheoretischen Einbettung des Themas, folgt in Kapitel 4 die Darlegung der Theorie der Kulturindustrie des neomarxistischen Theoretikers Theodor W. Adorno, die als theoretische Fundierung der industriellen Ausrichtung des bundesdeutschen Handlungssystems KJL dient. Um das gesamte methodische Vorgehen transparent machen zu können, erfolgt in Kapitel 5 eine Erläuterung und Begründung des Forschungsdesigns. In Kapitel 6 werden die sechs durchgeführten Fallanalysen vollständig aufgeführt, im daran anschließenden Kapitel 7 komparativ beleuchtet und diskutiert. In der Folge zeigt Kapitel 8 eine theoretische Zusammenfassung der wichtigsten Untersuchungsergebnisse, der sich in Kapitel 9 ein Resümee sowie ein fachwissenschaftlicher Ausblick anschließt.

1.1 Forschungsstand

Kinder- und Jugendbuchautoren als Zeitzeugen des
Literatursystems DDR

Seit der deutschen Wiedervereinigung existieren zahlreiche theoretische
Abhandlungen und Untersuchungen, in denen die KJL der DDR speziell in ihren
literarischen Strukturen analysiert wird. Im Jahr 2006 erschien das Standard-
werk *Handbuch zur Kinder- und Jugendliteratur. SBZ/DDR. Von 1945–1990*
(Steinlein/Strobel/Kramer 2006) als Teilband der Reihe *Handbuch zur Kinder-
und Jugendliteratur*, mit einer Bibliographie und kritischen Analyse sämtlicher
Gattungen. Gesellschaftliche Hintergründe werden impliziert, doch bleiben die
Autoren weitgehend unberücksichtigt.

Die Zensurbedingungen des KJL-Systems der DDR wurden bislang lediglich
in einer größer angelegten Studie auch aus der Perspektive ostdeutscher Kinder-
und Jugendbuchautoren erforscht: Richard Zipser *Fragebogen: Zensur. Zur Literatur vor und nach dem Ende der DDR*.[4] Bereits in den Jahren 1992 und 1993
versendete Zipser einen Fragebogen an 240 Schriftsteller, um Auskunft über ihre
Erfahrungen mit der Zensur einzuholen. Von den insgesamt 70 Mitwirkenden
äußerten unter anderem einige wenige renommierte Kinder- und Jugendbuchautoren wie Wolf Spillner und Peter Abraham ihre Teilnahmebereitschaft, vor allem
aber auch für junge Leser schreibende Autoren der Erwachsenenliteratur wie Jurij
Brezan oder Lutz Rathenow. Das Resümee aus den ungewöhnlich knappen Antworten erschließt sich vor allem in einer Gegenüberstellung sozialistischer und
kapitalistischer bzw. bundesdeutscher Anforderungen, die vornehmlich als gleich
restriktiv oder sogar als restriktiver deklariert werden: „Die Zensur in der DDR
war schädlich für die Literaten, die im »neuen« Deutschland [ist] raffinierter,
verlogener, noch schädlicher... Keinem Autor [...] wird gesagt, daß [er] zu links
schreibt; er wird ganz einfach kaltgestellt" (Richard Zipser/Jurij Koch 1992, 221).

Die gegenwärtige Situation ostdeutscher Kinder- und Jugendbuchautoren

Bislang kann die bundesdeutsche Germanistik nur auf wenige Beiträge verweisen, in denen die KJL ehemaliger DDR-Autoren in einen aktuellen Bezugsrah-
men gesetzt wird. Dem lässt sich hinzufügen, dass der Großteil einschlägiger

---

4   Richard Zipser (geb.1943) ist Leiter des Departments of Foreign Languages and Literatures an
     der University of Delaware. Die Untersuchung wurde von der University of Delaware unter-
     stützt: Zipser, R. A.: Fragebogen Zensur. Zur Literatur vor und nach dem Ende der DDR,
     Leipzig: Reclam 1995.

Publikationen einen eher speziellen Themenschwerpunkt aufgreift: die Analyse erfolgreicher DDR-Titel im Hinblick auf ihre literarische Bedeutung für den Unterricht oder außerunterrichtliche Arbeit[5] sowie die Wende als kinder- und jugendliterarisches Thema.[6]

In den letzten Jahren entstanden zwei Arbeiten, die sich für die fachwissenschaftliche Betrachtung der nachwendezeitlichen Situation ostdeutscher KJL als fundamental erweisen: Klaus Doderer (1999) *Ostdeutsche Kinder- und Jugendliteratur nach der Wende. Fakten, Beobachtungen, Einschätzungen* sowie Steffen Peltsch (2001) (Hg.) *Wende-Punkte. Zur Situation der Literatur und der Literaten in den neuen Bundesländern.* Doderer berücksichtigt in seiner Recherche insbesondere auch kulturpolitische Ereignisse der Nachwendezeit, welche die kinder- und jugendliterarische Entwicklung maßgeblich beeinflussten. In den einzelnen Fachbeiträgen der zweiten Publikation werden eher Teilelemente der kinder- und jugendliterarischen Entwicklung beschrieben. Mit der Befragung von 23 Kinder- und Jugendbuchautoren präsentiert Peltsch einen sehr innovativen und außergewöhnlichen Ansatz, da er statt Literatur und Rezipienten die im Normalfall unberücksichtigt bleibenden Autoren einbezieht. Seine Ergebnisse basieren auf einer geringen Anzahl standardisierter Fragen, die eine informative und aufschlussreiche Bestandsaufnahme bieten.

Komparative Betrachtungen

Mit der Formulierung von zwölf Fragekriterien schafft Peltsch ein Panorama der veränderten Arbeitsverhältnisse von 1989/1990 bis 2001. Als besonders aussagekräftig erweist sich die Fragestellung: „Wie schätzen Sie im Vergleich zur DDR Ihre konkreten Arbeitsbedingungen ein?" Zusammenfassend lässt sich formulieren, dass die Anzahl der Autoren, die ihre Arbeitsbedingungen negativ bzw. positiv bewerten oder eine Situation analog den DDR-Verhältnissen betonen, beinahe gleichmäßig verteilt ist. Autoren, die über eine Situationsverbesserung berichten, beziehen sich auf materielle Faktoren (z. B. den Computer als erweitertes Medium) und schriftstellerische Freiräume. Selbstverständlich korreliert die Bewertung des bundesdeutschen KJL-Systems auch mit dem jeweils erfahrenen Zensurdruck: „Mit Grausen habe ich aus meiner Stasi-Akte entnommen, dass ich ‚im Spannungsfall' in einem Isolierungslager spurlos verschwinden sollte", äußert der im Jahr 2001 verstorbene Autor, Umwelt- und Menschenrechtsaktivist Reimar Gilsenbach (Peltsch 2001, 96). Andere Literaten (Klaus Meyer, Peter

---

5   Unter anderem: Richter 1992, 1994; Scherf 1992; Schulz 1999; Wolfgramm 1999.
6   Unter anderem: Pubanz 1993; Peltsch 1995a; Richter 1995a; Gansel 1999; Dahrendorf 2001; Josting (Hg.) 2008; Dettmar/Oetken (Hg.) 2010.

Abraham, Christa Kożik etc.) vergleichen ehemalige Restriktionen mit den heutigen kapitalistischen Verlagsbedingungen und übertragen die oben genannte Frage auf den Literaturbetrieb der BRD. Klaus Meyer akzentuiert: „Was nützen mir alle meine Rechte und Möglichkeiten, wenn meine Existenz einzig und allein dem Broterwerb untergeordnet ist?"[7] Der Verlust des ehemaligen literarischen Umfelds und die Konfrontation mit neuen Marktbedingungen erschweren den individualbiographischen bzw. kinder- und jugendliterarischen Entwicklungsprozess der Literaten erheblich. Die Kinderbuchautorin Christa Kożik betont in ihrer Katalogantwort, die – approximativ bestimmte – Auflagenhöhe von 20.000 Exemplaren als normale Situation: „Jetzt müsste ich vom Erlös verhungern."[8] Die Frage, ob der Verdienst des freien Autors anfallende Lebenskosten deckt, verneinen bis auf Günter Saalmann alle 23 Literaten. Peltschs Erhebung weist auf eine klare Verschärfung der Arbeitsbedingungen nach 1989/1990 hin.

---

7   ebd. S. 69.
8   ebd. S. 66.

2. Die konstitutiven Merkmale der DDR-Kinder- und Jugendliteratur

Der Gegenstand KJL, systemtheoretisch verstanden als Handlungs- und Symbolsystem, gliedert sich in eine literarische Ebene, die den Text fokussiert sowie in eine Handlungsebene, die Aktionen am Objekt Literatur meint (vgl. Kap. 3). Eine profunde Betrachtung der DDR-KJL führt beide Ebenen zusammen, denn die sozialistische KJL kann nicht autonom bzw. losgelöst von ihrer Geschichte oder den politischen Überzeugungen und gesellschaftlichen Prozessen des Landes beleuchtet werden. Mit der Entwicklung der Deutschen Demokratischen Republik gingen wesentliche Veränderungen der KJL einher, die sich grob in drei Phasen unterteilen lassen:

a) Antifaschistisch-demokratische Kinder- und Jugendliteratur der Sowjetischen Besatzungszone (SBZ)
b) Aufbau und Ausbau sozialistischer Entwicklungsprozesse der 1950er und 1960er Jahre
c) Neue Entwicklungstendenzen der 1970er und 1980er Jahre

2.1 Die antifaschistisch-demokratische Kinder- und Jugendliteratur von 1945–1949

Nach dem Ende des 2. Weltkrieges bestand ein umfassender Teil kinder- und jugendliterarischer Erzeugnisse aus der Exilliteratur deutscher Emigranten: Auguste Lazar *Sally Bleistift in Amerika* (1935), Alex Wedding *Das Eismeer ruft* (1936), Max Zimmering *Die Jagd nach dem Stiefel* (1932). Fast alle im Exil entstandenen Werke demonstrierten eine dezidiert ablehnende Haltung gegenüber der faschistischen Ideologie und offenbarten einen Leserappell, der mit einer antifaschistisch-demokratischen Aufklärung und moralischen Erziehungsintentionen einherging.

In der Zeit des Aufbaus antifaschistisch-demokratischer Ordnungsstrukturen setzte sich die SED das Ziel, ihre Jugend „zu selbständig denkenden und verantwortungsbewussten Menschen zu formen, sie im Geiste des Friedens und der Völkerverständigung zu erziehen" (Ebert 1977, 17). Im Kampf um die „Gesundung" der Jugend galt Literatur als fundamentales Funktionsmittel. Schwierig schien hingegen die Tatsache, dass lediglich im Bereich der Erwachsenenliteratur auf einen breiten Bestand zurückgegriffen werden konnte. Die massive Verbreitung sowjetischer Erzählungen lag deshalb auch in der auffallend geringen Anzahl thematisch zeitgemäßer Werke der antifaschistischen Exilliteratur, der proletarisch-revolutionären KJL oder der humanistisch-klassischen Tradition begründet. Nach Dolle-Weinkauff/Peltsch versorgte die sowjetische Militärverwaltung das Gebiet der SBZ mit ungefähr 80 eigenen Titeln wie Nicolai Ostrowskis *Wie der Stahl gehärtet wurde* (1947) oder Arkadi Gaidars *Timur und sein Trupp* (1947), wovon gut ein Viertel im Verlag der Sowjetischen Militäradministration für Deutschland (SWA-Verlag) erschien (Dolle-Weinkauff/Peltsch 2008, 413). Diese Situation schuf eine günstige Ausgangslage für die literarische Schaffensphase der Nachkriegszeit, denn diese barg bis zur vollkommenen Entfaltung der sozialistischen KJL entscheidende Vorteile, die Wallesch wie folgt zusammenfasst:

1. Das sozialistisch-humanistische Gedankengut der sowjetischen KJL bildete nicht nur ein Pendant zur faschistischen Gesinnung, sondern erfasste parallel die gleichen sozialistischen Ideale.
2. Die sowjetische KJL bot den Autoren der DDR einige Anregungen für die Schaffung einer neuen demokratischen (später sozialistischen) KJL.
3. Für die Ausformung einer eigenständigen sozialistischen KJL in Deutschland konnten die bereits erbrachten Leistungen und Erfahrungen der Sowjetunion nur eine positive Unterstützung sein. (Wallesch 1977, 77)

Am 9.12.1946 nahm der in Berlin gegründete Jugendbuchverlag *Neues Leben* die Herausgabe jugendliterarischer Erzeugnisse auf. Seine Urheber, Mitglieder des Verbundes der Freien Deutschen Jugend (FDJ), stellten dem Verlag laut Gründungsurkunde die Aufgabe, „die Jugend im Geiste der Demokratie, der Völkerverständigung zu bilden und zu erziehen, außerdem klassische deutsche und ausländische Jugendliteratur herauszubringen" (Schoeller 1981, 12). Der am 1.6.1949 gegründete Kinderbuchverlag Berlin bestimmte sein einleitendes Programm insbesondere durch das klassische Erbe (Andersen, Grimm), die proletarische Kinderliteratur (Wedding, Lazar), die bürgerlich-humanistische Kinderliteratur (Kästner) und die sowjetische Kinderliteratur (Gaidar) (ebd.).

2.2 Aufbau und Ausbau sozialistischer Entwicklungsprozesse der 1950er und 1960er Jahre

Analog der Gründung der Deutschen Demokratischen Republik am 7. Oktober 1949 erfolgte die Substitution kunst- und kulturpolitischer Diversifikation durch die Festlegung der gesellschafts- und kulturpolitischen Rahmenbedingungen auf den Sozialismus.[9] Die KJL übernahm eine politische Erziehungsfunktion und stand damit dem bundesdeutschen Pendant kontrastiv gegenüber.

Die realistische Darstellung des sozialistischen Alltags als neue künstlerische Methode

Im Rahmen des sozialistischen Realismus wurde mit der Darstellung des Alltags häufig ein Gesellschaftsbild propagiert, durch das die allseitige Entwicklung des Arbeiter- und Bauernstaats unterstützt werden sollte (vgl. Wieckhorst 2000, 30). Kinder- und jugendliterarische Realitätsmuster spiegelten das Bild einer veränderten Gesellschaft wider, die vom stolzen Bewusstsein des Landes zeugten. Der DDR-Literaturkritiker Günter Ebert betonte:

> Die Verbreitung des sozialistischen Realismus als eine Kampfansage gegen verstocktes und verstaubtes Lebensgefühl, gegen Lüge und Heuchelei, als ein Kampf für die Wahrheit und die Darstellung der Widersprüche in der Wirklichkeit. (Ebert 1976, 113)

Aus der zwar nicht grob verpflichtenden, aber explizit geförderten Gegenwartsstruktur erfolgte insbesondere die Verarbeitung des Themenfelds Schule: Ilse Korn *Mit Bärbel fing es an* (1951), Werner Bauer *Mit 2:2 für Klasse 8* (1954), Alfred R. Böttcher *Betragen 4* (1968).[10] Esche, Harych und Hüttner unterstreichen in einer literatursoziologischen Studie mit Kindern der 5.-8. Klasse den leserbezogenen Stellenwert realistischer Erzählungen: „Es bestätigt sich die wichtige kulturpolitische Erkenntnis, daß wir nicht nur eine sozialistische-realistische Kinderliteratur besitzen, sondern daß sie auch gelesen wird und im Beliebtheitsgrad vorn rangiert" (Esche/Harych/Hüttner 1983, 18).

Der Erziehungsauftrag

Der Jugend, die als Zukunft des realsozialistischen Modells galt, wurde eine erhebliche Aufmerksamkeit zuteil, die sich vor allem in der Bildungspolitik ausdrückte. Auf dem VII. Pädagogischen Kongress akzentuierte der Staatsratsvorsitzende Walter Ulbricht:

> Mit der weiteren Gestaltung des entwickelten gesellschaftlichen Systems des Sozialismus wächst die Rolle der Schule und die Verantwortung des Lehrers für die Bildung und Erzie-

---

9   Hier zum Beispiel: Preisausschreiben zur Förderung der sozialistischen KJL, Zeitschrift *Beiträge zur Kinder- und Jugendliteratur* oder die Gründung des Kuratoriums sozialistischer Kinder- und Jugendliteratur.

10   Holtz-Baumert verweist diesbezüglich auf die pädagogische Provenienz zahlreicher Autoren wie Benno Pludra, Jutta Schlott, Uwe Kant, Karl Neumann oder Günter Görlich (Holtz-Baumert 1993, 198).

hung der jungen Generation. Die Grundaufgabe besteht darin, den Verfassungsauftrag zu verwirklichen, die zehnjährige Oberschulbildung für alle Kinder des Volkes zu gewährleisten. Damit wird die Jugend umfassend und allseitig befähigt, ihr Leben in der sozialistischen Menschengemeinschaft zu gestalten und die Anforderungen der wissenschaftlich-technischen Revolution in den nächsten Jahrzehnten zu meistern. (Ulbricht 1970, 1 f.)

Aber auch die Literatur sollte der Sozialisation des Lesers nach ideologischen Grundsätzen dienen. Der an der Entwicklung eines sozialistischen Bewusstseins und der Aufforderung zur Aktivität orientierte Erziehungsauftrag war Ausdruck einer literarischen Funktionalisierung, im Rahmen dessen die Autoren ihre eigene, übereinstimmende Idee von der Verwirklichung sozialistischer Gesellschaftsverhältnisse präsentierten. Im Jahr 1997 reflektiert der renommierte Kinder- und Jugendbuchautor Benno Pludra: „Ich hätte meine Bücher – so oder so – nicht anders geschrieben. Ich wollte doch nicht gegen, sondern für die DDR schreiben" (vgl. Wolfgramm 2000).

Bevor in den 1970er und 1980er Jahren sukzessiv verstärkt neue Tendenzen in den Fokus der KJL rückten, zeugten viele Texte vorrangig von dem lehrhaften Versuch, den Leser zur aktiven Mitgestaltung der sozialistischen Gesellschaft zu motivieren. Deutlich formuliert der Kinder- und Jugendbuchautor und Chefredakteur der Zeitschrift *Beiträge zur Kinder- und Jugendliteratur* Gerhard Holtz-Baumert 1957: „Auch bei der Erziehung unserer Kinder zu jungen Sozialisten ist die Kunst eine Waffe. Und wir wären dumm, wenn wir diese Waffe im Bücherschrank verrosten ließen" (Holtz-Baumert 1957, 16).

Die Zusammenführung der Kind- und Erwachsenenwelt in der Kinder- und Jugendliteratur der DDR

Kinderliteratur gelte als „gleichberechtigter Bestandteil der sozialistischen Nationalliteratur", betonte der ehemalige Leiter des Kinderbuchverlags Fred Rodrian seine Auffassung von qualitativen Maßstäben (vgl. Peltsch 1995c, 16). Da sich die kulturpolitischen Akteure des realsozialistischen Staates deutlich bestrebt zeigten, KJL als legitimen Teil der Nationalliteratur konsolidieren zu können, galten für beide Felder die gleichen ästhetischen Maßstäbe. Richter weist darauf hin, dass Autoren dazu angehalten waren, die literarische Qualität sukzessiv zu erhöhen, um die existente Kluft endgültig durchbrechen zu können (Richter 1996, 192 f.). Dabei schrieben auch viele renommierte Autoren des Gesamtsystems Literatur Texte für Kinder: Ludwig Renn, Erwin Strittmatter, Franz Fühmann, Peter Hacks. Als Qualitätsgewinn galten in den 1950er Jahren insbesondere die Arbeiten des Nachwuchsschriftstellers Erwin Strittmatter *Tinko* (1954) und des international anerkannten Autors Ludwig Renn *Trini* (1954), die im Jahr 1955 den Nationalpreis der DDR für Kunst und Literatur erhielten.[11] In dem Gegenwartsroman *Tinko* (1954) berichtet der zehnjährige Martin Kraske – genannt Tinko – aus seiner kindlichen Wahrnehmung heraus von den Veränderungen der Menschen und Verhältnisse in seinem Niederlausitzer Dorf zwischen 1948 und 1950. Strittmatter erzählt von Kriegsfolgen und dem Untergang des Alten durch die sozialen Umwälzungen der DDR: ein Konflikt zwischen landwirtschaftlicher Kollektivierung und Menschen wie dem Großvater Kraske, die, sich den Erneuerungen widersetzend, am Privateigentum festhalten. Der Verdienst sowohl Strittmatters als auch Renns kulminierte in ihrem entscheidenden Beitrag zur erhöhten Anerkennung der KJL als einem festen Teil der Nationalliteratur.

Die marxistisch-leninistische Ideologie definiert das Kind nicht als Individuum, sondern als gesellschaftliches Wesen. Kindsein außerhalb gesellschaftlicher Bewegungen galt als redundantes Separationsprinzip, dem eine gleichberechtigte Partizipierung an der realen Lebenswelt Erwachsener entgegenzusetzen war, um eine ebenbürtige Partnerschaft zwischen Kind und Erwachsenem erreichen zu können. Eine Partnerschaft sollte das Kind lebensfähiger machen und Respekt vor seiner vollwertigen Persönlichkeit bezeugen (Haas 1984, 26 ff.). Damit wurde versucht, die DDR-KJL von der sogenannten bundesdeutschen „Kindertümelei" explizit abzugrenzen und thematische Beschränkungen – unter Berücksichtigung der altersmäßig begrenzten Aufnahmefähigkeit – aufzuheben. Kindliches Leben spielte sich in Arbeitsvorgängen auf dem Land (Erwin Strittmatter *Tinko* 1954), auf der Baustelle (Brigitte Reimann *Ankunft im Alltag* 1961) oder in der Fischerei (Benno Pludra *Lütt Matten und die weiße Muschel* 1963) ab. Den literarischen Nexus zwischen Kindheit und Gesellschaftskreisen Erwachsener expliziert Richter wie folgt:

> Abenteuer und Spiel sind nahezu ausschließlich mit Lebensfragen und der Arbeitssphäre Erwachsener verbunden (man stellt nachts den Saboteur an der neuen gemeinschaftlichen Arbeit; man gestaltet Theaterstücke, um die noch Zögernden für das „Neue" – etwa für die Gründung der Genossenschaft – zu gewinnen). (Richter 1996, 198)

---

11 Trotz der literarischen Qualitätsbescheinigung sahen sich beide Autoren unmittelbar nach Veröffentlichung deutlicher Kritik ausgesetzt. Im Dialog um das Wesen und die Perspektiven der neuen KJL wurden prononcierte Zweifel an ihrer Bedeutsamkeit für die neue KJL der DDR erhoben. An der Erzählweise Strittmatters monierte Christa Wolf in einem Beitrag für die Zeitschrift *Neue Deutsche* Literatur, dass „die Objektivität der Darstellung [...] auf Kosten der psychologischen Glaubwürdigkeit gehe. Auf dem IV. Schriftstellerkongress betont Alex Wedding, dass die Romanfigur Tinko nicht als erzieherisches Vorbild gelten kann (vgl. Dolle-Weinkauff/Peltsch 2008, 418).

Die literarische Heldenfigur

Die Forderung nach sozialistischen Heldenfiguren war seit den 1950er Jahren konstitutiver Bestandteil der theoretischen Diskurse. Christian Emmrich betont in seinem Beitrag *Die sozialistische Kinderliteratur und Aufgaben der siebziger Jahre*:

> Die wichtigste künstlerische Zielsetzung unserer Autoren in den 70er Jahren muß darin bestehen, die Jahrhundertaufgabe unserer Kultur, die Gestaltung des Menschenbildes der sozialistischen Gemeinschaft, für die Kinder- und Jugendlichen zu verwirklichen. Das bedeutet, das Bild des jungen Revolutionärs und des Schrittmachers unseres Lebens im Entscheidungs- und Bewährungsfeld der fortgeschrittensten Prozesse unserer Gesellschaft [...] in seiner Größe und Schönheit auf vielfältige Weise zu gestalten. (Emmrich 1970, 130)

Seit Ende der 1960er Jahre spezifizierte sich die Debatte um die Notwendigkeit des Helden hin zur Frage nach dem idealen Topos: der naive Held versus die intellektuell bewusst agierende Heldenfigur (Richter 1996). Das favorisierte Menschenbild der DDR-KJL offenbarte die musterhafte Verwirklichung des alltäglichen Lebens, zumeist Figuren, die eine Tätigkeit oder sogar Leitung von Kollektiven übernahmen oder an der Planung gesellschaftlicher Entwicklungsprozesse partizipieren wollten. Kindliche Figuren fungierten auffallend häufig als nützliche Mitglieder bzw. Vorbilder der Gemeinschaft oder aber sie verkörperten Außenseiter, die in die Gemeinschaft zu integrieren waren, um dort ihr individuelles Glück zu erfahren (vgl. Lüdecke 2002). Insbesondere in den 1950er Jahren griffen zahlreiche Kinder- und Jugendbuchautoren bei der Suche nach positiven Figuren auf die Darstellung von Führern der Arbeiterbewegung zurück: In seiner biographischen Erzählung *Buttje, Pieter und sein Held* (1951) schildert Max Zimmering die Persönlichkeit des KPD-Führers Ernst Thälmann. Für die Biographie der Lebensgefährtin von Karl Marx in *Jenny* (1961) erhielt Gerhard Hardel eine Auszeichnung des Kulturministeriums (vgl. Schoeller 1981, 17). Viele Texte erlangten durch die Darbietung positiver Vorbilder einen Aufforderungsmodus, der sich nur vereinzelt spannend zu präsentieren vermochte. 1965 formulierte der Kinder- und Jugendbuchautor Benno Pludra: „Um den Leser zu bessern, besserten wir den Helden. Weitgehend erhob sich der große Zeigefinger, und mit der Didaktik kam die Langeweile" (vgl. Schoeller 1981, 15).

2.3 Neue Entwicklungstendenzen der 1970er und 1980er Jahre

Analog zur Machtübernahme durch den moderat auftretenden Staatsratsvorsitzenden Erich Honecker im Mai 1971 sahen viele DDR-Bürger einer offeneren

Kulturpolitik hoffnungsvoll entgegen. Auf dem VIII. Parteitag der SED 1971 erfolgte die Proklamation einer neuen Kulturpolitik, welche vorrangig „die Befriedigung der materiellen und kulturellen Bedürfnisse der Gesellschaft und jedes Bürgers mit dem Ziel, [der] allseitige[n] Entwicklung zur sozialistischen Persönlichkeit" vorsah (Ebert 1977, 153). Auf der 6. Tagung des Zentralkomitees der SED versprach Kurt Hager ein Jahr später eine „reiche Vielfalt der Themen, Inhalte, Stile, Formen und Gestaltungsweisen" als neue Maxime, die von bis dahin unbekannter Liberalität zeugten.[12] Trotz der nur kurz anhaltenden Offenheit, schafften die Prinzipien auch im KJL-System neue literarische Gestaltungsmomente, die zwar nicht flächendeckend auftraten, aber zumindest auffällige Erneuerungen hervorbrachten (vgl. u. a. Humbert 1977, Richter 1991, 1995b, 2005, Lüdecke 2002, 2006, Dolle-Weinkauff/Peltsch 2008). Insbesondere Karin Richter verweist mehrfach auf die Existenz literarischer Wandlungsprozesse seit Ende der 1960er Jahre und spricht von einer „deutlichen Zäsur" (Richter 1990, 13 f.)[13]:

> Etwa an der Wende von den sechziger zu den siebziger Jahren zeichneten sich entscheidende Veränderungen in der Literatur für junge Leser ab [...]. Die ‚Wende zur sozialismusinternen Auseinandersetzung' ist auch in der Literatur für Kinder- und Jugendliche nachweisbar. (Richter 1990, 13 f.)

Die Verwendung eines neuen Kindbildes in der Kinder- und Jugendliteratur der DDR

Während die kinder- und jugendliterarischen Strukturen der 1950er und 1960er Jahre noch plakativ politisch ausgerichtet waren, fokussierte eine Reihe renommierter DDR-Autoren seit den 1970er Jahren ein auffallend neuartiges Kindbild. Im Zuge der Ablösung von bedingungslosen Kollektiveuphemismen intensivierten viele Literaten ihre Forderung nach Individualitätsräumen und kindlichen Eigenwelten. Sukzessiv zentrierte sich der Fokus wichtiger Erzählungen auf ein verändertes Verhältnis von Gemeinschaft und Individuum, mit denen der elementare Zusammenhang von gemeinschaftlicher Verantwortung und kindlichem Glück hervorgehoben worden war. Richter betont die Interferenzen zwischen neuen Erzählmustern und der Unzufriedenheit zahlreicher Autoren über die res-

---

12 Kurt Hager: Sekretär des Zentralkomitees der SED. Vgl.: Hager, K.: Zu Fragen der Kulturpolitik der SED. 6. Tagung d. ZK d. SED, 6./7. Juli 1972, Berlin: Dietz 1972. In: Rüß (1976, 507).

13 Gansel negiert das Ausmaß literarischer Tendenzen als grundlegenden Wandlungsprozess: „Zu maßgeblichen Veränderungen in der Kinder- und Jugendliteratur der DDR kam es erst in den siebziger Jahren. Es erscheint dennoch nicht angemessen, von einem *Wandel* zu sprechen, weil die Regularitäten bzw. Basispostulate des literarischen Teilsystems konstant blieben" (Gansel 1997, 191).

triktive Realisierung des sozialistischen Gesellschaftsmodells: „Kinder erscheinen nun zunehmend als gefährdete Wesen in einer Gemeinschaft, die gegen ihre einstigen Ideale lebt" (Richter 1995b, 85). Kinder- und jugendliterarische Erzählungen dieser Zeit präsentierten exponierte Figuren, die substanzielle Konflikte und Herausforderungen eigenständig zu lösen oder zu akzeptieren vermochten. So thematisiert beispielsweise Alfred Wellm in seiner Bewährungsgeschichte *Karlchen Duckdich* (1979) die bedrohlichen Folgen eines Umzugs vom Dorf in die Großstadt, ausgehend von den lokalen Mobilitätsprozessen der 1970er und 1980er Jahre in der DDR. Wellm präsentiert ein kinderfeindliches Großstadtbild: Verlust der Natur, Anonymität und Monotonie durch Plattenbau. Maßregelungen und Verbote blockieren kindliche Entdeckungsfreude, Neugier und Bewegungsdrang. So darf die Wiese nicht betreten, im Fahrstuhl nicht gespielt und am Zeitungskiosk nicht gestöbert werden. Die Menschen sind hektisch und fremd, die Eltern ohne Zeit und Ruhe. Phantasievoll erzählt Karlchen seiner kleinen Schwester Geschichten, deren phantastische Traumwelten als Zufluchtstätte dienen, um den bedrückenden Anforderungen der Gesellschaft zu entfliehen.

Analog griffen Ende der 1960er und Anfang der 1970er Jahre viele Autoren auf anspruchsvolle Erzähltechniken zurück, die bis dahin nur in der Erwachsenenliteratur zu finden waren: Wechsel der Erzähler, der Erzählperspektive und Zeitebenen, Einfügung von Autorenkommentaren oder die Fokussierung psychologischer Vorgänge.[14] Beispielhaft konterkariert Joachim Nowotny in seinem Dorfroman *Der Riese im Paradies* (1969) den vertrauten chronologischen Handlungsablauf durch Einschübe, Analepsen und Prolepsen und fordert so den Leser zu einer eigenständigen Urteilsbildung heraus.

„Humor, Spaß, Heiterkeit des Geistes – das wächst in unserer Kinderliteratur. Wir brauchen unendlich viel mehr davon", akzentuierte Fred Rodrian, ehemaliger Leiter des Kinderbuchverlags, und bezeichnete damit die neue Tendenz der 1970er Jahre, sogar problemorientierte Erzählungen mit komischen Elementen zu bereichern (vgl. Nowotny 1976, 45): Uwe Kant *Das Klassenfest* (1969), Hildegard und Siegfried Schumacher *Die Riesenwelle* (1973), Peter Abraham *Der Affenstern* (1985).

Im Rahmen der kinder- und jugendliterarischen Tendenzwende offenbarten viele Texte auch gesellschaftskritische Momente, die partiell deutlich erkennbar und selbstverständlich auftraten. Auffällig zeigte sich die Tatsache, dass nicht nur kulturpolitische Aktanten der Druckgenehmigungsbehörde oder des Verlagswesens, sondern auch der Literaturkritik einschlägige Mahnrufe in der Regel hinzunehmen vermochten oder zu ignorieren suchten (vgl. auch Becker 2010). Diese Situation ermöglichte die frühe kinder- und jugendliterarische Umsetzung

---

14   Vgl. u. a. Kuhnert (1993a), Dolle-Weinkauff/Peltsch (2008); Paech (1993).

neuralgischer Themen wie ökologische Probleme, Bildungs- und Schulkonflikte oder das Außenseiterdasein (vgl. Peltsch 1995c, 17). Dolle-Weinkauff/Peltsch heben hervor, KJL habe „bestimmte Stoffe, Sujets, Probleme früher aufgreifen und bisweilen auch konsequenter verarbeiten [...] [können], als dies in der Erwachsenliteratur oder gar in den elektronischen Medien möglich war" (Dolle-Weinkauff/Peltsch 2008, 434). In diesem Kontext verweist Peltsch auf die Relevanz des zweiten Adressaten:

> Um sagen zu können, was zu sagen war, sind Chiffren erfunden worden, war Sprache zu prüfen, erlebten Märchen als verfremdend-kritische Spezies [...] vorübergehend Renaissance [...], denn Wirkungsziel war häufig ein ,reifer' Leser, der imstande war, die Codes ganz zu entschlüsseln. (Peltsch 1991, 3)

Die phantastische Kinder- und Jugendliteratur

Die innovativen Gestaltungsmuster der DDR-KJL der 1970er und 1980er Jahre kulminierten in der Entfaltung phantastischer Erzählungen, deren Gattungsart dem sozialistischen Realismuskonzept lange Zeit unvereinbar gegenüberstand[15]: Hannes Hüttner *Das Blaue vom Himmel* (1974), Peter Abraham *Der Affenstern* (1985), Christa Kožik *Der Engel mit dem goldenen Schnurrbart* (1983). Viele Texte galten als „Warnsignal für ein bedrohliches Höchstmaß an Frustration in dem immer wieder neu angestrebten, weil lebensnotwendigen Individualisierungsprozess."[16] Die Verwendung phantastischer Elemente bot ausreichend Möglichkeiten zur latenten Äußerung zivilisationskritischen Gedankenguts. Häufig in Verbindung von Realität und Phantasie wurden die Unzulänglichkeiten gesellschaftlicher Verhältnisse, zwischenmenschlicher Beziehungen oder gängiger Erziehungskonzepte exemplarisch verdeutlicht. Dolle-Weinkauff/Peltsch heben hervor: „Für Kinderbücher fantastischer Prägung [...] wird der Phantasieentwurf – als Person oder als Zustand – häufig zum idealkonformen Bild – auch in seiner Negation" (Dolle-Weinkauff/Peltsch 2008, 430). Autoren phantastischer Texte betonten kindliche Phantasie (*Das Wildpferd unterm Kachelofen*, Christoph Hein 1984), appellierten an die Erwachsenen, Kinder und ihre Belange ernst zu nehmen (*Herz des Piraten*, Benno Pludra 1985) oder zeigten Außenseiterfiguren, die dem erwachsenen Leser als zweiten Adressaten das marode Gesell-

---

15 „Die extremsten Auswirkungen des Realismusverständnisses der DDR auf die phantastische KJL äußerte sich durch Eingriffe in bekannte Märchen (wie z. B. die Grimmschen Märchen), die die Phantasie durch Realistische Elemente ersetzten bzw. erneuerten" (vgl. Dolle-Weinkauff, B./Peltsch 2008, 431).

16 Freund, W.: Von der Aggression zur Angst. Zur Entstehung der phantastischen Novellistik in Deutschland, hg. von R. A. Zondergeld, Frankfurt: Insel-Verlag 1978, S. 28. Zit. n. Schulz (1993, 148).

schaftssystem kompromisslos vor Augen hielten (*Das Mädchen mit der Katze*, Alfred Wellm 1983).

In der märchenhaft-phantastischen Erzählung *Meta Morfoß* (1975) präsentiert Peter Hacks die phantastischen Verwandlungskünste der Protagonistin Meta, die ihre soziale Umwelt mehrfach überfordert. Als sich Lehrer und Müllmann bei Metas Tante beschweren, beendet diese die Diskussion: „Natürlich muß man verhindern, daß sie dumme Streiche macht [...]. Aber im übrigen glaube ich nicht, daß man viel an ihr ändern kann. Und wenn ich es zum Beispiel könnte, wüßte ich gar nicht, wo ich das Recht hernehmen sollte" (1986, 38). Die Figur der Tante, eine Schnauzbart tragende, Socken strickende Frau namens Herr Maffrodit, überzeugt nicht weniger als Meta durch ihre Einzigartigkeit. Einmal mehr unterstreicht sie die Forderung nach individueller Entfaltung, als sie im Dialog mit Müllmann Kraske ihre eigene Andersartigkeit selbstbewusst und souverän behauptet:

> „Nun", sagte der Müllmann, „um ein Wort von Mann zu Mann zu reden..."
> „Von Mann zu Frau", unterbrach ihn die Tante und zwirbelte ihren Schnurrbart.
> „Entschuldigen Sie, Frau Maffrodit", sagte der Müllmann.
> „Herr Maffrodit bitte", verbesserte die Tante. (*Meta Morfoß und ein Märchen für Claudias Puppe* 1986, 6. Aufl., 18 f.)

Zu den herausragenden Leistungen des kinder- und jugendliterarischen Erbes der DDR gehören auch die Neuerzählungen alter Mythen und Sagenstoffe: *Die schwarze Mühle* (Jurij Brezan 1968), *Die seltsamen Abenteuer des Parzival* (Werner Heiduczek 1974), *Die Titanenschlacht* (Franz Fühmann 1974). In *Die Titanenschlacht* (1974) erzählt Fühmann mit einem sensibilisierenden und humorigen Duktus die Kindheit und Jugend der griechischen Mythenfigur Prometheus. Schulz führt aus: „In jeder Erzählung das Bemühen um Individualisierung der Helden, um Aufdecken ihrer Widersprüchlichkeit, ihrer Sehnsüchte und Wünsche" (1993, 139). Die Adaptionen sind sowohl Beleg für den hohen künstlerischen Anspruch als auch für die Genre-Vielfalt der DDR-KJL.

3. Das Handlungssystem KJL

Mit dem Ziel, dem inflationären Gebrauch des Terminus Systemtheorie entgegenzuwirken, akzentuiert Carsten Gansel in seinem Aufsatz *Systemtheorie in
der Kinder- und Jugendliteraturforschung*[17] die Notwendigkeit der begrifflichen
Differenzierung zwischen Symbol- und Handlungssystem (Gansel 1995a, 33).
Aufgrund der verschiedenen systemtheoretischen Methodenzugänge oder auch
Verständnisgrundlagen ist eine klare Abgrenzung unumgänglich. Beide Systeme
schließen einen jeweils anderen Untersuchungsgegenstand ein, der einerseits auf
den Text selbst (Symbolsystem), andererseits auf kinder- und jugendliterarische
Handlungen (Handlungssystem) rekurrieren kann.

> Mit einem handlungstheoretischen Systembegriff ließen sich zunächst relativ wertungsfrei
> Struktur, Funktion des ‚Subsystems KJL' und die Beziehung zwischen Autoren, Vermittlern,
> Lesern beschreiben. (Gansel 1995a, 335).

Die Systemtheorie ist innerhalb der KJL-Forschung kein ungewöhnlicher Ansatz,
sondern bereits mehrfach vorgestellt, diskutiert und angewendet worden.[18] Eine
besondere Position nimmt hier vor allem die Polysystemtheorie des israelischen
Literaturwissenschaftlers Itamar Even-Zohar ein, welche durch Zohar Shavit
(1986) auf die KJL übertragen wurde. Even-Zohar (1980) konstituiert das Literatursystem als ein Polysystem, dem Shavit aus einer literaturhistorischen Perspektive heraus das KJL-System als ein Subsystem mit Peripheriestatus zum
Zentrum zuordnet. Auch Ewers nutzt die systemtheoretische Perspektive, um das
Verhältnis KJL und Erwachsenenliteratur näher zu bestimmen (Ewers 1994, 17).
Weiterhin geht Ewers davon aus, dass

---

17 Die Grundlagen systemtheoretischer Modelle wurden bereits in den 1940er Jahren geschaf-
     fen, gleichwohl eingangs geprägt durch mathematisch-naturwissenschaftlich orientierte Wis-
     senschaftler wie den Biologen und Systemtheoretiker L. v. Bertalaffy. Anschließend entfaltete
     sich der Ansatz über die Fachgrenzen hinaus (Reinfandt 2008, 701). Die in der Literatur-
     wissenschaft seit den 1970er Jahren „in engerem theoretisch-methodisch ausdifferenzierten
     Sinne" (Reinfandt 2008, 702) diskutierten systemtheoretischen Ansätze lassen sich im All-
     gemeinen auf die struktur-funktionale Systemtheorie des soziologischen Theoretikers Tal-
     cott Parsons (1902–1979) und insbesondere auf die von Niklas Luhmann weiterentwickelte
     funktional-strukturelle Konzeption beziehen.
18 Unter anderem: Ewers 1994, 2004; Gansel 1995b, 1998, 2010; Hurrelmann 1992; Jendis 2001;
     O'Sullivan 1999; Strewe 2007.

[...] wir es in der Regel nicht mit *einem*, sondern stets mit einer *Mehrzahl* kinder- und jugendliterarischer Handlungssysteme zu tun haben, die sich zwar berühren, teilweise auch überlappen, aber dennoch eine gewisse Eigenständigkeit zeigen. (Ewers 2000, 42)

Das Subsystem KJL kann in diesem Kontext als Polysystem verstanden werden, wenn die einzelnen Handlungssysteme in einer „vergleichsweise stabilen und dichten Beziehung stehen" (ebd.), wie es bei dem „Produktionsbereich, dem Buchmarkt, dem Bibliothekswesen, dem pädagogischen und dem literaturkritischen Bewertungswesen" der Fall ist (Ewers 2004, 23). Während Ewers also von „mehrere[n] ,kleinere[n]'" (ebd.) Handlungssystemen spricht, beschreibt Gansel die KJL als ein „relativ eigenständiges literarisches Handlungssystem" (Gansel 1995a, 40), wobei er wiederholt auf die Empirische Literaturwissenschaft nach Siegfried J. Schmidt zurückgreift (Gansel 1995a, 40).[19] Auch die Annahmen Schmidts stehen in der „handlungsbasierten soziologischen Tradition des Systemdenkens" (Barsch 1996, 136) und spiegeln einen Richtungszweig wider, dessen Akzent auf literarischen Handlungen innerhalb des Systems Literatur liegt.[20]

3.1 Die Empirische Theorie der Literatur als systemtheoretischer Zugang

Gesellschaft als komplexes System

Nach Schmidt (1980, 39) stellt sich die Gesellschaft als komplexes System dar, das aus weiteren sozialen Systemen von Kommunikationshandlungen besteht, die sich voneinander abgrenzen lassen. Kommunikationshandlungssysteme wie Kultur, Politik, Wirtschaft oder Wissenschaft sind jeweils unterteilt in Konstituentensysteme, wobei das System Kultur Bereiche wie Kunst, Religion oder Erziehung umfasst. Das System Kunst lässt sich wiederum in Elementsysteme

---

19   Vgl. Gansel 1995a, 1997, 2010.
20   Schmidt ist nicht nur Mitbegründer der Empirischen Literaturwissenschaft, sondern einer der „prominenten Vertreter" (Neuhaus 2009, 215) des Radikalen Konstruktivismus. Während Schmidts konzipierte Empirische Theorie der Literatur handlungs- und kommunikationsorientiert ist, sind die eigentlichen Grundideen radikal-konstruktivistisch weiterentwickelt worden. Seine Abhandlung *Die Selbstorganisation des Sozialsystems Literatur im 18. Jahrhundert* (1989) stellt radikal-konstruktivistische Grundannahmen heraus, die sich insbesondere auf die Textposition innerhalb der Empirischen Theorie der Literatur auswirkte. Allerdings distanzierte sich Schmidt bereits sehr früh von dem „Radikalen" des Konstruktivismus (*Kognitive Autonomie und soziale Orientierung* 1994), indem er sich ausgehend von einer naturalistischen Begründung, einer nun soziokulturellen Fundierung zuwandte, „um eine angemessene Berücksichtigung von Gefühlen zu erweitern" (Schmidt 2003, 23).

wie Musik, Malerei oder Literatur gliedern (Schmidt 1980, 39). In handlungstheoretischer Perspektive führen „Aktanten" und „Reaktanten" (ebd.) spezifische Handlungen durch, die entsprechende Reaktionen hervorrufen.[21] Schmidt geht von klaren Wechselbeziehungen zwischen den verschiedenen Kommunikationshandlungen und Konstituentensystemen aus, da diese zum einen auf gemeinsamen Faktoren (z. B. Konventionen, Geld) beruhen, zum anderen sich systemspezifische Handlungen auch auf andere Systeme (z. B. religiöse Einflüsse) auswirken können. Innerhalb der Empirischen Literaturwissenschaft herrschen folgende Grundannahmen:

1. Systeme müssen eine Funktion für die Gesellschaft erfüllen, die sich von den Funktionen anderer Systeme unterscheidet. Ist die Funktion nicht länger für die Gesellschaft erkennbar, wird das System allgemein in Frage gestellt.
2. Systeme müssen eine innere Struktur aufweisen, die durch Handlungsrollen und kausale sowie zeitliche Ordnungen bestimmt sind.
3. Systeme müssen eine Außen-Innen-Differenzierung mit einer relativ stabilen Abgrenzung zu anderen Systemen erkennen lassen. Dieses geschieht durch Normen und Konventionen, die für die in ihnen Handelnden erkennbar sind und akzeptiert werden (Schmidt 1980, 39/ Hauptmeier 1985, 13).

Funktion und Struktur des Systems „Literarisch Kommunikativen Handelns"

Die Funktionen des Systems Literatur sind laut Schmidt (1980) kognitiv-reflexiver, hedonistisch-emotionaler und moralisch-sozialer Art. Aus diachroner Sicht hat die KJL eine schon immer besondere Verbindung zu ihrer moralisch-sozialen Funktion.

KJL ist weit bis ins 20. Jh. vor allem eine didaktische, erzieherische Funktion zugeschrieben worden. Während die künstlerisch anspruchsvolle Erwachsenenliteratur sich im ausgehenden 18. Jh. gerade von der Indienstnahme durch Pädagogik, Religion und Philosophie emanzipierte, hatte die KJL – und dies ist das Besondere – bis ins 20. Jh. hinein neben den allgemeinen literarischen Kommunikationsregeln vor allem pädagogischen Erwartungen zu entsprechen. (Gansel 2010, 17)

---

21   Jäger (1994, 98) sieht in der Aktantenorientierung der ETL den wesentlichen Unterschied zur Systemtheorie. Moser betont, dass die Systemtheorie ohne praktische Anwendung, wie sie empirisch in der ETL genutzt wird, agiert. „Im Gegensatz zur abstrakten Beschreibung der allgemeinen Systemtheorie erscheinen die Systemkomponenten hier (in der ETL) als Menschen aus Fleisch und Blut, die Bedürfnisse und Wünsche haben, Selbstwahrnehmungen und Selbstbeschreibungen entwickeln, strukturellen >Systemzwängen< unterliegen und im Rahmen ihrer »Voraussetzungssysteme« unterschiedlich zielstrebig im Literatursystem agieren" (Moser 2001, 142).

Schmidt legt die Struktur des Systems literarischer Kommunikationshandlungen auf vier Handlungsrollen und deren Beziehungen fest (Schmidt 1980, 174): Produzent (Autor, Lektor, Herausgeber, Übersetzer etc.), Vermittler (Buchhändler, Lehrer, Literaturkritiker etc.), Rezipient und Verarbeiter (Literaturwissenschaftler, Lehrer, Schüler etc.) (vgl. auch Gansel 2010). Eine literarische Kommunikationshandlung kann nicht unabhängig von zumindest einer dieser Handlungsrollen erfolgen, wobei literarische Kommunikation ohne Produzent und Rezeption unmöglich (obligatorischer Faktor), ohne Vermittler und Verarbeiter (fakultativer Faktor) indessen stattfinden kann. Die vier Handlungsrollen sind auch innerhalb des Subsystems KJL vertreten. Ewers akzentuiert im Rahmen seiner Definition des Handlungssystems Kinder- und Jugendbuchmarkt:

> Die einzelnen kinder- und jugendliteraturbezogenen Handlungsmuster bzw. –rollen (Autor, Verleger, Buchhändler, Kritiker, Vermittler, Käufer etc.) unterscheiden sich als solche nicht grundsätzlich von denjenigen in anderen Literaturbereichen. [...] Kinder- und jugendliteraturspezifisch scheinen dagegen die Art ihrer Verzahnung wie auch die ihnen jeweils zukommende Macht zu sein. (Ewers 2000, 41)

Laut Ewers ist der Autor nicht unmittelbarer Teil der literarischen Produktion. Dominant zeigt sich das Verlagswesen:

> Aufgrund seiner Bezogenheit auf das Medium wird die Produzentenrolle dieses Handlungssystems nicht von den Autoren, sondern von den Verlagen [...] eingenommen. Den Autoren als den Urhebern der literarischen Werke kommt [...] nur die Rolle eines Zulieferers innerhalb des Prozesses der Herstellung [...] zu. (Ewers 2000, 42 f.)

Die Außen-Innen-Differenzierung

Die zentralen Differenzkriterien des Systems Literarisch Kommunikativen Handelns sind die Ästhetik-Konvention und Polyvalenz-Konvention, die auch innerhalb des Subsystems KJL Gültigkeit beanspruchen: „Als Teil des gesamten Literatursystems verfügt auch das Handlungssystem KJL über zwei spezifische Merkmale, sogenannte Makro-Konventionen" (Gansel 2010, 15). Nach Schmidt handeln die Teilnehmer Ästhetisch und Literarisch Kommunikativen Handelns nach „solchen Werten, Normen und Bedeutungsregeln [...], die nach den von ihnen in der Kommunikationssituation unterstellten Normen als Ästhetisch [Literarisch] gelten" (Schmidt 1980, 92). Als Kriterien der Ästhetik-Konvention gelten die Gegensatzpaare wahr/nicht wahr und nutzvoll/nutzlos. Der literarische Produzent orientiert sich im Normalfall „bewusst und mit Absicht" an der Ästhetik-Konvention, vollzieht also eine systemtypische Handlung (Schmidt 1980, 137 f.). So ist sich dieser durchaus bewusst, dass er „Aussagen machen darf, die nicht den zum Produktionszeitpunkt von ihm als ‚bürgerlichem Subjekt' vertretenen Wirklichkeitsauffassungen, Normen usw. entsprechen" (Schmidt 1980,137). Eine in nicht-literarischen Systemen getätigte Aussage legt zugleich auch – entsprechend des persönlichen Wirklichkeitsmodells des Aktanten – deren faktische Gültigkeit oder Nicht-Gültigkeit (wahr/nicht wahr) offen.[22] Analog verliert auch das Nützlichkeitskriterium im System Literatur an Relevanz oder Geltung. Ein Autor produziert Texte, deren Inhalte keinen primär nützlichen Wert aufweisen bzw. nicht für den „direkt situationsbezogenen Gebrauch" (Schmidt 1980, 137) gedacht sind.

In Anlehnung an die Polyvalenz-Konvention erzeugt der Produzent solche Texte, die unterschiedliche Bedeutungsangebote oder Leerstellen aufweisen. Autoren schaffen „produktive, poetisch bewertbare Bedeutungs- und Bewertungsmöglichkeiten, die Literatur-Rezipienten unter verschiedenen Bedingungen auf jeweils subjektiv optimale Weise realisieren" (Hauptmeier 1985, 18) können. In einer literarischen Kommunikation ist die Variabilität der Bedeutungszuordnungen systemkonstitutiv und auch Vermittler und Verarbeiter durchbrechen diesen Prozess nicht (Schmidt 1980, 106 f.).

Aufgrund der speziellen Ausrichtung des Subsystems KJL sind die Makro-Konventionen selbstverständlich nicht ohne Weiteres auf dieses übertragbar. So tun sich bei der Betrachtung des Alters kindlicher Rezipienten relativ schnell Grenzen auf, da erst einmal nur Autoren und Vermittler die systemtypischen Konventionen verstehen können (vgl. auch Gansel 1995a, 32). Der Verstehenshorizont des kindlichen Rezipienten reicht noch nicht aus, um die literarischen Regeln und Normen zu kennen und angemessen zu verstehen, so dass „die ‚beteiligten' kindlichen Leser erst im Umgang mit den (literarischen) Texten etwa in der Familie oder im Sprach- und Literaturunterricht Grundfähigkeiten und -Fertigkeiten des Umgangs mit Literatur erlernen" (Gansel 1995a, 32). Nach Schmidt setzt der Rezipient die „Realitätswiedergabe" eines Textes nicht als Maßstab (Schmidt 1980, 149). So ist der kindliche Leser in der primären Entwicklungsstufe seines literarischen Erwerbsprozesses aber auch noch gar nicht befähigt, konsequent zwischen Wahrheit und Fiktion zu unterscheiden. Auch im Rahmen der Polyvalenz-Konvention zeigt sich, dass das Kriterium der Bedeutungsvielfalt nur teilweise bzw. in „abgeschwächter Form" (ebd.) gültig ist. Das gilt insbesondere dann, wenn doppeldeutige Verständnisangebote an den erwachsenen Leser gemacht werden, die der kindliche Leser so nicht dekodieren kann – oder dekodieren soll. Bei der Konzeptionalisierung des Systems KJL als Handlungssystem muss folglich berücksichtigt werden, dass die gültigen Regeln innerhalb des Handlungssystems KJL zunächst „nur einem Teil der Handelnden, nämlich den Autoren und Vermittlern geläufig" sind (Gansel 1995a, 32).

---

22 Sprachliche Handlungen ohne Behauptungsanspruch, wie beispielsweise der Witz, sind davon ausgenommen (vgl. Hauptmeier 1985, 17).

Das geschlossene System des sozialistischen Realismus

Die Literatursysteme der DDR und der BRD unterscheiden sich durch ihre Geschlossenheit bzw. Offenheit grundlegend voneinander (vgl. Gansel 1997, 179). In Anlehnung an Siegfried J. Schmidts Ausführungen über *Die Selbstorganisation des Sozialsystems Literatur im 18. Jh.* (1989) betont Carsten Gansel aus modernisierungstheoretischer Perspektive, dass es in den 40 Jahren der DDR, trotz gesellschaftspolitischer Entwicklungsprozesse, nur zu einer begrenzten Ausdifferenzierung der Teilsysteme kommen konnte. Die grundlegenden Strukturen hatten sich, laut Gansel, bereits Ende der vierziger Jahre der DDR/SBZ herausgebildet und blieben bis zur Wendezeit bestehen. Das realsozialistische Literatursystem war folglich – unter anderem deshalb, weil es keine uneingeschränkte literarische Öffentlichkeit gab – durch die Monopolisierung des politischen Teilsystems beeinflusst (Gansel 1997, 180 f.):

> Das wiederholt betonte Primat politischer und ideologischer Vorgaben und ihr Hineinwirken in alle Lebensbereiche war Ausdruck der ungenügenden Ausdifferenzierung unterschiedlicher Teilsysteme. Diese Dominanz des Politischen in allen Lebensbereichen ist typisch für die Länder des Real-Sozialismus und Ausdruck einer vormodern organisierten Gesellschaft. (Gansel 1997, 185)

Aus diesem Grund müssen bei der Bestimmung des Literatursystems der DDR nach Siegfried J. Schmidt die Besonderheiten des realsozialistischen Gesellschaftsmodells berücksichtigt werden:

> Die Literaturverhältnisse, das literarische Leben, das Literatursystem SBZ/DDR [...] können nicht als ihre Teilfunktionen erfüllenden Sphären eines ausdifferenzierten Gesellschaftsgefüges gesehen werden. Sie sind vielmehr Abbild der anders arbeitsteilig organisierten DDR-Gesellschaft mit veränderten Handlungsrollen und ihren spezifischen Makro-Konventionen. (Gansel 1997, 181)

In der Folge sind die Makro-Konventionen und Handlungsrollen nicht nur im Hinblick auf das Literatursystem der DDR, sondern auch auf das ehemalige KJL-System gesondert zu betrachten. So legte die „Dominanz des Politischen" ganz systemspezifische Handlungsrollen fest, zum Beispiel durch die Druckgenehmigungsbehörde im Ministerium für Kultur. Dementsprechend stellte der „Eingriff eines Literaturfunktionärs oder Politikers [...] kein Hineinwirken von außen in das Literatursystem dar, sondern war Bestandteil des Systems selbst" (Gansel 1997, 182). Auch die Makro-Konventionen müssen spezifiziert werden. Als zentral erweist sich hier das Nützlichkeitskriterium der Ästhetik-Konvention, weil sowohl Literatur als auch KJL, laut Gansel, keine „Autonomieästhetik" (ebd. 181) aufwiesen: „Was nämlich zählte, waren praktische Nützlichkeit und politischer Gebrauchswert. Eine Autonomieästhetik konnte hier keinen Platz haben" (ebd. 181).

Siegfried J. Schmidt sucht das kennzeichnende Element von Systemen mit hete-
ronomen Kunstauffassungen nicht in der Abgrenzung zu nicht-heteronomen Systemen, sondern konzentriert sich auf die Herausstellung von Gemeinsamkeiten.
Schmidt betont, dass auch im sozialistischen Realismus ästhetische Kommunikationshandlungen möglich waren (Schmidt 1980, 97 ff.). In der Konsequenz bean-
sprucht die Ästhetik-Konvention (wahr/nicht wahr; nutzvoll/nutzlos) auch dort Gültigkeit, „wo Künstlern die Aufgabe gestellt wird, nicht-ästhetische Zwecke direkt
zu verfolgen" (Schmidt 1980, 98). Denn, so Schmidt: „das Kampflied ist kein Par-
teitagsprotokoll" (Schmidt 1980, 98), ein NVA-Bilderbuch – trotz der unverkenn-
baren Dominanz politischer Kriterien – keine Propagandabroschüre. Selbst im
orthodoxen sozialistischen Realismus besteht, laut Schmidt, ein deutlicher Unterschied zwischen ästhetischen und nicht-ästhetischen Kommunikaten mit gleicher
inhaltlicher Botschaft bzw. einer ästhetischen und nicht-ästhetischen Handlung an
diesem Kommunikat. Nicht-literarische Texte weisen eine „pragmatisch eindeuti-
gere Funktion" auf (Schmidt 1980, 170). Denn die Kunst unterliegt keiner primären
„Realitätsadäquanz und direkte[n] Handlungssteuerung" (Schmidt 1980, 98).

Sowohl Gansels als auch Schmidts Perspektive erweisen sich für die Bestimmung des KJL-Systems, einschließlich der Rolle des Autors als Produzent bzw.
Urheber von KJL, als fundamental. Denn dieses war durch ein enges Beziehungs-
geflecht der einzelnen Systeme konstituiert, so dass Autoren sich in einer gänzlich anderen, weil politisch beeinflussten, Arbeitssituation befanden, als nach der
Deutschen Wiedervereinigung. Vor allem ist es aber, in Anlehnung an Siegfried
J. Schmidt, bei der Betrachtung der DDR-KJL bzw. ihrer Autoren folgerichtig
und notwendig, nicht ausnahmslos die politische Funktion, sondern auch die
ästhetische Rolle der DDR-KJL zu unterstreichen, ausgehend von der Tatsache,
dass die Autoren trotz Vermischung der Systeme innerhalb eines literarischen
bzw. kinder- und jugendliterarischen Systems agierten.

3.2 Die Theorie literarischer Produktionshandlungen: Das Voraussetzungssystem von DDR-Kinder- und Jugendbuchautoren vor und nach 1989/1990

Ausgangspunkt einer Theorie literarischer Produktionshandlungen ist die hand-
lungstheoretische Annahme, die Tätigkeit des Produzenten sei eine „Form sozialen Handelns in sozialen Kontexten" (Schmidt 1980, 199). Die Realisierung einer
Handlung bedarf grundlegender Bedingungen, wie der persönlichen Befähigung, Motivation, Bedürfnisbefriedigung und Intention des Produzenten. Der
Produzent handelt, indem er

a) einem Voraussetzungssystem unterliegt,
b) in einer Situation nach einer Strategie handelt,
c) ein Handlungsresultat erbringt (Schmidt 1980, 199).

Schmidt definiert Produktionsstrategien wie folgt:

> LPStr ist eine L-Produktionsstrategie eines L-Produzenten LP in einer L-Produktionssitu-
> ation LPSit genau dann, wenn LP-Str die Teilmenge derjenigen Elemente aus dem Voraus-
> setzungssystem von LP ist, die LP tatsächlich in einer LPSit einsetzt, um Ablaufentwürfe für
> L-Produktionshandlungen [...] zu entwickeln. (Schmidt 1980, 218)

Zur Analyse der literarischen Produktionshandlungen renommierter DDR-
Autoren der KJL vor und nach 1989/1990 ist es unerlässlich, auch die jeweiligen Voraussetzungssysteme zu betrachten. Zu den prinzipiellen Bedingungsfaktoren eines Voraussetzungssystems zählt Schmidt Wissen,
Fähigkeiten, allgemeine Motivation, Bedürfnisse, Intentionen des Produzenten sowie ökonomische, politische, soziale und kulturelle Determinanten, die
durch spezielle Kommunikationsbedingungen wie der physischen und psy-
chischen Verfassung des Produzenten ergänzt werden (Schmidt 1980, 51).
Das ökonomische, soziale und politische Bedingungsfeld definiert Schmidt
unter anderem durch folgende Faktoren (Schmidt 1980, 316 f.):

Ökonomische Bedin- gungen	Produktion von literarischen Kommunikaten in Haupt- oder Neben- beruf, persönlicher Besitz und Einstellung zu finanzieller Hono- rierung literarischer Leistung, finanzielle Förderung durch private Mäzene, Staatsstipendien oder Freundeskreise.
Soziale Bedingungen	Autorbild, Zustand gesellschaftlicher Sozialisationsinstitutionen wie Familie, Schule, Universität oder Literarische Zirkel und deren Aus- wirkungen auf den Produzenten.
Politische Bedin- gungen	Kontext bestehende Machtstrukturen und deren Auswirkung auf den Produzenten, Autorenhaltung zum gegenwärtigen Machtsystem.

Tabelle 1: Die Voraussetzungssysteme

3.2.1 Das ökonomische Voraussetzungssystem in DDR und BRD

Ökonomische Bedingungen im Handlungssystem KJL der DDR

Die eigentliche Gegensätzlichkeit der ökonomischen Bedingungen zeigt sich vor
allem an den jeweiligen Honorar-Regelungen. Durch die auf der gesetzlich fest-

gelegten Honorarordnung für freischaffende Künstler basierenden Honorargarantie, waren Kinder- und Jugendbuchautoren der DDR einer nur geringen finanziellen Unsicherheit ausgesetzt. Das Absatzhonorar für belletristische Literatur betrug laut der obligatorischen Rechtsvorschrift *Honorarordnung Verlagswesen vom 19. Mai 1971* bzw. der neuen Fassung vom 5. Februar 1988 12 Prozent bis 15 Prozent des Einzelhandelsverkaufspreises der verkauften Exemplarmenge. Im Falle einer auffallend niedrigen Auflage, die eine „angemessene Honorierung" (Honorarordnung Verlagswesen 1971/1988, Anlage 1) zu konterkarieren drohte, erfolgte die Auszahlung eines Mindesttarifs. Darüber hinaus gab es Sonderhonorarzahlungen zur „Förderung der Literaturentwicklung oder wegen besonderer politischer, künstlerischer, wissenschaftlicher oder volkswirtschaftlicher Bedeutung des Werkes" (ebd. § 4). Die monetäre Konstitution des Handlungssystems KJL wirkte erdrückenden Rentabilitätskriterien dezidiert entgegen und garantierte damit auch die Sicherung der „sozialen Position" (Arends 1991, 103) des Produzenten. Weitere, für renommierte Kinder- und Jugendbuchautoren vorgesehene Begünstigungen, ergaben sich durch die Anwendung eines Vorvertrages. Strewe unterstreicht:

> Dafür fertigten sie ein Exposé über Inhalt und Form des literarischen Projekts an und erhielten nach dessen Bestätigung finanzielle Unterstützung. Gleichzeitig wurde ihr Titel in den Perspektivplan des Verlages aufgenommen. (Strewe 2006, 88)

Das *Verlagsvertragsmuster für schöngeistige Literatur vom 1. Januar 1975* (§ 13) sah vor, Autoren ein Drittel nach Vertragsabschluss sowie ein Drittel nach Abnahme des Manuskripts auszuzahlen. Das Resthonorar folgte dem Verkauf nach Maßgabe der Abrechnungen. Der durch die generell große Zeitspanne zwischen Druckgenehmigung und tatsächlichem Druckprozess entstehenden Verzögerung wurde entgegengewirkt, indem das Resthonorar spätestens ein Jahr nach Manuskriptabnahme auszuzahlen war.

Die grundsätzliche Lohnstabilität basierte unter anderem auch auf der durchschnittlichen Auflagenhöhe eines Titels, die sich nach Duclaud im kinder- und jugendliterarischen Bereich auf nahezu 29.000 Exemplare belief (Duclaud 1989, 30).[23] Fred Rodrian, Verlagsleiter des Kinderbuchverlags Berlin, berichtet im Jahr 1979: „Und wenn wir 40.000 Exemplare eines guten Gegenwartsbuches drucken, lassen wir jetzt mal einen Titel oder einen Autor aus, dann sind die im Nu weg" (Konzag 1979, 98). Auch Kirschey-Feix weist auf den durchschnittlichen Verkaufserfolg hin: „Wenn ein Titel mal länger als einen Monat [im Buchhandel] liegen blieb, war es entweder die soundsovielte Auflage oder ein Buch, das vom Thema her nicht so sehr interessierte, was verhältnismäßig selten vorkam" (Kir-

---

23 Für die Belletristik legt Duclaud eine Auflagenhöhe von 23.000 Exemplaren fest (Duclaud 1989, 30).

schey-Feix 1993, 102). Renner geht in Bezug auf das bundesdeutsche Handlungssystem KJL im Jahr 2006 von einer durchschnittlichen Auflagenhöhe von ca. 3000–5000 Exemplaren aus, in der Tendenz sinkend: Es wird „immer mehr in immer kleineren, häufig fast unrentablen Auflagenhöhen produziert" (Renner 2006, 38). Ein nicht weniger auffälliger Unterschied beruht auf der Veröffentlichung von Neuauflagen, da innerhalb des KJL-Systems der DDR mindestens eine Neuauflage garantiert war. Weitere Förderinitiativen basierten auf der staatlichen Stipendienvergabe und dem umfassenden Prämierungswesen[24], das sich partiell auf eine feste Reihe renommierter Autoren konzentrierte. Strewe merkt an, dass „der Kreis, der sich um die KJL in der DDR bemühte und/oder von Staats wegen besonders gefördert wurde, [...] also überschaubar" blieb (Strewe 2006, 100).

Ökonomische Bedingungen im Handlungssystem KJL der BRD

In der BRD steht das ökonomische Bedingungsfeld der Handlungssysteme Literatur und KJL in einem auffällig ungleichmäßigen Verhältnis, das auf dem Peripheriestatus von KJL (vgl. Kap. 3) bzw. auf der zwischen Verlag und Autor festgelegten Grundhonorarregelung beruht, die eine Absatzhonorierung an den endgültigen Verwertungseinnahmen vorsieht: Dass Kinder- und Jugendbücher preislich günstiger gehandelt werden als Texte für erwachsene Leser, erweist sich demgemäß als entscheidender Nachteil. Die Honorarbedingungen unterliegen dem marktwirtschaftlich ausgerichteten Buchmarkt, so dass die eigene Rentabilität ein (überlebens-) notwendiges Kriterium der Verlags- und Buchhandelsbranche darstellt. Eine gesetzliche Konsolidierung fehlt. Unter der Direktion der SPD-Bundesjustizministerin Brigitte Zypries (2002–2009) traten am 1. Juli 2005 die *Gemeinsamen Vergütungsregeln für Autoren belletristischer Werke in deutscher Sprache* in Kraft. Die zwischen dem Verband Deutscher Schriftsteller (VS) als Teil der Vereinten Dienstleistungsgewerkschaft ver.di und einer repräsentativen Reihe von Verlagen festgelegten Vertragsvereinbarungen[25] gelten als Richtschnur für die Honorierung belletristischer Autoren und machen die periphere Position

---

24 Ein staatlicher Preis, speziell für die Kinder- und Jugendliteratur, war dagegen nicht vorgesehen. Auch wenn der wichtigste Literaturpreis der DDR, der Nationalpreis für Literatur, unter anderem an Kinder- und Jugendbuchautoren vergeben werden konnte, galt der Alex-Wedding-Preis (vergeben von der Akademie der Künste) als bedeutendste Prämierung im kinder- und jugendliterarischen Bereich. Weitere wichtige Auszeichnungen waren Preise des staatseigenen Kinderbuchverlags (z. B. der Sally-Bleistift-Preis für junge Autoren) sowie Prämierungen im Rahmen des Preisausschreibens zur Förderung der sozialistischen Kinder- und Jugendliteratur (1950–1979).

25 Berlin-Verlag, Fischer, Hanser, Antje Kunstmann, Lübbe, Piper, Random House, Rowohlt und Seemann-Henschel.

des Subsystems Kinder- und Jugendliteratur besonders deutlich. Die Interessen-vertretung professioneller Autoren fixiert Vergütungsregeln (§ 1), die einen Teil ihrer Mitglieder ausschließt:

> Sie [die Vergütungsregeln] finden keine Anwendung auf Verlagsverträge aus anderen Berei-chen, insbesondere nicht aus den Bereichen Sachbuch, Ratgeber, Lexika, Fachbuch, Kinder- und Jugendbuch, Schul- und Lehrbuch sowie Hörbuch, weil in diesen Bereichen andere Bedingungen gelten. (VS 2005)

Während der dort festgelegte Richtwert für Hardcover-Ausgaben eine Beteili-gung von 10 Prozent des Nettoladenverkaufspreises bzw. für Taschenbuchausga-ben zwischen 5 Prozent und 8 Prozent vorsieht, sind die Bedingungen für Kinder- und Jugendbuchautoren gänzlich andere. Branchenaussagen zufolge beträgt das Honorar für Taschenbuchausgaben – bei einem niedriger gestaffelten Ladenver-kaufspreis – durchschnittlich 5 Prozent (Weyh 2008, 3), bei Hardcovers durch-schnittlich 7 bis 9/10 Prozent (Weyh 2008, Brosche 2009), wobei das Honorar im Bilderbuchbereich noch zwischen Autor und Illustrator aufgeteilt wird. Heidt-mann gibt im Jahr 1995 an: „Auch größere, renommierte Verlage zahlen manch-mal nur 8 Prozent oder schließen mit Newcomern Knebelverträge ab: 6 Prozent Honorar und eine exklusive mehrjährige Bindung an den Verlag" (Heidtmann 1995, 8). Das niedrige Grundhonorar wird noch durch die geringe Auflagen-höhe editierter Titel unterstützt. Da hohe Auflagen ein exorbitantes Verlagsrisiko implizieren, entwickelte sich der Trend dahingehend, die Auflagenhöhe mög-lichst klein zu halten und vice versa ein größeres Buchangebot zu präsentieren. Renner erklärt im Jahr 2006, dass

> [...] immer mehr in immer kleineren, häufig fast unrentablen Auflagenhöhen produziert [wird]. Der Markt wird dadurch immer unübersichtlicher. Vor ca. fünf Jahren ging man von durchschnittlichen Auflagen von 7.000 Exemplaren aus, heute sind ca. 3.000 bis 5.000 Exem-plare üblich – abgesehen von Titeln, die in multimedialen Kontexten stehen. (Renner 2006, 38)

Im Falle einer Zusammenarbeit mit professionellen Literaturagenten wird diesen ein Teil des Autorenhonorars zugesprochen. Ein an Serialisierungskonzepten ausgerichteter „routinierter Alltagsschreiber" (Weyh 2008, 1) oder Auftrags-arbeiter, kann aufgrund seiner Marktassimilation auf einen höheren Grad finan-zieller Sicherheit hoffen als ein Autor, der sich den fundamentalen Systemstruk-turen widersetzt. Selbst eine Honorarbeteiligung von günstigenfalls 10 Prozent verweigert ein monetäres Gleichgewicht von Tätigkeit und Honorierung, da sich laut Röhring „der Aufwand der Autoren und ihr Engagement selten durch diese 10 Prozent ‚Aufwandsentschädigung' abgelten lassen" (Röhring 2008, 46). Feste Verlagsbindungen, mit der Garantie konstanter Vergütung, sind primär an den Erfolg des Autors gebunden:

Wer nicht zu den Erfolgsschriftstellern zählt, muß häufiger für jedes neue Buch einen neuen Verlag suchen. Auch wenn heute von einem Buch innerhalb eines halben Jahres die Gesamtauflage mit 5000 Exemplaren verkauft wird, der Titel, also die Kosten gedeckt hat, kann es dem Autor passieren, daß sein Verlag das Risiko einer Neuauflage scheut. Und falls von den 5000 Exemplaren innerhalb eines Jahres nur die Hälfte verkauft werden sollte, verramschen oder makulieren heute manche Verlage schon den Rest, um Lagerkosten zu sparen. Jugendbuchautoren haben somit noch stärker als ihre Verlage die Marktrisiken zu tragen. (Heidtmann 1995, 12)

Innerhalb des bundesdeutschen KJL-Systems greifen Autoren vor allem auf Lesetouren als finanziellen Ausgleich zurück.

3.2.2 Das soziale Voraussetzungssystem in DDR und BRD

Das Autorbild im Handlungssystem KJL der DDR

Das Bild des Kinder- und Jugendbuchautors hängt eng mit der schwachen Position des kinder- und jugendliterarischen Subsystems im Verhältnis zum übergeordneten Literatursystem zusammen. Im Gesellschaftssystem DDR galt die KJL als fester Teil der Nationalliteratur. Die eigentliche Unterscheidung wurde an einer graduellen, nicht aber an einer prinzipiellen Differenz festgemacht (vgl. Richter 1996). Die offizielle Wertschätzung der KJL basierte vor allem auf der besonderen Bedeutungszuweisung durch außerliterarische Systeme. „Was nämlich zählte, waren praktische Nützlichkeit und politischer Gebrauchswert" (Gansel 1995a, 3). Dass die KJL jedoch vermutlich weniger anerkannt war, als nach außen hin propagiert wurde, veranschaulicht eine Rede des bekanntesten Kinder- und Jugendbuchautors Benno Pludra auf dem X. Schriftstellerkongress 1987 (vgl. auch Richter 1996, 196):

Prosa für Erwachsene hat die Besonderheit, daß sie Kinder weitgehend ausspart. Dieser Kongreß zunächst mal auch, und darum stehe ich nun hier – eigentlich nicht gerne. [...] Es brauchte seine Zeit, bevor uns bessere Bücher gelangen, und brauchte wieder Zeit, bevor sich das herumgesprochen hatte, zum Beispiel auch dorthin, wo geistige Anerkennung von Berufs wegen formuliert wird. Hans Koch, wenn ich nicht irre, gab es als einer der Ersten an die Öffentlichkeit, und Hans Jürgen Geerdts, Professor in Greifswald, öffnete seine Universität für Arbeiten zur Kinderliteratur, als sich ähnliche Bildungsstätten noch bedeckt hielten. Das soll nicht vergessen sein. (Schriftstellerkongreß 1988, 176)
  Was nun [...] die Anerkennung auf erhöhter geistiger Ebene betrifft, so hat sich für die Kinderliteratur nennenswert nichts geändert, in fünfunddreißig Jahren, und wird sich auch nicht, soweit sich das absehen läßt. Denn die Erwachsenen, die es angeht, müßten willens und fähig sein, einen Lebensbereich noch einmal für sich selber anzunehmen, aufzunehmen, aus dem sie vor Jahrzehnten weggegangen sind. (Schriftstellerverband der DDR 1988, 177)

Seit Beginn der 1960er Jahre wurde der KJL ein hohes Maß an Beachtung und Förderung zuteil, welches auch das Ansehen der Kinder- und Jugendbuchautoren erhöhte (vgl. u. a. Peltsch 1989, Richter 1996, Doderer 1999, Strewe 2002, 2006). Neben der Gründung der Fachzeitschrift *Beiträge zur Kinder- und Jugendliteratur*[26] oder der Errichtung des Kuratoriums Sozialistische Kinder- und Jugendliteratur[27] entstanden weitere Maßnahmen, mit denen die Autoren in den Fokus des Handlungssystems rückten:

a) Institut für Literatur Johannes R. Becher

Seit 1955 wurden am „Institut für Literatur Johannes R. Becher" in Leipzig, unter Berücksichtigung parteipolitischer Interessen, generell Autoren und Lektoren ausgebildet. Die Aus- und Weiterbildung von Autoren umfasste bis 1990 in etwa 1000 Personen.

b) Die Tage der Kinder- und Jugendliteratur:

Seit 1963 veranstaltete das Aktiv KJL des Deutschen Schriftstellerverbandes[28] und der Kinderbuchverlag Berlin jährlich die „Tage der Kinder- und Jugendliteratur". In einem Zeitrahmen von drei bis vier Tagen erfolgte die Zusammenkunft von Lesern und Literaturverantwortlichen wie Autoren, Illustratoren, Übersetzern und Verlegern sowie eine daran anschließende theoretische Konferenz. Zu den 27. Literaturtagen im Jahr 1989 waren 150 Schriftsteller, Buchgraphiker und Übersetzer anwesend, die „in über 500 Lesungen viele tausend Leser erreichten" (Strewe 2006, 95).

c) Prämierungswesen

Das Prämierungswesen des Handlungssystems KJL zeigte seine umfassende Ausprägung unter anderem durch das „Preisausschreiben zur Förderung der

---

26   Auf Initiative des Schriftstellers Gerhard Holtz-Baumert und des im Kinderbuchverlag tätigen Cheflektors Fred Rodrian entstand 1962 die für KJL „umfangreichste und aufwändigste deutschsprachige Fachzeitschrift" (Strewe 2006, 98) *Beiträge zur Kinder- und Jugendliteratur.*

27   Im Jahre 1970 erfolgte die Gründung des Kuratoriums Sozialistischer Kinder- und Jugendliteratur, welches bei der Klärung prospektiver Entwicklungsmöglichkeiten von KJL beratend tätig war sowie Aufgaben der Organisation und Förderung von KJL übernahm.

28   1950 gründete sich der Deutsche Schriftstellerverband (DSV), welcher 1973 in Schriftstellerverband der DDR umbenannt wurde. Dem Schriftstellerverband waren 15 Bezirksverbände untergeordnet.

sozialistischen Kinder- und Jugendliteratur" (1950–1979), den „Alex Wedding
Preis" (seit 1968), mehrere Auszeichnungen des Kinderbuchverlags Berlin – wie
den Sally-Bleistift-Preis für junge Autoren – sowie die partielle Prämierung einzelner Kinder- und Jugendbuchautoren durch den Nationalpreis der DDR für
Literatur und Kunst, welche auf die Akzeptanz von Kinder- und Jugendbuchautoren im Gesamtsystem Literatur verweist.

Die besondere Stellung der KJL lässt sich auch an der Tatsache festmachen,
dass zahlreiche – auch renommierte Autoren – der Erwachsenenliteratur wie
Franz Fühmann, Peter Hacks oder Christoph Hein Texte für Kinder schrieben.
Als nicht weniger aussagekräftig erweist sich, dass der Kinder- und Jugendbuchautor Gerhard Holtz-Baumert seit 1977 als Vizepräsident des Schriftstellerverbands agierte. Neben der staatlichen Autorenförderung durch Stipendien oder
Reisemöglichkeiten waren Mitgliedern des Schriftstellerverbands Privilegien
wie Wohnungszuweisungen, Vorsorgeuntersuchungen oder Erholungsmöglich-
keiten im organisationseigenen Erholungsheim „Friedrich Wolf" bei Petzow
zugänglich. Kinder- und Jugendbuchautoren wurden nicht aus dem System ausgeschlossen, sondern – unter anderem innerhalb des Kinderbuchverlags Berlin –
gezielt gefördert.[29]

Das Autorbild im Handlungssystem KJL der BRD

Während die DDR-KJL als fester Teil der Nationalliteratur anerkannt wurde,
ist in der bundesdeutschen Germanistik, laut Nassen, dieser Bewusstseinsstand
noch nicht allgemein erreicht" (Nassen 2000, 14).[30] Zohar Shavit, die in ihrem
Werk *Poetics of children's literature* (1986) das KJL-System als ein Subsystem
mit Peripheriestatus zum Zentrum definiert, weist 1990 darauf hin, dass selbst
renommierte Kinder- und Jugendbuchautoren ihre Zugehörigkeit zum Subsystem KJL beschämt verschweigen: „Bekanntermaßen geben Autoren für Kinder
gewöhnlich nur ungern zu, dass sie für Kinder schreiben. [...] Eigentlich gibt es
kaum ein Interview mit einem Kinderbuchautor, in dem dieser nicht die Kinder

---

29   Katrin Pieper: Der Kinderbuchverlag: Interview. Berlin, 3.2.2010. Unveröffentlicht.
30   Eine diachrone Betrachtung des von Brunken im Jahr 1999 noch als verhältnismäßig gering
     beschriebenen Lehrangebots zur KJL an deutschen Universitäten und PHS offenbart eine
     deutliche Veränderung im Jahr 2008. Weinkauff konstatiert: „Diese Situation hat sich im
     neuen Jahrtausend merklich verändert. Die Kinder- und Jugendliteratur ist gegenwärtig als
     Teil der Hochschullehre deutlich stärker etabliert als 1999" (Weinkauff 2009, 2). In Anleh-
     nung an eine von Baumgärtner im Jahr 1969 akzentuierte Grundwahrheit über die Auslas-
     sung und Art der Berücksichtigung von Kinder- und Jugendliteratur in Forschung und Lehre
     (Baumgärtner 1969, 122) formulierte Weinkauff: „[...] der skeptische Unterton [...] hat sich
     jedoch keineswegs erübrigt" (Weinkauff 2009, 11).

als Zielgruppe zu leugnen sucht" (Shavit 1990, 25). Im Vergleich beschreibt Uwe Kant seine Berufsrolle innerhalb des realsozialistischen Staats wie folgt:

> Ich war nun Kinderbuchautor der DDR; und das war nicht viel weniger, als wäre ich Eishockeyspieler bei Dynamo Weißwasser geworden. Oder Oboist hier und dort. Teufel, ich gehörte dazu! (Rimkus-Beseler 2009, 304)

Shavit begründet die marginale Position von Kinder- und Jugendbuchautoren mit dem Zwang, auf die literarischen Voraussetzungen ihrer Alterskohorte Rücksicht nehmen zu müssen (Shavit 1990, 32). Im Handlungssystem KJL der DDR war der hohe und stets weiterzuentwickelnde ästhetische Anspruch an KJL ein notwendiges Kriterium zur Vereinigung der Kinder- und Erwachsenenliteratur, die dem „Wunsch nach einer Literatur für Kinder- und Jugendliche, die – auf hohem künstlerischen Niveau stehend – junge Menschen zu aktiven Gestaltern der sozialistischen Gesellschaft [erzieht]", entsprach (Richter 1996, 192).

Ewers sieht in Anlehnung an die diskurstheoretische Zuschreibung Michel Foucaults (1988) die Kategorie Autor als ein Ordnungselement des literarischen Diskurses, das den Unterschied zwischen der KJL und Erwachsenenliteratur deutlich macht (Ewers 2000, 149). Während die Kategorie des Autors in der Erwachsenenliteratur anderen Kategorien übergeordnet ist bzw. eine Ordnungsmacht darstellt, nimmt diese im kinder- und jugendliterarischen System eine nur untergeordnete Position ein und verliert in nicht-professionellen Diskursen unter Umständen sogar völlig an Bedeutung:

> Wir haben es bis auf den heutigen Tag mit einem Literaturbereich zu tun, in dem Titel und Einzelwerk im allgemeinen immer noch bekannter sind als der Verfasser, dessen Name oft nur Fachleuten geläufig ist. (Ewers 2000, 149)

Zwar ist die Kategorie Autor im professionellen Bereich eine feste Größe, doch kann sie auch hier keine übergeordnete Position innerhalb des literarischen Diskurses beanspruchen: „Bis auf den heutigen Tag hat es im Kinderliteraturbereich keine Empfehlungsliste, kein Auswahlverzeichnis, keine Vermittlungsstrukturen gegeben, die primär nach Autoren ausgerichtet waren" (Ewers 2000, 150). Im Gegensatz zu Vermittlern und Zensoren ist der Verfasser eines Textes irrelevant, bedeutungsvoll scheint bloß, „für welche Adressatengruppe und zu welchem Zweck er verfasst worden ist (ebd. 152). Der Name eines Autors gilt nicht als Garant für gute Literatur, wohl aber die Zuweisung des Vermittlers. Die Autorenmeinung ist nur relevant, wenn es sich um auffallend renommierte Autoren handelt – deren Position im Vergleich zum System Literatur jedoch ebenfalls schwach ist. Das KJL-System war im Gegensatz zur Erwachsenenliteratur, wo die Autorenposition schon seit dem ausgehenden 18. Jh. gefestigt worden war, seit jeher darauf ausgerichtet, „Macht und Einfluss des Autors gering zu halten" (ebd.153).

3.2.3 Das politische Voraussetzungssystem in DDR und BRD

Politische Bedingungen im Handlungssystem KJL der DDR

Das literaturpolitische Einflussgebiet des seit 1951 bestehenden Amts für Literatur und Verlagswesen erweiterte und intensivierte sich sukzessiv: 1956 folgte die Gründung der Hauptverwaltung Verlagswesen im Ministerium für Kultur und 1958 die Konstituierung der Abteilung Literatur und Buchwesen. Im Jahr 1963 ging daraus die Hauptverwaltung Verlage und Buchhandel (HV) im Ministerium für Kultur (MfK) hervor, der Aufgaben wie die Koordinierung und generelle Planung von Programmen, der Produktion und der Finanzierung aller 78 lizenzierten Verlage zufielen (Altenhein 1990a, 6). Dass die Verlagsanleitung bzw. die literarische Überwachung einen nur kleinen – wenn auch elementaren – Teil des Zuständigkeitsbereichs ausmachte, zeigt die Ausweitung des Zuständigkeitsbereiches auf die Leipziger Kommissions- und Großbuchhandelsgesellschaft (LKG), den Volksbuchhandel, den Buchaußenhandel sowie das Antiquariats- und Bibliothekswesen (vgl. auch Lokatis 2009, 1). Die Kulturabteilung des Zentralkomitees der SED legte verbindliche Richtlinien fest, welche die HV mittels kulturpolitischer Direktiven an das Verlagswesen zu übermitteln hatte (Kahlefendt 2000, 30). Um ein Auftreten thematischer Interferenzen zu vermeiden, erhielten die Verlage im Rahmen eines sogenannten Fünfjahresplans die Zuweisung einschlägiger Themengebiete und Titelschwerpunkte, auf deren Grundlage Jahrespläne zu erstellen waren. Lokatis gibt an, dass die ideologisch adäquate Ausrichtung der Programme bzw. der festgelegte Anteil an sowjetischer und westdeutscher Literatur sowie der DDR-Pionierliteratur eine entscheidende Rolle bei der Papier- und Devisenzuteilung gespielt habe (Lokatis 2006, 105). An der Generierung von Jahresplänen wirkten nicht nur die Verlage, sondern auch fachwissenschaftliche Experten des Buchhandels, pädagogischer Einrichtungen oder von Massenorganisationen mit. Ein Vermerk innerhalb des Gesetzblatts der DDR wies darauf hin, dass zur Herstellung von Druck- und Vervielfältigungserzeugnissen unabhängig von der Zahl der gefertigten Exemplare sowie von der Art der zur „Herstellung benutzten Maschinen, Apparate, Geräte oder Gegenstände eine staatliche Genehmigung (Druckgenehmigung) erforderlich" sei (Gesetzblatt der DDR 1962, 239). Die Notwendigkeit des Druckgenehmigungsverfahrens der Hauptverwaltung Verlage und Buchhandel beruhte laut Walter Ulbricht auf der Sicherstellung der „Qualität der Literatur"[31]. In dieser Beziehung wirkte die HV

---

31   Ulbricht, W.: Zu einigen Fragen der Literatur und Kunst. Aus der Rede auf dem 11. Plenum, in: Neue Deutsche Literatur 14, H. 2, 1966, S. 9.

im MfK nicht als alleinige Entscheidungsgewalt, sondern als eine dem Polit-
büro und Zentralkomitee der SED untergeordnete Instanz. Nach Walther stand
die HV in ebenso enger Verbindung zu dem Ministerium für Staatssicherheit,
welches Ende 1969 eine speziell mit der Überwachung kulturpolitischer Ange-
legenheiten betraute Behörde errichtete (Walther 1996, 793 ff.). Der dort seit
1975 systematisch erfolgte Ausbau erreichte seinen Kulminationspunkt in der
Ausbürgerung des als renitent beurteilten DDR-Liedermachers Wolf Biermann
1976. Zwischen 1974 und 1976 fand innerhalb des Gesamtliteratursystems eine
Potenzierung aller operativen Vorgänge um 288 Prozent, von 8 auf 31 Fälle,
statt (Walther 1996, 168 f.). Entsprechend stellte auch das konsequente Werben
von Autoren als Inoffizielle Mitarbeiter (IM) keine irreguläre Maßnahme dar.
In seinem Standardwerk *Sicherungsbereich Literatur* legt Joachim Walther
(1996) Namen, Daten und Hintergründe des Ablaufs offen.

Die zensorische Verlagsarbeit

Indem sich die zentralen zensurpolitischen Handlungen nach einer Reihe politischer Sanktionen in den 1950er Jahren sowohl auf das Verlagswesen als auch auf
den Autor selbst ausweiteten, erhöhte sich die Undurchsichtigkeit bzw. Subtilität
des Gesamtsystems Zensur beträchtlich. Lokatis akzentuiert:

> Die Rolle der Selbstzensur in der DDR wird meist überschätzt. Diese war anders als in der
> Bundesrepublik kein moralisches Problem eines korrumpierten Autorengewissens, sondern
> Folge eines institutionell vermittelten Erziehungsprozesses, einer Konditionierung durch
> elektrische Stromschläge. (Lokatis 2009, 3)

Der Erwachsenenbuchautor Christoph Hein, Verfasser des Kinderbuchs *Wildpferd unterm Kachelofen* (1984), unterstreicht während seiner Rede auf dem X.
Schriftstellerkongress 1987 die literarische Konsequenz der praktizierten Selbstzensur öffentlich:

> [...] dem es nicht gelingt, aus seiner Arbeit die ihr folgende Zensur herauszuhalten, wird
> gegen seinen Willen und schon während des Schreibens ihr Opfer: er wird Selbstzensur üben
> und den Text verraten oder gegen die Zensur anschreiben und auch dann Verrat an dem Text
> begehen, da er seine Wahrheit unwillentlich und möglicherweise unwissentlich polemisch
> verändert. (Schriftstellerverband der DDR 1988, 229).

Gründe für die Ausübung von Selbstzensur können neben der garantierten Werk-
veröffentlichung verhältnismäßig vielseitig sein: Dazu gehören das enge Einge-
bundensein in die Gemeinschaft, das sich durch einen eng bestehenden Kontakt
zwischen Autor, Lektor oder Zensor äußert, wie auch die Hoffnung auf gesellschaftspolitische Veränderungen. Manfred Jäger (1993) definiert in seinem Auf-

satz *Das Wechselspiel von Selbstzensur und Literaturlenkung in der DDR* Selbstzensur auch als ein Resultat verlagsinterner Auseinandersetzung:

> Am Ende lief alles auf Selbstzensur hinaus, denn der Urheber des Textes mußte billigen oder
> billigend in Kauf nehmen, was ihm mit sanftem oder kräftigem Druck vorgeschlagen wurde.
> Auch in der konkreten Auseinandersetzung um ein Manuskript, ja um ein einzelnes Wort,
> setzte sich formell Selbstzensur fort. (Jäger 1993, 36)

Ein anderer zensurpolitischer Vorgang beruht auf der dem Verlag auferlegten Verordnung, der Druckgenehmigungsbehörde nicht nur das eigentliche Manuskript,
sondern auch ein Verlags- und Außengutachten einzureichen. Das Verfassen des
Außengutachtens wurde von einer verlagsexternen Gruppe fachkundiger Personen, wie Pädagogen, Literaturwissenschaftlern oder Journalisten, übernommen.
Innerhalb des Verlagsgutachtens waren analog der Berücksichtigung pragmati-
scher Faktoren wie Lesealter oder Auflagenhöhe, die Kommentierung der tatsächlichen Umsetzung von Korrekturvorschlägen des Außengutachters relevant
sowie die Bewertung der ideologischen und literarästhetischen Gesamtwirkung
des Textes. Lokatis bekräftigt, dass trotz politisch-ideologischer Ausrichtung
viele Gutachter „auf einem beneidenswerten Niveau" debattierten (Lokatis 2006,
108). Auf Grundlage der eingereichten Gutachten entschied die Druckgenehmigungsbehörde über Bewilligung und Ablehnung des Antrags, wobei eine hohe
Kontrollintensität bereits aus Zeitgründen unmöglich war. Lokatis betont:

> [...] die HV beschied sich mit Stichproben, mit einer Art Endabnahme- und TÜV-Funktion.
> Brisante oder verdächtige Manuskripte mit unzureichendem Gutachten wurden noch einmal
> in Augenschein genommen oder an zuverlässige anonyme Außengutachter weitergeleitet.
> (Lokatis 2009, 3)

Lokatis beschreibt die Betriebsorganisation der Verlage, die es „erlaubte, die
»Genossen« intensiv in die Pflicht zu nehmen" sowie die Lektorarbeit als weitere
elementare Determinanten des DDR-Zensursystems (Lokatis 2006, 105).

Sehr viel üblicher als Buchverbote war die Praxis einer teils Jahre umfassenden Verzögerung des Veröffentlichungsprozesses, um ideologischen Spannungen
adäquat vorbeugen zu können.[32] Zensurpolitische Arbeit erfolgte in einer subtilen
Atmosphäre zahlreicher Diskussionen und Verhandlungen.[33] Lokatis expliziert,

---

32   Lokatis nennt die Aufgabenfunktion der Druckgenehmigungsbehörde, Verlage und Volks-
      buchhandel auch ökonomisch zu lenken, als zentralen Grund für das gegenseitige Entgegen-
      kommen in ideologisch heiklen Fällen, „denn jeder Zensureingriff, jedes Buchverbot ging auf
      Kosten der eigenen Unternehmen und schnitt ins eigene Fleisch" (Lokatis 2006, 103).

33   Exemplarisch kann die postalische Mitteilung des Leiters des Kinderbuchverlags Fred Rodrian
      an das Ministerium für Kultur, Abteilung Verlag und Buchwesen 1992 diese Praxis veran-
      schaulichen. Rodrian formuliert: „Wir überreichen in der Anlage das Manuskript „Hubert,
      das Flußpferd" von Alex Wedding, das schon vor Erscheinen einigen Staub aufgewirbelt hat.
      Bekanntlich hatten Sie uns dieses Buch zurückgeschickt [...]. Sie hatten, wie Sie sich erinnern,

der Verlag war „gehalten, die Meinung der Zensurbehörde und ihrer Gutachter als seine eigene zu vertreten" (Lokatis 2006, 107). Auch das Lektorat sollte ideologische Fehltritte nicht denunzieren, sondern Empfehlungen aussprechen (Zipser 1995, 16). Die Überschneidung der Systeme war dafür verantwortlich, dass „freilich auch der reale Akt der Zensur nicht als solcher empfunden werden konnte" (Gansel 1997, 182).

Selbst der Terminus Zensur blieb ungenutzt und wurde durch Bezeichnungen wie Lenkung, Leitung oder Planung ersetzt (vgl. Jäger 1993, 21). Nach Jäger war auch der Begriff „Verbot" Teil eines tabuisierten Sprachrepertoires. „Das Amt verbietet nicht, es sieht nur von einer Herausgabe ab" (Jäger 1993, 30 f.). Druckverweigerungen wurden durch Papier- und Devisenmangel begründet. Wiesner fasst zusammen:

> Zensor nannte man sich in dieser Behörde sonst nur im vertraulich schulterklopfenden Scherz, in den zahlreichen Briefen und Notizzetteln, die über die Schreibtische wanderten und dann doch mit peinlicher Sorgfalt in den Dossiers der Druckgenehmigungsakten zwischen Gutachten, Verlagsbriefen, Protokollen und der Korrespondenz mit dem ZK der SED abgeheftet wurden. Jene, die glaubten, Literatur prozeßhaft entwickeln und lenken zu können, [...] versuchten [...] die Tatsache literarischer Zensur als Literaturförderung zu verschleiern. (Wiesner 1993, 9 f.)

Lokatis akzentuiert sogar einen „schonungsvoll pflegenden Umgang" zwischen Druckgenehmigungsbehörde im Ministerium für Kultur und dem Kinderbuchverlag Berlin (Lokatis 2006, 104), den Dolle-Weinkauff und Peltsch mit einer geringeren Wertschätzung der KJL begründen:

> Verglichen mit der Literatur für Erwachsene war in der Kinderliteratur mehr möglich, konnte Deutlicheres, Keckeres, Vordenkerisches veröffentlicht werden. Im Gegensatz zu den vielen Beispielen für Zensureingriffe und Verbote im Erwachsenenbereich sind Fälle von harschen Eingriffen in die Kinderliteratur eher die Ausnahme. Sicher gab es bei der Mehrheit der Kinderbuchautoren die >Schere im Kopf<. Aber die Autoren und Autorinnen, die für Kinder schrieben, waren in einer günstigeren Position als die von Erwachsenenliteratur; sie schrieben eben *nur* für Kinder, und da sah *man* so genau nicht hin. (Dolle-Weinkauff/Peltsch 2008, 433 f.)

Diesem in der Fachwissenschaft gebräuchlichen Argument – das auch der Tatsache entgegensteht, dass die Kulturpolitik der DDR ihrer KJL eine offiziell hohe Bedeutung zuwies – widerspricht der DDR-Kinderbuchautor Uwe Kant, indem er auf Kontrollinstanzen außerhalb des Verlags und des Ministeriums für Kultur verweist:

> Das wäre die Kehrseite dessen, was immer vom Verhältnis Kinderliteratur und Zensur überliefert wird. Nämlich diese habe sich so gut entwickeln können, zugegeben, weil jemand

die Druckgenehmigung nicht verweigert, uns aber gebeten, der Autorin Veränderungsvorschläge zu machen. Das war auch zeitlich möglich" In: BArch, DR 1 /5101, 31.8.1962, Bl. 60.

nicht so richtig hingeguckt habe. [...] Warum aber sollte die sogenannte Zensur selektiv so nett gewesen sein? Oder so doof? Gerade die Kinderliteratur lebte mit Kontrollinstanzen oder auch natürlichen, wenngleich ungeliebten Verwandten, die sich nicht nur für besonders befugt, befähigt hielten, ideologisch scharf hinzuschauen, sondern sozusagen auch über genug Zeit dazu verfügten, hatten sie doch, um es ein wenig boshaft auszudrücken, fast nichts anderes, jedenfalls nichts besseres, zu tun. Ich meine die FDJ, Pionierorganisation, Volksbildung. (Rimkus-Beseler 2009, 304)

Ziermann deklariert bereits die allgemein dogmatische und starre Durchsetzung der marxistisch-leninistischen Weltanschauung al s faktische Zensur, da die Vorarbeit der Verlage den eigentlichen Zensurvorgang „ziemlich reibungslos" machte:

Aus dieser Grundsituation heraus erwuchs einerseits der umfassende, in alle Bereiche des gesellschaftlichen Lebens hineinreichende Charakter staatlicher Zensurmaßnahmen, andererseits der unversöhnliche Kampf gegen jedwede geistige Abweichung von der vorgegebenen ‚Parteilinie'. (Ziermann 2000, 55)

Besonders zynisch erscheint dabei die offiziell proklamierte „Freiheit der Presse, des Rundfunks und des Fernsehens"[34] sowie die in der Verfassung verankerte Meinungsfreiheit:

Jeder Bürger der Deutschen Demokratischen Republik hat das Recht, den Grundsätzen dieser Verfassung gemäß, seine Meinung frei und öffentlich zu äußern. Dieses Recht wird durch kein Dienst- oder Arbeitsverhältnis beschränkt. Niemand darf benachteiligt werden, wenn er von diesem Recht Gebrauch macht.[35]

Möglichkeiten und Grenzen innerhalb der KJL

Zweifelsohne muss das Ausmaß der DDR-Zensurpolitik auch auf die konkrete Altersgruppe der Leser bezogen werden, da Bücher für Jugendliche stärkeren Restriktionen unterliegen konnten, als Werke für Kinder. Insbesondere in den 1950er und 1960er Jahren kam es im Jugendbuchverlag Neues Leben vermehrt zu »ideologischen Pannen«, Buchverboten, Einstampfungen und strengen kaderpolitischen Sanktionen" (Lokatis 2006, 113). Wichner und Wiesner verweisen nach einem dem Lektorat des Verlags entnommenen Dokument auf eine Liste von „Reizwörtern": ‚Konsumdenken', ‚Waldsterben', ‚Generationskonflikt'. Die Begriffe wurden substituiert durch: ‚Streben nach materiellem Wohlstand', ‚Waldschäden' und ‚Miteinander von jung und alt' (vgl. Wichner/Wiesner 1991, 29). Der amerikanische Literaturwissenschaftler Richard Zipser hebt Aspekte wie die ‚positive Darstellung und Bewertung der westlichen Gesellschaft', ‚Kritik

---

34   Verfassung der Deutschen Demokratischen Republik vom 6. April 1968. Fassung des Gesetzes zur Ergänzung und Änderung der Verfassung der Deutschen Demokratischen Republik vom 7. Oktober 1974, Berlin: VEB Deutscher Zentralverlag 1989, Artikel 27, S. 29.

35   Ebd.

an führenden Mitgliedern der SED' oder ,die kritische Darstellung der Sowjetunion und ihrer Führer' als „bekannte Tabus" hervor (Zipser 1995, 19). Weiterhin betont Zipser, dass Themen, welche die ,Armee', ,Wehrdienstverweigerung', ,Umweltverschmutzung', ,Alkoholismus', ,Drogenmiss-brauch', ,Arbeitslosigkeit' oder ,Kriminalität in sozialistischen Ländern' tangierten, als „verbotene Themen" galten (ebd.). Nicht weniger eng hing die konkrete zensurpolitische Praxis mit dem zeitlichen Entstehungskontext eines Werkes zusammen. Denn mit der kulturpolitischen Entwicklung des Landes vergrößerten sich auch die „Toleranzspielräume" (Lokatis 2009, 3). Als besonders anschauliches Beispiel für die Gewissenhaftigkeit einzelner Gutachter der 1950er und 1960er Jahre kann die Kontroverse um das Buch *Hubert, das Flußpferd* (1963) der erfolgreichen Autorin Alex Wedding gelten, die von ihrem Gutachter wie folgt kritisiert und gemaßregelt wurde (vgl. Lokatis 2006):[36]

> a) Das Flußpferd ,läuft auf den beiden linken, dann auf den beiden rechten Beinen.' Geht das?
>
> b) Das Flußpferd verschluckt den Gouverneur. Dazu muss man wissen, daß ein Flußpferd in einem Zoo starb, als es einen Ball verschluckte.

Der Autor Benno Pludra berichtet auf dem X. Schriftstellerkongress 1987 über sein im Jahr 1952 erschienenes Kinderbuch *Die Jungen von Zelt 13*:

> Als wir anfingen zu schreiben, waren positive Antworten gefragt, und für mein erstes Buch im Kinderbuchverlag [...] erhielt ich Schelte, weil es Jungen, wie von mir beschrieben, rabaukenhaft und so, schon damals bei uns nicht mehr gegeben haben sollte, und Liebe zur Heimat war nicht artikuliert, und die Zeltgärten waren falsch gebaut.[37]

Lokatis differenziert die divergierenden Entwicklungszonen in „Tauwetter-Phasen" und „Frosteinbrüche" (Lokatis 2006, 104). Zweifelsohne wurden einschlägige Kontrollmechanismen nach dem als „Kahlschlag" berüchtigten 11. Plenum 1965 restriktiver ausgeführt als nach der Amtseinführung Erich Honeckers im Jahr 1971, die Weite, Vielfalt und Phantasie als feste Prinzipien der DDR-Literatur versprach:

> Wenn man von der festen Position des Sozialismus ausgeht, kann es meines Erachtens auf dem Gebiet von Kunst und Literatur keine Tabus geben. Das betrifft sowohl die Fragen der inhaltlichen Gestaltung als auch des Stils – kurz gesagt: die Fragen dessen, was man die künstlerische Meisterschaft nennt. (Honecker 1971, 22)

Auf dem X. Schriftstellerkongress 1987 prangerte der Schriftsteller Christoph Hein die Zensur offen, deutlich und eklatant kritisch an:

---

36   In: BArch, DR 1 /5101, 9.8.1962, Bl. 72–73.
37   In: Schriftstellerverband der DDR: X. Schriftstellerkongreß der Deutschen Demokratischen Republik. 24.-26. November 1987. Plenum, Berlin/Weimar: Aufbau 1988, S. 176.

Das Genehmigungsverfahren, die staatliche Aufsicht, kürzer und nicht weniger klar gesagt: die Zensur der Verlage und Bücher, der Verleger und Autoren ist überlebt, nutzlos, paradox, menschenfeindlich, volksfeindlich, ungesetzlich und strafbar. (Schriftstellerverband der DDR 1988, 228)

Das Genehmigungsverfahren, die Zensur muß schnellstens und ersatzlos verschwinden, um weiteren Schaden von unserer Kultur abzuwenden, um nicht unsere Öffentlichkeit und unsere Würde, unsere Gesellschaft und unseren Staat weiter zu schädigen. (ebd. 231)

Infolgedessen initiierten der stellvertretende Minister für Kultur Klaus Höpcke sowie der Präsident des Schriftstellerverbandes Hermann Kant in Auseinandersetzung mit Kurt Hager die Abschaffung des Druckgenehmigungsverfahrens zum 1.1.1989. Höpcke sieht die Begründung für die relative Unbemerktheit des entscheidenden Vorgangs in den gesellschaftspolitischen Entwicklungen 1989. Obwohl er betont, dass für eine klare Regelung der Gesamtpraxis mehr Zeit notwendig gewesen wäre, akzentuiert er ebenso: „Eine tatsächliche Reform in diesem Punkte haben wir gemacht. Und nicht bloß gepredigt, dass man reformieren müsste, sondern es ist eingeleitet worden."[38] Auch Lokatis weist darauf hin:

Schließlich kam es soweit, dass die Zensurbehörde daran ging, die Belletristik-Zensur abzuschaffen. [...] Hager stellte zwar die seltsame Bedingung, dass davon niemand erfahren dürfe – schließlich konnte man schlecht eine Zensur abschaffen, die offiziell gar nicht existiert hatte –, aber eine solche Sensation machte die Runde, und die Vermutung, dass die Abschaffung der Zensur das öffentliche Meinungsklima im Vorfeld der ‚Wende' entscheidend beeinflusst hat, ist kaum von der Hand zu weisen. (Lokatis 2009)

Politische Bedingungen im Handlungssystem KJL der BRD

Der Artikel 5 des bundesrepublikanischen Grundgesetzes vom 23. Mai 1949 betont das Fehlen jeglicher Form von Zensur explizit: „Eine Zensur findet nicht statt" (ebd. Abs. 1). Demzufolge sind Meinungs-, Informations- und Pressefreiheit (Abs.1) sowie die Freiheit der Kunst und Wissenschaft (Abs.3) verfassungsgemäß konstituiert. Abweichungen ergeben sich im Kontext jugendgefährdender Medien sowie Medien, die sich durch das Verletzen des Persönlichkeitsrechts über die Kunstfreiheit erheben.

Diese Rechte finden ihre Schranken in den Vorschriften der allgemeinen Gesetze, den gesetzlichen Bestimmungen zum Schutze der Jugend und in dem Recht der persönlichen Ehre. (Grundgesetz: Artikel 5, Abs. 2)

Dass einschlägige Grenzsituationen auch im kinder- und jugendliterarischen System der BRD existent sind, verdeutlicht der medienwirksame Fall des Bilderbuchs *Wo bitte geht`s zu Gott? fragte das kleine Ferkel – Ein Buch für alle,*

---

38   Becker, M.: Kinder- und Jugendliteratur. Interview mit Klaus Höpcke. 4.2.2010, Berlin (unveröffentlicht).

die sich nichts vormachen lassen (2007). Aufgrund der von ihr vermuteten Dis-
kreditierung des Christentums, Judentums und Islams stellte Susanne Schuster,
beauftragt für Jugendschutz und Medienkompetenz im *Bundesministerium für
Familie, Senioren, Frauen und Jugend*, Ende des Jahres 2007 bei der Bundesprüfstelle für jugendgefährdende Medien einen Indizierungsantrag nach §18 des
Jugendschutzgesetzes: „Die Besonderheiten jeder Religion werden der Lächer-
lichkeit preisgegeben."[39] Die maßgebliche Kritik Schusters richtete sich gegen
die Darstellung des Judentums, die sie als „Angst einflößend"[40] und damit als
unvertretbar deklarierte. Obwohl ihre Initiative mit der Antragsablehnung der
Bundesprüfstelle am 7.3.2008 scheiterte, stieß Schusters Maßnahme eine öffentliche Diskussion an, deren Ausmaß sich vor allem in der Strafanzeige wegen
„Volksverhetzung" der katholischen Diözese Rottenburg-Stuttgart und in dem
mit Pressebeiträgen und einer Unterschriftenaktion („Rettung des Ferkelbuchs")
gestalteten Webseitenauftritt[41] des Autors und verantwortlichen Verlags (Alibri-
Verlag Giordano Bruno Stiftung) zeigt. Dass „Eingriffe in die Meinungsfreiheit
auch im demokratischen Rechtsstaat keine Ausnahme sind", belegt Bodo Plachta
in seinem im Jahr 2006 erschienen Werk *Zensur* anhand zahlreicher Beispiele.
Matthias N. Lorenz akzentuiert:

> Davon zu sprechen, heute finde in Deutschland noch eine Zensur statt [...] wäre verfehlt.
> Wohl aber gibt es eine Vielzahl an Vorfällen, die sich in gesetzlichen Regulierungen, privat-
> rechtlichen Verfahren und öffentlichen Debatten über das, was ‚erlaubt' sei und was nicht,
> niedergeschlagen haben. (Lorenz 2009, 12)

Auch Peltsch hebt hervor: „Nicht mit Zensur gleichzusetzen ist das ‚Gesetz über
die Verbreitung jugendgefährdender Schriften'" (Knobloch/Peltsch 1998, 182),
während Ewers den Jugendschutz als staatliches „Zensurwesen" bezeichnet
(Ewers 2000, 42). Einrichtungen bzw. Kontrollträger zum Schutz der Jugend sind
im Rahmen der 1954 eingerichteten „Bundesprüfstelle für jugendgefährdende
Medien" (bis 2003: Bundesprüfstelle für jugendgefährdende Schriften) und der
„Kommission für Jugendmedienschutz" (KJM) – zuständig für privaten Rundfunk und Internet – vertreten. Die seit Inkrafttreten des neuen Jugendschutzgesetzes (JuSchG), des Jugendmedienschutz-Staatsvertrags und der Verordnung
zur Durchführung des Jugendschutzgesetzes im Jahre 2003 geschaffene KJM ist
zuständig für die Überwachung der neu verordneten Selbstkontrolle der Medien-
anbieter Rundfunk und Telemedien – analog dem System der Selbstkontrolle

---

39   Schuster, S.: Bundesministerium für Familie Senioren Frauen und Jugend Referat 504:
      Jugendschutzgesetz Medienkompetenz: Indizierungsantrag nach dem Jugendschutzgesetz.
      Bonn an Bundesprüfstelle für jugendgefährdende Medien, 21.12.2007 (http://www.ferkel-
      buch.de/, 1.3.2011), o. S.
40   ebd.
41   Vgl.: www.ferkelbuch.de (1.3.2010).

durch die FSK: „Freiwillige Selbstkontrolle der Filmwirtschaft". Die KJM und die festgelegte „Anbieterselbstkontrolle" stellen eine Maßnahme dar, mit der die Bundesprüfstelle entlastet und die heutige Vielfalt an Medienangeboten bewältigt werden soll (Lorenz 2009, 74 f.). Lorenz akzentuiert, dass im Gegenzug ein System der Selbstzensur geschaffen wird, das „im Verborgenen" wirkt und der „öffentlichen Kritik nicht mehr zugänglich" ist (Lokatis 2009, 76).

In Anlehnung an die Empirische Theorie der Literatur nach Schmidt (1980) lässt sich das System Kunst von anderen Systemen gerade dadurch abgrenzen, dass eine Normverletzung nicht mit einer von der Gesellschaft dafür vorgesehenen Sanktion bestraft wird. Von der „regulierten Selbstregulierung" (Hillebrandt 2003) abgesehen, finden gesetzliche Verbote bzw. offizielle Verbotsversuche nicht in einer bedrohlichen Atmosphäre statt, sondern werden von öffentlichen Diskussionen und Meinungsverschiedenheiten eng begleitet, innerhalb derer keine persönlichen Sanktionen befürchtet werden müssen.

3.2.4 Das Voraussetzungssystem im Kontext kulturpolitischer Entwicklungen nach 1989/1990

Die nachwendezeitliche Bibliothekssituation der ostdeutschen Bundesländer

Umlauf konstatiert, die Anzahl der kinder- und jugendliterarischen Entleihungen in den öffentlichen Bibliotheken der BRD weise im Jahr 2005 mit 28 Prozent eine höhere Dimension auf als der Anteil des Umsatzes im gesamtdeutschen Buchhandel (Umlauf 2005, 105). Demgemäß ist auch der Bibliothekssituation eine deutliche Beeinflussung des Leseverhaltens und schließlich der Entwicklung der DDR-KJL zuzuschreiben.

Das flächendeckende Bibliotheksnetz der DDR unterlag aufgrund politischer, kultureller und technischer Veränderungen der konsequenten Angleichung an westdeutsche Strukturen und Organigramme, bis 1993 finanziell unterstützt durch das Sonderprogramm „Bestandsaufbau Ost" der Bundesregierung. Bislang staatlich finanziert und abgesichert durch das DDR-Kultusministerium, fiel die grundsätzliche Betreuung der Bibliotheken nun in die Zuständigkeit von Ländern und Kommunen.[42] Dabei, so Rückl, fiel „fast die Hälfte aller Bibliotheken [...] dieser Umorganisation zum Opfer (Rückl 2000, 7). Rückl führt

---

42   Lux betont, dass das Sonderprogramm auch als „Wirtschaftshilfe für den Buchhandel" verstanden werden kann, da die Verlage und Buchhandlungen der alten Länder von den Bestandserneuerungen ostdeutscher Bibliotheken wirksam profitierten (Lux 1998, 5).

fort: „Sie werden aufgegeben, das Personal wird entlassen, die Bücherbestände entsorgt" (ebd.), wobei sich die Bestandserneuerungen, laut der *Arbeitsgemeinschaft 1* der 1990 gegründeten *Bund-Länder-Arbeitsgruppe Bibliothekswesen der Gemeinsamen Bildungskommission*, als unerwartet hoch erwiesen: „Ging man in der AG 1 zunächst davon aus, daß bei Belletristik und Kinderliteratur je 10 Prozent, bei der Sach- und Fachliteratur je 15 Prozent Medienbestände ausgewechselt werden müßten, liegen die Erfahrungswerte Ende 1992 bei insgesamt über 40 Prozent."[43] Dreßler (2000, 102) betont in Bezug auf die öffentlichen Bibliotheken Sachsen-Anhalts, dass bei einer im Jahr 1993 erreichten Bestandserneuerung von 30 Prozent, eine Substitution der Kinderbuchbestände von circa einem Drittel, bis die Hälfte bestand.[44] Beer et al. unterstreichen, dass die Anzahl der Neuanschaffungen nicht einmal annähernd an den alten Gesamtbestand heranreichen konnte, jedoch die bis ins Jahr 1998 andauernden Erneuerungen eine bessere Bestandsqualität als in den alten Bundesländern mit sich brachten (Beer et al. 1995, 296). Kuhnert konstatiert bereits 1993 eine Angleichung der Leseinteressen ost- und westdeutscher Bibliotheksbenutzer. Bei einer Befragung von 578 Bibliotheksnutzern der Klassen 5–7 stellte er fest, dass nur noch ein Zehntel der favorisierten Titel eine DDR-Provenienz aufwies (Kuhnert 1993b, 554 f.). Lux verweist indessen auf die Aktualisierung der Bibliotheksbestände durch Dublettengeschenke westdeutscher Bibliotheken und betont, dass eine Lieferung ostdeutscher Dubletten kaum stattgefunden habe (Lux 1998, 16 f.).

Produktionsbedingungen des Kinder- und Jugendbuchverlagswesens der DDR nach 1989

Die politischen Ereignisse der Wende und Nachwendezeit zwangen die Verlage der ehemaligen DDR in eine prekäre Situation, die eine selbständige Existenz nahezu unmöglich machte. Zu extrem divergierte das ehemals dirigistisch geregelte Buch- und Verlagswesen der DDR mit den neuen kapitalistischen Marktbedingungen, zu gering vorhanden waren die Erfahrungen mit werbetechnischen Möglichkeiten, die Redundanz der ehemaligen Verlagsprogramme kaum zu

---

43 Das Ziel der AG 1 umfasste die Aufgabe, die systematische Integration der öffentlichen Bibliotheken mit klaren Empfehlungen für unablässige Sofortmaßnahmen und Aufgaben, die auf mittelfristiger Basis zu bewältigen sein sollten, zu verfolgen. In: Bund-Länder-Arbeitsgruppe Bibliothekswesen (1993). Abschlussbericht 1990–1992. Empfehlungen und Materialien. Berlin: Deutsches Bibliotheksinstitut.

44 Die Wissenschaftliche Allgemeinbibliothek der Landeshauptstadt Erfurt wies im Jahr 1988 insgesamt 116.219 Kinder- und Jugendbücher auf. Während sich der Bestand im Jahr 1989 sogar erhöhte, wurde dieser 1994 um 45.000 Titel dezimiert (Beer, E. et al. 1995, 303–308).

überbieten. Kahlefendt fügt den Abbruch zu ehemals festen Geschäftspartnern der „sozialistischen Bruderländer" sowie die westdeutsche Verlagskonkurrenz als weitere wichtige Bedingungsfaktoren hinzu: „plötzlich drängten rund 2000 zusätzliche Konkurrenten aus den Altbundesländern auf den relativ kleinen Ostmarkt" (Kahlefendt 2000, 32). Auch Pohlmann expliziert: „Eine selbständige Existenz war kaum für einen Verlag möglich" (Pohlmann 2004, 263). Die durch die Treuhandgesellschaft organisierte Privatisierung oder Überführung der staats- und organisationseigenen Betriebe in marktwirtschaftliche Strukturen wurde, laut Kahlefendt, „vornehmlich im Osten als simples ‚Plattmachen' verstanden" (Kahlefendt 2000, 32). Die Privatisierung brachte innerhalb kürzester Zeit einen umfangreichen Personalabbau mit sich, der in Kinder- und Sachbuchverlagen bis 1991 ungefähr 64,5 Prozent, im Kinderbuchverlag Berlin 75 Prozent erreichte. Ziermann begreift diesen Zustand als eine weitere zentrale Ursache für die desolate Situation des ostdeutschen Verlagswesens: „Unter derartigen Umständen war klar, daß der aus Rentabilitätsgründen unabdingbare Personalabbau im Übergang zur Marktwirtschaft die ehemaligen DDR-Verlage in ihrer Substanz traf" (Ziermann 2000, 169).

Die neue Systemkonstitution erwies sich für die KJL vertreibenden DDR-Verlage als verhängnisvoll. Mit dem Wechsel des Kinderbuchverlags Berlin in den Besitz des Münchener Verlegers Hans Meisinger 1992 – dessen Verlagsgruppe zu dieser Zeit 13 weitere Kinder- und Jugendbuchverlage umfasste – wurden die Stellen der ehemals 100 Mitarbeiter bis auf ein Zehntel gestrichen, Autoren und Illustratoren in ihrer Existenz bedroht (vgl. auch Doderer 1999, 15).[45] Den Altberliner Verlag, der zweitwichtigste Kinderbuchverlag der DDR, sprach man 1993 dem Münchener Rechtsanwalt Dr. Stephan Schmidt und der Literaturwissenschaftlerin Renate Nickl zu.[46] Aus ihrem Versuch ost- und westdeutsche Autoren gemeinsam zu vereinen, folgte im Jahr 2003 die Insolvenz.[47] Anderen Kinderund Jugendbuchverlagen widerfuhr eine tiefgreifende Umgestaltung ihres literarischen Profils. 1991 erfolgte die Übernahme des Verlags Junge Welt durch den

---

45   Im Jahr 1998 ging der Kinderbuchverlag als Imprint in die Middelhauve-Verlagsgruppe über. Seit 2002 agiert dieser als Imprint der Verlagsgruppe Beltz. Pro Jahr erscheinen dort in etwa 6–10 Titel (Links 2009, 222 f.).

46   Zur Geschichte des Altberliner Verlags vgl. auch: Holland, B.: Die privaten Kinder- und Jugendbuchverlage „Altberliner Verlag Lucie Groszer" und „Alfred Holz Verlag". In: Keiderling, T. Poethe L. Titel V. (Hg.): Leipziger Jahrbuch zur Buchgeschichte, Wiesbaden: Harrassowitz 2003, S. 195–223.

47   Im Herbst desselben Jahres erwarb das Verlegerteam der Baumhaus Buchverlag GmbH Autorenrechte, Lagerbestände und Verlagsnamen durch den Insolvenzverwalter (vgl. Pohlmann 2004, 265), aus dem im darauf folgenden Jahr die Verleger Lehmann, Treutsch und Paxmann ausschieden, um sich ausschließlich dem Neuerwerb zu widmen. Im Jahr 2008 meldete der Verlag Insolvenz an.

Tessloff Verlag Nürnberg, 2004 die Integration des Jugendverlags Neues Leben in die Eulenspiegel-Verlagsgruppe.

Analog zur Situation ehemaliger DDR-Verlage sahen sich auch ostdeutsche Neugründungen in den 1990er Jahren gezwungen, ihre Geschäftstätigkeit wieder aufzugeben. Pohlmann akzentuiert, dass Verlage wie leiv (Sachsen), Die Furt (Brandenburg), Klatschmohn (Mecklenburg-Vorpommern) oder der Scheunen-Verlag (Mecklenburg-Vorpommern) einem „relativ kleinen und wenig kaufkräftigen Kundenkreis" gegenüberstanden, der eine Überwindung monetärer Schwierigkeiten – trotz „Verzicht auf Profit bis hin zur Selbstausbeutung" der Verleger – grundsätzlich diffizil werden ließ (Pohlmann 2004, 265 f.). Kahlefendt gibt für das Jahr 1998 an: „lediglich gut vier Prozent der 57 578 Erstauflagen [...] kommen aus den neuen Bundesländern" (Kahlefendt 2000, 36). Aus ihrer Branchenperspektive heraus akzentuiert die heutige Programmleiterin des Kinderbuchverlags Klett Leipzig Monika Osberghaus 1998 in einem Zeitungsbericht der FAZ: „mag es in den meisten Bereichen des kindlichen Konsums kaum mehr einen Unterschied zwischen Ost und West geben, so scheint die deutsche Teilung im Bereich der Kinderbücher noch fast perfekt zu sein."[48] Dabei, so Osberghaus, liege der Büchertransfer zwischen Ost und West bei ca. 5 Prozent. Doderer unterstreicht diese Aussage im darauf folgenden Jahr: „Es haben eben zehn Jahre nicht ausgereicht, die Sparte des Verlagswesens, die Bilder-, Kinder- und Jugendbücher herstellt, in ein gesamtdeutsches ausgewogenes, kulturpolitisch durchdachtes Versorgungssystem zu überführen" (Doderer 1999, 14). Christoph Links konstatiert in seiner Dissertation *Das Schicksal der DDR-Verlage*, dass von den ehemals insgesamt 78 staatlich lizenzierten Verlagen, im Jahr 2007 nur noch ein Dutzend in eigenständiger Form existierte: „Sie produzieren in etwa 18 Prozent der früheren Titelzahl" (Links 2009, 9). Weiter führt er fort, der Anteil der neuen Bundesländer an der gesamtliterarischen Buchproduktion liege exklusive Berlin bei 2,2 Prozent, inklusive Berlin bei 11,7 Prozent (ebd.). Die gesamte Verlagssituation brachte den Wechsel zahlreicher DDR-Kinder- und Jugendbuchautoren zu Verlagshäusern der alten Bundesländer mit sich: z. B. Uwe Kant zu Beltz & Gelberg, Maier-Ravensburg, Arena.

Das Voraussetzungssystem renommierter DDR-Kinder- und Jugendbuchautoren im Kontext der nachwendezeitlichen Verlagssituation

Der Wegbruch bzw. die Übernahme ehemaliger DDR-Verlage bewirkte die Auflösung längerfristig angelegter Verträge sowie die Verminderung potentieller Neuveröffentlichungen. Eine Kontaktaufnahme zu Verlagen der alten Bundes-

---

48   Osberghaus, M.: Der Engel lässt den Schnurrbart hängen. In: FAZ, Nr. 76 (31.3.1998), S. 43.

länder erwies sich für viele Kinder- und Jugendbuchautoren der DDR als äußerst
schwierig: „Auf dem westdeutschen Literaturmarkt Fuß zu fassen, war mir, trotz
wiederholter Versuche, unmöglich", resümiert die Autorin Brigitte Birnbaum im
Jahr 2001 (Peltsch 2001, 101). Die Verlage der alten Bundesländer zeigten sich
wenig risikobereit, ihre absatzsicheren Autoren durch fremde Literaten zu ergän-
zen oder sogar auszuwechseln. Kinder- und Jugendbuchautoren der DDR waren
schwer einschätzbar und hatten sich in Anlehnung an das Literaturprinzip des
sozialistischen Realismus oftmals einer Alltagsthematik angenommen, die den
Gepflogenheiten der bundesrepublikanischen Kinderliteratur widersprach. Der
Schriftsteller Martin Meißner bemerkt: „Große namhafte Verlage haben Manuskripte, ob gelesen oder nicht, mit der bekannten Bemerkung zurückgeschickt,
mein Thema passe just gerade nicht ins Verlagsprogramm."[49] Ein Grund für die
schwierige Systemintegration kann in den „ungewöhnliche[n] Anforderungen an
die Lese- und Rezeptionsbereitschaft der Kinder und Jugendlichen" bzw. in dem
oftmals hohen literarischen Anspruch der sozialistischen KJL gesehen werden
(Ewert 1991, 1015). Im Kinder- und Jugendliteratursystem der DDR war der
Unterschied zwischen Kinder- und Erwachsenenliteratur nicht grundlegend ver-
ankert, sondern gradueller Natur (vgl. Kapitel 3.3.3).[50] Im Jahr 1980 äußert der
ehemalige Leiter des Kinderbuchverlags Fred Rodrian:

> Wir befürchten nicht die Überforderung unserer jungen Leser. Der junge Leser liest sehr
> differenziert, und Unterforderung ist noch immer die größere Gefahr der Kinderliteratur
> gewesen und eigentlich ihr Makel.[51]

---

49   ebd. S. 47.

50   Kuhnert (1993b) verweist auf die nach 1989 veränderten Lesegewohnheiten zugunsten der
     unterhaltenen Literatur: „In der derzeitigen Phase des Wertewandels und der Orientierungssu-
     che der Neubundesbürger ist die Hypertrophisierung der entspannend-unterhaltenden Literatur-
     funktion bei weitgehender Unterbewertung der wertbildenden besonders bedauerlich" (Kuhnert
     1993b, 555). Eine Studie der Bertelsmann Stiftung (Hurrelmann et al. 1993, 168) macht für
     das Jahr 1993 deutlich, dass die Qualitätsstufen der von jungen Lesern angegebenen Buchtitel
     („Lieblingsbuch") bei 32,0 Prozent Trivialliteratur, 25,0 Prozent Unterhaltungsliteratur, 35,2
     Prozent gute Unterhaltungsliteratur, dagegen 7,8 Prozent anspruchsvolle Kinderliteratur liegen.
     Im kinderliterarischen Diskurs der DDR betonte man dagegen die grundsätzliche sozialistische
     Negierung trivialliterarischer Erzeugnisse: „Eine Leistung unserer Verlage ist es, daß der Anteil
     trivialer Werke an der Produktion relativ gering ist," pronociert Hannes Hüttner (1989, 68) in
     einer literatursoziologischen Untersuchung über das Lesen im Kindesalter, was allerdings keine
     Auskunft über das faktische Leserinteresse nach unterhaltender Literatur gibt (vgl. Lindner
     1989). Der Leiter des Kinderbuchverlags Berlin Fred Rodrian bemerkt: „Es ist eine literatur-
     historische Errungenschaft unseres Landes, daß es Trivialliteratur nicht akzeptiert. Es ist eine
     andere Frage, ob Trivialliteratur nicht noch vorkommt, ob sie nicht auch Wirkung hat und viel-
     leicht noch, historisch, sich selbst aufhebend, benötigt wird" (Rodrian 1978, 107).

51   Zit. n. Altenhein, H.: Alfons Zitterbacke, Ronja Räubertochter, Pony Pedro und die anderen,
     in: Die Verlage der DDR, hg. von H.-L. Schütz, Frankfurt: Börsenverein des deutschen Buch-
     handels 1990b, S. 28.

Unter marktwirtschaftlichen Bedingungen stellten sowohl Themenwahl und literarischer Anspruch als auch DDR-besetzte Begriffe wie Pioniergruppe einen verkaufsretardierenden Faktor dar. Claudia Rouvel (1995) weist in einer Untersuchung über nachwendezeitliche Modifikationen neu verlegter DDR-Kinder- und Jugendbücher der Phantastik darauf hin, dass DDR-spezifische Begriffe eklatant häufig durch neutrale Bezeichnungen substituiert oder gestrichen wurden.

Dem Großteil renommierter DDR-Kinder- und Jugendbuchautoren ist, bis auf wenige Ausnahmen, die erfolgreiche Integration in das System KJL nicht gelungen. Prinzipiell betraf dieser Zustand ebenso Schriftsteller des Gesamtsystems Literatur, allerdings in weniger hohem Ausmaß.

4. Kinder- und Jugendliteratur als Kulturindustrie

4.1 Die Theorie der Kulturindustrie nach Theodor W. Adorno

In dem gemeinsamen Werk *Dialektik der Aufklärung* (1947)[52] der neomarxistischen Theoretiker Theodor W. Adorno und Max Horkheimer unterbreitet Adorno die Theorie der Kulturindustrie, in welcher er die fundamentalen Gesetzmäßigkeiten kulturindustrieller Organismen kritisch beleuchtet. Die dort artikulierten Auffassungen gelten als elementare Lehrsätze seiner gesamten Gesellschaftstheorie. Adorno war bekannter Vertreter der Frankfurter Schule[53] des Instituts für Sozialforschung, erwies sich aber auch innerhalb der Literatursoziologie als zentraler Akteur.

Die Theorie der Kulturindustrie ist durch Adornos Emigration in die USA (1938–1949) maßgeblich von den dort stattfindenden Industrieentwicklungen beeinflusst. Der Terminus „Kulturindustrie" resultiert aus der von Adorno ursprünglich verwendeten Begriffsdefinition „Massenkultur", mit der er das Phänomen bereits treffend charakterisiert. Kulturindustrie meint das Kommerzielle, die Massenproduktion kultureller Erzeugnisse und deren industriellen Bedingungen (Großkonzerne, Profitinteressen etc.) in der kapitalistischen Marktwirtschaft. Adorno zählte zu diesem Bereich Radio, Jazz-Musik, Film (Hollywoodfilm), TV oder auch Printmedien. Derzeit können diese durch kommerziell betriebene und auf Massen ausgerichtete Medien wie das Internet ergänzt werden. Tendenziell nicht bzw. eher gering am Mainstream orientierte Produkte sind unter anderem Tageszeitungen.[54]

---

52 Die 1944 vollendete Abhandlung erscheint erstmalig im Jahr 1947 in dem ehemaligen Exilanten-Verlag Querido (Amsterdam).

53 Weitere Vertreter sind: Max Horkheimer, Herbert Marcuse, Jürgen Habermas, Leo Löwenthal.

54 Tageszeitungen werden hier nur „tendenziell" d. h. keineswegs monolithisch als nicht-mainstream orientierte Produkte deklariert, da sie durch Werbeanzeigen als Teil der Kulturindustrie fungieren. Ihnen kann, mit Ausnahmen, „kritischer Journalismus" als primäres Ziel zugewiesen werden.

Der Tauschwert kultureller Produkte

Adorno definiert Produkte der kulturellen Industrie als Waren und differenziert in Anlehnung an die Werttheorie Karl Marx' zwischen Tauschwert und Gebrauchswert eines Produktes. Bereits Adam Smith (1776) und David Ricardo (1814) legten im Rahmen der Volkswirtschaftstheorie fest, dass Waren sowohl ein Gebrauchswert als auch ein Tauschwert immanent ist. Einer Ware als bloßes Produkt kommt die Eigenschaft eines äußeren Gegenstands zu, dessen Nutzen in der Befriedigung menschlicher Bedürfnisse liegt (subjektiver Nutzen). Im Kapitalismus ist das Produkt allerdings primär durch seinen Tauschwert bestimmt: ein Gegenstand wird produziert, um diesen gegen etwas Gleichwertiges zu tauschen. Der so entstehende „Warencharakter" offenbart, dass der Gegenstand nicht vorrangig um seiner selbst willen produziert wird (Gebrauchswert), sondern, um ihn an mögliche Abnehmer verkaufen bzw. tauschen zu können. Da die Tauschfunktion in der spätkapitalistischen Gesellschaft maßgeblich ist, offenbart sich hier ein konfliktäres Moment. „Geistige Gebilde kulturindustriellen Stils sind nicht länger *auch* Waren, sie sind es durch und durch" (Adorno 1977, 338). Aus dieser Tatsache resultiert folglich der primär kommerzielle Charakter des Produkts, dessen eigentliches Ziel der Tausch bzw. der erfolgreiche Verkauf ist (vgl. Auer 1998, 100). Damit orientiert sich die Kulturindustrie vorrangig an der Profitmaximierung, und nicht, so der Soziologe Heinz Steinert in einem Interview, „wie es Aufgabe der Intellektuellen wäre, mit dem Ziel, zum Fortschritt der Menschheit beizutragen" (Klopotek/Steinert 2003).

Ein zentrales Merkmal der Kulturindustrie ist der kulturelle Austausch. Weil sie kulturelle Produkte als massengeleitete Verehrungsphänomene genießen, statt den eigentlichen Gebrauchswert zu schätzen, bewegen sich Konsumenten im Kreislauf eines blinden Warenfetischismus. Beispielhaft vollzieht sich die Rezeption eines Musiktitels, der im Rahmen des Medienereignisses „Deutschland sucht den Superstar" produziert wurde, unabhängig von der eigentlichen objektiven Qualität, dem reinen Gebrauchswert des Gegenstandes. Statt der geistigen Verarbeitung und Wertschätzung des musikalischen Stücks wird die Lust an der Teilnahme des Medienereignisses zum wahren Grund der Rezeption. „Der Gebrauchswert der Kunst, ihr Sein, gilt ihnen als Fetisch, und der Fetisch, ihre gesellschaftliche Schätzung, die sie als Rang der Kunstwerke verkennen, wird zu ihrem einzigen Gebrauchswert" (Horkheimer/Adorno 1969, 167). Die Kultzuweisung erfolgt unreflektiert. Der tatsächliche Erfolg eines Produktes wird als feste Eigenschaft angesehen und die Ware zum Fetisch. Der bestehende Konnex zwischen industriellen Mechanismen und tatsächlichem Erfolg wird weder reflektiert, noch erkannt. Prokop akzentuiert:

Sie sehen nur die Waren, und sie glauben alles, was sie sehen, gehöre zur Eigenschaft, zum »Wesen« der Ware selbst – statt zu sehen, dass das alles »Schein« ist, weil es in Wirklichkeit aus gesellschaftlichen Verhältnissen kommt. (Prokop 2003, 134)

Auswirkungen auf den Konsumenten und die Gesellschaftsformation: Beeinflussung des Subjekts

Adornos wesentlicher Kritikpunkt bezieht sich auf die geistige Beeinflussung und Freiheitsbeschränkung des Subjekts: „Anpassung tritt kraft der Ideologie der Kulturindustrie anstelle von Bewusstsein" (Adorno 1977, 343). Indem Anpassung die Entfaltung der individuellen, autonomen Persönlichkeit des Subjekts konter-kariert, zeigt sich zugleich auch eine darüber hinausgehende Beeinflussung der gesamtgesellschaftlichen Strukturen (vgl. Patzel 2001, 39).

Adorno schreibt der Industrie einen zwangsläufig „manipulativen Charakter" zu, da das Subjekt primär als Konsument wahrgenommen bzw. von der Industrie zum Konsumenten gemacht wird. „Die Industrie ist an den Menschen bloß als an ihren Kunden und Angestellten interessiert und hat in der Tat die Mensch-heit als ganze wie jedes ihrer Elemente auf diese erschöpfende Formel gebracht" (Horkheimer/Adorno 1969, 155). Industrie verurteilt Kultur zu einer Ware, indem sie diese unter profitorientierten Kriterien produziert und standardisiert. Kultur verliert auf diese Weise ihre Reinheit. Sie kann sich nicht aus sich selbst heraus entwickeln, sondern wird von der Industrie geschaffen. Dass Kulturgüter Ware sind, zeigt sich unter anderem an den Merkmalen ihrer Präsenz und ihrem viel-fältigen Übermaß sowie an der permanenten Produktwerbung, die sich nicht nur in Medien, sondern an den verschiedensten Orten der Öffentlichkeit zeigt. Die vorgebliche Diversifikation der Gesamtmenge an Kulturgütern durch preis-liche, qualitative oder äußerliche Disparität spiegelt eine oberflächliche Vielfalt wider, mit dem Ziel der Kundengewinnung bzw. der Zielgruppendifferenzierung. Adorno betont:

Für alle ist etwas vorgesehen, damit keiner ausweichen kann [...]. Jeder soll sich gleichsam spontan seinem vorweg durch Indizien bestimmten »level« gemäß verhalten und nach der Kategorie des Massenprodukts greifen, die für seinen Typ fabriziert ist. Die Konsumenten werden als statistisches Material auf der Landkarte der Forschungsstellen [...] in Einkom-mensgruppen, in rote, grüne und blaue Felder, aufgeteilt. (Horkheimer/Adorno 1969, 131)

Analog widerspricht Adorno dem Echtheitsstatus der Vielfältigkeit kultureller Produkte. Die Industrie lässt ihre Konsumenten in dem Glauben, sie erhielten fortwährend ein durch Novität und Innovation bestimmtes Angebot. Doch ist schnell erkennbar, dass die „mechanisch differenzierten Erzeugnisse als alle-mal das Gleiche sich erweisen" (ebd. 131). Gleichheit resultiert aus gleicharti-gen Mustern, die trivialen Prinzipien entsprechen. Produkte der Kulturindustrie stehen in einem qualitativen Gegensatz zu autonomen Kunstwerken. Während Adorno die echte, autonome Kunst als Innovation, Neuheit, Originalität bezeichnet, entspricht die leichte Kunst stereotypen Formen und standardisierten Schemata, deren „Einzigartigkeit" lediglich in der fortwährenden Wiederholung liegt (Paetzel 2001, 35). Adorno schreibt dem Kulturprodukt ein nur geringes Potential intellektueller Beanspruchung zu. Diese vermeiden provokative und herausfordernde Irritationen, sind in ihrer Form „angepasst" und ermöglichen eine bequeme Rezeption. „Durchweg ist dem Film sogleich anzusehen, wie er ausgeht, wer belohnt, bestraft, vergessen wird [...]. Und an der durchschnittlichen Wortzahl der Short Story ist nicht zu rütteln. Selbst Gags, Effekte und Witze sind kalkuliert wie ihr Gerüst" (ebd. 133). Adorno sieht das Charakteristikum des Werks nicht mehr durch die eigentliche Idee bestimmt, sondern durch Effektwirkungen. Statt der geistigen Betätigung bzw. der kritischen Reflexion erfolgt eine geistige Zurücklehnung. Rezeption ist Entspannung. Emotionen und Reaktionen werden vorgegeben, müssen nur noch gelebt und automatisiert werden. Detaillierte Darstellungsformen, die selbständige Denkprozesse herausfordern, werden durch Oberflächlichkeit substituiert. Die Erfüllung natürlicher Sehnsüchte wird auf banale Weise vorgetäuscht (vgl. Paetzel 2001, 56). Der Rezipient wird in eine passive Rolle gedrängt. Die ihm präsentierten Lebens- und Gesellschaftskonzepte soll er unreflektiert annehmen, ohne deren potentielle Veränderbarkeit zu erahnen (Horkheimer/Adorno 1969, 145).

Zwischen Anforderung und Anpassung: Das Verhältnis zwischen Konsument und Produzent

Adorno schreibt den Produzenten und Konsumenten ein Abhängigkeitsverhältnis zu. Die Kulturindustrie orientiert sich an den Präferenzen ihrer Abnehmer, Konsumenten lassen sich bedienen. Die Behauptung, der Konsument würde durch die Werbeindustrie zu unkritischem und unreflektiertem Denken verführt ist unhaltbar, weil Kulturindustrie nur auf etwas reagiert, das bereits vorhanden ist (vgl. auch Prokop 2003). Vielmehr übernimmt die Kulturindustrie die Rolle eines Verstärkungsfaktors, der auf die charakteristische Veranlagung des Subjekts zielt. „Das Unheil liegt nicht in der ursprünglichen Erzeugung des falschen Bewusstseins, sondern in seiner Fixierung. Statisch wird reproduziert, was ohnehin ist, auch das vorhandene Bewusstsein" (Adorno 1968, 214). Auch der Künstler kann sich nicht davon freimachen. Als Produzent kultureller Güter unterliegt er per se der „Durchkapitalisierung der Kultursphäre" (Dubiel 1982, 476) bzw. den gegenwärtigen politischen Bedingungen und marktgebundenen Strukturen. „Erst der Zwang, unablässig unter der drastischsten Drohung als ästhetischer Experte dem Geschäftsleben sich einzugliedern, hat den Künstler ganz an die Kandare genommen" (Horkheimer/Adorno 1969, 141). Der eigentliche Konnex zwischen kulturindustriellen Anforderungen und künstlerischer Produktion bzw. produktiver Assimilation ist nicht offensichtlich, sondern subtil beschaffen. Adorno (ebd.) zitiert den französischen Theoretiker Alexis de Tocqueville (1805–1859): „Der Herrscher sagt dort nicht mehr: du sollst denken wie ich oder sterben. Er sagt: es steht dir frei, nicht zu denken wie ich, dein Leben, deine Güter, alles soll dir bleiben, aber von diesem Tage an bist du ein Fremdling unter uns."[55]

Welche Konsumentenerwartungen passt die Kulturindustrie sich nun an? Adorno betont den entscheidenden Faktor des Amusements und differenziert zwischen einem reinen und einem gängigen Amusement. Das gängige Amusement präsentiert sich als notwendige Kompensation der alltäglich ermüdenden Arbeitsprozesse – und spiegelt analog den gleichen automatisierten Vorgang des normalen Arbeitsprozesses wider. Zugleich äußert sich eine vom Arbeitsprozess unabhängige Rezeption als „bunte Assoziation und glückliche[r] Unsinn" (Horkheimer/Adorno 1969, 151). Das Bedürfnis nach Amusement resultiert nicht aus einer dogmatischen Gewaltherrschaft der Kulturindustrie über ihre Konsumenten, sondern ist menschlich, nicht industriell determiniert. „Ihre Verfügung über die Konsumenten ist durchs Amusement vermittelt; nicht durchs blanke Diktat, sondern durch die dem Prinzip des Amusements einwohnende Feindschaft gegen das, was mehr wäre als es selbst" (ebd. 144). Die Konsumneigungen der Subjekte hängen grundsätzlich mit den aktuellen politischen, sozialen oder ökonomischen Verhältnissen einer Gesellschaft zusammen (vgl. auch Prokop 2003). Kulturelle Produkte unterstützen die aufgrund der enormen Arbeitsbelastung notwendig gewordene Entspannung des Subjekts, z. B. durch die Rezeption abendlicher Fernsehsendungen. „Amusement ist die Verlängerung der Arbeit unterm Spätkapitalismus. Er wird von dem gesucht, der dem mechanisierten Arbeitsprozess ausweichen will, um ihm vom Neuen gewachsen zu sein" (Horkheimer/Adorno 1969, 145). Ein wichtiger Grund für die Präferenzen der Konsumenten sind folglich die bestehenden Arbeitsverhältnisse. Die Subjekte streben danach erfolgreich zu sein (ebd. 142). Doch bedeutet Erfolg, nach den dortigen Grundsätzen zu handeln und diese im günstigsten Fall zu internalisieren (vgl. auch Prokop 2003). Die damit einhergehenden Beschwerlichkeiten werden als Normalzustand akzeptiert, mit dem Resultat der Anpassung. Kulturelle Produkte, die Denkprozese einleiten bzw. einschlägige Beschwernisse als nicht selbstverständlich und zwangsläufig akzeptierbar beschreiben, sind folglich weniger begehrt oder werden gar nicht erst verlangt.

---

55 Tocqueville de, A.: De la Démocratie en Amérique. Paris: Gillimard 1864, S. 151.

Kritik an der Theorie der Kulturindustrie

Die Theorie der Kulturindustrie ist im fachwissenschaftlichen Diskurs vielfach beachtet und gewürdigt, aber auch kritisiert worden.[56]
Einer der häufigsten Einwände richtet sich gegen die dogmatischen Generalisierungen Adornos. Im Laufe seines Arbeitsprozesses revidierte dieser den Begriff des manipulativen Effekts in seiner Totalität und substituierte ihn durch die Bezeichnung „Symptom eines gedoppelten Bewusstseins" (Adorno 1969, 66). Kulturindustrielle Produkte werden nicht vollkommen bedingungslos „akzeptiert", die Konsumenten „sind immer noch stark genug, um, in Grenzen, der totalen Erfassung zu widerstehen" (Adorno 1969, 67).

Adornos Kernthesen verlieren nicht an Bedeutung, wenn eingeschränkt davon ausgegangen wird, dass massenkonsumierte Kulturprodukte auch objektive Qualität aufweisen können bzw. Subjekte nicht grundlegend unterdrückt werden (Prokop 2003, 207). Adornos Behauptung, dass Konsumenten Opfer eines industriellen Machtapparats sind, wird hier kritisch betrachtet. Vielmehr wird davon ausgegangen, dass eigenständige Entscheidungsgewalt möglich ist (vgl. Adorno 1977, 338). Auch Prokop akzentuiert:

> In der Kulturindustrie besteht eine gewisse Kausalität durch Freiheit, in den kulturindustriellen Produktivkräften und auch in den unperfekten Waren-Wertformen. Sie sind Elemente des Nichtidentischen, die ein Denken im Widerspruch, einen kritischen Erfahrungsmodus hervorbringen. (Prokop 2003, 43)

Zwar nimmt der Markt auch Abstand von autonomen Produkten, doch kann davon ausgegangen werden, dass Kreativität, Innovation und Kritik sehr wohl gegenwärtig vorhanden sind.

4.2 Das Handlungssystem KJL der BRD

Dass Konsumenten Teil einer Industrie sind und auch zu diesem gemacht werden, wird insbesondere dann betrachtenswert, wenn es sich um Konsumenten handelt, die aufgrund ihres Alters noch keine Grundfertigkeiten im Umgang mit kommerziellen Fallstricken besitzen. Und obwohl industrielle Kriterien sehr wohl mit literaturdidaktischen und literaturwissenschaftlichen Ansprüchen konform gehen können, ist KJL zunächst erst einmal Ware und damit die „Autonomie der Kunstwerke [...] tendenziell beseitigt" (Adorno 1977, 338). Häufig wird die kulturindustrielle Ausrichtung des Systems KJL von unkritischen Aktanten des

---

56   Hierzu unter anderem: Karl Reimund Popper (Positivismusstreit: Ansatz der Totalität vs. kritischer Rationalismus) 1957, 1958, Erd 1989, Hager 1990, Prokop 2003.

Literatursystems weniger dezidiert wahrgenommen oder ganz ignoriert: Das „kaufmännische Denken ist in den Verlagen sehr viel verbreiteter als der naive Betrachter des ‚Kulturgutes Buch' sich das vorstellen mag" (Wenke 2005, 894).

Die Kommerzialisierung von Kindheit: Die Rolle junger Konsumenten für die kinder- und jugendliterarische Kulturindustrie

Aktanten des Literatursystems, wie der Börsenverein des Deutschen Buchhandels, handeln und deklarieren KJL dezidiert als Ware.[57]

> Obwohl Kunst und Literatur sich sorgsam den Anschein der Distanz zur Warenwelt geben, ist dies letztlich nur Schein, der diese Produkte zur ‚besseren', distinguierteren Ware macht und einer gesellschaftlich besonders positiv bewerteten Art der Konsumtion zuführt. (Adorno 1973, 351 ff.)

Bereits im Säuglingsalter sind Kinder einer einflussreichen Industrie (Sport, Literatur) ausgesetzt, die den Verkauf von Waren als höchstes Ziel definiert. Da auch Kinder- und Jugendliche kaufkräftige Kunden darstellen, bilden sie eine interessante Zielgruppe. Das Münchener Marktforschungsinstitut *iconkids & youth* expliziert anhand einer Studie, im Jahr 2008 hätten 6 bis 19jährige durch Taschengeld, Nebenverdienste oder Geschenke 23,1 Milliarden Euro eingenommen und davon 22,7 Milliarden Euro wieder ausgegeben. Von den 6 bis 9jährigen kaufen 48 Prozent entweder selbstständig ein oder sie beeinflussen das Kaufverhalten ihrer Eltern entscheidend mit. Die getätigten Ausgaben umfassen vorrangig Kosten für Kleidung (3,4 Milliarden Euro), individuelle Ausgehgewohnheiten (2,6 Milliarden Euro) und Handykosten (2,3 Milliarden Euro), verzeichnen aber auch im Bereich Literatur (Zeitschriften, Bücher, Comics) einen Betrag von immerhin einer Milliarde Euro.[58] Mit einer Beteiligung von 15,2 Prozent am Buch-Gesamtumsatz im Jahr 2010 und dem mit 37,7 Prozent größten Anteil an ins Ausland verkauften Lizenzen widerspricht die KJL der ihr häufig zugeschriebenen Marginalposition auf dem gegenwärtigen Buchmarkt bzw. offenbart sie ihren einflussreichen Status innerhalb der gesamten Kulturindustrie.[59]

Das Umwerben von Kindern als Kunden findet nicht im Verborgenen statt. Auf ihrer offiziellen Homepage proklamiert die *Deutsche Schulmarketing Agen-*

---

57   Vgl.: http://www.boersenverein.de/de/portal/Kinder_und_Jugendbuch/188188 (10.10.11).

58   Vgl.: Iconkids & youth: Kids: Weniger Taschengeld, aber ungebrochene Konsumlust, 2009 (http://www.iconkids.com/deutsch/download/presse/2009/07_14/pm_iconkids_taschengeld%20_09.pdf, 1.12.2010).

59   2009 ist die Warengruppe KJL am Buch-Gesamtumsatz mit 15,7 Prozent beteiligt. Mit 25 Prozent umfasst diese auch 2009 den größten Anteil der Auslandslizenzen. Vgl.: Börsenverein des deutschen Buchhandels: Kinder- und Jugendliteratur. Wirtschafts-zahlen, 2010 (http://www. boersenverein.de/de/portal/Kinder_und_Jugendbuch/188188, 10.10.11).

tur (DSA) unverhüllt, die Individualität kindlicher Konsumenten konterkariere ökonomische Intentionen: „Unglücklicherweise unterteilt sich diese Zielgruppe in hunderte von einzelnen Szenen, die sich durch unterschiedliche Lifestyles und individuelle Verhaltensmuster auszeichnen."[60] Aufgrund der gesellschafts-bedingten Autonomisierungsprozesse erhalten bereits junge Menschen einen ver-hältnismäßig großen Freiraum für selbstständige Entscheidungen. Im Alter von drei Jahren entwickeln diese ein Bewusstsein für Markenprodukte, das zu einem späteren Zeitpunkt gruppenorientierte Integrationsmöglichkeiten (Peer-Group) – oder Abgrenzungen – bieten kann (vgl. Renner 2006, 44 ff.; Paus-Hasebrink et al. 2004, 144). Vom Einzelnen wird demnach eine Eigenleistung gefordert, nicht „über kommerzielle Fallstricke zu stolpern und dem Konsumdruck zu unter-liegen" (Dreier et al. 2005, 24). Die besondere Position der kulturindustriellen Beschaffenheit des Handlungssystems KJL liegt bereits in dem Lebensalter des kindlichen Rezipienten begründet.

Die Struktur des Kinder- und Jugendbuchmarkts

Von den KJL produzierenden Verlagshäusern sind in etwa 150 Verlage markt-relevant (Renner 2006, 32). Die „Arbeitsgemeinschaft von Jugendbuchverlagen e. V." (ajv) listet derzeit 80 Mitglieder auf, die sowohl in Deutschland als auch in der Schweiz und Österreich ansässig sind.[61] Es gibt „Gelegenheitsproduzenten" (Ewers 2000, 43), Verlagshäuser, die KJL als Teilprogramm einschließen sowie Verlage, deren Programm sich nahezu ausschließlich auf KJL konzentriert. Wei-tere Instanzen, denen auf dem Kinder- und Jugendbuchmarkt eine signifikante Position zugesprochen werden kann, sind Literaturagenturen, der Buchhandel, das Druckereiwesen oder auch Buchmessen (vgl. auch Ewers 2000, 43). Ein zen-trales Charakteristikum des gesamtdeutschen Kinder- und Jugendbuchmarkts ist dessen Reichweite. Gemeinsam mit der Schweiz und Österreich bildet dieser einen geschlossenen Buchmarkt, innerhalb dessen grundsätzlich alle Titel lie-ferbar sind. 2010 erscheinen 8082 Novitäten (9,6 Prozent aller Erstauflagen des Gesamtbuchmarkts).[62]
    Die Beschaffenheit des Systems KJL drückt sich besonders auch in der mono-polartigen Position großer und renommierter Verlagshäuser aus, die über einen hohen Anteil finanzieller Mittel für hochwertige Marketingkampagnen oder luk-rative An- und Abwerbung verfügen.

---

60   Vgl.: Mücke, A.: Herzlich willkommen bei der DSA! (http://www.dsa-media.de/dsa/, 1.12.2010).
61   Vgl. http://www.avj-online.de/mitglieder/mitgliedsverlage (1.3.2011).
62   Vgl. Börsenverein des deutschen Buchhandels: Kinder- und Jugendliteratur. Wirtschaftszah-len, 2010 (http://www.boersenverein.de/de/portal/Kinder_und_Jugendbuch/188188, 10.10.11).

Insbesondere solche Verlage, die mit vermittlungsbedürftigen Produkten handeln, agieren aus einer diffizilen Ausgangsituation heraus. Klein- und Kleinstverlage verfügen über ein nur geringeres Budget für PR[63]. Können sie sich dennoch etablieren, unterliegen sie dem Risiko, von größeren Verlagshäusern übernommen zu werden oder in Insolvenz zu geraten (z. B. Alibaba-Verlag 1980–2002). Mit vergleichbar konfliktären Voraussetzungen war auch die Verlagslandschaft der neuen Bundesländer nach 1990 konfrontiert (vgl. Kap. 3.2.4). Carola Pohlmann konstatiert:

> Der Bereich der Klein- und Kleinstverlage ist jedoch starken Schwankungen unterworfen, weil Enthusiasmus und Wagemut zwar unabdingbare Voraussetzungen jeder verlegerischen Tätigkeit sein sollten, in wirtschaftlich schwierigen Situationen – bei aller Bereitschaft zum Verzicht auf Profit bis hin zur Selbstausbeutung – fehlende finanzielle Mittel nur teilweise kompensieren können [sic]. (Pohlmann 2004, 266)

Die kinder- und jugendliterarische Kulturindustrie

Kinder- und Jugendbuchverlage bzw. Verlagshäuser, die unter anderem Kinder- und Jugendbücher anbieten, sind lukrativ produzierende Wirtschaftsunternehmen. Die Ausbildung literarästhetischer oder moralischer Fertigkeiten kann bereits deshalb nicht die einzig ausschlaggebende Prämisse einer erfolgreichen Programmpolitik sein, weil der industrielle Kontext eine kapitalistische Ausrichtung notwendig macht. Adorno formuliert: „Die Kulturwaren der Industrie richten sich [...] nach dem Prinzip ihrer Verwertung" (Adorno 1977, 338). Wenke verweist auf die popularisierte Auffassung „idealistischer Bibliophiler" (Wenke 2005, 849), literarische Qualität würde den Veröffentlichungsprozess steuern:

> Angenommen, alle sind sich einig, da hat jemand ein gutes Buch geschrieben und jemand anderer wunderschöne Illustrationen dazu gemacht; selbst Pädagogen finden, das ist das richtige Buch für das Kind, dann kann es doch noch geschehen, dass ein oder auch viele Verleger sagen: Dieses Buch produziere ich nicht; ich habe da meine Erfahrungen, das verkauft sich nicht. (Wenke 2005, 899)

Ein Text, der einer mittleren literarischen Qualität entspricht, kann nach Wenke höhere Erfolgsaussichten reklamieren, als ein Buch hoher literarischer Qualität: Denn die „literarische Spitze garantiert noch keinen geschäftlichen Spitzenerfolg" (Wenke 2005, 895).

Gegenwärtig sind sowohl solche Verlage vertreten, deren Programm tendenziell auf unterhaltende Literatur ausgerichtet ist als auch Verlage ansässig, welche die Produktion unterhaltender Titel eher ablehnen (z. B. Carl Hanser

---

63 Public Relation: Presse, Öffentlichkeitsarbeit und Werbung.

Verlag) (vgl. Wenke 2005, 899). Dass erwachsene Konsumenten ihre Buch-wahl für Kinder tendenziell von pädagogischen Beurteilungskriterien abhängig machen, ist keine neue Erkenntnis[64], auch nicht das faktische Bedürfnis junger Leser nach Unterhaltung, Spannung und Action. Heidtmann unterstreicht im Jahr 1995: „… gedruckt wird, was im Trend liegt" (Heidtmann 1995, 9). Den fest bestehenden Konnex zwischen marktwirtschaftlichem Gefüge und litera-rischem Anspruch kritisiert Friedbert Stohner, Leiter des Hanser Verlags Mün-chen, wie folgt:

> Ein Wort höre ich immer öfter von Buchhändlern, das ist das Wort ‚schwierig'. Und ‚schwie-rig' ist dann schon alles, was sich jenseits der Serie von den ‚Wilden Fußballkerlen' bewegt, also ein wenig Beratung verlangt. Ich sehe bei den Buchmachern und –vermittlern neuer-dings eine Koalition der Ängstlichen, die sich nur noch nach geringen Lesebedürfnissen maß-geschneiderte Bücher wünschen und bei denen Verkaufsargumente mehr wiegen als Inhalts-argumente.[65]

Vermarktungsstrategien unter besonderer Berücksichtigung von „Merchandising" und „Serialisierung"

Adornos Aussage, der herrschende Geschmack „beziehe sein Ideal von der Reklame" (Horkheimer/Adorno 1969, 165), zeigt sich auch im Rahmen der kulturindustriellen Ausrichtung des Kinder- und Jugendbuchmarkts. Um KJL lukrativ vermarkten zu können, wird auf Erfolg versprechende Vermarktungs-strategien, wie Merchandising, Diversifizierung, Serialisierung, Labeling und Lizenzierung, zurückgegriffen, von denen sich vor allem Merchandising und Serialisierung als zwei charakteristische Verfahren erweisen (vgl. Knill 2001, 5). Knill bestimmt die genannten Konzeptorientierungen wie folgt:

1. Merchandising: Marken in Form von Figuren bzw. Charakteren aufbauen.
2. Diversifizierung: Durch Produktdifferenzierungen und Innovationen neue Märkte erschließen.
3. Serialisierung: Kunden langfristig an die eigene Produktion binden.
4. Labeling: Marken übernehmen und zu Buchserien ausbauen.
5. Lizenzierung: Nationale und internationale Lizenzvereinbarungen treffen (vgl. Knill 2001, 5).

Die partiell weitreichenden Auswirkungsprozesse erfolgreichen Merchandisings veranschaulicht die Buchreihe *Harry Potter* besonders deutlich, deren deutsche und englische Ausgabe im Jahr 2003 einen Anteil von drei Prozent des gesamten Kinder- und Jugendbuchmarktes umfasst (vgl. Renner 2006, 37). Durch die hohe

---

64   Zum Beispiel Hans-Heino Ewers (2000).
65   In: Osberghaus, M.: Bildungsverhungert. In: FAZ, Nr. 102 (3.5.2005), S. 33.

Vielfalt medialer Bearbeitungen und massenwirksamer Public Relations erhält das Produkt eine den Absatz stark forcierende Präsenz, welche die Zurückdrängung des Vertriebs anderer Titel zur Folge hat:

> 83 Prozent dieser ,Harry Potter-Käufer' waren regelmäßige Buchkäufer, d. h. diese Bände wurden an Stelle anderer Titel gekauft. Lediglich 10 Prozent der ,Harry Potter-Käufer' konnten als neue Buchkunden gewonnen werden, und bei rund der Hälfte dieser Neukunden führte die ,Potter-Begeisterung' zu Folgekäufen. Betrachtet man die Käuferschichten zusammen, so wurde das Buchbudget des Einzelnen durch ,Harry Potter' reduziert. (Renner 2006, 37)

Aufgrund einschlägiger Merchandisingkonzepte wird der Gebrauchswert des Kulturguts Buch dem Tauschwert untergeordnet. Adorno konstatiert: „anstelle des Genusses tritt Dabeisein und Bescheidwissen, Prestigegewinn anstelle das Kennerschaft" (Horkheimer/Adorno 1969, 167). Wie stark Merchandisingstrategien und Leserinteressen im Widerspruch zueinander stehen können, verdeutlicht eine Aktion des amerikanischen Filmstudios Warner Bros. Entertainment, das mit Verweis auf seine Namens- und Merchandising-Rechte juristisch gegen nicht-kommerzielle Harry-Potter-Homepages vorging. Als nicht weniger konfliktär erweist sich dann die zurückgedrängte Selbstständigkeit, der Freiraum für die Entfaltung der eigenen Kreativität, wenn Kultur industriell festgelegt und vorgegeben wird.

Auch Serialisierungen sind ein der Ware KJL inhärentes Konzept und bereits seit der Kommerzialisierung des Buchmarkts im 19. Jh. existent (Knill 2001, 92). Als Sinnbild des Gleichheitscharakters industrieller Produkte offenbaren Serienproduktionen gemäß Adorno den „Warencharakter der Kunst" explizit (Horkheimer/Adorno 1969, 166): „Kultur heute schlägt alles mit Ähnlichkeit" (ebd. 129). Serien haben im Rahmen von buchhändlerischen Beratungsleistungen eine entlastende Wirkung, basieren jedoch auch auf den Prinzipien der „Rationalisierung und Standardisierung" (Knill 2001, 11). Knill führt fort: „Reihen und Serien sind quasi die ,Systemgastronomie' des Buchmarkts: klar strukturiert und verständlich, flächendeckend verfügbar in hoffentlich immer gleicher Qualität" (Knill 2001, 11). Damit ist die Serialisierung auch ein zeitökonomischer Faktor:

> Ein Autor kann mit einem einmal konzipierten, in Eigenschaften und Verhaltensweise weitgehend festgelegten Figurenensemble mit bescheidenem Phantasie- und Zeitaufwand Episode für Episode am Fließband herunterschreiben. (Heidtmann 1992, 175)

Kinder- und Jugendbuchproduzenten im kulturindustriellen Kontext

Der Einfluss einschlägiger Marktstrukturen auf das Berufsfeld von Kinder- und Jugendbuchautoren und damit auf den Text selbst ist offenkundig. „Politisches und/oder ästhetisches Engagement kann sich ein Autor nur noch erlauben, wenn dies mit ohnehin im Markt vorhandenen oder sich abzeichnenden Trends einhergeht (Heidtmann 1995, 12)."

Eine sich durch „freundschaftliche Beziehungen, gute Konditionen, bevorzugte Behandlung, gut dotierte Verträge" (Wenke 2005, 898) auszeichnende Autorenpflege ist generell selten bzw. nur dann existent, wenn die Zusammenarbeit wirtschaftlichen Erfolg verspricht. Für den gesamtliterarischen Bereich kann konstatiert werden, dass größere Verlagshäuser durchschnittlich 100 Titel pro Jahr an unverlangt eingereichten Manuskripten erhalten, wobei der faktische Veröffentlichungsanteil bei 0–3 Prozent liegt (vgl. Röhring 2008, 42). Exemplarisch berichtet der Erwachsenenbuchautor Gregor Eisenhauer, er habe für die Veröffentlichung seines Kinderbuches *Kaspar Dreidoppel* etwa acht Jahre benötigt, bei einer Kontaktaufnahme zu zehn bis zwölf Verlagen: „Dann ist man gezwungen, die Verlage selber anzuschreiben. Dann sagen die natürlich: ‚Wir haben Hausautoren, und Sie sind jetzt per se mal kein Hausautor'."[66] Die Interdependenzen zwischen der nur geringen Integration systemfremder DDR-Autoren und der marktwirtschaftlich ausgerichteten Systemkonstitution verdeutlichen, dass Erklärungsansätze zur nachwendezeitlichen Entwicklung der DDR-KJL nicht allein auf Textmerkmale und den politisierten Entstehungskontext zurückgreifen dürfen, sondern in der Betrachtung kulturindustrieller Begebenheiten ein ergänzendes Pendant finden.

4.3 Der Vergleich: Das Verlagswesen der DDR

Das Verlagswesen der DDR hatte aufgrund staatlicher Zentralisierungsmaßnahmen eine wesentlich kleinere topographische Reichweite als das der Bundesrepublik. Im Jahr 1949 verzeichnete die neu gegründete DDR noch 155 Buch- und Buch/Zeitschriftenverlage. Obwohl diese Zahl aufgrund der pflichtgemäßen Lizenzabgaben privater Verlage im Jahr 1952 auf 65 zurückging, stieg sie in den 1960er Jahren auf 78 lizenzierte Verlage an (Ziermann 2000, 44). Insgesamt existierten sieben Verlage für Kinder- und Jugendliteratur (Kahlefent 2000, 29) bzw. insgesamt 14 Editionshäuser, die Kinder- und Jugendliteratur verlegten (Peltsch 1995c, 17). Die nachfolgende Auflistung gibt einen Überblick über die fünf wich-

---

66   Weyh, F.: Taler, Taler, du musst wandern. Wie geht es den Kreativen im boomenden Kinderbuchmarkt? (Büchermarkt: Bücher für junge Leser). Ausgestrahlt am 24.5.2008. Deutschlandfunk. (http://www.dradio.de/dlf/sendungen/jungeleser/789676/, 1.10.09).

tigsten Kinder- und Jugendbuchverlage der DDR sowie deren Produktionszahlen (vgl. Altenhein 1990, Katrin Pieper 1988).[67]

	Gründung	Programm	Produktions-zahlen (jährlich)
Kinder-buch-verlag Berlin	1949	Bilderbücher, Märchen, Sagen, Fabeln, Werke des kulturellen Erbes, Lyrik, Gegenwartserzählungen für Kinder, Abenteuerliteratur, Sachbilderbücher, populärwissenschaftliche Bücher, Lexika für Kinder, Reihen, Serien sowie Veröffentlichungen zur Geschichte und Theorie des Kinderbuches, wie z.b. die „Beiträge zur Kinder- und Jugendliteratur"	Ca. 400 Titel / Gesamtauflage ca. 12–14 Mio. Exemplare
Neues Leben	1946	Jugendliteratur, Romane und Erzählungen, Lyrik zeitgenössischer DDR-Literaten sowie ausländischer Autoren, Werke des kulturellen Erbes, Abenteuerliteratur, Sachbücher, gesellschaftswissenschaftliche Literatur	ca. 300 Titel / Gesamtauflage ca. 8 Mio. Exemplare
Postreiter Verlag	1947	Unter anderem die „Kleine Jugendbücherei" mit historischen Texten und Gegenwartserzählungen (kinderliterarische Profilierung des Verlags seit 1972)	ca. 100 Titel / Gesamtauflage ca. 4 Mio. Exemplare
Altberliner Verlag	1945	Bilderbuchreihen, Tiergeschichten, Abenteuer-erzählungen, Märchen, Sagen	ca. 90 Titel / Gesamtauflage ca. 2 Mio. Exemplare
Verlag Junge Welt	1951	Bilderbücher, Bastelbögen, Zeitungen und Zeitschriften, populärwissenschaftliche Literatur für jüngere Kinder zwischen 2 und 11 Jahren	ca. 60 Titel (zusätzlich ca. 60 Bastelbögen) / Gesamtauflage ca. 3 Mio. Exemplare

Tabelle 2: Kinder- und Jugendbuchverlage der DDR

---

67   Weitere Verlage waren unter anderem: Domowina-Verlag Bautzen, Greifenverlag, Evangelische Verlagsanstalt, Rostocker Hinstorff-Verlag, St. Benno-Verlag, Urania-Verlag (vgl. Peltsch 1989, 16) sowie der Lehrmittelverlag Pößneck, der Verlag Volk und Wissen (Schulbuchverlag) oder Musik und Kunstverlage (vgl. Peltsch 1995c). Private Verlage wie der Altberliner Verlag, Alfred Holz, Gebrüder Knabe oder auch Postreiter-Verlag wurden sukzessiv – teilweise erst in den 1970er und 1980er Jahren – in staatliches Eigentum überführt (vgl. Lokatis 2006, 109).

Ende der 1980er Jahre produzierte die Verlagslandschaft jährlich ca. 6500 Titel, was in etwa einem Zehntel der damaligen Gesamtproduktion an literarischen Erzeugnissen der BRD entspricht (Kahlefendt 2000, 29). Im Jahr 1988 stellt Katrin Pieper fest, dass von der jährlichen Buchproduktion in etwa 1000 Titel für Kinder- und Jugendliche bestimmt und folglich insgesamt ca. 27 Millionen Exemplare pro Jahr erhältlich waren (Pieper 1988, 15).

Zur Zeit des Bestehens der DDR wurde die dirigistisch und zentralistisch geregelte Buchproduktion insbesondere von zwei monopolartigen Verlagen bestimmt: dem Kinderbuchverlag Berlin und dem Verlag Neues Leben. Die beiden Staatsverlage unterlagen von Beginn an einer politischen Struktur, aus der beträchtliche Vorteile resultierten. Nach Lokatis kam die Papierverteilung für die allgemeine Verlagsproduktion von Belletristik-Romanen Ende der 1950er Jahre auf 3000 Tonnen. Dagegen erhielten der Kinderbuchverlag Berlin mit 628 Tonnen und der Verlag Neues Leben mit 1174 Tonnen allein im Jahr 1960 insgesamt 1900 Tonnen Papier (Lokatis 2006, 111).

Am 9.12.1946 begann der FDJ organisationseigene Verlag Neues Leben – ursprünglicher Name *Verlag der jungen Generation* – zunächst Bücher für Jugendliche herauszugeben. Seine Urheber waren allesamt Mitglieder des Verbundes der Freien Deutschen Jugend (FDJ), dem auch der spätere Generalsekretär Erich Honecker angehörte. In der Gründungsurkunde proklamierte man das Verlagsziel, „die Jugend im Geiste der Demokratie und der Völkerverständigung zu bilden und zu erziehen, außerdem klassische deutsche Literatur und ausländische Jugendliteratur herauszubringen" (Schoeller 1981, 12). 1989 bemisst Peltsch den Verlag Neues Leben, der primär, aber nicht ausschließlich für Jugendliche editierte, mit 300 jährlich erscheinenden Erstauflagen als zweit auflagenstärksten Verlag im Handlungssystem KJL (Peltsch 1989, 15). Die marktbeherrschende Stellung des am 1.6.1949 – auf Initiative der SED – gegründeten Kinderbuchverlags erschließt sich aus den Verlagszahlen: Zwischen 1980 und 1985 veröffentlichte dieser 881 Erstauflagen in 25 Millionen Exemplaren (Peltsch 1989, 15), zwischen 1949 und 1989 in etwa 5000 Titel in 260 Millionen Exemplaren (Altenhein 1990b, 28 f.). Jährlich erschienen rund 450 Titel, davon 150 Neuerscheinungen, Zahlen, die den Verlag konkurrenzlos machten (Altenhein 1990b, 29). Im Jahr 1988 produzierte der Verlag 25 Reihen – wie die Alex-Taschenbuchreihe mit 130 Titeln – und 6 Serien. Insgesamt waren 250 Autoren, Herausgeber und Übersetzer sowie 150 Grafiker (Altenhein 1990b, ebd.) tätig. In topographischer Relation, das heißt gemessen an der nur geringen Größe des Buchmarkts, verdeutlichen die Zahlen die herausragende Stellung des Verlages im System KJL. Die führende Position des Kinderbuchverlages spiegelt auch die Provenienz der Preisträger des renommierten Alex-Wedding-Preises wider, der bis 1977 ausschließlich an verlagsinterne Autoren ging: Willi Meinck, Karl Neumann oder Joachim Nowotny (vgl. Humbert 1977, 116). Auch der Kinderbuchverlag selbst wurde von 1952 bis 1988 127 Mal ausgezeichnet. Seit 1977 verlieh dieser eigenständig Preise, wie den Sally-Bleistift-Preis für junge Schriftsteller, seit 1976 eine Prämie zur Förderung von Kritikern und Literaturwissenschaftlern oder veranstaltete Preisverleihungen zugunsten von Illustratoren, Übersetzern und Sachbuchverfassern im kinderliterarischen Bereich (Altenhein 1990b, 29). Der Kinderbuchverlag Berlin ist für die Untersuchung von besonderer Relevanz, da die sechs einbezogenen Autoren in den Verlag fest integriert waren.

Das Verlagswesen der DDR unterlag im Rahmen der zentralen Planwirtschaft besonderen Bedingungen. Die Verlage agierten ohne Konkurrenz, verkauften nach festgelegten Preisen, waren stets mit einer übergroßen Nachfrage ihrer Leser konfrontiert und sahen sich dadurch keinem Rentabilitätszwang ausgesetzt (vgl. Ziermann 2000, 168 f.). So formuliert auch Walter Ulbricht auf dem 11. Plenum 1966: „Die Verlage dürfen zum Beispiel nicht nur vom geschäftlichen Standpunkt, sondern sollen vom Standpunkt des politisch-kulturellen Wirkens unter Beachtung der Rentabilität geleitet werden"[68]. Die Konkurrenzlosigkeit der Verlage wird auch an einem Artikel der Cheflektorin des Kinderbuchverlages Berlin Katrin Pieper deutlich, in dem sie vier weiteren, für junge Rezipienten produzierenden, DDR-Verlagen ihre besonders hohe Wertschätzung ausspricht (vgl. Pieper 1988). Die Hauptverwaltung Verlage und Buchhandel im Ministerium für Kultur erstellte jeweils neu ermessene Jahresfonds, „Gewinnrückstellungen waren nicht möglich; etwaige Kapitalüberschüsse mussten zum Jahresende an den Staat abgeführt werden" (Kahlefendt 2000, 30). Diesbezüglich war den Verlagen die Gelegenheit geboten, ihren selbst gesetzten künstlerisch hochwertigen Anspruch der KJL als Teil der Nationalliteratur bestmöglich zu verwirklichen. Katrin Pieper unterstreicht im Jahr 1988:

> Das Bemühen, herauszukommen aus der gewohnten traditionellen Bildungsbescheidenheit, den geistigen Anspruch der Literatur weit und beweglich zu halten, die künstlerischen Grenzen auszuschreiten (ohne sie zu negieren), furchtlos zu sein vor Verkaufszahlen und vor Rezeptionsgewohnheiten sind die Grundlagen, auf denen sich heute wie vor 40 Jahren Literatur für Kinder- und Jugendliche entwickelt hat. [...] Poesie und Phantasie, Sensibilität und Kraft, Gedankentiefe und Sprachschönheit müssen ihr [der KJL, Anm. d. Verf.] zu Gebote stehen – das sind die Lebenselexiere jeglicher Kunst. (Pieper 1988,17 ff.)

Auch Ziermann betont die Vorteile der zentralistisch organisierten Planwirtschaft, da aus ihr ein übersichtliches, qualitativ hohes und vielfältiges Angebot der einzelnen Verlage resultiere:

> Diese Organisationsform hatte durchaus Möglichkeiten geboten, eine effektive thematische und professionelle Profilierung der Buchverlage vorzunehmen. Sie gewährleistete durch

---

68 In: Ziermann, K.: Der deutsche Buch- und Taschenbuchmarkt. 1945–1995, Berlin: Volker Spiess 2000.

Abstimmung der Produktionsprogramme jedem Verlag genügend Spielraum für interessante editorische Projekte. (Ziermann 2000, 171)

Im Anschluss an die theoretische Fundierung der Thematik erfolgt in dem nachfolgenden Kapitel die schrittweise Darlegung des Untersuchungsdesigns. Einer empirischen Studie steht grundsätzlich eine große Auswahl an Verfahren zur Verfügung, die mit Bedacht gewählt und den Besonderheiten des Untersuchungsgegenstands angepasst werden müssen.

5. Methodik

5.1 Die Einzelfallanalyse

Die empirische Untersuchung erfolgt durch eine Einzelfallanalyse, im Rahmen derer ausgewählte Akteure der Gruppe Kinder- und Jugendbuchautoren als Fälle abgebildet werden. Die Einzelfallanalyse stellt innerhalb der empirischen Sozialforschung keine spezifische Auswertungstechnik, sondern einen speziellen Forschungsansatz dar, dessen Besonderheit sich darin erschließt, nicht viele, sondern einige wenige Fälle oder einen einzigen Fall in der Tiefe zu beleuchten. Nach Lamnek stellt die Einzelfallanalyse einen speziellen „Zugang der Soziologie zur Wirklichkeit" dar (Lamnek 1995, 28). Lamnek erläutert: „Sie betrachtet die Welt jeweils unter dem Aspekt des menschlichen Handelns" (Lamnek 1995, 28). Während die Untersuchungsobjekte innerhalb der quantitativen Forschung keinen eigenen Wert aufweisen und damit austauschbar sind, gelten sie hier als ernst zu nehmender Bestandteil, als „Fachmann für die Deutungen und Interpretationen des Alltags" (Lamnek 1995, 6). Brüsemeister bezeichnet die Entscheidung für eine qualitative Einzelfallanalyse vor allem dann als sinnvoll, wenn ein „Zugang zu einem wenig erforschten gesellschaftlichen Bereich" eröffnet werden soll (Brüsemeister 2008, 56). Witzel sieht den entscheidenden Vorteil des Verfahrens darin, sich „intensiver mit mehr Untersuchungsmaterial beschäftigen zu können, und dadurch nuancenreichere und komplexere Ergebnisse zu bekommen" (Witzel 1982, 78). Die Rekurrierung auf verschiedene Facetten eines Falls bietet einen profunden Einblick in das Zusammenwirken vielschichtiger Abläufe mit dem Ziel, ein „ganzheitliches und damit realistisches Bild der sozialen Welt […] zeichnen" zu können (Lamnek 2010, 273).

Die Mehrzahl der innerhalb der qualitativen Sozialforschung durchgeführten Studien betrachten Personen oder auch sogenannte Aggregate von Personen. Ein soziales Aggregat umfasst nach Lamnek eine Gruppe, eine Familie oder einen Betrieb (Lamnek 2010, 297). In diesem Zusammenhang hebt Brüsemeister hervor: „Ist der Fall eine größere Einheit, […] sind Deutungs- und Handlungsmuster der einzelnen Mitglieder miteinander zu vergleichen" (Brüsemeister 2008, 56). Das primäre Erkenntnisinteresse von Einzelfalluntersuchungen liegt dabei insbesondere auf der Identifikation der jeweiligen „Struktur der Interaktion zwischen den Mitgliedern oder den Mitgliedsgruppen der sozialen Einheit" (Lamnek 2010,

297), die durch einen anschließenden komparativen bzw. kontrastierenden Fallvergleich erfolgt. Denn „theoretische Erklärungen, die den Fall in seiner Struktur
beleuchten, werden [...] in Einzelfallstudien mit Hilfe von Vergleichen möglich"
(Brüsemeister 2008, 56).

Der Ansatz der Einzelfallstudie bietet der Untersuchung vor allem deshalb
wichtige Vorteile, weil so die Möglichkeit besteht, die Gruppe der Kinder- und
Jugendbuchautoren als soziales Aggregat systematisch und umfassend zu erforschen bzw. sich eingehend auf einen einzigen Fall konzentrieren zu können. In
einer größer angelegten Studie kann weder der Autor in seiner Individualität
berücksichtigt, noch der Zusammenhang der Fallaussagen adäquat erfasst werden.

Die retrospektive Studie: Anlehnung an die Biographische Forschung

Die Untersuchung ist als retrospektive Fallstudie angelegt, weil die vergange-
nen Lebenserfahrungen von DDR-Kinder- und Jugendbuchautoren thematisiert
werden. Mit diesem Ziel erfolgt zugleich eine Anbindung an die Biographische
Forschung der Sozialwissenschaften. Fuchs-Heinritz sieht in der Biographischen
Forschung einen Arbeitsbereich solcher „Forschungsansätze und -wege [...], die
als Datengrundlage (oder als Daten neben anderen) Lebensgeschichten haben"
(Fuchs-Heinritz 2009, 9). Fischer-Rosenthal definiert „Biographie" wie folgt:

> Biographien sind Selbstbeschreibungen von Individuen im Kreuzungsbereich gelebter
> Lebensgeschichte und gelebter Gesellschaftsgeschichte. Ihr Generator sind Kontinuitätsbre-
> chungen, Krisen im Leben des Einzelnen und in der Geschichte der Gesellschaft. (Fischer-
> Rosenthal 1995, 44)

Weil die in die Untersuchung einbezogenen Kinder- und Jugendbuchautoren
Teil des sozialistischen KJL-Systems der DDR waren, deuten sie den kulturpolitischen Zusammenbruch sowie die veränderten Systembedingungen nicht
als Experten, sondern als Zeitzeugen. Fuchs-Heinritz unterstreicht, dass zeit-
geschichtlich orientierte Studien Erlebtes konservieren sollen: „So steckt im
Wiederaufleben der biographischen Forschung – jedenfalls im Umkreis zeitge-
schichtlicher Themen – der Versuch, Erfahrungen und Erinnerungen zu retten"
(Fuchs-Heinritz 2009, 121). So nennt Fuchs-Heinritz die Analyse der Situation
spezifischer Gruppen, die aufgrund von zeitgeschichtlichen Ereignissen kollek-
tive Erfahrungen gesammelt haben, auch als typisches Forschungsziel der Biographischen Forschung:

> Wer sich für die Problemlagen, Deutungen und Handlungsorientierungen von bestimmten
> Gruppen interessiert, tut meist gut daran, ihre Geschichte zu kennen. Es gilt dies natürlich
> im besonderen Maße für solche Gruppen, die wegen historischer Ereigniskonstellationen [...]
> eine besondere Geschichte erlebt haben. (Fuchs-Heinritz 2009, 137)

Im Rahmen der Untersuchung wird ein sehr spezieller Bestandteil der gesamten Lebenswelt der befragten Autoren beleuchtet: die beruflichen Erfahrungen innerhalb der KJL-Systeme DDR und BRD. Es interessiert folglich nicht die Lebensgeschichte als solche, sondern alle Erfahrungen, die im Kontext Literatur gemacht worden sind. Allerdings läuft eine reine Betrachtung der Berufsrolle unter Ausschluss des biographischen Gesamtzusammenhangs Gefahr, das Phänomen nicht vollständig deuten zu können. Aufgrund dessen werden in der konkreten Erhebungssituation der Untersuchung nicht nur einzelne Erfahrungsmomente, sondern die gesamten lebensgeschichtlichen Erlebnisse der Autoren berücksichtigt. Denn die Betrachtung eines konkreten Lebensausschnitts führt zu tiefgründigeren Ergebnissen, wenn die gesamte Biographie bzw. auch themenexterne Zeitphasen oder Erzählgegenstände berücksichtigt werden (vgl. Fischer-Rosenthal/Rosenthal 1997, 142). Biographische Forscher betonen, dass

> [...] bei sozialwissenschaftlichen oder historischen Fragestellungen, die sich auf soziale Phänomene beziehen, die an die Erfahrungen von Menschen gebunden sind und für diese eine biographische Bedeutung haben, die Bedeutung dieser Phänomene im Gesamtzusammenhang ihrer Lebensgeschichte interpretiert wird. (Rosenthal 2005, 164)

Weil auch der Fokus der Biographieforschung auf Fallanalysen liegt, kann diese als Einzelfallapproach mit einem spezifischen theoretischen Anliegen gelten (vgl. Lamnek 2010).

5.2 Auswahlverfahren: Kinder- und Jugendbuchautoren der DDR

Merkens (1997) verweist auf drei Kriterien des allgemeinen Auswahlverfahrens, welche als Vorbereitung auf die konkrete Fallauswahl dienen können. Nach Merkens muss reflektiert werden, ob die Gesprächspartner

a) forschungsrelevante Kenntnisse besitzen,
b) die Fähigkeit zur Reflexion und Artikulation aufweisen,
c) Zeitfaktor und Bereitschaft zur Teilnahme mitbringen (vgl. Merkens 1997, 101).

Um forschungsrelevante Ergebnisse garantieren zu können, ist die Rekurrierung auf Personen der Gruppe Kinder- und Jugendbuchautoren, statt anderer Aktanten des KJL-Systems, eine folgerichtige Entscheidung. Obwohl nicht grundsätzlich jeder Befragte „zur erzählenden Darstellung seiner Lebensgeschichte in der Lage" ist (A. Fuchs 1984, 249), kann davon ausgegangen werden, dass der Autorenberuf ein hohes Maß an gelungener Artikulation und Reflexion garantiert. Gleichwohl macht die besondere Gruppenausrichtung bzw. der gesamte Untersuchungsgegenstand einen schwierigen Feldzugang kalkulierbar. Wegen des emotionalen und häufig auch Betroffenheit hervorrufenden Themas kann nicht ohne Weiteres von einer Interviewzusage bzw. Gesprächsbereitschaft ausgegangen werden. Nach der deutschen Wiedervereinigung waren Kinder- und Jugendbuchautoren der DDR extremen Bedingungen ausgesetzt: Boykott im Buchhandel, Wertminderung der ehemals erfolgreichen literarischen Erzeugnisse, Arbeitslosigkeit, Statusverlust. Auch Fuchs-Heinritz hebt hervor:

> [...] gerade bei wichtigen thematischen Interessen [sind] Probleme mit der Erreichbarkeit der möglichen Befragten zu erwarten. Nicht alle Sozialgruppen in einer Gesellschaft sind auf die gleiche Weise für die Mitarbeit in einem biographischen Interview zu gewinnen. (Fuchs-Heinritz 2009, 236)

Die Autoren der Untersuchung sind nicht zufällig gewählt, sondern nach vorab festgelegten Kriterien bestimmt. Ein innerhalb qualitativer Forschungsstudien häufig favorisiertes Auswahlverfahren ist das Theoretische Sampling (Strauss/Corbin 1996). In einem auch die Datenanalyse umfassenden Prozess werden dort nach und nach neue Fälle einbezogen, deren Auswahl sich an den bereits konstatierten Analyseergebnissen orientiert. Aufgrund der Besonderheit der Untersuchungsgruppe werden die Auswahlkriterien nicht sukzessiv entwickelt, sondern es erfolgt in Anlehnung an die Methode des Selektiven Samplings (Flick 2010) eine im Vorfeld getroffene Autorenfestlegung. Die Auswahl der Fälle richtet sich nach der vermuteten Relevanz hinsichtlich der eingangs formulierten Untersuchungsfragen (vgl. Kap. 1). Einschlägige Informationen sind im Rahmen von fachwissenschaftlichen Beiträgen, Homepageseiten, Interviews und primärliterarischen Erzeugnissen zugänglich.

Im Rahmen des ersten Auswahlkriteriums wird vorausgesetzt, dass die einschlägigen Kinder- und Jugendbuchautoren unabhängig von der propagandistischen Richtungslinie staatlicher Instanzen agierten bzw. in ihren Texten weder kindliche Individualität tilgten, noch gesellschaftliche Konflikte ausschlossen, sondern sich aktiv an den offenen Tendenzen der 1970er und 1980er Jahre beteiligten (vgl. Richter 1990). Zugleich werden gezielt solche Autoren gewählt, die innerhalb des KJL-Systems der DDR einen hohen Popularitätsgrad aufwiesen, welcher unter anderem an Prämierungen, Wertschätzungen der DDR-Literaturkritik, hohen Auflagenzahlen oder Neuauflagen evident gemacht werden kann bzw. daran, dass einschlägige Texte wiederholter Betrachtungsgegenstand der gegenwärtigen Kinder- und Jugendliteraturforschung sind. Bereits das Kriterium der Popularität macht jeden einzelnen Autor an sich für die Untersuchung interessant. Zugleich ist dieser aber auch Repräsentant einer ganzen Gruppe, deren Besonderheit sich aus ihrer beruflichen Tätigkeit erschließt.

Da besonders prägnante bzw. typische Fälle die Aussagekraft einer Einzelfallstudie potenzieren können, konzentriert sich die Auswahl auf solche Autoren, deren Kinder- und Jugendbücher besonders aufschlussreiche Ergebnisse hinsichtlich der DDR-Zensur erwarten lassen oder die nach 1989/1990 auffallend wenige Veröffentlichungen auf dem Kinder- und Jugendbuchmarkt hervorbrachten. Kelle/Kluge zeigen auf, dass gerade die Einbeziehung relevanter Fälle ein wichtiges Kriterium der Fallauswahl ist, damit starke Verzerrungen vermieden werden können (Kelle/Kluge 2010, 39). Weiterhin betonen Kelle/Kluge, dass der Fallvergleich sowie dessen theoretische Generalisierung eine gewisse „Bandbreite sozialstruktureller Einflüsse zu erfassen" verlangt (Kelle/Kluge 2010, 49). Hinsichtlich dessen gilt auch eine gewisse Heterogenität der Fallauswahl als folgerichtiger Schritt. Nach Flick beruht eine der zentralen Auswahlmethoden auf der maximalen Variation des Samples durch wenige, aber möglichst verschiedene Fälle, „um darüber die Variationsbreite und Unterschiedlichkeit, die im Feld enthalten ist, zu erschließen" (Flick 2010, 165). In dieser Hinsicht sind beispielsweise eher seltene oder extreme Fälle aussagekräftig. Auch Lamnek hebt hervor:

> Die Auswahl der Untersuchungseinheiten zielt also systematisch darauf ab, einen Fall [...] zu finden, der die theoretischen Konzepte des Forschers komplexer, differenzierter und profunder gestalten kann. (Lamnek 2010, 286)

Um im Rahmen der Untersuchung eine Variation der Fälle erzielen zu können, werden die Autoren so gewählt, dass eine Differenz der subjektiven Lebensdaten (z. B. Lebensalter, Geschlecht) und objektiven Rahmenbedingungen (literarisches Profil/potentielle Erfahrungen mit der DDR-Zensur, Quantität der Neuveröffentlichungen nach 1989/1990) vorliegt.

Die Autorenfestlegung

Der Begriff DDR-Kinder- und Jugendbuchautor umfasst hier nur solche Literaten, die innerhalb des KJL-Systems DDR konstant Texte veröffentlicht hatten. Damit sind Produzenten, deren Werke erstmals im wiedervereinten Deutschland erschienen sind, von der Bezeichnung ausgeschlossen.

Ein Blick in fachwissenschaftliche Publikationen offenbart eine Reihe immer wiederkehrender Autorennamen, wie Peter Abraham, Franz Fühmann, Günter Görlich, Peter Hacks, Werner Heiduczek, Gerhard Holtz-Baumert, Helmut Sakowski, Jutta Schlott, Wolf Spillner oder Alfred Wellm.[69] In dieser Autorenriege sind einige der einflussreichsten und wirkungskräftigsten Literaten benannt, denen jedoch kein universelles „literarisches Profil" (Doderer

---

69 Für Kinder und Jugendliche schreibende Autoren waren nicht selten – teils sehr erfolgreiche – Autoren des Gesamtsystems Literatur, wie Franz Fühmann oder Peter Hacks.

1999) zugewiesen werden kann – eine Tatsache, die vor allem an der Alterskohorte liegt, die Doderer wie folgt klassifiziert (Doderer 1999, 22 ff.):

Kategorie 1	
Literaten, die den realen Sozialismus in der KJL der DDR entstehen lassen.	Bertolt Brecht (1988–1956), Ludwig Renn (1889–1979), Liselotte Welskopf-Henrich (1901–1979).
Kategorie 2	
Literaten, die den Aufstieg der KJL bewirken (geb. vor 1930).	Franz Fühmann (1922–1984), Gerhard Holz-Baumert (1927–1996), Benno Pludra (*1922).
Kategorie 3	
Autoren, deren Textproduktion zu einer Zeit beginnt, in der die Theorie des sozialistischen Realismus festes Merkmal der KJL ist (geb. 1930er Jahre).	Peter Abraham (*1936), Uwe Kant (*1936), Günter Saalmann (*1936).
Kategorie 4	
Autoren, die vor allem in den 1980er Jahren auf sich aufmerksam machen (geb. 1940er Jahre).	Christa Kozik (*1941), Gunter Preuß (*1940), Jutta Schlott (*1944).

Tabelle 3: Autorengenerationen

Im Rahmen der Untersuchung fiel die Wahl auf insgesamt sechs Autoren, die
eine gewisse Heterogenität der Gruppe sichern. Das Lebensalter der Autoren
fällt in Anlehnung an Doderer (1999, 22 ff.) in die Kategorie 3 und Kategorie 4
der DDR-Autorenriege, so dass sowohl Literaten Berücksichtigung finden, die
zwischen 1930 und 1940 geboren wurden und im Anschluss an die Phase des
sozialistischen Aufbaus schriftstellerisch tätig waren, sowie Autoren einbezogen
werden, die erst im letzten Jahrzehnt der DDR zu schreiben begannen. Ferner
wird die Geschlechterverteilung bedacht. Obwohl sich alle sechs Autoren an den
offenen Tendenzen der DDR-KJL der 1970er und 1980er Jahre beteiligten, ist ihr
literarisches Profil ungleich bzw. schwankt dieses zwischen gesellschaftskriti-
schem und nicht-kritischem Potential. Zwei der Autoren fallen zudem durch eine
überraschend hohe Integration in den bundesdeutschen Kinder- und Jugendbuchmarkt auf, während andere Literaten tendenziell wenig veröffentlichten oder sich
schon früh aus dem System KJL zurückzogen.

Autoren	Auswahlkriterien
Christa Kożik Wolf Spillner Jutta Schlott Peter Abraham Uwe Kant Günter Saalmann	Renommierter Autorenstatus Kinder- und jugendliterarisches Profil: Öffnung der KJL in den 1970er/1980er Jahren

Tabelle 4: Auswahlvorgang

5.3 Prinzipien der qualitativen Forschung

Indem die Datenerhebung und -auswertung der empirischen Untersuchung im Rahmen der qualitativen Forschungsrichtung der Sozialwissenschaften erfolgt, entspricht diese den Prinzipien der Offenheit, der Kommunikativität, der Naturalistizität, Interpretativität sowie der Theorienbildung (vgl. Lamnek 1995).

a) Offenheit:

In der qualitativen Forschung gilt theoretisches Vorwissen des Forschers als wichtige Grundlage. Zugleich ist aber auch eine grundsätzliche Offenheit gegenüber neuen Erkenntnissen notwendig, weshalb vorab getätigten Hypothesenbildungen eine nur sekundäre Bedeutung zukommt. Um die Untersuchung möglichst unvoreingenommen durchführen zu können, wird die theoretische Fundierung des Themas erst einmal zurückgestellt, „bis sich die Strukturierung des Forschungsgegenstandes durch die Forschungssubjekte herausgebildet hat" (Hoffmann-Riem 1980, 343). Theoretische Generalisierungen erfolgen insofern erst nach der objektiven Feststellung der Untersuchungsergebnisse. Hinsichtlich der Untersuchungsgruppe Kinder- und Jugendbuchautoren ist das Prinzip der Offenheit bereits deshalb von besonderer Relevanz, weil die politische Ausrichtung des Themas schnell zu verfrühten Pauschalurteilen verleiten kann.

Nach Lamnek erfordert das Prinzip der Offenheit zum einen eine Öffnung gegenüber den Untersuchungspersonen – „inklusive ihrer individuellen Eigenarten" (Lamnek 2010, 20) – sowie eine Öffnung der gesamten Erhebungssituation, so dass Ort und Modus offen arrangiert und der Forschungsfrage anzupassen sind. Von Beginn an werden die Autoren der Untersuchung postalisch über Ziel und Zweck der Befragung unterrichtet. Das Interview findet in der Privatsphäre (Wohnsitz) des jeweiligen Autors statt, so dass eine freie Erzählung über emotional schwierige Themen wie Zensur, Arbeitslosigkeit oder Statusverlust leichter möglich ist.

b) Kommunikativität

An dem für die qualitative Forschung sehr zentralem Merkmal der Kommunikativität zeigt sich ein wichtiger Unterschied zu quantitativen Verfahren der Sozialforschung. Reichertz hebt hervor:

> Weil im qualitativen Paradigma davon ausgegangen wird, dass soziale Wirklichkeit durch kontextgebundene Kommunikation konstruiert wird, kommt der *Kommunikativität* im Forschungsprozess besondere Bedeutung zu. In Interaktionen zeigen sich latente Deutungsmuster oder konkretes Wissen der Befragten über ihre Alltags- und Handlungswelt. (Reichertz 2005, 157)

Auch bei der Untersuchung der Gruppe DDR-Kinder- und Jugendbuchautoren wird nicht auf starr vorstrukturierte Interviewbögen zurückgegriffen, sondern im Rahmen des Interviews eine kommunikative Situation geschaffen. Der Kommunikation zwischen Befrager und Befragtem bzw. dem in der Untersuchung durchgeführten Interview folgt die Generierung einer Theorie.

c) Naturalistizität

In der Kommunikation zwischen Forscher und den zu untersuchenden Personen ist auch die Naturalistizität ein wichtiges Kriterium, da „verfremdete Einflüsse durch eine ungewöhnliche, unnatürliche Kommunikationssituation während der Erhebung [...] auch zu verfremdeten und unnatürlichen Interpretationen und Deutungen" führen können (Lamnek 1995, 20). Infolgedessen ist sowohl auf den fachwissenschaftlichen Sprachstil als auch auf die künstliche Unterbrechung des reinen Erzählflusses zu verzichten. Laut Lamnek sind zwar nicht-standardisierte Interviewformen noch immer künstlich oder „asymmetrisch", aber unter anderem durch die Möglichkeit der Hinterfragung potentieller Missverständnisse weitaus natürlicher, als es quantitative Erhebungsverfahren sein können (ebd.). Der geringe Interventionsgrad des Interviewers schafft eine natürliche Situation, die zugleich einen hohen Kontrollfaktor garantiert, indem subjektive Sinnzusammenhänge oder latentes Wissen erschlossen und der gesamte soziale Rahmen beobachtet werden kann. Die Natürlichkeit der Interviewsituation baut im Rahmen der Untersuchung auch künstliche Distanz ab. Latente, nicht in den Vordergrund gedrängte Erzählpassagen der Autoren können erkannt und aufgegriffen werden.

d) Interpretativität

Das Prinzip der Interpretativität bekräftigt, dass die aus der Erhebung gewonnen Daten nicht in ihrer „Rohheit" angenommen, sondern interpretiert werden müssen. In Bezug darauf erfolgt die Interpretation der Einzelfallanalyse in zwei Schritten:

1. Es werden die Bedeutungszuweisungen der untersuchten Personen (Autoren) interpretiert.
2. Es werden Handlungsmuster herausgefiltert (vgl. Lamnek 1995, 21).

e) Theorienbildung

Das Entwickeln von Theorien steht im Gegensatz zu der reinen Beschreibung der Untersuchungsergebnisse. Strauss/Corbin (1996) definieren einen Unterschied zwischen gegenstandsbezogenen und formalen Theorien, wobei Letztere aus den Ersteren hervorgehen und nicht nur für einen Teilbereich stehen, sondern eine höhere Allgemeingültigkeit beanspruchen. Jedoch können, bedingt durch Ressourcenbegrenzungen, „viele qualitative Forschungen [...] nur bereichsbezogene Theorie anstreben, nur einen Teil der möglichen Situation untersuchen" (Brüsemeister 2008, 30).

Durch die Konzentration auf sechs Autoren bzw. auf eine spezifische Gruppe als Fall wird ein ganz konkreter Bereich erklärt und intensiv beleuchtet. Studien, die den Ansatz der Einzelfallanalyse nutzen, streben generell keine allgemeingültige Übertragbarkeit der Ergebnisse auf alle Fälle an, sondern erklären „einen Typus in seiner inneren Logik" (Brüsemeister 2008, 96). Brüsemeister betont:

> In diesem Fall bezieht sich ein Gütekriterium von Einzelfallstudien sowie qualitativen Methoden insgesamt nicht auf eine im Prinzip nur durch statistische Messung [...] zu belegende Frage der Antreffbarkeit eines Falls in seinem Feld, sondern auf die Frage der Genese einer inneren Falllogik, die durch den Rekurs auf soziale Kontexte erklärt wird. (Brüsemeister 2008, 59)

Von der theoretischen Zusammenfassung der Untersuchungsergebnisse kann folglich nicht ohne Weiteres auf die gesamte Gruppe DDR-Kinder- und Jugendbuchautoren geschlossen werden. Ebenso wenig garantiert diese die völlige Übertragbarkeit auf alle weiteren Fälle der den Auswahlkriterien entsprechenden Gruppe. Dessen ungeachtet regt Gropengießer an:

> [...] zweifellos zeigt sich das Allgemeine im Besonderen – wie sonst könnte es überhaupt gültig verallgemeinert werden? Deshalb bestehen durchaus Möglichkeiten der Verallgemeinerung aus Einzelfällen. Das Allgemeine kann aus dem Besonderen interpretativ erschlossen werden. [...] Umgekehrt zeigt sich das Besondere aber nicht im Allgemeinen. (Gropengießer 2008, 182)

5.4 Die Erhebung: Das narrative Interview

Das narrative Interview ist eine Erhebungsmethode, die von dem Bielefelder Soziologen Fritz Schütze[70] entwickelt und in den Sozialwissenschaften etabliert wurde. Es handelt sich hierbei um die vollkommen offene Darstellung eines Autobiographen. Mit einer offen gehaltenen Eingangsfrage soll der Befragte zu einer umfassenden und detaillierten Darstellung angeregt werden. Erst in einem anschließenden Nachfrageteil interveniert der Interviewer, indem er Verständnisfragen stellt. In einer dritten textexmanenten Fragephase werden neue Themenpunkte angesprochen, die der konkreten Beantwortung der Forschungsfragen dienen (vgl. Küsters 2009, 63).

Offene Eingangsfrage	Erzählstimulus (ohne Intervention)
Haupterzählung	Stehgreiferzählung als biographische Eigenleistung
Textimmanente Nachfragephase	Klärung / Vervollständigung unvollständiger und unverstandener Erzählpassagen
Textexmanente Nachfragephase	Neue Fragen zur konkreten Beantwortung der Forschungsfragen
Nacherzählung	Narrative, beschreibende und argumentierende Erzählsequenzen

Tabelle 5: Ablauf des narrativen Interviews

Für die Untersuchung stellt das narrative Interview eine vielversprechende Erhebungsmethode dar, weil die Vertreter des Verfahrens davon ausgehen, dass diese zu detaillierteren Angaben führt als andere Verfahren (Fuchs-Heinritz 2009, 178).

> Das Erzählen einer Geschichte erzeugt [...] eine gewisse Sogwirkung, die die Geschichte voranbringt: Der Erzähler erzählt und erzählt dabei auch Dinge, die er vielleicht ursprünglich gar nicht zu erzählen beabsichtigte. (Hermanns 1981, 48)

Ein reiner Fragenkatalog kann die Erzählbereitschaft stark hemmen. Zudem bietet die breite Darstellung der eigenen Lebensgeschichte den Autoren Raum und Möglichkeit, nach eigenen Relevanzkriterien zu berichten. Diese Offenheit begünstigt die narrative Darstellung von Erlebnissen, die in noch keinem anderen Interview erfragt worden sind, die spontan in der Gesprächssituation erinnert und reflektiert werden.

---

70   Vgl. hierzu die erzählanalytischen Arbeiten und Abhandlungen Fritz Schützes: 1977, 1984, 2001.

Der Erzählstimulus

Die Methode des narrativen Interviews wird in der Untersuchung vor allem deshalb Anwendung finden, weil eine das Interview einleitende Eingangsphase stattfindet, mit der die Autoren zur freien und ausführlichen Erzählung angeregt werden:

> Ich interessiere mich für Ihre Erfahrungen als DDR Kinderbuchautor vor und nach der Wende. Erzählen Sie mir doch bitte, wie Sie Kinderbuchautor geworden sind und wie es dann für Sie als Kinderbuchautor weiterging. Sie können sich dafür soviel Zeit nehmen, wie Sie möchten. Ich werde Sie jetzt nicht unterbrechen.

Der Stimulus setzt im zweiten Satz bei der Entwicklung der schriftstellerischen Karriere an, fordert aber nicht explizit die Erzählung persönlicher Erfahrungen nach 1989/1990 heraus. Allgemein wird davon ausgegangen, dass das Ereignis der Wende ohnehin nicht nur die „politischen, ökonomischen und kulturellen Makro-Strukturen der Ex-DDR [betraf], sondern […] in umfassender Weise auf den Alltag und die Lebenswelt der Menschen über[griff]" (Wensierski 1994, 20). Daher ist anzunehmen, dass eine direkte Erzählaufforderung störend wirken und die Narration aufgrund persönlicher Betroffenheit beeinflussen könnte, z. B. durch einen vorschnellen Vergleich der beruflichen oder allgemeinen Lebenssituation vor und nach 1989/1990. Analog kann auf diese Weise herausgestellt werden, welchen Stellenwert der Wendeumbruch im Leben bzw. im Berufsalltag der einzelnen Literaten einnahm, je nachdem, ob eine intensive oder nur marginale Thematisierung der Wendeprozesse stattfindet.

Zugleich stellt es eine bewusst getroffene Entscheidung dar, den einleitenden Stimulus nicht auf die gesamte Lebensgeschichte des Befragten auszurichten, sondern ausschließlich konkrete Handlungen am Gegenstand Literatur zu thematisieren. In dieser Hinsicht bietet der zielorientierte Stimulus relevante Informationen zur Beantwortung der Forschungsfrage. Des Weiteren wird auf die theoretische Prämisse der Biographischen Forschung Rücksicht genommen, dass die Fokussierung einer bestimmten Lebensphase erst im Kontext der Lebensgeschichte vollständig verstehbar sein kann (vgl. Fischer-Rosenthal/Rosenthal 1997). Infolgedessen sind biographische Aspekte auch in der anschließenden immanenten Nachfragephase angemessen zu berücksichtigen.

Die immanente Nachfragephase

Der immanente Nachfrageteil folgt der Haupterzählung des Befragten und dient dazu, unverständliche Erzählpassagen zu klären oder Themen aufzugreifen, die von dem Erzähler nur kurz angerissen und nicht weiter ausgeführt werden. Diese

Phase ist für die Untersuchung von besonderer Relevanz, da nicht verständliche Erzählteile erhebliche Probleme bei der Auswertung hervorrufen können. Um den Befragten zur weiteren Narration anzuhalten, werden die Fragen erzählgenerierend formuliert. So fordern Fragewörter wie ,wieso', ,weshalb' oder ,warum' eher zu Argumentationen heraus, als dass sie zur ausführlichen Erzählung motivieren (vgl. Küsters 2006, 62). Fischer-Rosenthal und Rosenthal legen „drei Grundtypen narrativen Nachfragens" fest:

1. Eine spezielle Lebensphase wird direkt angesprochen „Können Sie über die Zeit [...] noch etwas mehr erzählen?

2. Eine bereits erwähnte Situation wird direkt angesprochen: „Sie erwähnten vorhin, wie Sie (... die Situation X), können Sie mir diese Situation einmal genau erzählen?"

3. Ein bereits angeführtes Argument wird direkt angesprochen und soll durch eine Erzählung belegt werden: „Können Sie sich noch an eine Situation erinnern, (in der Ihr Vater autoritär war; wo Sie nicht mehr an Ihren Erfolg glaubten etc.?" (vgl. Fischer-Rosenthal/Rosenthal 1997, 146 f.)

Die exmanente Nachfragephase

Würde ausschließlich der reine Erzähltext des Befragten im Mittelpunkt des Interviews stehen, bliebe die Beantwortung der Untersuchungsfragen ungewiss. Denn gleichwohl ist die Untersuchung mit dem grundlegenden Problem konfrontiert, konkrete Aussagen erhalten zu wollen, um ein Minimum an Vergleichbarkeit garantieren zu können. Aufgrund der Komplexität der individuellen lebensgeschichtlichen Erfahrungen muss letztendlich eine gezielte Steuerung in Anwendung weiterer Leitfragen erfolgen. Auch weil sich „in der Praxis Mischformen zwischen narrativen und Leitfaden–Interviewformen bewährt" haben (Helfferich 2004, 11), wird die exmanente Nachfragephase „bis hin zu einer Art Leitfadeninterview" ausgeweitet (Küsters 2009, 64). Damit unterscheidet sich die Methode des narrativen Interviews weniger stark von den sogenannten Leitfadeninterviews als in der Fachwissenschaft üblicherweise angenommen: „Überhaupt, unter forschungspraktischen Gesichtspunkten stellt sich der Unterschied zwischen Leitfaden- und narrativem Interview nicht so prinzipiell dar, wie es die Verfahrensbegründungen nahe legen" (Fuchs-Heinritz 2009, 180). Auch Küsters relativiert die Verschiedenheit beider Erhebungsmethoden:

> Hier unterscheidet sich das narrative Interview nicht von Erhebungsformen mit stärkerer Interviewzentrierung. Der Unterschied liegt lediglich darin, dass man mit der Themensetzung durch den Interviewer und dem Anzielen von Beschreibungen und Argumentationen erst dann beginnt, wenn man die erzählerische Darstellung des Themas durch den Befragten erhoben hat. (Küsters 2006, 64)

Die Zusammenführung von narrativer Eingangsphase und Leitfaden erfolgt in Anlehnung an die Biographieforschung auch aufgrund der Überlegung, inwieweit der Erzähler befähigt ist, persönliche Erfahrungen mit dem politischen und gesellschaftlichen Gesamtkontext zu verbinden. Die Biographieforschung basiert auf einer prinzipiellen Trennung von Lebens- und Zeitgeschichte. Leitner nimmt an, dass die Erzählung der eigenen Lebensgeschichte grundsätzlich von der Besonderheit des eigenen Lebens ausgehe (Leitner 1982, 160). Auch Fuchs-Heinritz verdeutlicht die zentrierte Erzählposition des Ichs:

> Wenn jemand sein Leben erzählt, so erzählt er es als Geschichte von Entscheidungen, Entwicklungen, Handlungen und Erleiden. [...] Absichten und Zwecke angesichts von Umständen bilden die Struktur der Erzählung. Lebensgeschichten bestehen auf der Souveränität des Ich, mindestens auf seiner zentralen Wichtigkeit als Leidenszentrum des Geschehens. Insofern sind Lebensgeschichten Erzählungen von der Besonderheit des eigenen Lebens. Sie weigern sich, die Lebensführung als Episode im großen Strukturzusammenhang von Gesellschaft und Geschichte zu fassen. Lebensgeschichten sind in gewissem Sinn Widerstandsgeschichten. Geschichten gegen den großen Sozialzusammenhang. (Fuchs-Heinritz 2009, 82)

Indem die Untersuchung auf erlebte Umbruchprozesse der deutschen Wiedervereinigung zielt, wird ein besonders tiefgreifendes, als Lebens- und Berufseinschnitt erfahrenes Ereignis aufgegriffen, das Wensierski als „historischen Sonderfall" deklariert (Wensierski 1994, 20). Wensierski betont hier die Möglichkeit der „Parallelisierung von biographischer und gesellschaftlicher Reflexion, die in einer Parallelisierung von historischer und biographischer Zeitstruktur mündet" (ebd.).

Der Interviewleitfaden

Der Aufbau eines Interviewleitfadens muss angemessen ausgearbeitet werden, um verwertbare Informationen der Interviews garantieren zu können. Folglich darf dieser keine willkürlich aufgestellten Fragen beinhalten, sondern muss eine gut überlegte Struktur erkennen lassen. Ein wichtiges Kriterium bezieht sich hier auf die Anzahl der Leitfragen. „Priorität hat die spontan produzierte Erzählung – allein dies macht schon klar, dass ein guter Leitfaden nicht zu viele Fragen enthalten darf" (Helfferich 2005, 160). Eine zu starke Anhäufung von Fragen würde zwangsweise zu einer „Leitfadenbürokratie" führen, durch die der Leitfaden „von einem Mittel der Informationsgewinnung zu einem Mittel der Blockierung von Informationen wird" (Hopf 1978, 102). Ein weiteres zentrales Kriterium für die gelungene Interviewführung ist die angemessene Formulierung der Fragen, die nicht zu lang und klar verständlich sein sollen, keine Suggestivfragen, keine Ja/Nein- Fragen und auch nicht mehrere Themenblöcke in einer Frage enthalten oder kurze Antworten suggerieren dürfen (vgl. Hopf 1978).

Der verwendete Interviewleitfaden basiert auf einer festgelegten Anzahl von Fragen, die eine Vielfalt an Lebenserinnerungen aufgreifen.

	Stimulus	Fragestellungen (obligatorisch)	Fragestellung (fakultativ)
DDR	Können Sie etwas darüber erzählen, wie es Ihnen als Kinder- und Jugendbuchautor in der DDR erging?	z. B. Zensursystem	z. B. Selbstzensur
BRD nach 1989/1990	Können Sie mir etwas darüber erzählen, wie Sie die Wende erlebt haben?	z. B. Verlagserfahrungen	z. B. Verträge
Literatur	Können Sie mir etwas darüber erzählen, ob sich Ihre Literatur im Laufe Ihrer schriftstellerischen Tätigkeit entwickelt hat?	z. B. Überarbeitungen neu verlegter DDR-Titel	z. B. Spezielle Informationen zu einem Text

Tabelle 6: Auszug Interviewleitfaden

Formale Transkriptionsregeln

Die für die Transkription des Interviewmaterials verwendeten Transkriptionszeichen unterstützen aufgrund des Realitätsbezugs die Genauigkeit des anschließenden Analyseprozesses und erhöhen die Vergleichbarkeit der Daten. Durch die nachfolgende Auflistung erhält auch der Leser die Gelegenheit zur eigenen Beurteilung bzw. zur „intersubjektiven Nachvollziehbarkeit" (Steinke 2008, 324) der Daten.

.	Kurzes Absetzen
…	Pause (die Anzahl der Punkte gibt in etwa die Sekunden wieder)
(4)	Schweigen in der angegebenen Sekundenzahl
Unter/Schulunterricht	Wortabbruch / Selbstkorrektur
Immer	Betonung eines Wortes
Ich kann nicht genau sagen	Leises Sprechen
Vielleicht war es so	Gedehntes Sprechen
dann (sag ich)	Undeutlichkeit
( )	Unverständlichkeit, ungefähr angedeutete Länge der Wortfolge
(Lachen bis *) (*)	Außersprachliche Aktivitäten, die sich bis zur Kennzeichnung (*) an er entsprechende Stelle im Transkriptionstext hinziehen
I: Wie es dann weiterging E: Ja, dann	Gleichzeitiges Sprechen
Hm, äh, ähm	Parasprachliche Äußerungen

Tabelle 7: Transkriptionszeichen

5.5 Die Auswertung: Das Thematische Kodieren

Innerhalb der qualitativen Sozialforschung besteht traditionell eine Vielfalt an Analyseverfahren, wie die Objektive Hermeneutik (Oevermann et al. 1979), das Auswertungsschemata der Grounded Theory (Glaser/Strauss 1967, Strauss/Corbin 1990) oder die sehr systematisch aufgebaute Qualitative Inhaltsanalyse nach Mayring (1983). Dabei unterscheiden sich die Verfahren zum Teil auffallend stark in ihrer Zielsetzung und Anwendung. Deshalb ist zu beachten, dass das gewählte Analyseverfahren auf den Untersuchungsgegenstand zugeschnitten bzw. der Fragestellung angemessen ist. Für Brüsemeister ist „grundsätzlich […] die Güte von Aussagen qualitativer Studien durch Nachweise der Gegenstandsbezogenheit zentraler Forscherentscheidungen zu erreichen" (Brüsemeister 2008, 32). Ein Gütemangel ist dann vorhanden, wenn die „Ausrichtung des Gegenstands an einer Methode statt umgekehrt die gegenstandsbezogene Auswahl der Erhebungs- und Auswertungsmethoden" erfolgt (ebd. 33).

Im Rahmen der Untersuchung sind mehrere bewährte Analyseverfahren der qualitativen Sozialforschung auf ihre Eignung überprüft worden. Dabei wurde auf mehrere Kriterien geachtet, welche die Auswahl leiteten:

1. Eine angemessene Berücksichtigung der Einzelfälle.
2. Die Theorieentwicklung statt einer Hypothesenüberprüfung.
3. Die Unterstützung der Theorieentwicklung durch einen Fallvergleich.
4. Offenheit gegenüber den Aussagen der Autoren.

Das für die Untersuchung gewählte Auswertungsverfahren entspricht der Methode des Thematischen Kodierens. Zur Methodik des Thematischen Kodierens äußern sich Flick (2010), Kuckartz (2007) sowie insbesondere Hopf (1995) in einer Studie über den Zusammenhang zwischen rechtsextrem orientierten Jugendlichen und ihrer familiären Sozialisation. Ebenso formuliert Christiane Schmidt (2008) in ihrem Aufsatz *Analyse von Leitfadeninterviews* eine Auswertungsstrategie, die sich stark an das Thematische Kodieren anlehnt. Auch wenn das analytische Gerüst grundsätzlich durch Einzelfallanalysen konstituiert ist, wird der Begriff eher inflationär verwendet. Uwe Flick schlägt eine Variante des Thematischen Kodierens für solche Untersuchungen vor, in denen eine Theorie über gruppenspezifische Erfahrungen und Sichtweisen erstellt wird, „ausgehend von einem theoretischen Konzept der Verteilung von Perspektiven auf einen bestimmten Gegenstand oder Prozess" (Flick 2010, 407). Flicks Technik des Thematischen Kodierens orientiert sich explizit an dem Verfahren der Grounded Theory (Strauss/Corbin 1996), wobei er dieses zur „Erhöhung der Vergleichbarkeit des empirischen Materials" (Flick 2010, 402) modifiziert, um dem speziellen Untersuchungsgegenstand gerecht zu werden. Bevor der Schritt der vergleichenden Analyse von Gemeinsamkeiten und Unterschieden durchgeführt wird, empfiehlt Flick eine intensive Analyse jedes einzelnen Falls:

> Der Sinnzusammenhang der Auseinandersetzung der jeweiligen Person mit dem Thema der Untersuchung soll erhalten bleiben, weshalb Fallanalysen für alle einbezogenen Fälle durchgeführt werden. (Flick 2010, 403 f.)

Als Fall gilt hier der einzelne Autor, dessen subjektive Sicht- und Erfahrungsweisen Aufschluss über Grenzen und Möglichkeiten innerhalb zweier disparat angelegter KJL-Systeme bieten. In Anlehnung an Flick wird auch hier davon ausgegangen, dass „in unterschiedlichen sozialen Welten bzw. sozialen Gruppen differierende Sichtweisen anzutreffen sind" (Flick 2010, 402). Ziel der Forschungsarbeit ist jedoch nicht der Vergleich mehrerer themenrelevanter Gruppen wie Verleger, Bibliothekare, Leser oder Buchhändler, sondern die tiefgehende Analyse der Gruppe renommierter DDR-Kinder- und Jugendbuchautoren, für die detaillierte gruppenspezifische Erfahrungen und Sichtweisen herauszustellen sind.

Die Technik des Thematischen Kodierens

Flick schlägt vor, der direkten Analyse eines jeden Falls eine Kurzbeschreibung der Einzelfälle vorangehen zu lassen, die sich aus den nachfolgenden Kriterien zusammensetzt:

a) Typische Aussage des Befragten (Motto).
b) Personenbeschreibung, die aufschlussreiche Hintergrundinformationen über den einzelnen Fall gibt: Geburtsdatum, beruflicher Werdegang, literarische Veröffentlichungen vor und nach 1989/1990, Prämierungen etc.
c) Forschungsrelevante Themenfokussierung (vgl. Flick 2010, 403).

Die daraus resultierende Fallcharakteristik wird während der „weiteren Interpretation überprüft und gegebenenfalls modifiziert" (Flick 2010, 403). Bei der intensiven Analyse jedes einzelnen Falls werden die Interviews wiederholt durchgesehen und anschließend interpretiert. Kuckartz weist darauf hin:

> Es sind keine tiefenpsychologisch angelegten, breit argumentierenden Falldarstellungen – was bei mehreren Stunden Interview leicht zu einer mehr als 100-seitigen Darstellung führen könnte – sondern sehr konzentrierte, auf die Beantwortung theoretischer Fragen fokussierte Analysen. (Kuckartz 2007, 89)

Zentraler Schritt ist die Entwicklung eines Kategoriensystems für jeden einzelnen Fall, das mit Hilfe des offenen und selektiven Kodierens der Grounded Theory (Strauss/Corbin 1996) auszuarbeiten ist (vgl. Flick 2010, 404). Die konstatierten Themenbereiche werden durch die Interpretation konkreter Textpassagen einer Feinanalyse unterzogen, die sich an bestimmten Leitfragen zu orientieren hat:

> *Bedingungen:* Warum? Was führte zu der Situation? Hintergrund? Verlauf?
> *Interaktion* zwischen den Handelnden: Wer handelt? Was geschah?
> *Strategien und Taktiken:* Welche Umgangsweisen? Z. B. Vermeiden, Anpassen, …
> *Konsequenzen:* Was veränderte sich? Folgen, Resultate? (Flick 2010, 405)

Nach der Durchführung der ersten Fallanalysen werden die entwickelten Kategorien und thematischen Bereiche der einzelnen Fälle konzertiert. Aus dieser Verfahrensweise erfolgt die systematische Generierung einer thematischen Struktur, auf der die Auswertung der weiteren Fälle basiert, „um deren Vergleichbarkeit zu erhöhen" (Flick 2010, 404). Im Falle von auffälligen Abweichungen wird die thematische Struktur modifiziert bzw. abgeändert.

Die zentralen Themenschwerpunkte der Autoren werden hinsichtlich der folgenden Faktoren analysiert bzw. interpretiert: Interaktionen, Handlungsstrategien und Konsequenzen. Eine vorab getätigte Analyse der gesamten Interviewsituation dient der profunden Einschätzung des individuellen Falls:

> Zur zentralen Frage wird hier, ob Interviewpartner aufgrund der Interviewsituation einen Anlass hatten, bewusst oder unbewusst eine spezifische, d. h. verfälschende Version ihrer

Erfahrungen zu konstruieren, die sich nicht (oder nur begrenzt) mit ihren Sichtweisen deckt. Die Interviewsituation wird auf Anhaltspunkte für solche Verzerrungen analysiert. Dies soll Anhaltspunkte dafür liefern, welche systematischen Verzerrungen oder Täuschungen Bestandteil des aus dem Interview entstandenen Textes sind und inwieweit und wie genau diese bei der Interpretation zu berücksichtigen sind. (Flick 2010, 494)

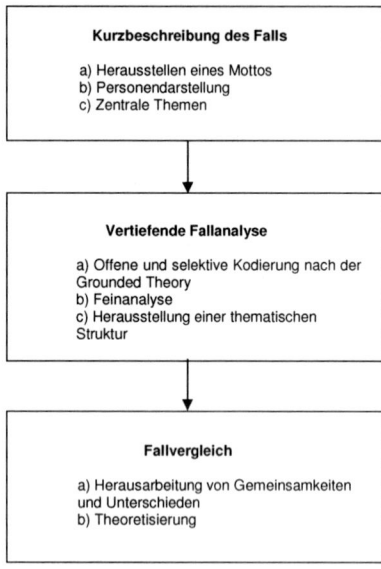

Tabelle 8: Analysemodell

5.6 Die Datenanalyse: Die Grounded Theory in Anlehnung an das Verfahren des Thematischen Kodierens

Die Grounded Theory, einer der bekanntesten Forschungsansätze qualitativer Sozialforschung, ist ein bereits 1967 von Glaser und Strauss vorgestelltes Verfahren, das auch im Rahmen des Thematischen Kodierens Anwendung findet. Die Grounded Theory bietet nicht nur spezielle Analysetechniken, sondern umfasst eine Methodologie, an die der gesamte Forschungsprozess angelehnt werden kann. Ziel des Ansatzes ist die induktive Theoriegenerierung.

Die Grounded Theory schließt drei grundlegende Schritte der Datenanalyse ein, die während des Analyseprozesses nicht eindeutig voneinander zu trennen sind: „Sie stellen vielmehr verschiedene Umgangsweisen mit textuellem Material dar, zwischen denen der Forscher bei Bedarf hin und herspringt und die er miteinander kombiniert" (Flick 2010, 388). Nachfolgend werden die Analyseschritte des offenen, axialen und selektiven Kodierens vorgestellt. Das offene Kodieren bildet dabei den ersten Analyseschritt, während das selektive Kodieren eher am Ende der Analyse Anwendung findet.

Analyseschritt 1: Offenes Kodieren

Offenes Kodieren bezeichnet die Phase des Konzeptionalisierens und Kategorisierens vorhandenen Materials. Zu Beginn des Konzeptionalisierungsprozesses erfolgt mittels der „Beobachtung, eines Satzes, eines Abschnitts" (Strauss/ Corbin 1996, 45) die Gliederung oder das „Aufbrechen" desselben in Sinneinheiten, die in ihrer Größe stark differieren können. Flick zieht diesbezüglich jede Zeile, aber auch Sätze, Abschnitte oder sogar ganze Texte in Betracht. Die Entscheidung ist abhängig „von der Fragestellung, vom Material, vom persönlichen Stil des Interpreten und von der Phase des Forschungsprozesses" (Flick 2010, 391). In einem nächsten Schritt werden den Sinneinheiten induktiv noch relativ unbedacht Namen bzw. Konzepte zugeordnet. Eine gelungene Konzeptionalisierung verlangt Bezeichnungen, mit denen strukturiert gearbeitet werden kann und eine reine, nur wiederholende Beschreibung des Phänomens ausschließen. Das Ziel dieser Vorgehensweise ist die Zusammenfassung von Aussagen mit ähnlichen Bedeutungen unter einem einzigen Konzept. Daran anschließend werden die herausgestellten Konzepte kategorisiert, was das Gruppieren der Konzepte nach gleichen Phänomenen und deren Zuordnung zu Kategorien und Subkategorien meint. Die Zuordnungen sind nicht endgültig, sondern können im Laufe der weiteren Analyse modifiziert werden (vgl. Strauss/Corbin 1996, 47). Nach diesem „Reduzieren der Anzahl der Einheiten" (Strauss/Corbin 1996, 47) werden jeder Kategorie Namen (Codes) zugewiesen, mit Hilfe derer die Konzepte zu bündeln sind, so dass sie dem Forscher aufgrund der konsequenten Abbildung des unmittelbaren Sinnzusammenhangs als gedankliche Unterstützung dienen können. Strauss/Corbin weisen darauf hin, dass willkürliche Bezeichnungen den Inhalt einer Kategorie nicht adäquat wiedergeben können. Codes müssen ausführlich durchdacht und abstrakter formuliert werden als Konzepte. Demgemäß kann auf Begriffe der Fachliteratur oder auf In-Vivo-Codes zurückgegriffen werden, die von den Befragten selbst benutzt wurden bzw. im Material vorhanden sind.

In einem weiteren Arbeitsprozess werden die bis dahin eruierten Kategorien auf ihre Eigenschaften und Dimensionen hin untersucht und weiterentwickelt. Eigenschaften, die als „Kennzeichen oder Charakteristika eines Phänomens (Kategorie)" (Strauss/Corbin 1996, 51) zu verstehen sind, können in Kriterien wie hoch/niedrig, lang/kurz, oft/nie oder viel/wenig dimensionalisiert werden. Strauss/Corbin merken an:

> Jedes Auftreten einer Kategorie besitzt danach ein einzigartiges *dimensionales* Profil. Mehrere dieser Profile können zu einem *Muster* gruppiert werden. Das dimensionale Profil repräsentiert die *spezifischen Eigenschaften* eines Phänomens unter einem gegebenen Satz von Bedingungen. (Strauss/Corbin 1996, 51)

Induktives Vorgehen

Bei der Kategorienentwicklung gibt es innerhalb der qualitativen Forschung die Möglichkeit, Kategorien entweder deduktiv oder induktiv zu entwickeln. Bei einer deduktiven Vorgehensweise bauen die Kategorien auf bereits bestehende Theorien auf. Ein Phänomen des Textes wird als Indikator für einen theoretischen Tatbestand genommen (Kuckartz 2007, 60). Bei einem induktiven Vorgehen werden die Kategorien dagegen aus dem Text heraus entwickelt. Die Grounded Theory ist häufig dafür kritisiert worden, dass sie ein rein induktives Vorgehen fordere, im Rahmen dessen der Forscher ohne Theorie oder theoretische Vorannahmen ins Feld gehen und analysieren soll. Verschiedene Wissenschaftler wie Udo Kelle (1994) oder Udo Kuckartz (2007) betonen aber, dass Strauss und Corbin sich mit ihrem rein induktivem Verfahren zur Zeit der deduktiven Wissenschaftstraditionen besonders abzugrenzen versuchten. Im Jahr 1995 formuliert Strauss in einem Interview mit Legewie/Schervier-Legewie:

> Der Titel ‚The Discovery of Grounded Theory' (1967), zeigt schon, worauf es uns ankam: Nicht wie in den üblichen Methodenlehrbüchern die Überprüfung von Theorie, sondern deren Entdeckung aus den Daten heraus. *Grounded Theory* ist keine Theorie, sondern Methodologie, um in den Daten schlummernde Theorien zu entdecken. (Legewie/Schervier-Legewie 1995, 70)

Dennoch weisen Straus und Corbin explizit darauf hin, dass Literatur keine gänzlich untergeordnete Rolle spielen darf:

> Während der Untersuchung selbst sollte es auch unbedingt Forschungsanregungen auf der Grundlage der Literatur (aber nicht nur fachbezogenen) und ein echtes Wechselspiel zwischen Lesen von Literatur und Analysieren von Daten geben. Letztendlich lesen und benutzen wir veröffentlichtes Material in allen Phasen des Forschungsprozesses. (Strauss/Corbin 1996, 38)

Obwohl die Kategorien und ihre Beziehungen in der Untersuchung an den „primären Daten" (Strauss/Corbin 1996, 38) herausgestellt werden, wird zugleich umfassend Literatur über Kinder- und Jugendbuchautoren der DDR, über die DDR-KJL sowie deren nachwendezeitliche Entwicklung hinzugezogen. In der Phase des offenen Kodierens haben solche Kenntnisse bzw. das entsprechende

„Hintergrundwissen über den Kontext der untersuchten Textpassage" und ebenso das „Wissen über den untersuchten Bereich" eine unterstützende Wirkung – unter besonderer Berücksichtigung der Gefahr, die Untersuchung durch einschlägige Fachinformationen einzuschränken (Böhm 2008, 478).

Analyseschritt 2: Axiales Kodieren

Mit Hilfe des Axialen Kodierens werden weitere Zusammenhänge aufgedeckt, um die erstellten Kategorien nachhaltig „verfeinern und [...] differenzieren" (Flick 2010, 393) zu können. „Axiales Kodieren ist der Prozeß des In-Beziehung-Setzens der Subkategorien zu einer Kategorie" (Strauss/Corbin 1996). Dabei handelt es sich um die Analyse von solchen Kategorien, die für die Beantwortung der Fragestellung relevant sind. Mit dem Ziel der Kategorienspezifizierung bzw. der Gewinnung von „Dichte und Präzision" (Strauss/Corbin 1996, 78) wird den bereits vorhandenen Kategorien nun eine möglichst hohe Anzahl an Textstellen zugeordnet, um diese anschließend nach dem paradigmatischen Modell von Strauss/Corbin analysieren zu können. Das paradigmatische Modell umfasst in vereinfachter Form sechs Kriterien, mit deren Unterstützung die Beziehungsmuster herausgestellt werden.

(A) Ursächliche Bedingungen → (B) Phänomen → (C) Kontext → (D) Intervenierende Bedingungen →
(E) Handlungs- und Interaktionale Strategien → (F) Konsequenzen

---

Tabelle 9: Das paradigmatische Modell nach Strauss/Corbin (1996, 78)

a) Phänomen:

Im Rahmen des paradigmatischen Modells erfolgt eine Detaillierung des zentralen Phänomens (Kategorie).

b) Ursächliche Bedingungen:

Ursächliche Bedingungen führen ein Phänomen herbei oder forcieren dessen Entwicklung. Böhm weist darauf hin, dass „für eine handlungsbezogene Theoriebildung die Bedingungen besonders wichtig sind, die Handlungs- und Interaktionsmöglichkeiten fördern oder einengen" (Böhm 2008, 480). Strauss/Corbin heben hervor, dass Befragte häufig Begriffe verwenden, mit denen sie bereits auf bedeutsame Ursachen verweisen, wie zum Beispiel ‚weil', ‚wegen', ‚aufgrund von' (Strauss/Corbin 1996, 80; Böhm 2008, 480 f.).

c) Kontext:

Der Kontext umfasst die spezifischen Eigenschaften eines Phänomens und zeigt, wie das spezifische Phänomen bewältigt wird, wie mit diesem umgegangen wird, wie man es ausführt und wie der Betroffene auf das Phänomen reagiert (Strauss/ Corbin 1996, 80 f.). Nach Böhm erhalten Eigenschaften wie Zeit, Ort und Dauer an dieser Stelle einen besonderen Geltungswert (Böhm 2008, 480).

d) Intervenierende Bedingungen

Intervenierende Bedingungen beeinflussen die Handlungen und Interaktionen einer Person, indem sie diese fördern oder einengen. Diese Beeinflussung basiert nach Strauss und Corbin insbesondere auf folgenden Faktoren: Zeit, Raum, Kultur, sozialökonomischer Status, technologischer Status, Karriere, Geschichte und individuelle Biographie. Die intervenierenden Bedingungen können in direkter Verbindung mit dem Problem stehen, aber auch davon unabhängig sein (Strauss/Corbin 1996, 82). Die Aufgabe des Forschers ist es, die analyserelevanten Merkmale zu erkennen und herauszufiltern.

e) Handlungs- und interaktionale Strategien

Strauss und Corbin (1996) bezeichnen hiermit Handlungen oder Interaktionen, die eine Reaktion auf das jeweilige Phänomen darstellen oder zur Bewältigung dessen ausgeführt werden. In dieser Hinsicht erfolgt eine Untersuchung zeitlicher Verläufe bzw. prozessualer Momente, zielorientierter Taktiken und Strategien (nicht bewusste Absichtlichkeit), fehlender Handlungen oder Interaktionen (die sich eigentlich hätten vollziehen sollen), intervenierender Bedingungen (Begrenzung oder Verstärkung der Handlung oder Interaktion) sowie der Art und Weise der Bewältigung von Handlungen oder Interaktionen.

f) Konsequenzen

Eine ausgeführte Handlung oder Interaktion zieht Konsequenzen nach sich, die in den Daten verschlüsselt sein können oder aber von der befragten Person direkt akzentuiert werden: ‚als Folge von', ‚die Konsequenz war', ‚deshalb' etc. (vgl. Böhm 2008, 481).

Das axiale Kodieren wechselt zwischen einer induktiven und deduktiven Vorgehensweise hin und her. Alle induktiv konstatierten Beziehungen müssen in einem deduktiven Schritt ständig an weiterem Material überprüft werden. Die

Verifizierung der gefundenen Ergebnisse vollzieht sich systematisch durch die Überprüfung neuer Passagen oder Fälle.

Analyseschritt 3: Selektives Kodieren

Im Rahmen des Selektiven Kodierens liegt der Fokus auf dem Ziel, die gesammelten und bereits partiell analysierten Daten in einem theoretischen Modell zu vereinen. In diesem Prozess liegt kein grundlegender Unterschied zu der Methode des Axialen Kodierens vor. Die bislang eruierten Ergebnisse dienen jetzt als Basis zur Erhöhung der Analysekomplexität. Strauss/Corbin explizieren:

> [...] es gibt ein Gewebe, ein Netzwerk bereits vorhandener Beziehungen, auch wenn es noch recht locker und ungeordnet ist, das der Analysierende während des späteren selektiven Kodierens zu sortieren und zu verfeinern hat. (Strauss/Corbin 1996, 107)

Bei der Anwendung des Selektiven Kodierens muss berücksichtigt werden, dass sich das Thematische Kodieren mit seiner Konzentration auf den einzelnen Fall entscheidend von diesem Verfahren unterscheidet. Substanzieller Bestandteil des Selektiven Kodierens ist die gegenstandsbezogene Theoriebildung im Rahmen der Generierung einer Kernkategorie, mit der alle Fälle unter einem zentralen Phänomen subsumiert werden. Hier geht es aber vor allem erst einmal darum, mit Hilfe des Selektiven Kodierens thematische Bereiche für den einzelnen Fall zu identifizieren: „Selektive Kodierung zielt hier weniger auf die Entwicklung einer gegenstandsbezogenen Kernkategorie über alle Fälle hinweg als auf die Generierung thematischer Bereiche und Kategorien zunächst für den einzelnen Fall" (Flick 2010, 404). Strauss/Corbin fassen das Verfahren wie folgt zusammen:

> Der Prozess des Auswählens der Kernkategorie, des systematischen In-Beziehung-Setzens der Kernkategorie mit anderen Kategorien, der Validierung dieser Beziehungen und des Auffüllens von Kategorien, die einer weiteren Verfeinerung und Entwicklung bedürfen. (Strauss/Corbin 1996, 94)

Nachfolgend angeführte Aspekte bilden das Vorgehen detailliert ab:

a) den roten Faden identifizieren und aufzeigen
b) in Anwendung des Paradigmas (vgl. axiales Kodieren) ergänzende Kategorien miteinander verbinden
c) Kategorien im dimensionalen Kontext (vgl. offenes Kodieren) verbinden
d) identifizierte Beziehungen mit Hilfe der Daten validieren
e) Kategorien verfeinern und/ oder weiterentwickeln bzw. „auffüllen"

Nach der Bestimmung des roten Fadens einer Erzählung erfolgt die genaue Spezifizierung der Kernkategorie durch die Herausstellung ihrer besonderen Eigenschaften und einschlägigen Dimensionen. Um diese nicht zusammenhangslos stehen zu lassen, sind die anderen bereits identifizierten und festgelegten Kategorien sinnvoll mit dieser in Beziehung zu setzen. Als Unterstützung dient hier das von Strauss und Corbin vorgeschlagene Kodierparadigma (vgl. Axiales Kodieren), im Rahmen dessen konstatiert werden muss, welche Kategorie für welches der Paradigmaelemente steht bzw. dieses widerspiegelt. Von substanzieller Bedeutung sind dabei insbesondere die intervenierenden Bedingungen, da so geklärt werden kann, „warum jemand ein bestimmtes Ergebnis hat oder eine bestimmte Reihe von Strategien wählt, während ein anderer das nicht tut" (Strauss/Corbin 1996, 102). Überdies müssen die Kategorien auch hinsichtlich ihrer dimensionalen Ausprägung verglichen und miteinander verbunden werden. Nachfolgend beruhen diese auf einer systematischen Anordnung und sind im Rahmen des Kodierparadigmas der Geschichte angepasst. Der Validierung von Beziehungsmustern folgt die Generierung einer Hypothese sowie die Verfeinerung und Weiterentwicklung von bis dahin weniger relevanten bzw. ausgearbeiteten Kategorien. In der Praxis ist die Durchführung der Schritte nicht linear, sondern interaktiv gedacht. Zur Unterstützung der Auswertung der Fallanalyse und des Fallvergleichs wird auf das Programm MAXQDA zur computergestützten Analyse qualitativer Daten zurückgegriffen.

5.7 Triangulation

Die Triangulation hat, einschließlich der Triangulation von Methoden und Forschern, „eine lange Tradition in unterschiedlichen Bereichen qualitativer Forschung" (Flick 2004, 9). Mit Hilfe des Verfahrens als Gütekriterium können „Fehler, die etwa durch den Einfluss des Interviewers entstanden sein könnten [...] entdeckt und korrigiert werden" (Lamnek 2010, 317). Durch die Einbeziehung von weiteren Dokumenten und zwei zusätzlichen Interviews erfolgt im Rahmen der Untersuchung eine Datentriangulation. Indem unter anderem sowohl auf vor und nach 1989/1990 getätigte Interviews und verschriftlichte Selbstaussagen der Autoren als auch auf archivierte Druckgenehmigungsakten der Hauptverwaltung Verlage und Buchhandel im Ministerium für Kultur zurückgegriffen wird, können die Ergebnisse sinnvoll validiert werden. Mit Hilfe einer Recherche im Archiv SAPMO (Stiftung Archiv der Parteien und Massenorganisationen der DDR) des Bundesarchivs (Standort Berlin-Lichterfelde) ist es möglich, die Außen- und Verlagsgutachten der in die Untersuchung einbezogenen Primärtexte sowie den gesamten Veröffentlichungsprozess (Dauer, Auflagenhöhe) detailliert zu rekonstruieren.

Der zusätzlichen Ergebnissicherung dienen weiterhin zwei durchgeführte Interviews mit der ehemaligen Cheflektorin des Kinderbuchverlags Berlin Katrin Pieper und dem ehemals stellvertretenden Minister für Kultur Klaus Höpcke. Vor allem durch die Befragung Katrin Piepers können die Untersuchungsergebnisse maßgeblich konsolidiert werden, da mit ihrer besonderen Verlagsposition wichtige Kenntnisse, Erfahrungen und Sichtweisen einhergehen:

Katrin Pieper: Kurzbeschreibung und Interviewmethode

Im Jahr 1960 nahm Katrin Pieper ihre Tätigkeit im Lektorat des Kinderbuchverlags Berlin auf, wo sie nach ihrer Promotion von 1974–1991 eine Funktion als Cheflektorin erfüllte. Seit dem Tod des ehemaligen Verlagsleiters Fred Rodrian im Jahr 1985 agierte sie überbrückend auch als Verlagsleiterin. Nach den Umbruchsprozessen der Wende gründete Pieper 1992 gemeinsam mit der Auslieferungsfirma Leipziger Kommissions- und Großbuchhandelsgesellschaft (LKG) den leiv Leipziger Kinderbuchverlag. Nach ihrer durch die Treuhandgesellschaft veranlassten Entlassung aus dem Kinderbuchverlag, führte sie ihre Lektoratsarbeit sodann in der Middelhauve-Verlagsgruppe – zu dessen Imprint der Kinderbuchverlag zählte – weiter, bis die Verlagsgruppe Beltz im Jahr 2002 die Middelhauve Verlage einschließlich ihrer Imprinte übernahm. Seitdem ist Pieper als Herausgeberin sowie als freie Autorin für den BuchVerlag für die Frau und den Individuell-Verlag in Schöneiche bei Berlin tätig. Neben Büchern für Erwachsene veröffentlichte sie bis heute zahlreiche Texte für Kinder, z.B. *Wie Opa und ich die deutsche Einheit feierten* (2009).

Das narrative Interview wird durch den nachfolgenden Erzählstimulus eingeleitet:

> Ich interessiere mich für die Verlagsarbeit im Kinderbuchverlag Berlin. Erzählen Sie mir doch bitte ganz allgemein von Ihrem Aufgabenbereich und ihren Erfahrungen als Cheflektorin im Kinderbuchverlag. Sie können sich dazu soviel Zeit nehmen, wie Sie möchten. Ich werde Sie jetzt nicht unterbrechen.

Die exmanente Nachfragephase gliedert sich in folgende Themenbereiche: Autoren, Kinderbuchverlag, nachwendezeitliche Entwicklung der KJL/aktueller Kinder- und Jugendbuchmarkt, Zensur, Hauptverwaltung Verlage und Buchhandel im Ministerium für Kultur.

Klaus Höpcke: Kurzbeschreibung und Interviewform

Klaus Höpcke war im Anschluss an ein Journalistik-Studium an der Universität Leipzig von 1964–1973 in der Kulturredaktion des Neuen Deutschlands, seit 1973 als stellvertretender Minister für Kultur tätig. Nach den politischen Umbruchsprozessen der Wende agierte er in den 1990er Jahren für zwei Legislaturperioden als Landtagsabgeordneter für die PDS Thüringen, aus der er 1999 ausschied. Bis heute ist er stellvertretendes Kuratoriumsmitglied der SAPMO, Stiftung Archiv der Parteien und Massenorganisationen der DDR in Berlin-Lichterfelde sowie Autor zahlreicher Veröffentlichungen.

Das narrative Interview wird durch den nachfolgenden Erzählstimulus eingeleitet:

> Ich interessiere mich für Ihre Erfahrungen als stellvertretender Minister für Kultur. Erzählen Sie mir doch bitte allgemein von Ihren Aufgaben im Ministerium für Kultur und im Speziellen von Ihren Aufgaben im Bereich der Kinder- und Jugendliteratur. Sie können sich dazu soviel Zeit nehmen, wie Sie möchten. Ich werde Sie jetzt nicht unterbrechen.

Die exmanente Nachfragephase wird in drei Themenbereiche unterteilt: Kinderbuchverlag, Druckgenehmigungsverfahren, allgemeine Aufgaben der Hauptverwaltung Verlage und Buchhandel im Ministerium für Kultur.

Im Anschluss an die Darlegung des Untersuchungsdesigns erfolgt im nächsten Kapitel die Fallanalyse, einschließlich der Auswertung der untersuchungsrelevanten Leitthemen aller sechs Autoren.

6. Fallanalysen

Die Erinnerung als retrospektive Reinterpretation schafft narratives Kolorit. In der psychologischen Gedächtnisforschung wird darauf verwiesen, dass vergangene Erfahrungen neuen Bewertungs- und Wahrnehmungsmustern des erinnernden Zeitpunkts unterliegen (vgl. Welzer 2008, Schacter 2001). Ferner ist der individuelle Bedeutungswert gesammelter Erfahrungen von entscheidendem Gewicht:

> Während etwa alltägliche und routinehafte Verrichtungen von äußerst geringer Erinnerungsrelevanz sind, werden Ereignisse, die aufgrund ihrer emotionalen Bedeutung einen besonderen Aufmerksamkeitswert haben, offensichtlich gerade deswegen erinnert, weil man sie sich oft wieder «ins Gedächtnis ruft», und auch, weil man häufig über sie spricht. (Welzer 2008, 21)

Der Prozess des Erinnerns unterliegt ebenso potentiellen Beeinflussungsmechanismen durch äußere und innere Faktoren – ohne dass sich der Erinnernde dessen bewusst sein muss. Im Rahmen der Rezeption thematisch vergleichbarer Medienaufbereitungen (Filme, Literatur), Kommunikationsinhalten oder offiziellen, gesellschaftlich verbreiteten Interpretationsschemata, können erworbene Elemente zu einem konstitutiven Bestandteil der Erinnerung werden und diese nachhaltig verändern:

> […] von einer authentischen Erinnerung an die Situation und an das Geschehen, die sich bei jemandem als Erfahrung niedergeschlagen haben, [ist] nur im seltenen Grenzfall auszugehen […]. Im Regelfall leistet das Gehirn eine komplexe konstruktive Arbeit, die die Erinnerung, sagen wir: anwendungsbezogen modelliert. (Wenzel 2002, 21)

Folglich können die eruierten Daten der nachfolgenden Einzelfallanalyse keine faktische Authentizität garantieren. Dennoch beruhen diese auf der sorgfältigen Kontrolle ihrer Stimmigkeit, die Fuchs-Heinritz als entscheidenden Vorteil qualitativer gegenüber quantitativen Erhebungen benennt:

> Ein Vorwurf hebt heraus, dass die Ausgangsdaten der Biographieforschung unzuverlässig seien – gefärbt durch Lebenslügen und Angeberei, lückenhaft wegen des retrospektiv erinnernden Charakters. Natürlich spielen solche Faktoren eine Rolle. Aber auch die meisten Fragen in einem Standardbogen haben ja retrospektiven Charakter. […] Eine Feinanalyse kann viele solcher Verzerrungen am Text identifizieren. Versprecher, Unterbrechungen der syntaktischen Konstruktion, unmotivierte Sprechpausen, legitimierende Hintergrundgeschichten und andere Hinweise in den Daten können als Versuche des Befragten gelesen werden, eine problematische oder leidvolle Erfahrung zu übergehen, ein Thema zu vermeiden, eine retrospektive Umdeutung vorzunehmen. (Fuchs-Heinritz 2010, 97)

In Anlehnung an die Biographische Forschung zeigt Rosenthal die Möglichkeit
der individuellen Reinterpretation von Vergangenheit, Gegenwart oder Zukunft
durch lebensgeschichtlich bedeutsame Wendepunkte auf – „ob nun vom Autobiographen bewußt so erlebt oder ob jenseits seines intentionalen Zugriffs Veränderungen herbeiführend" (Rosenthal 1995, 143). Diese Interpretationspunkte
können auf die Erzählstruktur des Befragten einwirken und zu einer Gliederung
in zwei disparat bestehende Erzählteile führen, wie vorher/nachher, glücklich/
unglücklich. Wie bereits dargestellt, ist das Ereignis der Wende 1989/1990, einschließlich der biographischen Folgen, als „historischer Sonderfall" (Wensierski
1994, 20) zu verstehen (vgl. Kap. 5.4).

Der nachfolgende Auswertungsprozess umfasst einen substanziellen Bestandteil der Untersuchung. Im Rahmen des Thematischen Kodierens bzw. der Grounded Theory nach Strauss/Corbin werden zentrale Themen identifiziert, die sich
in den empirischen Daten wiederfinden. Die Analyse der forschungsrelevanten
Leitthemen jedes einzelnen Autors bildet zunächst das fallspezifische Bedingungsfeld ab, um daran anschließend einschlägige Interaktionen, Handlungsstrategien und Konsequenzen untersuchen zu können. Die thematische Struktur der
ersten Fallanalyse(n) dient entsprechend der Methode des Thematischen Kodierens als Grundlage für die Untersuchung der weiteren Fälle, die daran überprüft
und gegebenenfalls modifiziert werden. Um einen Einblick in den individualbiographischen Gesamtkontext garantieren zu können, wird jede der sechs Fallanalysen durch eine Kurzbiographie eingeleitet. Die den Leitthemen vorangestell-
ten Zitate spiegeln die charakteristischen Leitgedanken der Autoren wider. Die
gesamte Zitation orientiert sich zur besseren Nachvollziehbarkeit an den vorab
festgelegten Transkriptionsregeln (vgl. Kap. 5.4). Um die Qualität der Ergebnisse zu erhöhen, wird der Analyseteil durch zusätzliches Datenmaterial (z.B.
Zeitschriftenartikel) gestützt, welches weitere Autorenaussagen aus der Zeit vor
sowie nach 1989/1990 enthält.

6.1 Christa Kożik

„Ich finde das so wichtig,
dass das mal dokumentiert wird.
Denn es hat ja viele viele von uns gelähmt."

Kurzbiographie

Christa Kożik (*1941) ist ab 1969 als Assistentin in der Deutschen Film AG (DEFA) tätig. Der daran anschließenden Delegation an die Hochschule für Film und Fernsehen Potsdam-Babelsberg folgt 1976 der Hochschulabschluss, 1978 ihr erster Jugendfilm *Sieben Sommersprossen* (1978, Regie: Hermann Zschoche), der sich zu einer der erfolgreichsten DDR-Produktionen entwickelt. Auch die literarischen Aktivitäten der Autorin konstituieren sich frühzeitig im Rahmen von Lyrik-Abenden, Arbeitsgemeinschaften wie dem Zirkel schreibender Arbeiter oder der Arbeitsgemeinschaft junger Autoren. Im Jahr 1977 absolviert sie ein einjähriges Studium am Literaturinstitut Johannes R. Becher Leipzig. Alternierend verfasst sie Drehbücher und Literatur für Kinder: *Moritz in der Litfaßsäule* (Text 1980), *Trompetenanton* (Film 1981, Regie: Wolfgang Hübner), *Der Engel mit dem goldenen Schnurrbart* (Text 1983), *Moritz in der Litfaßsäule* (Film 1983, Regie: Rolf Losansky). Eine große Anzahl einschlägiger Titel erscheinen sowohl in filmischer als auch in literarischer Fassung, wie *Ein Schneemann für Afrika* (Film 1977, Regie: Rolf Losansky; Text 1987). Der faktische Erfolg Kożiks spiegelt sich in mehrfachen internationalen Lizenzausgaben und Prämierungen, wie dem renommierten Nationalpreis für Kunst und Literatur der DDR, wider. Nach den politischen Umbruchsprozessen 1989/1990 veröffentlicht die Autorin zwei ihrer bereits als Drehbuch vorliegenden Titel *Gritta vom Rattenschloß* (1991, im Jahr 1994 erschienen unter dem Titel *Gritta von Rattenzuhausbeiuns*; *Gritta von Rattenzuhausbeiuns* 1985: Jürgen Brauer), *Philipp und der Katzentiger* (*Philipp der Kleine* 1976, Herrmann Zschoche) sowie die kinderliterarische Erzählung *Der verzauberte Einbrecher* (1994). Gemeinsam mit der Dreh- und Kinderbuchautorin Anne Geelhaar erhält sie im Jahr 1991 den Alex-Wedding-Preis der Akademie der Künste Berlin.

Leitthemen des narrativen Interviews

Die nachfolgenden Ausführungen umfassen die Identifizierung und Analyse folgender Leitthemen.[71]

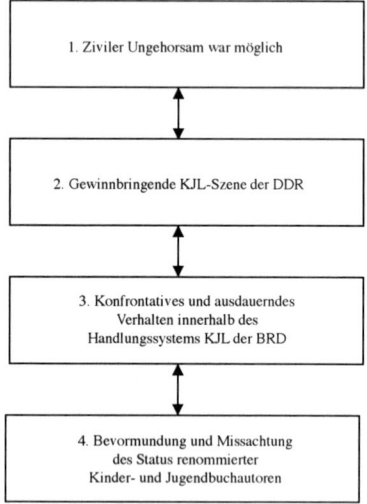

1. Ziviler Ungehorsam war möglich

2. Gewinnbringende KJL-Szene der DDR

3. Konfrontatives und ausdauerndes Verhalten innerhalb des Handlungssystems KJL der BRD

4. Bevormundung und Missachtung des Status renommierter Kinder- und Jugendbuchautoren

Tabelle 10: Leitthemen Christa Kożik

71   Zur weitreichenden Unterstützung des gegebenen Datenmaterials wurde auf einschlägige Sekundär- und Primärliteratur zurückgegriffen:
1. Brandt, L.: Kicki und der König. Gespräch mit der Kinderbuchautorin Christa Kożik. In: FAZ Sonntag, Nr. 37 (1990), S. 6.
2. Kożik, C.: Meine Kindheit, in: Begrenzt glücklich. Kindheit in der DDR, hg. von W. Solms, Marburg: Hitzeroth 1992, S. 145–165.
3. Kożik, C.: Erinnerung an ein Bücherdorf, in: SchriftZüge: Brandenburgische Blätter für Kunst und Literatur 4, H. 1, 2001, S. 27–28.
4. Kożik, C.: Verlagskorrespondenzen. 2003–2004. Unveröffentlicht.
5. Schriftstellerverband der DDR (Hg.): IX. Schriftstellerkongreß der Deutschen Demokratischen Republik. 31. Mai – 2. Juni 1983. Rede und Diskussion, Berlin: Schriftstellerverband der DDR 1984, S. 239–243.
6. Peltsch, S.: Was sieht „das dritte Auge" heute? Fragen an Christa Kożik, in: Beiträge zur Kinder- und Jugendliteratur 1, H. 4, 1992, S. 19–20.
7. Peltsch, S.: „Wie vom Regen in die Traufe gekommen...". Ostdeutsche Antworten auf eine Autorenumfrage, in: Wende-Punkte. Zur Situation der Literatur und der Literaten in den neuen Bundesländern, hg. von S. Peltsch, Weinheim: Juventa 2001, S. 66–68.
8. Schriftstellerverband der DDR: X. Schriftstellerkongreß der Deutschen Demokratischen Republik. 24.-26. November 1987. Plenum, Berlin/Weimar: Aufbau 1988, S. 18–21.
9. Siegel, E.-M.: Eine Flaschenpost ins Meer geworfen... Gespräch mit Christa Kożik, in: Beiträge zur Kinder- und Jugendliteratur, H. 75, 1985, S. 46–52.

6.1.1 Leitthema: Ziviler Ungehorsam war möglich

> **Motto**
>
> „Man konnte ein gehöriges Maß an
> zivilem Ungehorsam haben und sich
> gegen Dummheit oder Dogmatismus
> auch wehren, ja. Und das lasse ich mir
> nicht ausreden. (Lachen) Das habe ich
> vielfach praktiziert." (27)

Bedingungsfeld: Kritische Äußerungen

Der kritische Erzählduktus Christa Kożiks erhöht sich beginnend mit der Aburteilung des pädagogischen Leistungsverständnisses in ihrem ersten Kinderbuch *Moritz in der Litfaßsäule* (1980) sukzessiv und findet mit der deutlichen Anprangerung der politischen Fehlleistungen Erich Honeckers in ihrem letzten in der DDR veröffentlichten Werk *Kicki und der König* (1990) einen Kulminationspunkt. In *Moritz in der Litfaßsäule* (1980) erzählt die Autorin von der Flucht des neunjährigen Protagonisten Moritz vor dem unnachgiebigen Leistungsdruck seiner unmittelbaren Umgebung.[72] Mit kinderliterarischer Komik präsentiert Kożik die Figur als langsamen Träumer, dessen familiäres und schulisches Umfeld nur wenig Zeit und Einfühlungsvermögen aufbringt: „böse Zungen behaupteten sogar, Moritz pinkle langsam" (*Moritz in der Litfaßsäule* 1980, 9). Drei Tage und Nächte umfasst die Dauer seiner Flucht, in der er auf ungewöhnliche Figuren wie die sprechende Katze Kicki und einen Straßenfeger trifft, der ihn zur eigenständigen Konfliktlösung ermutigt: „Moritz, es nützt nichts sich zu verstecken. Ich habe mal in einem Buch gelesen, in einem sehr schönen Buch, da heißt es: Nirgends kann man sich so gut verstecken, um vor dem Leben sicher zu sein" (ebd. 153). In großer Sorge um ihren Sohn überdenken die Eltern ihre Verhaltensweisen kritisch. An dieser Stelle offenbart sich nicht nur eine Kritik an staatlichen Bildungsintentionen, sondern auch an privaten Erziehungszielen, die freie, individuelle Persönlichkeitsentwicklungen zu konterkarieren drohen.

In ihrer satirischen Tiergeschichte *Kicki und der König* (1990) wird die wahrheitsriechende Katze Kicki selbst zur zentralen Handlungsfigur. Als Vertraute und Beraterin des Königs von Maien-Land unterstützt sie diesen darin, die fatalen Missstände des Herrschaftsreichs zu erkennen und fundamental zu reformie-

---

72 Vergleichend urteilt Kożik: „Bloß im jetzigen/ jetzt erscheint mir das noch relativ harmlos, wie damals die Zeit war. Wenn ich jetzt an den Leistungsdruck denke, dem die Kinder unterliegen, da war das fast noch eine gemütliche Zeit, nicht?" (11).

ren. Kożik nutzt die Darstellung als Analogie, um in seltener Auffälligkeit und
Vehemenz die Fehlleistungen der DDR-Politik und die Notwendigkeit innenpoli-
tischer Reformen aufzuzeigen. Bereits zu Beginn des Handlungsverlaufs zieht
sie klare Parallelen: „Wir sind ein junges Land und haben gute Gesetze. Keiner
hungert, keiner friert, jeder hat Arbeit und eine Wohnung. Aber im Lande wach-
sen Unfreundlichkeit und Unzufriedenheit" (*Kicki und der König* 1990, 13). In
ihrer phantastischen Erzählung *Der Engel mit dem goldenen Schnurrbart* (1983)
konzentriert sich die Autorin ebenfalls auf das Außenseiter-Motiv. Als Engel
Ambrosius in das Zimmer der zehnjährigen Heldin Lilli schwebt, erfolgt eine
fröhliche, wenn auch nicht immer einfache, Konfrontation zweier gegensätzli-
cher Welten. Die anfängliche Faszination der Menschen wird hartnäckig durch
ein schier unüberwindbares Fremdheitsgefühl einzelner Personen überschattet.
Erst die Adoption durch einen Erziehungsberechtigten, ein Antrag bei der Abteilung für Volksbildung sowie eine vom Schuldirektor angeordnete Umerziehung
zum „richtigen" Menschen ermöglicht Ambrosius' vollständige Integration in die
DDR-Gemeinschaft. Auch Lilli kann sich dem gesellschaftlichen Druck nicht
dauerhaft entziehen. Aus Angst vor dem Verlust ihres geliebten Engels stutzt sie
dessen Flügel. Einsam und unverstanden verlässt Ambrosius die unerträgliche
Wirklichkeit und fliegt für immer fort. Das politische Anspielungsgeflecht in den
hier erwähnten Erzählungen ist eine bewusst inszenierte Darstellungsstrategie
der Autorin. Im Jahr 1992 akzentuiert Kożik:

> Die phantastische Ebene in meinen Büchern habe ich bewußt als Freiraum benutzt, um harte
> bittere Wahrheiten aussprechen zu können, auf verfremdende Weise und mit der Realität
> gemischt. (Peltsch 1992, 19).

Zwar gestaltet sie ihren kinderliterarischen Appell – im Vergleich zu anderen
zivilisationskritischen Texten der DDR – teilweise sehr offensichtlich, doch
zugleich distanziert sie sich durch Verfremdungseffekte von konkreten Alltags-
bezügen und Diffamierungen, um die Zustimmung entscheidungsbefugter Instanzen des KJL-Systems garantieren zu können:

> Dass ich mich also da so ein bisschen <u>naiv</u> gestellt habe. [...] da war das eben wie in der
> Romantik, die haben ja auch diese Methoden benutzt. Etwas <u>verblümt</u> gesagt, aber deshalb
> nicht weniger <u>scharf</u>, ne? Wenn man es genauer gelesen hat. (12)

Auch in *Kicki und der König* (1990) charakterisiert sie die Figur des Königs,
die einen deutlichen Vergleich mit dem Generalsekretär Erich Honecker evoziert, sehr wohl auch als gutmütig und „*lernfähig*" (12). Auf die in einem Interview an sie herangetragene Frage, wie sie „zu dem Vorwurf an Künstler und
Schriftsteller [stehe], daß sie ihre Privilegien genossen haben und ihre Gesell-
schaftskritik durchaus zugespitzter hätten formulieren können", antwortet sie
selbstbewusst:

Ich glaube einfach, daß Schriftsteller auch nicht mutiger sind als andere Menschen. [...] Ich denke, unsere Taten sind unsere Bücher. Ich bewundere, wenn darüber hinaus ein Dichter auch noch große Massen in Bewegung setzen kann. (Brandt 1990, 6)

Bereits auf dem X. Schriftstellerkongress 1987 verweist Kožik anerkennend auf die konfliktträchtigen Stoffe des Romans *Die Richtstatt* (1987) des kirgisischen Schriftstellers Tschingis Aitmatow und des sowjetischen Spielfilms *Vogelscheuche* (Regie: Roland Bykow 1984): „Angesichts dieser Kunstwerke komme ich mir ein bißchen vor, als würde ich Zuckerwatte produzieren, zuweilen aufgefordert, dieselbe noch ein wenig mehr zu verzuckern" (Schriftstellerverband der DDR 1988, 21). Kožiks kinder- und jugendliterarischen Werke weisen kritisches Potential auf, eingebettet in literarische Verfremdungen. Unterschwellig, aber dezidiert und wirkungsträchtig, inszeniert sie ihre Kritik an parteipolitisch propagierten Kindheitsauffassungen und einem ihrer Ansicht nach defizitär umgesetzten Gesellschaftskonzept.

Auch öffentlich äußert die Autorin ihre politische Haltung auffallend kritisch. In Anlehnung an die in den 1980er Jahren geführte Debatte über neue Definitionen und Konzeptualisierungen von Kindheit[73], beanstandet Kožik in der Fachzeitschrift *Beiträge zur Kinder- und Jugendliteratur* den systemimmanenten Dogmatismus einseitig propagierter Erziehungsmaximen:

Unser sozialistisches Bildungssystem ist zu loben. Unsere Gesellschaft ist eine kinderfreundliche Gesellschaft. Aber an einigen selbst erfahrenen Beispielen wurde mir schmerzlich bewußt, daß ein Teil unserer Kinder fleißig, artig, gebildet, aber auch ziemlich gezähmt ist. (Siegel 1985, 48)

Auf dem IX. Schriftstellerkongress 1983 bezieht sie deutlich Stellung zu gesellschaftlichen Umgangsformen mit unerwünschten, weil nichtsozialistischen „Wahrheiten": „Ich bin eine Tochter dieses Landes. Aber das, was ich sage, wird keine reine Liebeserklärung. Es ist mehr wie in einer langjährigen Ehe: Man sagt nicht dauernd: Ich liebe dich. Man beweist es sich im Alltag" (Schriftstellerverband der DDR 1984, 239). Ihre Argumentationen sind einerseits vehement und klar, andererseits von einer auffallend aggressionsfreien Wortwahl begleitet. 1985 bezeichnet sie sich selbst als „Marxist" (Siegel 1985, 51). Kožik agiert nicht als kategorische Systemgegnerin, sondern als Systemkritikerin, im Rahmen ihrer grundsätzlichen Affirmation sozialistischer Werte.[74]

---

73 Angeführt insbesondere durch Hans-Dieter Schmidt und Hans Weber. Vgl.: Schmidt, H.-D.: Das Bild des Kindes – eine Norm und ihre Wirkungen, in: Neue Deutsche Literatur 30, H. 10, 1982, S. 71–81; Weber, H.: Der Traum vom Erwachsensein, in: Neue Deutsche Literatur 30, H. 2, 1982, S. 5–19.

74 Auch nach den gesellschaftspolitischen Umbruchprozessen 1989/1990 betont sie in einem in der Anthologie *Begrenzt glücklich. Kindheit in der DDR* (Solms 1992) verfassten Beitrag politische Freiräume und private bzw. autonome Lebensabschnitte, indem sie eine differenzierte,

Interaktionen und Handlungsstrategien: Eigeninitiative und ausdauerndes Verhalten

Es sind insbesondere zwei kinderliterarische Veröffentlichungen, welche der Autorin besonders erinnerungsprägend erscheinen: *Der Engel mit dem goldenen Schnurrbart* (1983) und *Kicki und der König* (1990). Vor allem die politischen Anspielungen in *Kicki und der König* (1990) lösen innerhalb des Kinderbuchverlags substantielle Bedenken aus. Indem die Figur der Katze Kicki den politischen Führungsstil des Königs beklagt und die Notwendigkeit neuer Reformen betont, lässt Kożik ihre Kritik an der DDR-Propagandapolitik und dem politischen Unvermögen des Generalsekretärs Erich Honecker augenscheinlich hervortreten.

> Laß dich nicht dauernd fotografieren. Dein Bild muß nicht jeden Tag auf der ersten Seite sein, sonst nutzt sich dein Gesicht ab!
> Schaff die vielen Schilder im Lande ab. Die gute Sache wächst in den Herzen der Menschen und nicht auf dem Papier. Fahr bei deinen Besuchen im Lande nicht nur die Straßen, die man dir vorschreibt. Dort wird immer alles poliert und geputzt. Manchmal streichen sie sogar den Rasen grün an und die Birkenstämme weiß. Fahre die anderen Wege, dann weißt du, wie es wirklich aussieht im Lande. Sieh dir die Landes-Blätter genauer an, sie schreiben zu viele Halb-Wahrheiten.
> Ich werde darüber nachdenken lassen, seufzte der König.
> Nein, du mußt selber darüber nachdenken, antwortete Katze Kicki. (*Kicki und der König* 1990, 18 f.)

In einem Interview berichtet Kożik bereits im Jahr der deutschen Wiedervereinigung 1990 von verlagsinternen Problemen während der Veröffentlichung:

> Ich war dann ziemlich böse und verbittert, als die Produktion des Buches im Verlag nicht voranging. [...] Es gab ein Bösachten. Es gab eben Leute, die sich dafür hergaben, unliebsame Manuskripte für den Verlag abzublocken. Mir wurde vorgeworfen, es ziele zu offensichtlich auf DDR-Verhältnisse. (Brandt 1990, 6)

Auch in Bezug auf die geplante Veröffentlichung ihres real-phantastischen Kinderbuchs *Der Engel mit dem goldenen Schnurrbart* (1983) sieht sie sich der *„unheimliche[n]* Angst" (8) des Verlages und der Ablehnung ihrer Lektorin ausgesetzt. Auf die Frage, ob sich der Bearbeitungsprozess des Werks ohne Schwierigkeiten vollzog, antwortet Kożik bereits kurz nach der Auflösung des realsozialistischen Systems: „Nein, nicht ganz" (Brandt 1990, 6). Statt den äußeren Einwänden bedingungslos nachzugeben, reagiert Kożik vor allem mit Eigeninititative und Ausdauer. Eigeninitiatives Auftreten meint die Bereitschaft und Entschlossenheit zur Kontroverse, deren Vehemenz sich in verlagsinternen und -externen Auseinanderset-

---

nicht monolithisch negative, Sicht auf ihre Kindheit der 1940er und Anfang 1950er DDR wiedergibt.

zungen widerspiegelt, die sie selbst als „Kämpfe" (2) deklariert. Kožik übergeht die Bedenken ihrer Lektorin, verweigert sich grundsätzlichen Zugeständnissen und bittet den Verlagsleiter eigeninitiativ um Unterstützung. Auch als der Veröffentlichungsprozess des Manuskripts *Kicki und der König* (1990) seinen neuralgischen Punkt erreicht, wendet sich die Autorin unter Verteidigung ihrer literarischen Intention an den stellvertretenden Minister für Kultur Klaus Höpcke: „Das ist doch kein schlechter König. Der ist doch *lernfähig*" (12). In der Druckgenehmigungsakte des Manuskripts *Kicki und der König* (1990) von 1988 wird vermerkt:

> Es liegt kein Einwand vor, ‚Die Wahrheit' sichtbar zu machen, Erscheinungen wie Eigennutz, Schönfärberei, Bequemlichkeit u. a. aufs Korn zu nehmen. Es wäre jedoch zu wünschen gewesen, kritisch angesprochene gesellschaftspolitische Vorgänge mehr dem Charakter der Erzählung unterzuordnen – stärker den märchenhaften Verfremdungseffekt zu nutzen. Nach Gesprächen mit der Autorin wurden von ihr in dieser Weise einige Veränderungen vorgenommen, jedoch nicht in dem vom Cheflektor und Lektor vorgeschlagenen Maße akzeptiert. (BArch, DR 1 / 2311, Verlagsgutachten, 7.6.1988, Bl.339)

Innerhalb des Verlagsgutachtens des Manuskripts *Der Engel mit dem goldenen Schnurrbart* (1983) erfolgt der Hinweis, in einer alten Fassung kämen „unbeabsichtigt [...] falsche Töne zum Klingen":

> Das Lektorat hat sich sehr darum bemüht, das Anliegen der Autorin auf bestmögliche Art und Weise durch die Geschichte selbst wirken zu lassen. Alle Korrekturvorschläge gingen in diese Richtung. Nach zwei ausführlichen Gesprächen hat die Autorin einen sehr großen Teil der Lektorats-Hinweise aufgenommen und in die Überarbeitung einfließen lassen. Ohne die kritischen Akzente zu verwischen, wurde manche überzogene Passage gestrichen oder geändert, die Proportionen aufeinander abgestimmt. (BArch, DR 1 / 2296, Verlagsgutachten, 22.9.1981, Bl.129)

In Bezug auf das Außengutachten heißt es: „Frau Kožik kennt dieses Gutachten, wollte aber auf einige kritisierte Punkte [...] nicht verzichten, da sie ihr wichtig erschienen, um das Hauptanliegen des Buches zu verdeutlichen" (ebd.). Im Jahr 1992 erklärt sie: „Ich gehöre zu den Autoren in der Ex-DDR, die bereit waren, für ihre Buchmanuskripte beharrlich zu kämpfen" (Peltsch 1992, 19). Analog ihres eigeninitiativen Verhaltens lässt sich auch ihr ausdauerndes Verhalten als typische Handlungsstrategie nennen. Diese von ihr als „Beharrlichkeit" (ebd.) bezeichnete Vorgehensweise meint, „nicht gleich <u>artig</u> [zu sagen] ‚Ja ich ändere das, ich ändere das!'" (9). In dieser Hinsicht besteht auch ein klarer Konnex zwischen den Handlungsstrategien und ihrer persönlichen Akzeptanz der potentiellen Verzögerung des Veröffentlichungsprozesses: „Das ist wie ein ungeborenes Kind. Man muss erst das <u>eine</u> Kind zur Welt bringen, dann kann man sich ein <u>Neues</u> anschaffen ja. So ist das" (37). Dabei verschafft ihr die Anstellung bei der Deutschen Film AG (DEFA) eine weitgehende finanzielle Unabhängigkeit: „Ich konnte ja immer noch sagen: Ich schreib kein neues Buch. Solange nicht das andere <u>gedruckt</u> ist" (37).

Konsequenzen: Erfolg

Christa Kożiks Handlungsstrategien enthalten trotz konfliktärer Momente den Zuspruch zentraler Aktanten des Handlungssystems KJL und demgemäß den Eindruck einer zumindest partiellen Existenz kinderliterarischer Freiräume:

> Wer ein hohes Maß an zivilem Ungehorsam hatte und das auch begründete, der fand auch in höheren Ebenen Verbündete. [...] Viele Zeitungen oder Medien oder auch Menschen, die wollen das Bild erzeugen, wir waren alle nur unter dem Dogma. Das stimmte nicht. (8)

Fred Rodrian äußert innerhalb weniger Tage seine Bereitschaft, für das Manuskript *Der Engel mit dem goldenen Schnurrbart* (1983) die gesamte Verantwortung zu übernehmen. Auch Klaus Höpcke bejaht die Veröffentlichung des Manuskripts *Kicki und der König* (1990) ausdrücklich. Mit dessen Befürwortung geht die unverzügliche Bestätigung der Druckgenehmigung einher. In einem Interview unterstreicht Höpcke die Erinnerung der Autorin: „manchmal wirkt so was eben auch, wenn der Obermacker dann sagt (Lachen*): Nee nee. Das ist schon in Ordnung. (*) Dann hören sie damit auf, nicht?"[75] Rückblickend reflektiert Kożik: „Ja es gab diese Kämpfe. Aber es gab auch die Verbündeten und die Vernunft, ne" (37). In Dr. Richard Müller, verantwortlich für die Sektion Kinderliteratur in der Hauptverwaltung Verlage und Buchhandel im Ministerium für Kultur, sieht sie einen weiteren unterstützenden Faktor: „Ja, es ist nicht immer so, dass da solche fiesen Typen saßen, die immer nur so machten ja?" (9). Bereits 1992 betont sie in einem Interview: „Die Beharrlichkeit führte oft zum Erfolg" (Peltsch 1992, 19). Die Gratifikation ihrer Handlungstaktik beläuft sich sowohl auf die faktische Veröffentlichung beider Manuskripte als auch auf die erfolgreiche Verteidigung ihrer persönlichen literarischen Zielsetzung.

6.1.2 Leitthema: Gewinnbringende KJL-Szene der DDR

Motto
„Aber ich will auch nicht zu sehr schön färben hier und nostalgisch schon gar nicht sein. Ich erzähle halt, wie ich es erlebt habe, wie meine Entwicklung war." (11)

---

75   Becker, M.: Kinder- und Jugendliteratur. Interview mit Klaus Höpcke. 4.2.2010, Berlin (unveröffentlicht).

Bedingungsfeld und Interaktionen: Gemeinschaft

Das Bedingungsfeld der nachfolgenden Analyse ist durch den literarischen Erfolg sowie durch die politische Haltung der Autorin (vgl. Kap. 6.1.1) konstituiert. Ihre retrospektive Betrachtung des KJL-Systems als ausdrücklich gewinnbringender Ort beruht auf einschlägigen Erfahrungen mit zentralen Aktanten, wie dem Verlagswesen, der Literaturkritik oder der Autorengemeinschaft. Die Beziehung zu Mitarbeitern des Kinderbuchverlags (z. B. Fred Rodrian, Katrin Pieper) schildert sie als vertraut, allgemein positiv und förderlich:

> Wir hatten dann immer interessante Vorträge, ganz tolle Leute kamen da, Psychologen oder Literaturwissenschaftler, die dann einen Vortrag gehalten haben und wurden bewirtet und das war jeden Monat dann. Das ist ja von einem Verlag eine große Mühe ne, die er sich gibt, seine Autoren irgendwie familiär zu binden. (38)

Der Kinderbuchverlag steht der kinderliterarischen Verwirklichung von gesellschaftspolitischen Friktionsflächen nicht entgegen, sondern bietet dem Anliegen der Autorin ausreichend Raum: „Ich sehe Kinderliteratur als was ganz Ernsthaftes. […] Und das wurde auch vom Kinderbuchverlag und auch staatlicherseits irgendwie, finde ich, gefördert" (10). Ihre literarische Souveränität sieht sie durch faire Vertrags- und Honorarbestimmungen ergänzt. Bereits auf dem IX. Schriftstellerkongress 1983 stellt sie die von ihr als positiv wahrgenommene DDR-Systembeschaffenheit anderen Staatsformen gegenüber (hier: die Demokratisch Sozialistische Republik Sri Lanka): „Ich wollte gerechterweise ins Gedächtnis rufen, welchen sozialen Stand und welche soziale Sicherheit wir Schriftsteller in unserem Land haben" (Schriftstellerverband der DDR 1984, 241 f.).

Die Bindung des DDR-Autorenkreises beurteilt sie, unter anderem aufgrund der häufigen Zusammenkunft zu Veranstaltungen wie den Tagen der Kinderliteratur, ex post als eng und vertraulich. Das interne Gemeinschaftsgefühl resultiert ihrer Auffassung nach aus der als kollektiv wahrgenommenen Autorintention, das Wirkungspotential kinder- und jugendliterarischer Texte als ernsthaften Gegenstand zu begreifen:

> […] dass wir so eine Art Verantwortung gespürt haben, für das, was wir schreiben, dass wir nicht irgendwelchen *Blödsinn* und Kikifax, der sich zwar gut *verkauft*, aber/ das ist zum Beispiel bei Benno, bei Jutta Schlott, bei Wolf Spillner genauso wie bei mir gewesen. (36)

Aufgrund der sowohl zahlreich organisierten Veranstaltungen als auch der systemimmanenten Beachtung und Anerkennung durch literaturkritische und literaturwissenschaftliche Aktanten, bewertet sie die KJL der DDR als „*geachtetes Feld*" (10).

Handlungsstrategien und Konsequenzen: Integration in die KJL-Szene der DDR

Statt sich aufgrund ihrer kinderliterarischen Nonkonformität einem gesonderten Status ausgesetzt zu sehen, vernimmt Kożik eine klare Systemzugehörigkeit unter Gleichgesinnten. Sie fühlt sich nicht diskreditiert, missachtet oder grundsätzlich unverstanden, sondern kann sich mit dem sie umgebenden Umfeld arrangieren und identifizieren. Sie ist Teil des Systems, dessen Zugehörigkeit sie bewusst aktiviert und forciert.

6.1.3 Leitthema: Konfrontatives und ausdauerndes Verhalten innerhalb des Handlungssystems KJL der BRD

> **Motto**
>
> „So was kann ich nicht. Das will ich auch nicht.
> […] Denn die Bücher, die die Kinder in die Hand
> kriegen, wenn sie klein sind, die prägen ja oft für
> das ganze Leben." (10)

Bedingungsfeld: Gesellschaftliche Realitäten

Auf die in einem Interview formulierte Frage, welche gegebenen Realitäten sie nach 1989/1990 als negativ erachte, kritisiert Kożik im Jahr 2001 die Unterordnung von kulturellen und sozialen Faktoren unter ökonomische Determinanten:

> Negativ sehe ich, dass sich dieses kapitalistische System als eine entartete Geld- und Spaß-
> gesellschaft offenbart, die keine Tabus mehr kennt und keinerlei ethische Werte vermittelt.
> […] LEBEN und dessen SINN entblößt sich als MILLIONENSPIEL und BIG BROTHER-
> SHOW, die die primitivsten Instinkte im Menschen wecken. Alles, alles ist zu verkaufen. […]
> Das alles soll ablenken vom wachsenden Sozial- und Kulturabbau, von Arbeitslosigkeit und
> Neofaschismus. Brot und Spiele. Das Schlimmste ist, dass Menschen nicht nur zu Objekten
> gemacht werden, sondern dass sie sich freiwillig und für viel Geld dazu hergeben, denn die
> verblödende Manipulation durch die Medien wird Jahr für Jahr primitiver, Oberflächlichkeit
> und Brutalität wachsen. Kinder, die in solch einer Gesellschaft aufwachsen, sind Spiegel der-
> selben. Und so werden die Mörder immer jünger. (Peltsch 2001, 66)

Die Entschlossenheit ihrer Aussage erinnert stark an ihre Kritik am DDR-System vor 1989/1990 – jedoch mit deutlich schärferer Akzentsetzung (vgl. Kap. 6.1.1). Die politische Identifikation der Autorin ist nicht unerheblich für die Analyse ihrer Sichtweise auf neue Grenzfaktoren innerhalb des Systems KJL bzw. ihres

Verhaltens innerhalb des industriell ausgerichteten kinder- und jugendliterarischen Produktions- und Distributionsapparats.

Kożik kritisiert den engen Konnex zwischen der Konstitution des KJL-Systems
und dem geringen kinder- und jugendliterarischen Qualitätsanspruch. Bereits im
Jahr 1992 bezeichnet sie die „Vorherrschaft des Oberflächlichen" (Peltsch 2001,
67) als charakteristisches Merkmal der gegenwärtigen KJL, durch das sie auch
ihren eigenen schriftstellerischen Prozess kontinuierlich bedrängt sieht. „Angesichts des Buchmarkts, der vom Seichten, Oberflächlichen und Exzentrischen
beherrscht wird, fürchte ich manchmal zu erblinden. Das Buch als leise Flaschenpost hat's schwer" (Peltsch 1992, 20). Auch 2001 betont sie die Existenz einer
„eiskalten Konkurrenz, der Kultur und Kunst im Kapitalismus" (Peltsch 2001,
67). Der tendenzielle Druck einschlägiger Verlagshäuser zu quantitativ, statt qualitativ orientierter Produktion führe zu „Unqualität und Mittelmäßigkeit" (37).
Kinderliterarische Serialisierung, als eine der repräsentativen Vermarktungsstrategien, begreift sie als „verblödend" (21) und „neckisch" (21). Ihre Definition von
KJL als fester Bestandteil der Kulturindustrie erweist sich vor allem deshalb als
analyserelevantes Bedingungsfeld, da sie ihrer eigenen Literatur einen system-
fremden Status zuweist: „Oft bekomme ich zu spüren, dass meine Art hoffnungs-
los altmodisch ist" (Peltsch 2001, 66). Die Sichtweise der Autorin hängt deutlich
mit den schwierigen Ausgangsbedingungen ihrer Integration in den bundesdeutschen Buchmarkt zusammen.

Um eine bessere Übersichtlichkeit ermöglichen zu können, werden die zentralen Interaktionen sowie die damit einhergehenden Handlungsstrategien und
Konsequenzen disparat aufgezeigt. Die nachfolgende Analyse basiert dementsprechend auf vier individualbiographischen Erfahrungen, die das Leitthema
Kożiks wesentlich bestimmen:

a) Lizenzangebot: Der Engel mit dem goldenen Schnurrbart 1985
b) das unveröffentlichte Manuskript *Schatten eines Engels*
c) Korrektur DDR-spezifischer Begriffe
d) Titeländerung und Veröffentlichungsprozess der Neuauflage von *Der Engel
   mit dem goldenen Schnurrbart* (1983)

Der Analyse schließt sich eine kohärente Zusammenfassung der Handlungsstrategien und Konsequenzen Christa Kożiks an.

a) Lizenzangebot: Der Engel mit dem goldenen Schnurrbart 1985

Als sie im Jahr 1985 das Angebot einer bundesdeutschen Lizenzveröffentlichung
ihrer erfolgreichen Erzählung *Der Engel mit dem goldenen Schnurrbart* (1983)
erhält, sieht sich Kożik mit inakzeptablen Beschränkungen konfrontiert. Der

Konflikt kulminiert in der von ihr als unnatürlich wahrgenommenen Quantität und Vehemenz eingeforderter Verlagsauflagen: „Und da haben die mir (...)
seiten- und doppelseitenweise Streichungen gemacht" (22). Die Autorin weist der
verlegerischen Intervention das klare Bestreben zu, eine ausschließlich negative
Darstellung der realsozialistischen Wirklichkeiten zu verlangen: „Es sollte dann
eigentlich ein Buch sein, wo ein Engel in der DDR gequält wird, ja?" (22). Den
elementaren Friktionspunkt verortet Kožik in den Themen Religionszugehörig-
keit und Atheismus. Infolgedessen zielen die verlegerischen Eingriffe vor allem
auch auf negative Konnotationen angelologischer Images wie „mit dem Engel-
chor in der Reihe stehen" (22) oder „Loblieder singen" (22):

> Ich war im Engelchor. Der besteht aus Tausenden Engeln. Ich stand in der 370. Reihe, Platz
> 903. Wir mußten von morgens bis abends in der Reihe stehen und singen, mit ganz hoher
> Stimme. Und nur Loblieder – immer nur Loblieder. Zu Ehren Gottes. Und weil mich das
> anödete, habe ich gebrummt. Da wurde ich versetzt (*Der Engel mit dem goldenen Schnurr-
> bart* 1985, 3. Aufl., 20)

Desgleichen erfolgt eine verlagsbestimmte Zurückweisung des thematischen
Konfliktgefüges bzw. der konfrontativen Darstellung von christlicher und athe-
istischer Todesauffassung. Nach dem Ableben der Großmutter Lillis lässt Kožik
die Figur des Engels tröstend äußern: „Vielleicht wird Oma Anna ein Stern am
Himmel, und wir können ihn jeden Abend sehen" (*Der Engel mit dem goldenen
Schnurrbart* 1985, 3. Aufl., 102). Dabei stellt sie seine religiös motivierten Worte
den atheistischen Erklärungsmustern des familiären und schulischen Umfelds
der Protagonistin Lilli diametral gegenüber: „Man kann sich besser vorstellen,
daß aus ihren Atomen eine Blume wird, die jedes Jahr wieder blüht" (ebd. 99).
Auf die verlagsintendierte Textänderung reagiert Kožik mit konsequenter Ablehnung: „Aber, das konnte ich nicht, [...] ist ja die ganze Botschaft hin" (22). Auf
postalischem Weg verleiht sie ihrem Anliegen erneut Nachdruck. „Und da habe
ich [...] noch einen ellenlangen Brief geschrieben. [...] Und da habe ich dann
versucht immer zu erklären, warum das doch drin bleiben muss, weil es ja damit
zusammenhängt" (22). Unter Verteidigung ihrer literarischen Intention bezeichnet sie die Verlagsanforderungen offen als „dogmatisch" (22): „Ja und dann kam
keine Antwort mehr. [...] Aber so habe ich es mir natürlich da *verdorben* ne"
(22). Unter diesen Umständen bricht der gesamte Bearbeitungs- und Veröffentlichungsprozess vollständig ab.

b) Das unveröffentlichte Manuskript Schatten eines Engels

Eine weitere, primär thematische, Beschränkung erfährt ihr nach 1989/1990
verfasstes Manuskript *Schatten eines Engels*. In der auffällig zivilisations-

kritisch angelegten Fortsetzung ihrer phantastischen Erzählung *Der Engel mit dem goldenen Schnurrbart* (1983) versetzt sie die Figur des Engels in die aktuelle Wirtschafts- und Gesellschaftsordnung der BRD. Wie schon die erste Fassung *Der Engel mit dem goldenen Schnurrbart* (1983), spiegelt auch diese Erzählung ein konstitutives Wechselverhältnis zwischen literarischem Konfliktmodell und subjektiver Gesellschaftsinterpretation der Autorin wider: Ambrosius gelangt in eine „*geldgierige*, recht kalte Gesellschaft [...], wo alles möglich ist" (20). Sehr bewusst fügt Kożik ihre Handlungsfiguren in ein schwieriges soziales Umfeld ein: Vater Karl wird durch die Wende arbeitslos, die Mutter ist täglich 16 Stunden als Kellnerin tätig. Um die Familie finanziell unterstützen zu können, nutzt Engel Ambrosius seine Andersartigkeit für kommerzielle Werbezwecke (21). In der Schlussgestaltung inszeniert die Autorin eine deutliche Anspielung auf den ausländerfeindlichen Brandanschlag in Mölln 1992: Aus einem brennenden Haus rettet Ambrosius ein türkisches Mädchen, übergibt dieses den anwesenden Menschen und fliegt – erneut – für immer fort (24). Kożik hebt hervor: „Es ist ja kein <u>total</u> trauriger Schluss. Keiner kommt zu Tode. Aber einer entflieht. Weil ihm die Erde zu kalt und zu gewalttätig ist und zu geldgierig" (21). Trotz einer auch heiterironischen Komponente deklariert sie den Erzählduktus des Manuskripts, im Vergleich zur Erstausgabe *Der Engel mit dem goldenen Schnurrbart* (1983), als „ein bissel bitterer" (20).

Trotz eines aktiven und ausdauernden Verhaltens erhält die Autorin ihrer persönlichen Einschätzung nach 18 Verlagsabsagen: „Ja ich habe schon öfter auch daraus *gelesen* und wunderbare Diskussionen gehabt, aber ich finde keinen Verlag dafür" (20). Die hohe Zahl an Ablehnungen sieht sie in der thematischen Brisanz begründet: „Das ist zu <u>bitter</u>. [...] Die sagen mir dann <u>glatt</u>: ,Wissen Sie, wenn Sie über einen <u>Schutzengel</u> schreiben würden...' *Ne*? Nee, will ich nicht" (20). Wenig vermittlungsbedürftigere Stoffe oder Serienproduktionen lehnt sie ab:

> So, wie ich jetzt eben oft erlebt habe nach der Wende: ,Schreiben Sie doch mal so eine Serie.'
> Zack zack. [...] So was <u>kann</u> ich nicht. Das <u>will</u> ich auch nicht. [...] Denn <u>die</u> Bücher, die die
> Kinder in die Hand kriegen, wenn sie klein sind, die prägen ja oft das ganze *Leben*. (10)

Kożik verteidigt ihren persönlichen Anspruch auf literarische Selbstverwirklichung.

c) Korrektur DDR-spezifischer Begriffe

Verlagsbezogene Beschränkungen erfährt sie auch, als sie hinsichtlich der Neuveröffentlichung ihrer erfolgreichen DDR-Titel *Moritz in der Litfaßsäule* (1980) und *Der Engel mit dem goldenen Schnurrbart* (1983) aufgefordert wird, DDR-spezifische Begriffe zu streichen: „Konsum" (24), „HO" (24) oder „Rotes Rathaus" (24). Mit dem Ziel der ideologischen Adaption wird sie dazu angehalten, die Figur des DDR-Kosmonauten Sigmund Jähn durch den amerikanischen Astronauten Neil Armstrong zu ersetzen. In ihrer Erzählung *Der Engel mit dem goldenen Schnurrbart* (1983) heißt es: „Es ist sogar ein Mann aus unserem Land schon mal hochgeflogen. Kennst du ihn? Er heißt Sigmund" (*Der Engel mit dem goldenen Schnurrbart* 1985, 3. Aufl., 21). Kožik betrachtet die Verlags-bestimmung vor allem auch deshalb als unangemessen, weil die Ersetzung einer gewissen zeitlichen Logik widerspricht.[76] Darüber hinaus sieht sie sich mit einer restriktiven, politischen Willkürlichkeit konfrontiert: Als der Terminus „Rotes Rathaus" als „nicht passend" (24) bewertet wird, wehrt sie sich mit Verweis auf dessen historisch begründete und nichtkommunistische Namensgebung[77]. Die Streichung DDR-spezifischer Begriffe bezeichnet sie als anmaßenden Akt, dem sie mit unterschiedlichem Erfolg entgegenzuwirken versucht: „Das musste eben alles aktualisiert werden" (24). Sie bezeichnet die Auflagen als „Bevormundung" (24) und „arrogante Überheblichkeit" (25), denn, so führt sie aus, „ein Autor steht ja mit seinem Namen für jeden Satz in dem Buch ja" (25).

d) Titeländerung und Veröffentlichungsprozess der Neuauflage von Der Engel mit dem goldenen Schnurrbart (1983)

Eine weitere stark prägende Erfahrung macht Kožik in Bezug auf die potenzielle Neuveröffentlichung des DDR-Werkes *Der Engel mit dem goldenen Schnurrbart* (1983) im Jahr 2003/2004. Während der Vertragsverhandlungen wird Kožik darü-ber informiert, dass dessen ursprünglicher Titel durch einen „besseren" (16) ersetzt werden müsse. Auch in diesem Fall interveniert die Autorin vehement und kritisch. In einem Brief an den Verlag lehnt sie entsprechendes Anliegen kategorisch ab:

> Gegen den Fakt der Titeländerung verweigere ich mich, denn sie verletzt mein Urheberrecht. Ich werde keinen solchen Vertrag mit ihrem Verlag unterschreiben. [...] Wenn das Buch unter einem anderen Titel erscheint, würde das zu Irritationen führen und es wäre auch marktwirt-schaftlich unklug, denn das Buch ist im Osten unter dem o. g. Titel sehr bekannt. Darauf hätte man bauen können. Es ist traurig, dass ich sie auf diese Fakten aufmerksam machen muß. [...] Das zeugt für mich von enormer Inkompetenz.[78]

---

76   Der Weltraumflug des Kosmonauten Sigmund Jähn fand im Jahr 1978 statt. Neil Armstrong
      betrat als erster Mensch bereits im Jahr 1969 den Mond.
77   Die Namensgebung resultiert aus der mit roten Klinkern versehenen Fassadengestaltung im
      Neo-Renaissancestil (Bau: 1861–1869, Entwurf: Hermann Waesemann).
78   Christa Kožik: Verlagskorrespondenzen 2003–2004. Unveröffentlicht.

Dieses Vorgehen geht konform mit ihren im KJL-System der DDR favorisierten Handlungsstrategien, welche sich durch Gegenwehr und Ausdauer auszeichnen. Wie bereits innerhalb des Handlungssystems KJL der DDR desavouiert sie die ihrer Auffassung nach inakzeptablen Verlagsanforderungen.

Zusammenfassung

Es kann konstatiert werden, dass sich die entscheidenden Handlungsstrategien der Autorin auch nach 1989/1990 durch Konfrontation und Beharrlichkeit auszeichnen. Desgleichen machen ihre langfristigen Bemühungen um eine Neuveröffentlichung der Erzählung *Der Engel mit dem goldenen Schnurrbart* (1983) ausdauernde Verhaltensmuster evident. Innerhalb des Symbolsystems KJL ist erkennbar, dass die Autorin – trotz veränderter Verlagssituation – ihr Prinzip der literarischen Verantwortung beibehält: Nach 1989/1990 erscheinen drei weitere Texte, von denen die Titel *Gritta vom Rattenschloß* (1991) und *Philipp und der Katzentiger* (2001) bereits als DEFA-Filmproduktionen vorliegen. Entgegen der autark und selbstsicher agierenden Figur Gritta in *Gritta vom Rattenschloß* (1991) stellen die Figuren Philipp (*Philipp und der Katzentiger* 2001) und Christoph in (*Der verzauberte Einbrecher* 1994) erneut Außenseiter und Sonderlinge dar. Der Träumer Philipp ist zu klein für sein Alter, wird von den Mitschülern gehänselt, die Mutter ist verstorben. Seine Ohren sind überdurchschnittlich groß und ermöglichen ihm auch das Hören der leisesten Geräusche. Mit seiner Zauberflöte und durch die Freisetzung der eigenen Fähigkeiten wächst er eines Tages über sich selbst hinaus.

In *Der verzauberte Einbrecher* (1994) ist die Figur des neunjährigen Protagonisten Christoph ähnlich konstruiert: „nicht sehr groß und nicht sehr stark", der Vater verstorben, die einzige Freundin verzogen, von seinen Mitschülern als Brillenschlange gehänselt, seine Leidenschaft für Bücher als sonderbare Spinnerei bewertet (ebd. 6). Mit dem Verweis auf fiktive Sendungstitel wie »Das Tal der geschlachteten Kinder« (ebd. 71) legt Kożik ihre ablehnende Haltung gegenüber aktuellen Fernsehformaten dar, die sich primär an einfacher Unterhaltung, statt an pädagogischen Konzepten orientieren. Nicht weniger deutlich bekräftigt die Autorin ihre Kapitalismuskritik. Während eines Einbruchs in die Wohnung der Familie Herz entdeckt der sympathisch dargestellte Dieb Paul seine Leidenschaft für Literatur. Nach einer freundschaftlichen Begegnung zwischen Einbrecher und Mutter Herz diskutieren beide angeregt:

> »Die Güter der Erde sind sehr ungerecht verteilt«, verteidigte sich der Einbrecher. »Ja. Da haben Sie recht. Es gibt Menschen, die besitzen Fabriken und Paläste und schwimmen im Geld. Millionen und Milliarden gehören ihnen. Und jede Milliarde heckt jedes Jahr neue Millionen. Und so werden sie immer reicher und reicher. Andere Menschen aber haben nicht

mal ein Dach über dem Kopf. Sie hungern und erfrieren auf der Straße. Nein, das ist nicht gerecht. Wer so viele Millionen besitzt, der hat andere Menschen ausgebeutet oder betrogen.« [...]»Das ist ihr Lieblingsthema. Sie kann Kapitalisten nicht leiden, und sie ist gegen die Ausbeutung der armen Menschen durch die Reichen [...].«»Jeder Mensch muß ein Recht auf eine Arbeit und auf eine Wohnung haben. Das sind die Grundrechte der Menschen. Jawohl...«. *(Der verzauberte Einbrecher* 1994, 67 f.)

Im Jahr 2001 unterstreicht Kożik: „Ich kann und will mich nicht ändern, auch wenn ich es damit schwer habe, noch verstanden zu werden. Diese Zeit will das Laute, das Schrille. Aber ich möchte Kindern helfen, ihre eigene Kraft zu entdecken" (Peltsch 2001, 66). Kożik wehrt offensichtliche Beschränkungsversuche soweit wie möglich ab, um ihre literarischen Zielsetzungen zu wahren. Einschränkungen akzeptiert sie dann, wenn eine weitestgehende Identifikation – oder zumindest Akzeptanz – mit der jeweiligen Verlagsforderung vorliegt (vgl. Punkt c: *Korrektur DDR-spezifischer Begriffe*). Bereits im Jahr 2001 akzentuiert sie die nachhaltige Restriktivität der Marktkonstitution und die Pervertierung ihrer Arbeitssituation:

> Ich habe das Gefühl, wirklich kritische Bücher, die an der Substanz dieser Gesellschaft rühren, wollen die meisten Verlage nicht. Das lässt sich kaum nachweisen, denn es heißt dann, so etwas ist nicht gefragt. (Peltsch 2001, 66 f.)

Zur Verteidigung ihrer literarischen Intention greift sie auf ehemalige Handlungsstrategien zurück: Beharrlichkeit und Eigeninitiative. Ihre Fremdheit ist selbst gewählt. In der Konsequenz offenbart sich eine nur geringe Anzahl nachwendezeitlicher Veröffentlichungen sowie eine bis dahin unbekannte Befangenheit hinsichtlich des Schreibens neuer Texte: „Man traut sich kaum noch was wegzuschicken, weil man immer Angst vor den Absagen hat" (21).

6.1.4 Leitthema: Bevormundung und Missachtung des Status renommierter DDR-Kinder- und Jugendbuchautoren

Motto

„Denn warum soll ich das verschweigen,
wie die uns behandelt haben. Ich weiß
nicht, ob ich ungerecht bin. Das können
Sie dann. als Außenstehende vielleicht
objektiver betrachten." (18)

Bedingungsfeld: Biographische Einschnitte

Die Umbruchsprozesse der Wende führen sowohl privat als auch beruflich zu durchschlagenden Veränderungen und schwierigen Neubedingungen. Sowohl ihr Gedichtband *Tausendundzweite Nacht* als auch ihre kinderliterarischen Texte *Der Engel mit dem goldenen Schnurrbart* (1983) und *Kicki und der König* (1990) zählen zu jenen Titeln, die nach 1989/1990 auf einer Müllhalde entsorgt werden (vgl. Kožik 2001, 27): „das tat natürlich erstmal weh, ne?" (14). In der regionalen Zeitschrift *Schriftzüge: Brandenburgische Blätter für Kunst und Literatur* (2001) kommentiert Kožik den Vorfall betont kritisch:

> In einer Wegwerfgesellschaft wird alles zur Wegwerfware. [...] Aus geachteten Schriftstellern wurden plötzlich „Müll-Literaten". Das war keine Qualitätsfrage, sondern einzig eine Markt- und Machtfrage. [...] Unwerte Literatur – unwerte Literaten. [...] Was für eine absurde, brutale Art von Zensur! Wegwerfen oder Verbrennen – wo ist der Unterschied, wenn man bedenkt, daß Bücher das geistige Brot der Menschheit waren und sind? (Kožik 2001, 27)

Als weiteres individuelles Bedingungsfeld der nachfolgenden Analyse stellt sich die quantitativ hohe Anzahl von Autorenlesungen dar. Nachdem ihre feste Anbindung an den Kinderbuchverlag sowie ihre Anstellung bei der Deutschen Film AG (DEFA) abreißt, finanziert Kožik ihren Lebensunterhalt durch Lesetouren, die sie einerseits als angenehme Tätigkeit sowie Möglichkeit des „Überlebens" (31) begreift, andererseits jedoch – aufgrund der wirtschaftlichen Notwendigkeit – als Verlust auffasst, durch den sie Zeit für schriftstellerische Tätigkeiten sowie physische und psychische Kraft einbüßt: „**Aber [ich] habe mich damit** kaputt gemacht, körperlich und nervlich" (15). Sowohl Kožiks Lesetouren als auch die Entsorgung ihrer Werke spiegeln den gesamten Verdrängungsprozess bzw. die fehlende Integration ostdeutscher KJL nach 1989/1990 exemplarisch wider.

Positive Begebenheiten, wie das solidarische Verhalten durch Literaturwissenschaftler und Literaten westdeutscher Provenienz oder den Erhalt einschlägiger Autorenstipendien werden von der Autorin erwähnt, doch zeigt sich eine klare Dominanz der Wahrnehmung negativer Faktoren. Kožiks prägende Erfahrungen referieren überwiegend auf Verlagsinteraktionen, hinsichtlich derer sie vor allem die Umgangsformen als inakzeptabel bewertet.

Interaktionen, Handlungsstrategien und Konsequenzen: Neue
Umgangsformen – Fremdes System

Das innerhalb des nach 1989/1990 weitergeführten Kinderbuchverlags neu eta-
blierte Autorenverhältnis steht ihren bis dato bestehenden Erfahrungen konträr
gegenüber. Kożik spricht von einer neuen Unpersönlichkeit zwischen Verlag
und Autoren, die in einer defizitären Informationspolitik kulminiert: „Wir haben
das [den Besitzerwechsel, Anm .d. Verf.] immer gar nicht erfahren, irgendwie.
Bloß man wunderte sich immer, man kriegte nie ne Antwort auf irgendwas"
(16). Diese Distanz nimmt sie insbesondere dann als bedrohlich wahr, wenn es
um Honorarzahlungen oder um die Rückgabe ihrer Buchrechte geht bzw. ihre
berufliche Situation direkt betroffen ist. Kożik akzentuiert, ihr Arbeitsverhältnis
habe über mehrere Jahre ohne Abrechnungen bestanden, „weil die waren immer
beschäftigt (Lachen) sich gegenseitig aufzufressen und wieder zu entflechten und
weiterzuverkaufen" (20). Vor allem den langjährigen Disput über die Rückgabe
ihrer Buchrechte an den Titeln *Moritz in der Litfaßsäule* (1980) und *Der Engel
mit dem goldenen Schnurrbart* (1983) empfindet sie als inakzeptablen Zustand.
Eine andere, nicht weniger bedeutsame Konfliktsituation, betrifft die vom Verlag
geforderte Titeländerung der Neuauflage *Der Engel mit dem goldenen Schnurrbart* (1983). Die besondere Brisanz der Situation sieht Kożik in der Umgangs-
form, die sie wie folgt als stark despektierlich erinnert (vgl. Kap. 6.1.3): „Ja aber
äh Frau Kożik. Wir müssen einen besseren <u>Titel</u> finden. Die Praktikantin sitzt
schon dran, hat schon bessere Titelvorschläge" (16). Analog weist die Autorin auf
weitere Verlagsforderungen – wie die terminologische Bearbeitung neu verlegter DDR-Titel – hin, deren Ausmaß ihr zwar weniger bedeutungsvoll erscheint,
jedoch ihre Handlungen und Sichtweisen nicht weniger essentiell beeinflusst.

   Kożiks Reaktion zeugt von einem hohen Grad persönlicher Betroffenheit, Unverständnis und dezidierter Ablehnung. Aktiv wehrt sie sich gegen die
Zurückhaltung ihrer Buchrechte: „Sieben Monate keine Antwort wieder und ich
fordere immer diese Rechte und schicke immer ein Kuvert noch mit, mit Brief-
marke" (15). Dementsprechend sieht sie die allgemeine Verlagsbeziehung auch
durch eine auffällige Respektlosigkeit gegenüber ihrer Person und ihrem literarischen Status erschwert. „Und eh ich dann diese Rechte zurückgekriegt habe,
da musste ich durch ein Tal der Demütigung gehen, ja" (16). In gleicher Weise
widersetzt sie sich der Änderung des Titels ihrer potentiellen Neuauflage *Der
Engel mit dem goldenen Schnurrbart* (1983). Zu diesem Zeitpunkt erreicht der
von ihr wahrgenommene Statusverlust bzw. die wahrgenommene Degradierung
eine untragbare Grenze. In einem Briefwechsel interveniert sie: „Für mich ist der
Fakt demütigend: Eine Praktikantin findet einen ,besseren' Titel als die Autorin

des bekannten Buches."[79] Auch das Streichen und Ersetzen DDR-spezifischer Begriffe akzeptiert sie nicht bedingungslos: „Und dass da über uns hinweggegangen wurde und ich das aber irgendwie gehört hatte und interveniert hatte und hab gefordert, dass ich von den Kürzungen oder Veränderungen doch informiert werde" (26). Als sich die Autorin durch eine vertraglich fixierte Klausel – der Festsetzung einer obligatorischen Rechtevergabe neu aufgelegter Titel – zu einer unrechtmäßigen Verlagsgebundenheit gedrängt sieht, widerspricht sie ebenfalls.

> Ist ja auch eine Tücke gewesen, ja? [...] Das habe ich gleich erkannt, obwohl ich sonst auch nicht so bin, weil ich immer Zeitnot hatte. Aber das hatte ich sofort, das war mir wie so ein grelles Licht, hatte ich sofort durchgestrichen, Klebezettel ran: Diesen Absatz kann ich nicht akzeptieren. [...] Das ist für mich Unfreiheit. So. In dem Sinne habe ich da so ein Klebezettel ran gemacht und habe das richtig durchgestrichen .... (30)

Aufgrund der Konfrontation mit grenzähnlichen Umgangsformen charakterisiert Kožik ihre Bemühungen um eine erfolgreiche Systemintegration als erneuten Prozess des „Kämpfen[s]" (36) (vgl. Kap. 6.1.1). Die Autorin überträgt sowohl ihre subjektiven Sichtweisen als auch ihre Erfahrungen auf die gesamte DDR-Autorschaft, weshalb sie die deutsche Wiedervereinigung als historisches Ereignis mit weit reichenden Folgen deutet. „Und viele Kollegen, ältere Kollegen, die sind eben nach der Wende wie in ein schwarzes Loch gefallen und sind da unten liegen geblieben, ne. Und darüber gestorben. [...] Da ist auch viel Tragik, aber... so geht Geschichte" (31). Ihre weitestgehende Ablehnung des bundesdeutschen KJL-Systems beruht folglich auch auf einschlägigen Interaktionen mit dem Verlagswesen.

---

79   Christa Kožik: Verlagskorrespondenzen 2003–2004. Unveröffentlicht.

6.2 Wolf Spillner

„Ich kann und muss das nicht mehr machen"
(Lesungen, Anm. d. Verf.).
„Das ist nicht Resignation
sondern Einsicht (Lachen)."

Kurzbiographie

Mit 16 Jahren ist Wolf Spillner (*1936), aufgewachsen in Lindhorst bei Hamburg, als Volontär bei der Kinder- und Jugendzeitschrift *Der kleine Tierfreund*[80] tätig. Um sich der Wehrpflicht zu entziehen, siedelt er im Jahr 1955 in die DDR über, wo er als Bildreporter arbeitet. Zwischen 1958–1960 verbüßt Spillner aus wirtschaftspolitischen Gründen eine 18-monatige Haftzeit, der sich eine einjährige Bewährungstätigkeit als Bauhilfsarbeiter bzw. Betonbauer in der Produktion anschließt.[81] Seine Tätigkeit auf dem Bau führt er von 1961 bis 1968 fort (Wohnungsbau- bzw. Industriebaukombinat, Schwerin). Spillner gilt vor allem aber als bekannter Ornithologe und Naturschützer, als Natur- und Tierfotograf gelangt er zur Literatur. Zwischen 1977 und 1978 absolviert er ein Studium am Literaturinstitut Johannes R. Becher (Leipzig). Nach langjähriger Verweigerung des Schriftstellerverbands erfolgt im Jahr 1974 die Aufnahme als Mitglied. Die Veröffentlichung seines ersten kinderliterarischen Titels *Die Vogelinsel* (1976) basiert auf einem über den befreundeten Dichter und Schriftsteller Werner Lindemann arrangierten Kontakt mit Fred Rodrian, Leiter des Kinderbuchverlags Berlin. 18

---

80 Die Kinder- und Jugendzeitschrift *Der kleine Tierfreund* erscheint heute unter dem Titel *Tierfreund. Das junge Wissensmagazin*, Johann Michael Sailer Verlag in Nürnberg.

81 In einem Interview berichtet Spillner über seine Erfahrungen in der für besonders diffizile Bedingungen bekannten Strafanstalt Bützow-Dreibergen (Mecklenburg-Vorpommern): „Neun Monate saß ich in der Haftanstalt Bützow-Dreibergen, jeweils mit fünf Mitgefangenen in einer Zelle, die in noch früheren Zeiten als Einzelzelle gedacht war. Meine Mithäftlinge waren der Querschnitt durch die DDR: Bauern, Richter, ein Mörder, zwei Totschläger, Leute, die Witze über Ulbricht erzählt hatten, oder Straftäter wie ich, die am einmaligen Geldwechsel im damals noch offenen Berlin gescheitert waren" (Rouvel 1991, 45).

weitere Titel folgen, darunter Sachbücher, Bilderbücher und Erzählungen wie *Der Bachstelzenorden* (1979), *Wasseramsel* (1984)[82], *Die Graugans* (1990). Sein größter kinderliterarischer Erfolg ist die Familiengeschichte *Taube Klara oder Zufälle gibt es nicht* (1987), welche in neun Sprachen übersetzt und 1991 mit dem Deutschen Jugendliteraturpreis ausgezeichnet wird. Spillners ökologische Profession prägt auch sein kinder- und jugendliterarisches Profil. Der Autor erhält den Fritz Reuter-Literaturpreis des Bezirks Schwerin sowie den Alex-Wedding-Preis der Akademie der Künste für sein kinderliterarisches Gesamtwerk im Jahr 1987. Sein Werk *Gänse überm Reiherberg* (1977) erscheint bereits 1981 und 1984 unter dem Titel *Wildgänse überm Moor* als westdeutsche Lizenzausgabe. Nach den politischen Umbrüchen 1989/1990 veranstaltet Spillner langjährig Lesungen in Deutschland und in der Schweiz. Zwischen 1991 und 2007 werden acht seiner kinder- und jugendliterarischen Titel, wie *Der Alte vom Hammer* (1986/1991), *Wasseramsel* (1995) oder *Die Vogelinsel* (2007), neu verlegt. Im Jahr 1996 erfolgt eine weitere Erstveröffentlichung für Kinder: *Lieber weißer Vogel: eine Liebesgeschichte aus Mikilenburg.*

Leitthemen des narrativen Interviews

Die zentralen Leitthemen des Autors umfassen folgende drei Schwerpunkte.[83]

---

82   1989 Filmproduktion DEFA *Die Wasseramsel* (Ausstrahlung 1990, ZDF).

83   Um den Untersuchungsergebnissen eine valide Aussagekraft verleihen zu können, wird die nachfolgende Analyse durch weitere Beiträge der Sekundärliteratur gestützt:
      1. Pubanz, B.: Auf der Suche nach dem Begriffsinhalt von „Heimat". Hilfe durch den Kinder- und Jugendbuchautor Wolf Spillner, in: Sprachsystem – Text – Stil. Festschrift für Georg Michel und Günter Starke zum 70. Geburtstag, hg. von C. Kreßler, Frankfurt: Lang 1997, S. 213–225.
      2. Rouvel, C.: 3 Fragen an Wolf Spillner, in: Eselsohr, H. 10, 1991, S. 45–46.
      3. Schriftstellerverband der DDR: X. Schriftstellerkongreß der Deutschen Demokratischen Republik. 24.-26. November 1987. Plenum, Berlin/Weimar: Aufbau 1988, S. 33–40.
      4. Spillner, W.: Schätze der Heimat. Zum Schluss, Berlin: Kinderbuchverlag 1986, S. 135.
      5. Spillner, W.: Wo sind wir – wo bin ich?, in: Usedomer Gespräche / Internationales Treffen von Kinder- und Jugendbuchautoren, hg. vom Friedrich-Bödecker-Kreis in Mecklenburg-Vorpommern, Zinnowitz u. a. 1993, S. 23–26.
      6. Spillner, W.: Die Wasseramsel. Vorwort 1994, Berlin: Kinderbuchverlag 1995.
      7. Tabbert, R.: Naturschutz. Ein Gespräch mit Wolf Spillner, in: Kinderbuchanalysen. Autor-Themen-Gattungen, hg. von R. Tabbert, Frankfurt: dipa-Verlag 1990, S. 189–201.
      8. Peltsch, S.: „Wie vom Regen in die Traufe gekommen...". Ostdeutsche Antworten auf eine Autorenumfrage, in: Wende-Punkte. Zur Situation der Literatur und der Literaten in den neuen Bundesländern, hg. von S. Peltsch, Weinheim: Juventa 2001, 86–87.
      9. Matthies, H.: Kraft zur Verweigerung. Wolf Spillner zum 70. Geburtstag, in: Neues Deutschland 61, Nr. 124 (30.5.2006), S. 12.

Tabelle 11: Leitthemen Wolf Spillner

6.2.1 Leitthema: Der Kinderbuchverlag als Ort des literarischen Konsenses

> **Motto**
>
> „Und [ich] muss sagen, dass ich also
> den Verlag sehr geliebt habe." (3)

Bedingungsfeld: Ökologische und kritische Akzentsetzungen

Als profilierter Naturfotograf veröffentlicht Spillner im VEB Deutscher Landwirtschaftsverlag zunächst Literatur und Fotografie für Erwachsene. Sein erstes kinderliterarisches Werk *Die Vogelinsel* erscheint im Jahr 1976, wobei sich der Wechsel zur KJL nicht als Diversifikation seines literarischen Profils erweist.

Spillner tritt als kritischer Autor in Erscheinung. In Texten wie *Wasseramsel* (1984), *Schätze der Heimat* (1986) oder *Gänse überm Reiherberg* (1977) betont er die augenscheinlichen Schwächen und Missstände der DDR-Umweltpolitik. Auch öffentlich setzt er Akzente: „Meine Zweifel am irrealexistierenden Sozialismus waren nicht gering" (1991, 45). In einer Rede auf dem X. Schriftstellerkongress 1987 verweist er auf die offenkundig bestehenden Interdependenzen zwischen hohem Energieverbrauch oder dem Zweitakt-Trabant und faktischer Umweltbelastung. Analog stellt er eine Äußerung des Generalsekretärs Erich Honecker in Frage, der die Existenz des sauren Regens negiert: „Mit saurem Regen haben wir keine Erfahrung."[84] Spillner reagiert:

---

84   In: Neues Deutschland, 31. Januar 1986.

Für ihn – und dann über die Medien für die Welt – gelten die Wälder der DDR als gesund. Und mit dem sauren Regen hatten wir keine Erfahrung! Ach, wenn es so denn gewesen wäre, wenn es jetzt doch so wäre! Es ist so leider nicht, und manch anderes überkommt uns leidvoll. Es hat seine Gründe, die sind nicht hausgemacht, vielmehr Teil eines globalen Problems mit wirtschaftlichen, mit politischen Ursprüngen. Dennoch: Unser Wald ist Volkseigentum, bis auf geringe Ausnahmen, glücklicherweise. Ich meine: Das Volk sollte wissen, wie es um sein Eigentum bestellt ist! Wahrheiten können bitter wie Regen sauer sein. Mit Sicherheit sind sie nützlich. Dazu muß einem nicht Lenin und Gorbatschow einfallen. Verdrängung gebiert auf Dauer nur weiteren Schaden." (Schriftstellerverband der DDR 1988, 35 f.)

Doch trotz kritischer Disposition ist dem Autor keine grundsätzliche Distanz zur Beschaffenheit der realsozialistischen Gesellschaftsverhältnisse zuzuweisen: „Vielleicht bin ich ein etwas starrköpfiger Mensch, vielleicht ist dies eine Erklärung, daß ich nach 18 Knastmonaten die mir so unfreundliche DDR nicht verließ" (1991, 45).

Interaktionen, Handlungsstrategien, Konsequenzen: Freiräume, Aktivität und erfolgreiche Systemintegration

Durch ein eigenständiges Herantreten an den Kinderbuchverlag Berlin initiiert Spillner seine Integration in das System KJL selbst, mit kontinuierlicher Unterstützung des Verlags. Spillner sieht sich als „geförderten und geforderten Autor" (3). Seine Verlagsinteraktionen sind vor allem durch einen als positiv wahrgenommenen Umgang sowie durch eine erfolgreiche literarische und außerliterarische Begleitung bestimmt, ohne politische Beeinflussungsfaktoren bzw. doktrinäre Anordnungen.

Ich hatte mal einen *guten* Verlag in Berlin, mit angenehmen und klugen Lektorinnen. Sie hatten Verstand, Zeit und gutes Benehmen, geleitet von einem selbst schreibenden, kultivierten Verleger, der leider zu früh starb, und einer sehr schätzenswerten Cheflektorin. (Peltsch 2001, 87)

Spillner betrachtet die Verlagsbindung als gewinnbringende Zusammenarbeit. Seine literarischen Zielsetzungen kann er ohne Einschränkung verwirklichen: „Ja ich habe immer geschrieben, was ich wollte" (12). Auch die an ihn herangetragenen Auftragsarbeiten gehen mit seinen literarischen Interessensgebieten konform: *Staatenbildende Insekten* (1981), *Schmetterlinge* (1989): „Das fällt einem dann nicht schwer. Wenn man also richtig gut in dem Stoff drin steht, ne?" (12). Dementsprechend begreift er auch die ihm vorgeschlagene Beteiligung an einem Sammelband mit Weihnachtsgeschichten (*Taube Klara* 1987) als Förderung und Bereicherung seines kinderliterarischen Entwicklungsgangs, nicht als ideologische Richtungsweisung. Die Verzögerung der Veröffentlichung des Textes fußt auf den von ihm als unterstützend – statt lenkend – wahrgenommenen Interventionen seines Lektors.

So. Und dann gab ich diese Geschichte [Taube Klara, Anm. d. Verf.] dem guten Heiland
[Lektor, Anm. d. Verf.] zum lesen. Und dann sagte der etwas Merkwürdiges: ‚Ja das ist
schön. Aber das ist zu wenig.' Und ich sagte: ‚Aber die ist doch schon so lang. Die ist doch
schon länger, als du sie eigentlich gebrauchen kannst.' ‚Ja', sagte er, ‚da steckt aber viel mehr
drin.' […] ‚Denk doch mal nach.' Er hat nicht gesagt: ‚Denk mal dahin oder dahin oder dahin.
Sondern (nur): ‚Denk doch mal nach'. (32)

Autonomieprozesse werden hier auch an der verlegerischen Akzeptanz der auffallend detaillierten Darstellung einer Christmette sichtbar bzw. an der ausführlichen Beschreibung christlicher Traditionen[85]:

> Und ich habe ehrlicherweise gesagt: ‚Dieses Manuskript nehmen sie nicht.' Denn zwanzig
> Prozent des gesamten Textes spielen in der Kirche.. Das im Verlag der Pionierorganisation
> Ernst Thälmann. (33)
> Und ich dachte: ‚Oh Gott. Oh Gott. Oh Gott. Was das wohl werden soll. Das wird eine
> hässliche Diskussion hier.' Und wir saßen uns am Tisch gegenüber und dann bin ich fast
> umgefallen vor Staunen, wie dieser Mann mir mein Manuskript erklärt hat. Wie er meinen
> Text auslegte und wie er ihn empfand. So weit hatte ich gar nicht gedacht. Der war viel besser
> als ich. So. Da war die Freude groß. (33)

Die Existenz kinderliterarischer Gestaltungsspielräume offenbart sich ihm
bereits frühzeitig in Bezug auf seine Dorfgeschichte *Gänse überm Reiherberg*
(1977). Als er in der Zeitung *Neue Deutsche Bauernzeitung* einen journalistischen Beitrag über die finanzielle Bereicherung sozialistischer Genossenschafts-
bauern veröffentlichen möchte, lehnt die Redaktion kompromisslos ab – der Kinderbuchverlag Berlin stimmt zu:

> Dann schrieb ich eines Tages einen Beitrag über Graugänse und über das Verhältnis unserer
> Bauern zu den Graugänsen und wie eine Genossenschaft mit Hilfe der Graugänse jährlich
> sich einen zusätzlichen Gewinn von 10.000 Mark verschaffte. Dieser Artikel ist nicht erschie-
> nen. Man sagte: ‚So sind unsere Bauern nicht.' Ich hatte mich furchtbar darüber geärgert: Das
> ist doch ein Problem, das ist doch tatsächlich ein Konfliktstoff, und den musst Du irgendwo
> doch noch verarbeiten. Ich trug diese Idee dem Kinderbuchverlag vor, und dann sagten die
> klugen Lektorinnen: ‚Ja, mach das mal'. (Spillner 1987, 192)

Während der Bearbeitung und Veröffentlichung seiner kritischen Texte *Schätze
der Heimat* (1986) und *Wasseramsel* (1984) sieht sich Spillner in eine offen
geführte – ideologisch konsensuelle – Zusammenarbeit eingebunden. Auch
innerhalb anderer verlagsgebundener Anlässe – zum Beispiel im Rahmen von
verlagsinterner Jours fixes – stellt er eine allgemeine politische Offenheit fest:
„(...) und man konnte heftig diskutieren. Beispielsweise über die Alkoholsucht

---

85   Im Verlagsgutachten heißt es, Spillner habe in der dritten Fassung des Manuskripts den Teil
      über die Christmette gekürzt: „Auch erwies sich eine Straffung der Weihnachtsmette güns-
      tig – der Autor hat auf einige Assoziationen von Hannes zum Geschehen in der Kirche ver-
      zichtet, die zu Missdeutungen hätten Anlass geben können" (BArch, DR 1/2306a, Verlagsgut-
      achten Viktoria Schubert, 19.8. 1986, Bl.259).

von Schülerinnen und Schülern in der DDR. Oder über die Skinhead-Probleme in Berlin. Also so etwas alles fand da statt" (14). Spillners Handlungsstrategie beläuft sich auf ein aktives Integrationsverhalten (Annahme von Auftragsarbeiten, Teilnahme an Veranstaltungen etc.). Indem er mit eigenen Ideenvorstellungen und Manuskripten an den Verlag herantritt, unterstützt er seine literarische Entwicklung selbstständig. Die Auswirkungen seiner engagierten Integrationsbemühungen sind sowohl quantitativ als auch qualitativ ersichtlich. Seit der bestehenden Anbindung an den Kinderbuchverlag Berlin konzentriert er seine schriftstellerischen Tätigkeiten primär auf das kinder- und jugendliterarische Schreiben.[86] Spillner ist fester, integrierter Teil des Subsystems KJL.

6.2.2 Leitthema: Selbstbestimmtes Handeln

Motto
„Lass uns doch mal gemeinsam überlegen." (16)

Bedingungsfeld: Kinderliterarische Friktionsflächen

Als weiteres Leitthema erweisen sich die Veröffentlichungsprozesse der Titel *Wasseramsel* (1984) und *Schätze der Heimat* (1986). In *Schätze der Heimat* (1986) thematisiert und fotografiert Spillner bedeutende Naturschutzgebiete der DDR-Bezirke, deren Relevanz und Gefährdung er so sichtbar macht. In seinem Adoleszenzroman *Wasseramsel* (1984) reflektiert der Autor den unrechtmäßigen Eingriff in die Natur. Durch die Beziehung zu Ulla, seiner ersten Liebe, wird der fünfzehnjährige Winfried mit den rechtswidrigen Methoden seines Vaters konfrontiert, der sich als frühpensionierter Generaldirektor eines Baukombinats mit Hilfe seiner privilegierten Position in einem offiziellen Landschaftsschutzgebiet sowohl ein luxuriöses Haus baut als auch einen Forellenteich anlegt. Als

---

86 Seitdem erfolgen im gesamten System Literatur lediglich drei weitere Veröffentlichungen: Spillner, W.: Der Wald der kleinen Vögel: Unbekanntes u. Bekanntes von bekannten und unbekannten Vögeln, Berlin: Deutscher Landwirtschaftsverlag 1976; Spillner, W.: Die Inseln der Vögel, in: Land zwischen Meer und Bodden: Fischland, Darss, Zingst und Boddenküste, hg. von K.-J. Hofer, H. Glander, Leipzig: Brockhaus 1980, o. S.; Spillner, W.: Ferne nahe Welt, Berlin: Deutscher Landwirtschaftsverlag 1981; Spillner, W.; Zimdahl, W.; Wunderlich, H.: Feldornithologie: eine Einführung, Berlin: Deutscher Landwirtschaftsverlag 1990.

der illegitime Vorgang offenkundig wird, kommt es zur Konfrontation innerhalb der Gemeinde. Aber auch die Situation zwischen Vater und Sohn eskaliert, als der „General" seine Forellen von den Wasseramseln bedroht sieht. Winfried verteidigt die Vögel, ein Ausdruck für seine Zuneigung zu Ulla. Der Konflikt kulminiert in dem unerlaubten Eingriff in ein Naturschutzgebiet, verstanden als opportunistischer Akt der Zerstörung. Die gesellschaftskritische Botschaft ist einerseits durch die politische Besonderheit des Stoffs gegeben, andererseits zieht sie sich wie ein roter Faden durch den gesamten Handlungsverlauf. Im Dialog zwischen Bürgermeister Künzel und Lehrer Hansen argumentiert letzterer erbost:

> Und wenn du mich schon anschreist, was dumm ist, ich sag's dir trotzdem ganz deutlich: Du hast kein Recht, für irgendjemanden Extrawürste zu braten! Auch nicht für einen verdienstvollen Mann wie Tübner. Dafür bist du nicht gewählt! Und das sage ich dir nicht nur als Gemeindevertreter und dein Genosse. Das sage ich Dir auch als Kreisschutzbeauftragter! Das kannst du dir hinter die Ohren schreiben! (*Wasseramsel* 1987, 5. Aufl., 144)

In beiden Texten entwirft Spillner die politischen Friktionsflächen bzw. seine Kritik an den ökologischen Belastungen oder der Begünstigung privilegierter Staatsbürger sehr bewusst. Spillner ist zu dieser Zeit sowohl ein anerkannter Naturfotograf und Ornithologe als auch ein erfolgreicher Autor der KJL-Szene, wodurch konfliktäre Auseinandersetzungen mit Mitarbeitern des Kinderbuchverlags vorteilhaft beeinflusst werden. Gleichwohl bilden seine positive Verlagsbeziehung sowie seine kritische, aber dennoch affirmative Einstellung zum Staatssystem der DDR zentrale Ausgangsbedingungen für die Veröffentlichung seiner Texte (vgl. Kap. 6.2.1).

Interaktionen: Zensorische Konflikte

Trotz des insgesamt positiven Verhältnisses zum Verlag kommt es zu „heftige[n] Auseinandersetzungen" (3) in Bezug auf das konfliktreiche Wirkungspotential beider Manuskripte: „Wo es also um irgendwelche Dinge ging, die vielleicht so nicht sein sollten, wie ich sie wollte" (3).

Kurz nach der bereits erteilten Druckgenehmigung für das Manuskript *Wasseramsel* teilt Katrin Pieper mit, sie wolle einige Manuskriptsequenzen „entschärfen" (16). Trotz des vor allem ungewöhnlichen Zeitpunkts begreift Spillner ihr Anliegen nicht als Affront, sondern als wohlwollenden Ratschlag. Pieper macht die Notwendigkeit des Texteingriffs an erwartbaren kulturpolitischen Reaktionen fest, die zwar eine Veröffentlichung ermöglichen, aber weitere Neuauflagen ausschließen würden. Im Nachhinein erfährt der Autor, dass die Verlagsreaktion eng mit den aktuellen Spannungen innerhalb des kulturpolitischen Umfelds zusammenhängt, die auf Diskussionen um Gabriele Eckarts *Havelland*

Protokolle[87] (1984) und das dem Bühnenautor Rudi Strahl auferlegte Aufführungsverbot seines Stücks *Das Blaue vom Himmel* an der Ostberliner Volksbühne 1984 beruhen. Die besondere Brisanz der Situation geht laut Spillner aus einem zu dieser Zeit vehementen Disput zwischen der Abteilung Kurt Hager, Sekretär für Volksbildung und Kultur, und der Abteilung Joachim Hermann, Sekretär für Agitation und Propaganda im Zentralkomitee der SED hervor. Die *Wochenpost* als auflagenstärkste Wochenzeitung der DDR veröffentlicht den Roman *Wie ein Vogel im Schwarm* (1984) des renommierten DDR-Autors Helmut Sakowski als Vorabdruck, die Abteilung für Agitation und Propaganda lehnt den geplanten Fernsehfilm dagegen ab. Aus Vorsicht beendet Sakowski, selbst Mitglied des ZK, den Roman frühzeitig, um dessen Veröffentlichung sicherstellen zu können. Die grundlegende Übereinstimmung Spillners und Piepers beruht folglich auf verlagsexternen Vorkommnissen.

> Und Katrin Pieper sagte: ‚Vorsicht, Vorsicht, Vorsicht. Was momentan los ist. Und wenn jetzt schon (Lachen) <u>Sakowski</u> sich gezwungen sieht, seinen Text abzubrechen in der Wochenpost. Weißt du, wir <u>können</u> uns diese Laus nicht in den Pelz setzen. Wir müssen <u>vorsichtig</u> sein. Wir wollen, dass dein Buch, was wir für wichtig halten', ich habe es vorhin schon gesagt, ‚noch mal und noch mal erscheint. Lass uns überlegen'. (22)

Dementsprechend betrachtet Spillner die verlegerischen Interventionen nicht als parteipolitischen Angriff auf seine Person oder als dogmatische Anordnung, sondern als kooperative Zusammenarbeit gegen äußere Umstände. Den genauen Wortlaut Piepers erinnert der Autor wie folgt: „Ob wir nicht das eine oder andere mal entschärfen können. Überleg doch mal. Muss es denn wirklich sein, dass das Wort Privileg da steht? Könnt/ kannst du dir denn nicht was <u>anderes</u> dafür ausdenken?" (16). Dass Spillner die Textänderung befürwortet, ist auch dadurch beeinflusst, dass ihm keine konkreten Vorgaben auferlegt, sondern ausreichend Entscheidungsfreiheiten eingeräumt werden. Die zweite konfliktäre Auseinandersetzung ereignet sich im Rahmen des Sachtextes *Schätze der Heimat* (1986) auf unterer Lektoratsebene. Der substanzielle Disput zieht sich um das Vorwort, welches Spillner als „relativ" lang sowie „einigermaßen deutlich und kritisch" bezeichnet (17). Im Gegensatz zu der ersten verlagsinternen Konfliktsituation zeigt Spillner für das von ihm als rigide und unnachgiebig wahrgenommene Verhalten seiner Lektorin kein Verständnis: „Und. da war mit ihr <u>nicht</u> zur reden, nicht zu reden. ‚Nein. Nein nein. Nein nein. das muss weg und das muss weg und das muss weg und <u>das</u> muss weg'" (17).

---

87   In Literaturzeitschriften wie *Sinn und Form* veröffentlicht Eckart 1984 Ausschnitte privater Tonbandprotokolle, in denen sich Havelland-Funktionäre partiell kritisch über die bestehenden Verhältnisse der DDR äußern. Der gesamte Text kann lediglich im kapitalistischen Ausland erscheinen: Eckart, Gabriele: So sehe ick die Sache – Protokolle aus der DDR. Köln: Kiepenheuer & Witsch 1984.

Handlungsstrategien und Konsequenzen: Individuelle Entscheidungen

In beiden Fällen gehen die Handlungsstrategien des Autors mit den Anforderungen des Verlags konform, doch beruhen diese auf unterschiedlichen Beweggründen. Innerhalb der Bearbeitungsphase seines Manuskripts *Wasseramsel* (1984) unterstützt er das Anliegen seiner Cheflektorin und verändert in gemeinsamer Zusammenarbeit einschlägige Textstellen: „**Und wir waren beide der Meinung.**, es ist ratsam, also vielleicht zwei, drei Stellen in einer anderen Form. darzustellen" (7). Um die politische Konnotation des Terminus „Privilegien" reduzieren zu können, ersetzt er den Ausdruck durch „Sonderrechte". Eine weitere Textänderung basiert auf der Substitution des Begriffs „Gewehr" durch die Bezeichnung „Stock". Weil er die Wasseramseln als Angriff auf seine Forellen und im übertragenen Sinn auch auf sein Leben begreift, droht der General seinem Sohn Winfried, die Vögel zu vernichten. Indem der Stock als Waffe assoziiert wird, trägt dieser deutlichen Symbolcharakter:

> Der Vater stemmt sich überraschend schnell von seinem Steinsitz hoch. Dann ist der Stock schon erhoben in seinen Fäusten. Einen Herzschlag lang fürchtet sich der Junge, meint, der Vater hebt den Stock gegen ihn. Das wäre schlimm. Das gab es nie. Aber was kommt, ist schlimmer. Der Vater zielt mit dem Stock auf den Vogel. Wasseramsel, meine Wasseramsel, fährt es dem Jungen siedend durch den Kopf, und der Stock wird ebenso plötzlich zum Gewehr in den Händen des Vaters. (*Wasseramsel* 1987, 5.Aufl., 230)

Der Autor begreift die Textänderung als unausweichliche Maßnahme und entschließt sich, das jeweilige Konfliktpotential zu reduzieren – statt vollständig zu tilgen. Denn damit, so Spillner, „ist also die Substanz und auch die Brisanz, die dieser Text zu damaliger Zeit ja unbedingt hatte, in keiner Weise gemindert worden" (7). Den „Stock" sieht er als bildhaften Ausdruck, welcher die Schonungslosigkeit der Szene kaum abschwächt. „Aber das ist ja fast noch schrecklicher, finde ich" (18). Auch die Substitution der Bezeichnung „Privilegien" durch „Sonderrechte" empfindet er nicht als Abschwächung der eigentlichen Kritik. „Na gut. Dann ist aus dem Wort Privileg der Begriff *Sonderrechte* geworden. (Lachen)" (16).

Ähnlich akzeptierend reagiert Spillner bei dem Eingriff in das Manuskript *Schätze der Heimat* (1986), jedoch ohne den Vorgang bejahen zu können. Als er in Auseinandersetzung mit seinem Lektorat erfährt, dass er das kritische Wirkungspotential seines Vorworts drastisch reduzieren müsse, kapituliert er bedingungslos: „Und. da war mit ihr nicht zu reden, nicht zu reden" (17). Seine primäre Intention, die Bedeutsamkeit und Gefährdung ostdeutscher Naturschutzgebiete verdeutlichen zu können, stellt er zurück. Nach einem Prozess des Abwägens billigt er die Interventionen des Fachlektorats, weil ihm die tatsächliche Veröffentlichung ein größeres Anliegen ist, als seine anfängliche literarische Zielsetzung: „Also da muss ich sagen: Eingeknickt., aber. ich wollte das Buch haben" (17). Einerseits wird der Text stark gekürzt, andererseits fungiert der eingangs als Vorwort gedachte Paratext daraufhin als Nachwort. „Ursprünglich hieß es ‚zu Beginn'. Und hätte vorne gestanden und wäre doppelt so lang gewesen, ne?" (17).[88]

> Flüsse und Seen, Wälder, Felder und Berge mit ihren Lebensgemeinschaften von Pflanzen und Tieren sind sehr empfindlich. Deshalb müssen wir mit unseren natürlichen Gütern behutsam umgehen, damit auch spätere Generationen in einem reichen und schönen Land leben können. Dieser wichtige Gedanke gehört zur Verfassung des Staates. Ihr Artikel 15 sagt aus, daß der Boden zu den kostbarsten Naturreichtümern gehört und daß Staat und Gesellschaft im Interesse des Wohlergehens der Bürger für Schutz der Natur sorgen. Darüber hinaus verabschiedete die Volkskammer am 14. Mai 1970 das Landeskulturgesetz. (*Schätze der Heimat* 1986, 135 f.)

Obwohl er von der Cheflektorin Katrin Pieper eine Befürwortung der ursprünglichen Kritik und damit eine Beibehaltung der eigentlichen Textbrisanz erwartet, bittet er sie nicht um Unterstützung: „da ich ohnehin. so etwas nicht gerne mochte, [...] sich irgendwo hinzukratzen" (17). Die substanzielle Verschiedenheit beider Vorgänge beruht folglich auf Spillners jeweiliger Einschätzung der gesamten Verlagsintervention. „Und dann habe ich also zähneknirschend gesagt: ‚Na gut. Dann mach das so'" (17). Die Konsequenz dessen trägt ambivalente Züge. Mit der Verlagerung seiner Zielsetzung bzw. der Veröffentlichung des Manuskripts gelingt Spillner im Handlungssystem KJL der DDR ein fulminanter Erfolg. *Schätze der Heimat* (1986) wird mit einer selbst für den Kinderbuchbereich ungewöhnlich hohen Auflage von 35.000 Exemplaren erstveröffentlicht[89] und im Jahr 1988 neu aufgelegt. Dagegen ist seine literarische Zufriedenheit eher gering: „alles was da drin stand, war [...] wirklich nicht überflüssig, ne?" (17). Spillner bewertet den Konflikt als zensorischen Eingriff: „das ist also tatsächlich [...] der einzige Vorgang für mich in. in der Arbeit gewesen, wo also tatsächlich Zensur auf mittlerer Ebene, also im Lektorat stattgefunden hat. Sonst nicht" (19). Dabei hat er die Möglichkeiten der Gegenwehr – nämlich die Hinzuziehung Katrin Piepers – nicht vollkommen ausgeschöpft. Bezüglich seines Manuskripts *Wasseramsel* (1984) betont Spillner:

> Also das war die Zensur, Anführungsstriche Zensur, bei der „Wasseramsel". Die.., muss der Autor beschämend bekennen, mit seiner eigenen Duldung geschehen ist. Er hat sie selber gemacht, ja? Er hat also selbst Zensur auf gutes Zuraten hin betrieben. Hm. So. Aber dessen schäme ich mich nicht. (16 f.)

Da die Manuskriptbearbeitung in einvernehmlicher Zusammenarbeit stattfindet und seine literarische Zielsetzung nicht wesentlich schmälert, nimmt er diesen

---

88   Im Verlagsgutachten heißt es: „Ein ursprünglich als Vorwort gedachter Einleitungstext, der die gesetzlichen Grundlagen des Naturschutzgebietes in unserem Land erläutert, erscheint nunmehr am Schluß des Buches, da er erst nach der Lektüre des vorangehenden Textes verständlich ist" (BArch, DR 1/2304a, Verlagsgutachten Stürzebecher, 24.4.1984, Bl.436).

89   Vgl.: BArch, DR 1/2304a, Bl.422.

Vorfall als folgerichtige und zweckmäßige Handlung, statt als zensorischen Eingriff wahr. Bereits im Jahr 1991 berichtet er über die Mitarbeiter des Kinderbuchverlags: „Nicht eine oder einer kam für mich jemals in die Nähe irgendeiner Literaturverhinderung" (Rouvel 1991, 45). Wie auch im Rahmen des narrativen Interviews relativiert Spillner im Jahr 2001 die Frage: „Hatten Sie in der DDR mit – wie auch immer gearteter – Zensur zu tun?" wie folgt:

> Ich bin so kühn, nein zu sagen. Ich habe kein Recht, von Zensur zu sprechen, weil ich aus vermeintlicher Einsicht bereit war, die eine oder andere Passage in dem Buch „Wasseramsel" auch nach Erteilung der Druckgenehmigung durch die HV-Verlage beim Ministerium für Kultur variierend zu ändern. (Peltsch 2001, 87)

Spillner definiert Zensur als eine Maßnahme, die als aufoktroyierte, dogmatische Direktive erfolgt. In seinem Fall sieht er jedoch aufgrund der schon erhaltenen Druckgenehmigung ausreichend Raum gegeben, sich für oder gegen das verlegerische Anliegen zu entscheiden. Spillner versteht seinen literarischen Prozess als selbstbestimmtes Handeln, ohne Anpassung an ideologische Vorgaben. Das Aushandeln des Konflikts betrachtet er nicht als Zensur, sondern als Weg zum Erfolg. Der Adoleszenzroman *Wasseramsel* (1984) erhält mit einer Erstauflagenhöhe von 20.000 Exemplaren bis einschließlich 1990 sechs weitere Neuauflagen. Im Jahr 1989 folgt eine DEFA-Produktion (1989, Regie: Jörg Foth).[90]

6.2.3 Leitthema: „Kraft zur Verweigerung"[91]

Motto
„Wer langsam schreibt, gerät in Vergessenheit." (Peltsch 2001,86)

Bedingungsfeld: Grunderlebnisse

Durch Lizenzausgaben und Lesungen ist Spillner bereits vor 1989/1990 mit dem bundesdeutschen KJL-System vertraut oder zumindest bekannt. Sein zu dem westlichen Teil Deutschlands bestehendes Verhältnis basiert auf drei prägenden Grunderlebnissen. Eine der einschneidenden Begebenheiten ereignet sich Ende

---

90   Die DEFA-Produktion wird 1990 als Fernsehfilm im ZDF ausgestrahlt.
91   Vgl. Matthies 2006.

der 1980er Jahre, als sich Spillner bei einer Lesung an einem westdeutschen Gymnasium von der dortigen Direktorin kompromittiert fühlt:

> [...] und diese Direktorin war schön anzusehen. Sie roch gut. Sie war hervorragend geklei-
> det. Trug ein schönes dunkelblaues Schneiderkostüm. Sie war promoviert. Sie hatte schöne
> Formen. Sie hatte ein gutes Benehmen. Und. wir machten so den üblichen Small Talk. Und
> saßen also eine viertel Stunde beisammen. Es war alles ganz. ganz. ganz wunderbar. Und
> dann standen wir auf. Und dann hat sie mich in die Klasse begleitet und fast im Hinausgehen
> sagte sie den wirklich schönen Satz: ‚Ach sagen Sie Herr Spillner und wie lange dürfen Sie
> jetzt in Deutschland bleiben?' (Lachen) [...] Ich habe gesagt.: (Lachen*) ‚Ich. ich lebe schon
> seit 55 Jahren in Deutschland. Und möchte es auch weiter tun.' (37)

Diese stark erinnerungsprägende Konfrontation wird durch eine weitere ergänzt. Während einer Lesung bespricht Spillner eine der zentralen Schlüsselstellen seiner Familiengeschichte *Taube Klara* (1987): Nach einem Unfall mit dem Fahrrad bleibt der alkoholabhängige Pinkau in einer Straßengrube liegen. Es ist Heiligabend. Konsterniert berichtet der Autor über die Reaktionen seines westdeutschen Publikums:

> Und, als dann die entscheidende Frage kam: ‚Wir kommen vorbei mit dem Auto. Und der
> liegt da. Und wir halten an. Nehmen wir ihn mit. Ja oder nein?' Dann kam unter jubelndem
> Beifall der wohlgekleideten Horde von einem schönen Mädchen, zwölf Jahre alt, der schöne
> Satz: ‚Ich lass mir doch nicht meinen Daimler bekotzen.' [...] So. Das. das ist (Lachen*)/ da
> klappen Sie als Autor also erst mal die Kinnlade wieder hoch und sagen nichts. (36)

Beide Erfahrungen markieren keine trivialen Begegnungen, sondern stellen essentielle Erlebnisse dar, die seine Handlungen bzw. Sichtweisen festigen und beeinflussen. Eine weniger prägende, aber dennoch elementar wirkende Begebenheit ereignet sich im Rahmen der Verleihung des Deutschen Jugendliteraturpreises 1991, den der Autor für den ursprünglich in der DDR verlegten Titel *Taube Klara* (1987) erhält. Die an ihn gerichtete Frage, ob er für diese Prämierung dankbar sei, empfindet er als bevormundend. Spillner lehnt es ab, den Preis als freundliches Integrationsangebot zu begreifen. Den ihm 1987 in der DDR für sein Gesamtwerk verliehenen Alex-Wedding-Preis bewertet er als gleichwertige oder sogar ansehnlichere Auszeichnung: „Den Weddingpreis schätze ich höher" (Rouvel 1991, 46).

> Ich sage: ‚Warum soll ich dankbar sein, wenn die Jury keinen besseren Text gefunden hat?'
> Hm? Wieso soll ich dankbar sein. Ich kann (Lachen) meiner Mutter danken, dass sie mich
> geboren hat. Ich kann dem Verlag in der (Beronstraße), dem Kinderbuchverlag danken, dass
> er das Buch gemacht hat, mit mir. Aber wieso muss ich nun also voll Dankbarkeit sein, dass
> ich jetzt in der Bundesrepublik einen Preis kriege? Ich habe schon mal einen Preis bekom-
> men. Und nicht nur einen, ne? (Lachen*). (4)

Spillners subjektive Sichtweise ist auch von Lesetouren in die alten Bundesländer beeinflusst, mit denen er partiell „sehr angenehme" Momente assoziiert (11).

Nichtsdestoweniger bewertet er die neuen Umgangsformen als arrogant: „Aber. na ja. Zu 60 oder 70 Prozent hat man mir immer sagen wollen, wie ich denn gelebt habe. Hier im Osten. Aber das wusste ich ja nun wirklich besser" (10). In einem Interview aus dem Jahr 1991 negiert er den deutschen Wiedervereinigungsprozess als falschen Weg der Staatenentwicklung. „Ich halte noch immer die Vereinigung dieser beiden deutschen Staaten in der vollzogenen Form nicht nur für mich persönlich einen Schritt zurück. Mein Bestreben war es nicht, die DDR abzuschaffen" (1991, 45). Des Weiteren machen zahlreiche Beiträge in Zeitungsartikeln oder Fachpublikationen seine grundsätzlich kritische Haltung evident.[92] Analog ist auch die finanzielle Situation des Autors als intervenierende Bedingung zu reflektieren, wenn es um Handlungsentscheidungen innerhalb des neuen Systems KJL geht. Nach eigenen Aussagen kann Spillner seit 1968 von seinen Einkünften als freier Autor und derzeit Rentner leben.

Interaktionen und Handlungsstrategien: Geringe Integrationsmotivation und -aktivität

Im KJL-System der BRD ergeben sich für Spillner nachhaltig prägende Interaktionsmomente, die sich am Beispiel der Verleihung des Jugendliteraturpreises, an dem als neu empfundenen Berufsprofil, an veränderten Umgangsformen und an bis dahin ungewohnten literarischen Restriktionen erkennen lassen. Der deutsche Jugendliteraturpreis verschafft seiner kinderliterarischen Integration, gemessen an den Integrationsverläufen anderer DDR-Kinder- und Jugendbuchautoren, eine zunächst positive Ausgangssituation. Gleichwohl konzentrieren sich die zwischen 1990 und 2000 gesammelten Erfahrungswerte vorrangig auf Lesetouren in Deutschland und in der Ost-Schweiz, die ihm einen finanziellen Ausgleich verschaffen (Rouvel 1991, 46). Folglich ist der Grad verlagsbezogener Interaktionen verhältnismäßig gering. Die einzig veröffentlichte Erstauflage *Lieber weißer Vogel: eine Liebesgeschichte aus Mikilenburg* (1996) geht auf seine ehemalige Cheflektorin des Kinderbuchverlags Katrin Pieper zurück. Seine, nach eigenen Angaben, einzige Bemühung um eine Manuskriptveröffentlichung in einem größeren Verlagshaus des Subsystems KJL scheitert trotz anfänglicher Interessensbekundungen. Als der Verlag nach Erhalt des Manuskripts keinen weiteren Kontakt initiiert, erkundigt sich Spillner circa ein bis anderthalb Jahre später nach dem weiteren Verlauf – und erhält dieses unkommentiert zurück.

Eine andere Interaktion bezieht sich auf die Neuauflage seines Adoleszenzromans *Wasseramsel* (1984), in der Spillner den DDR-Bezug eliminieren soll: „Und

---

92 Siehe: Tabbert (1990), Spillner (1990), Rouvel/Spillner (1991), Spillner (1993), Spillner (1995), Pubanz (1997).

dann erwartete der Ver/ der Verlagschef von mir, dass ich dieses Buch umschreiben sollte auf neue Verhältnisse. Wörtlich" (7).

Spillner reagiert auf persönlich erfahrene oder auch allgemein wahrgenommene Veränderungen vor allem mit innerer Abneigung und äußerer Abweisung.[93] Eine innere Abneigung empfindet er sowohl gegenüber dem neuen Berufsprofil als auch gegenüber den grundsätzlich veränderten Umgangsformen. Sein äußeres Abwehrverhalten meint eine mangelnde Integrationsaktivität, die zu einem vollständigen Rückzug aus der KJL-Szene führt.

Der Autor begreift die von ihm aktiv durchgeführten Leseveranstaltungen als gegenwärtig kennzeichnendes Profil des einschlägigen Berufszweigs bzw. als zentrales Unterscheidungsmerkmal im Rahmen seiner bisherigen Erfahrungen im Handlungssystem KJL der DDR.

> Da bin ich also da gelandet, wo viele meiner westdeutschen Kolleginnen oder Kollegen immer <u>waren</u>. Die ja sehr viel mehr davon leben Bücher vorzulesen, als Bücher zu schreiben, ne? Die Bücher, die sie schreiben, brauchen sie, um vorlesen zu können. (10 f.)

Spillner veranstaltet in der Wende- und Nachwendezeit eine Vielzahl an Lesungen, die seinen Schätzungen zufolge zwischen 1990 und 2000 bei „wohl gut eintausend" Stück liegen (vgl. Peltsch 2001, 86). Dass diese Situation wenig Raum für schriftstellerische Aktivitäten lässt, bedarf keiner weiteren Explikation. Im Jahr 2001 reflektiert der Autor: „Wer langsam schreibt, gerät in Vergessenheit" (ebd.). Obwohl er die Durchführung seiner Lesungen immer auch als sehr angenehme Tätigkeit empfindet, zieht er sich im Alter von 64 Jahren zurück:

> […] ich mache auch keine Lesungen mehr. Warum? Ich kenne die Kinder nicht mehr. Ne? Der. der Abstand ist zu groß geworden. Hmm? So. Das betrifft also sowohl den Umgang in einer Schulklasse oder zweien oder zweihundert Kinder, die man in eine Aula geschickt bekommt. Was schrecklich ist. Wo man also tatsächlich Entertainer und. Löwenbändiger (Lachen*) sein muss. (*) […]. Aber wie gesagt, also ich. ich will/ ich will es mir nicht mehr antun. (11)

Parallel folgt der gesamte Rückzug aus dem Subsystem KJL. Diese von ihm ganz bewusst getroffene Entscheidung korreliert aufs engste mit der ökonomischen Ausrichtung des Kinder- und Jugendbuchmarkts. „Aber.. ich habe auch keine große Lust mehr mich also in diesem Verlagsgeschäft also nun tatsächlich nun.. **äh anzubieten und zu machen. Habe ich keine Lust. Nein.** (5). Selbst der Jugendliteraturpreis löst keine Integrationsmotivation bzw. aktives Integrationsverhalten aus. Er begreift den Preis weder als reale Chance für einen literarischen Neuanfang, noch als Steigerung seines potentiellen Erfolgs: „nachdem alle sagten: ‚Ja <u>jetzt</u> hast du doch alle Chancen. Jetzt <u>reißen</u> sich die Verlage um dich' und so weiter. […] Habe ich gesagt: ‚Phh. Ich lass mal *so* und ich schreib mal

---

93   Der Autor Horst Matthies bezeichnet Spillners Art sich zu verweigern als eines seiner kennzeichnenden Charaktermerkmale (Matthies 2006, 12).

was und hmm'" (5). Ein Jahr nach der deutschen Wiedervereinigung merkt er an: „Der Markt ist groß geworden und hart auch. [...] Ob das, was ich mir ausdenke, von Verlegern und dann vor allem von Lesern gewollt werden wird, wird sich zeigen" (Rouvel 1991, 46). In dieser Bekundung spiegelt sich seine Handlungsstrategie besonders repräsentativ wieder, da er eine schriftstellerische Ausrichtung an kulturindustrielle Systembedingungen a priori ablehnt. Auch seine Verlagserfahrungen machen den ihm deutlich widerstrebenden Angleichungsprozess transparent. Die unkommentierte Rückgabe seines Manuskripts beurteilt er als inakzeptable Reaktion: „Und das fand ich sehr unanständig. Man könnte mir sagen: ‚Also hören sie zu. Das Ding ist nicht gut. Oder es passt nicht in unser Profil' oder irgend so was, nicht? Aber das. das fand ich nicht schön. **Das fand ich nicht schön.** (10). Eine ähnliche Abwehrhaltung äußert er, als ihm im Rahmen der Neuauflage des Adoleszenzromans *Wasseramsel* (1984) die Eliminierung des gesamten DDR-Bezugs nahe gelegt wird:

> Und da war ich sehr empört und habe gesagt: ‚Na ja. Mit diesem Buch hat es zu DDR-Zeiten einige Schwierigkeiten gegeben. [...] Aber wenn. jetzt von mir erwartet wird, dass ich also es tatsächlich auf unsere neuen Verhältnisse, in Anführungsstriche, umschreiben soll. Dann muss ich sagen: Was ist es für eine Zumutung? Lassen Sie es doch bitte sein' (7).

Da er der verlegerischen Forderung kein Verständnis entgegenbringen kann, resultiert aus seiner inneren Abneigung eine aktive, äußere Abwehrhaltung: Er verzichtet auf die Veröffentlichung. Ein Grund dafür liegt auch in der fehlenden Verhandlungs- bzw. Diskussionsbasis. Dass der Text dennoch erscheint, beruht auf dem nachfolgenden Kompromissangebot des Verlags, dem Buch ein den zeitgeschichtlichen Hintergrund erläuterndes Vorwort hinzuzufügen.[94]

Spillner sieht in den heutigen Systemstrukturen eine neue Form der Zensur, weil dem Autor nur noch wenig Entscheidungsrecht eingeräumt wird: Forderungen können akzeptiert oder abgelehnt werden, Verhandlungen sind nicht möglich. „Das ist dann wieder eine Frage von *Haltung*, ne? [...] bin ich bei meinem Text oder bin ich bei zu erwartenden Honoraren? (Lachen) So einfach ist das.. [...] Das Grundgesetz sagt, eine Zensur findet nicht statt. (Lachen)" (8). Seiner Auffassung nach bemisst sich die graduelle Dimension literarischer Lenkungsprozesse

---

94   Auszug aus dem Vorwort *Die Wasseramsel* (1995, o. S.):
Die Geschichte von Ulla und Winfried spielt in einer scheinbar fernen Zeit, etwa um 1983. Manches daraus mag den Leserinnen und Lesern jetzt unverständlich oder seltsam vorkommen, denn die Geschichte spielt in der DDR. Die gibt es seit dem 3. Oktober 1990 nicht mehr. Gerade deshalb könnte es interessant sein zu erfahren, welche Nöte und Freuden, Probleme und Schwierigkeiten Ulla und Winfried miteinander, mit den Eltern und den so anderen Zuständen ihrer Zeit hatten. [...] Nun haben Verlag und Autor überlegt, ob dieser Text für die veränderten Verhältnisse verständlicher gemacht werden sollte. Aber das wäre ein anderes Buch geworden.

im bundesdeutschen KJL-System partiell höher, als innerhalb des geschlossenen Handlungssystems KJL der DDR:

> [...] und die Art und Weise wie Verlage Texte geschrieben haben wollen, das kannten sie [die DDR-Kinder- und Jugendbuchautoren, Anm. d. Verf.] auch nicht. Dass man sagt: ‚Also wir müssen das und das und das haben. Und das und das darf dabei nicht drin sein'. (5)

Konsequenzen: Kein Bedauern

Aus der geringen Integrationsaktivität Spillners und seinem anschließenden Rückzug resultiert selbstredend eine nur geringe Anzahl an kinder- und jugendliterarischen Veröffentlichungen. Während Spillner zwischen 1976 und 1990 insgesamt 18 Bücher veröffentlicht, erscheint zwischen 1990 und 2010 lediglich ein weiterer Titel *Lieber weißer Vogel: eine Liebesgeschichte aus Mikilenburg* (1996), mit dem er sein künstlerisches Profil fortsetzt. Sein nachwendezeitlicher Integrationsprozess beschränkt sich vorrangig auf die Veröffentlichung von Neuauflagen, die zwischen 1990 und 2010 acht Texte umfassen. Spillner bedauert seine geringen Integrationsbemühungen nicht. Über die Beendigung seiner Vorleseaktivitäten ist er sogar erfreut:

> [...] ich bin jetzt also in den Ruhestand gegangen. Es ist vorbei. Und ich sage es also.. ohne innere Verletzung, ne? Ich sage, ich passe nicht mehr in die Zeit. Ich bin.. zu alt. Und kann und muss das nicht mehr machen.. Ja. Das ist nicht Resignation, sondern Einsicht. (Lachen). (11)

Der Autor begreift das ihm fremd erscheinende Bedingungsfeld als systemkonstitutives Berufsprofil kinder- und jugendliterarischer „Geschäftsleute" (31). „Sie verstehen recht, das ist jetzt also nicht als Klage gesagt. [...] man bekommt ja leicht den Vorwurf larmoyant zu sein und so. Nein. Es ist ganz einfach sachlich" (31). Gegenwärtig widmet sich der Autor primär außerliterarischen Aktivitäten, wie Naturreisen.[95]

---

95   Horst Matthies äußert im Jahr 2006: „Die Kraft zur Verweigerung gehört also auch zu seinen Stärken. Und so verweigert er sich auch, seit er 60 geworden ist, dem Gerangel um die Beachtung durch Redaktionen und Verlage, erfährt sich stattdessen die Welt per Fahrrad oder im Kajak, oder allein oder mit Freunden: Amerika, Neuseeland, Skandinavien, Italien, das Baltikum, auch Sibirien schließlich" (Matthies 2006, o. S.).

6.3 Jutta Schlott

„[...] im Osten kriegt man fast immer eine kleine Blume."

Kurzbiographie

Nach dem Diplomlehrerstudium der Fachrichtung Deutsch-Russisch an der Pädagogischen Hochschule in Güstrow (1965–1969) ist Jutta Schlott (*1944) als Lehrerin,
anschließend als Journalistin bei Tageszeitungen und Rundfunk (Sender Schwerin)
tätig. Ab 1974 arbeitet sie als Bibliothekarin und Dramaturgin des Mecklenburgi-
schen Staatstheaters Schwerin, bis sie ab 1978 als freiberufliche Autorin agiert.
Nach ihrer erfolgreichen Teilnahme am Preisausschreiben zur Förderung der sozialistischen Kinder- und Jugendliteratur tritt der Kinderbuchverlag Berlin mit ihr in
Verbindung. Im Jahr 1981 erscheint ihr erstes Kinderbuch *Der Sonderfall: Eine
Geschichte mit gutem Ende*, eine mit vier Entwicklungsgeschichten ausstaffierte
Erzählsammlung, für die sie den Sally-Bleistift-Preis zur Förderung junger Autoren
erhält. Schlotts Texte sind vorrangig der Problemliteratur zuzuordnen und thematisieren Konflikte von Kindern und Jugendlichen in verschiedenen Lebenszusam-
menhängen: schulische Integration eines lernbehinderten Jungen (*Der Sonderfall*,
1981), familiäre Folgen von Schichtarbeit (*Früh und spät*, 1982), zerstörte Liebe
eines Mädchens zu einem baschkirischem Offiziersjungen (*Roman und Juliane*
1985). Die Herausgabe ihres vierten Titels *Farbenspiele. Das Leben des Malers
Heinrich Vogeler* fällt in das Wendejahr 1989. Nach den politischen Umbruchse-
reignissen dieser Zeit fokussiert Schlott als eine der wenigen DDR-Kinderbuchautoren in *Kalter Mai* (1993) die Folgen des Vereinigungsprozesses. Nachfolgend
konzentriert sie ihre schriftstellerischen Tätigkeiten auf Literatur für Erwachsene:
Ich sah etwas, was du nicht siehst (2000), *Das Liebespaar vom Körnerplatz* (2006),
Spaniens Himmel. Auf den Spuren Picassos: ein Reisetagebuch (2009). Seit 2002 ist
Schlott Leiterin des bundesweiten Arbeitskreises *Literatur um Welt* im Förderverein

für Öffentlichkeitsarbeit im Natur- und Umweltschutz e. V. (Fön), dessen Lesungen, Exkursionen und Tagungen „zeitkritische, zukunftsbesorgte und umweltengagierte Schriftsteller und Publizisten aus ganz Deutschland"[96] versammeln.

Elementare Leitthemen des narrativen Interviews

Im Folgenden werden die zentralen Leitthemen des Interviews identifiziert und mit Hilfe sekundärliterarischer Texte gestützt. Schlott nahm an der von Steffen Peltsch initiierten Autorenumfrage zur Situation ostdeutscher Literaten im Jahr 2001 nicht teil, weshalb die informative Ergänzung auf einer eher geringen Anzahl von nach 1989/1990 veröffentlichten Quellen basiert.[97] Druckgenehmigungsakten des Bundesarchivs Berlin sowie primärliterarische Textsequenzen dienen auch hier der Vervollständigung und Veranschaulichung. Der Fokus der nachfolgenden Fallanalyse liegt auf drei grundlegenden Leitthemen:

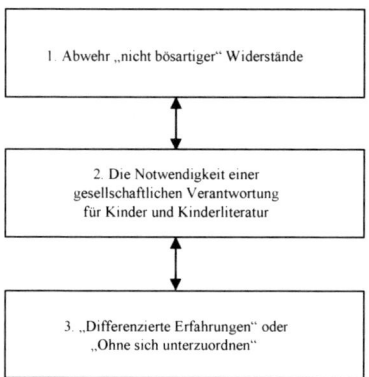

Tabelle 12: Leitthemen Jutta Schlott

96   Vgl.: http://www.foenwelt.de/0321e299e20d03109/index.html (1.12.2010).
97   Auf folgende Beiträge der Sekundärliteratur wird zurückgegriffen:
      1. Oy, M.: Interview mit Jutta Schlott, in: Weimarer Beiträge – Zeitschrift für Literaturwissenschaft, Ästhetik und Kulturtheorie 33, H. 8, 1987, S. 1306–1312.
      2. Panitz, E.: Weg und Thema. Eberhard Panitz im Gespräch mit Jutta Schlott, in: Neue Deutsche Literatur 28, H. 2, 1980, S. 135–140.
      3. Raecke-Hauswedell, R.: Aufrechter Gang, in: Börsenblatt, H. 71, 1990, S. 2628–2629.
      4. Rodrian, F.: Für den Tag geschrieben, Berlin: Kinderbuchverlag 1985, S. 182–186.
      5. Schlott, J.: Spaniens Himmel: ein Reisetagebuch auf den Spuren Picassos, Schweinfurt: Wiesenburg 2009.
      6. Schriftstellerverband der DDR (Hg.): VIII. Schriftstellerkongreß der Deutschen Demokratischen Republik. 29.-31. Mai 1978. Rede und Diskussion, Berlin/Weimar: Aufbau 1979.

6.3.1 Leitthema: Abwehr „nicht bösartiger" Widerstände

> **Motto**
>
> „Und. ich. habe. jedes Manuskript, wenn
> auch oft erst nach Jahren, gegen
> Widerstände zur Veröffentlichung
> bringen können." (33)

Bedingungsfeld: Literatur, Persönlichkeit und Verlagsanbindung

Ein zentrales Leitthema der Autorin ist die Erfahrung mit literarischen Frei-
räumen innerhalb des KJL-Systems der DDR und infolgedessen die Veröffentlichung der thematisch brisanten Titel *Der Sonderfall* (1981) und *Roman und
Juliane* (1985). In der titelgebenden Entwicklungsgeschichte des Erzählbands
Der Sonderfall (1980) entfaltet sich der Konflikt an der Frage, ob ein geistig
zurückgebliebener Junge in ein Sonderschulinternat für Kinder mit Behinde-
rungen verwiesen werden soll oder aber eine Integration in die Regelschule als
sinnvolleres Konzept gelten kann oder muss. Siegfrieds Umgebung reagiert
auf ihn verunsichert und abweisend: Die Klassenkameraden scheinen unfähig
im Umgang mit seiner Andersartigkeit. Die neue Lehrerin bringt der schwachen Leistung und der allgemein schwierigen Situation des Jungen wenig Verständnis entgegen. Vehement setzt sich diese für seinen Schulwechsel ein:

> Die neue Lehrerin war nicht so geduldig wie die aus Siegfrieds erstem Schuljahr. Sie herrschte
> ihn oft an, er solle sich beeilen und ob er sich nicht schäme, stets und ständig der letzte zu
> sein. Auch den Eltern gegenüber war die Lehrerin ungehalten. Siegfried verderbe den Klas-
> sendurchschnitt. (*Der Sonderfall* 1982, 2.Aufl., 87 f.)

Auch Siegfrieds Eltern müssen einen adäquaten Umgang mit den Schwächen
ihres Sohnes erst lernen. Mit Hilfe des Schuldirektors und Klassenlehrers gelingt
es ihnen, den geplanten Schulwechsel zu unterbinden.

Auch in ihrer Erzählung *Roman und Juliane* (In: *Roman und Juliane* 1985)
widmet sich Schlott einem problemhaltigen Stoff. In der Retrospektive erinnert sich die Heldin an ihre gescheiterte Liebe zu einem sowjetischen Offiziersjungen. Handlungsstruktur und Titel offenbaren einen intertextuellen
Bezug auf Shakespeares klassische Tragödie *Romeo und Julia*. Julias Vater
ist den Offiziersfamilien der Neubausiedlung wohl gesonnen, doch lehnt er
das Verhältnis seiner Tochter entrüstet ab. Auch der Vater des Jungen unter-
sagt diesem jeglichen Kontakt. Das kurze Verhältnis scheitert endgültig, als
Roman und seine Familie die Siedlung verlassen. Dass die Familie wegen

unerlaubter Kontakte versetzt wurde, scheint eine folgerichtige Interpretation. Als dem Mädchen bewusst wird, sie werde Roman nicht wieder sehen, bricht sie zusammen:

,Roman', flüsterte sie entsetzt. Sie glitt auf den Boden, ihre Finger griffen in die feuchte Erde, dann regte sie sich nicht mehr. Sie wusste nicht, ob sie Stunden oder Minuten so gelegen hatte, als die Eltern kamen und sie aufhoben. Sie nahmen sie in die Mitte und trugen sie fast. (*Roman und Juliane* 1985, 106)

Im Rahmen ihrer kinder- und jugendliterarischen Bearbeitung konfliktärer Stoffe greift sie auf gesellschaftsrelevante Problemstellungen zurück, ohne außergewöhnlich brisante Tabuthemen brechen oder einen politischen Eklat inszenieren zu wollen. Diese Auffälligkeit lässt sich auch auf ihr Verhalten innerhalb des Handlungssystems Literatur übertragen. Schlott ist keine renitente Person, die einen politisch öffentlichen Skandal als erstrebenswert erachtet. Dennoch steht sie für Offenheit und Kritik. Auf dem VIII. Schriftstellerkongress 1978 betont sie:

Zehn Jahre in diesem Land, in verschiedenen Berufen und Funktionen, an verschiedenen Orten, mit sehr unterschiedlichen Leuten haben mich belehrt, daß schon jetzt bei uns reichere Möglichkeiten für ein eigenes, großes und unverwechselbares Leben realisierbar sind, als es oberflächliche Sozialismus-Betrachtung uns manchmal weismachen will. Diese Erfahrung ermutigt mich, mich weiter schreibend und streitend zu äußern. (Schriftstellerverband 1979, 218 f.)

Auch Rodrian (1985, 182 f.) verweist auf Schlotts Geradlinigkeit:

Mit Jutta Schlott saß ich kürzlich in einem Berliner Restaurant der gehobenen Mittelklasse, dem Ermeler-Haus, zusammen. Bemerkenswert freundliche, leise, rasche Kellner. Es kam das Essen, und ich fragte, so wie man fragt: »Wie geht es dir?« – Ich fragte: »Schmeckt es dir?« Und sie sagte, dies mit Mecklenburger Klangfärbung: »Ja, nun wirklich nicht sehr.« Selbst das war freundlich, denn das Essen schmeckte miserabel. Gutes Fleisch, aber misshandelt, lasch, ungewürzt. Der Koch vertraute offenbar dem Salzstreuer, der brav und sehr notwendig auf dem Tisch stand. Mir scheint, daß diese kleine, für sich kaum notierenswerte Begebenheit bezeichnend ist für die junge Frau, diese noch wenig gedruckte Schriftstellerin. Sie ist auf eine elementare Weise ehrlich, oder sie ist zu natürlich zur kleinen Taktik, oder sie ist zu bequem zur höflichen Floskel.

Exemplarisch spiegelt die Begegnung zwischen Rodrian und Schlott das symptomatische Verhaltensmuster der Autorin wider. Auch Rodrian verweist auf ihre Aufrichtigkeit, als eines ihrer kennzeichnenden Charaktermerkmale.

Weitere intervenierende Bedingungen ergeben sich zum einen daraus, dass Schlotts Werke zu einer Zeit erscheinen, in der die Strukturen des KJL-Systems weitaus weniger rigide ausgerichtet sind als beispielsweise in den 1950er und 1960er Jahren. Zum anderen ist Schlott dem Kinderbuchverlag Berlin gegenüber positiv eingestellt und weist diesem eine unterstützende Rolle zu: „und dann hat mich gleich der Kinderbuchverlag, [...] die Lektorin Hilga Cwojdrak, sozusagen mich in die Arme genommen" (2). Weiter führt sie fort: „wurde auch *nachgefragt* – ich hatte ja damals drei kleine Kinder – ob ich mal einen Arbeitsaufenthalt brauche und mal raus muss und so" (3). Das als vertrauensvoll und hilfsbereit wahrgenommene Verhältnis beruht auf der Anerkennung des als qualitativ hochwertig empfundenen Verlagsprofils, des als vielseitig wahrgenommenen Verlagsprogramms sowie der bewussten Einbindung renommierter Autoren der Erwachsenenliteratur oder der Fachkompetenz des Lektorats. Aufgrund der förderlichen Verlagsbindung bergen selbst interne Auseinandersetzungen nicht die Risiken eines Vertragsbruchs oder weit reichender Sanktionen. „[...] man hatte ein Zuhause im Kinderbuchverlag" (14). Bereits 1987 bewertet die Autorin ihre Arbeitssituation ausgesprochen positiv:

> Meine Bücher werden gekauft und gelesen – also habe ich keine Veranlassung zur Klage. Meine finanziellen Umstände empfinde ich als gut, da meine Einkünfte nicht nur für das tägliche Brot reichen, sondern auch für Bücher, Wein und kleine Extras. Den „Luxus" mich längere Zeit umzusehen, aufzunehmen und in mich hineinzuhorchen, vielleicht ein, zwei Jahre – kann ich mir noch nicht leisten, wohl aber Urlaubs- und Ruhepausen. Im übrigen bin ich dankbar, daß mir von Verlagen, von Funk und Film Arbeitsangebote gemacht werden. Es könnte ja auch anders sein. (Oy 1987, 1311)

Interaktionen und Handlungsstrategien: Friktionsflächen und Gegenreaktionen – Der Sonderfall (1981) und Roman und Juliane (1985)

Konfliktträchtige Kontroversen entstehen zum einen innerhalb des Kinderbuchverlags Berlin, zum anderen innerhalb des gesamten literarischen und pädagogischen Umfelds. So erzeugt die Veröffentlichung ihres Erstlingswerks *Der Sonderfall* (1981) einen öffentlichen Disput, weil sie mit dem Motiv *Integration eines Außenseiters* ein zu dieser Zeit aktuelles bildungspolitisches Konzept tangiert: die Behindertenpädagogik. Auf dem IX. Parteitag der DDR im Jahr 1976 erfolgte der Beschluss, bis 1980 stärker als bisher in das Sonderschulwesen zu investieren, was unter anderem die Erweiterung von Internatsschulen vorsieht. Im UNO-Jahr 1979 riefen die Vereinten Nationen das Internationale Jahr des Kindes aus, im Jahr 1981 das Internationale Jahr der Behinderten.

   In ihrer Erzählung entwirft die Autorin nicht nur das Modell des gemeinsamen Lernens von behinderten und nicht-behinderten Kindern, sondern auch ein zum Teil abschreckendes Bild der Sonderschulen:

> Sie [die Eltern] waren beeindruckt von der Geduld, der Freundlichkeit der Lehrer, und sie waren erschrocken über Aussehen und Gebaren vieler der Kinder dort. Unförmige, plumpe Gestalten, schwer beweglich. Der leere Ausblick mancher Augen, als sähen sie nichts oder durch alles hindurch. Halb geöffnete Münder, in deren Winkeln sich der Speichel sammelte und in dünnen Fäden über das Kinn troff. Dazwischen Gesichtchen wie Milch und Blut, fein gezeichnet und von seidigem Haar umrahmt. Aber die anderen. (*Der Sonderfall* 1982, 2. Aufl., 93)

Schlott hebt hervor: „Gegen den Text gab es viele Bedenken. Und zwar nicht wegen der Geschichte, aber das wurde als Angriff auf die Volksbildung, auf die DDR-Bildung, genommen" (20). Indessen führt Schlott die Kontroverse nicht gezielt herbei. Die bildungspolitische Bedeutsamkeit des Textes wird ihr erst im Anschluss an die Veröffentlichung bewusst. „Dass ich das damit beschrieben habe, war mir damals gar nicht klar" (31).

Auch die direkte Veröffentlichung der Werke *Der Sonderfall* (1981) und *Roman und Juliane* (1985) im Kinderbuchverlag Berlin steht in einem Spannungsfeld unterschiedlicher Interessenslagen. Schlott beschreibt die Verlagsbeziehung als „fast immer sehr konfliktreich" (33) bzw. als „manchmal [...] sehr spannungsreiches und [...] widerborstiges" (14) Verhältnis. Während das Manuskript *Der Sonderfall* (1981) „bei diesen Gutachtern [Außengutachtern] auf Widerstand" (32) stößt, kommt es vor allem hinsichtlich des Manuskripts *Roman und Juliane* (1985) zu einer starken Auseinandersetzung und einem auffallend langwierigen Entstehungsprozess von sieben Jahren. Schlott deutet dies wie folgt: „Also es ist im Verlag liegen geblieben, weil das Lektorat Angst hatte, sich missliebig zu machen oder wie auch immer" (20). Entgegen der offiziellen Verbrüderungsrhetorik der DDR und der Sowjetunion zeigt Schlott die gegenseitige Ablehnung bzw. Intoleranz der Familienväter Romans und Julianes auf. „Das war auch der Haupteinwand. Ich stelle zwei feindliche Lager gegenüber" (9).

Der literarische Entwicklungsprozess umfasst ebenso eine pädagogische Auseinandersetzung mit Fred Rodrian, der sich an der tragischen Schlussgestaltung des Manuskripts stört. In der ersten Fassung hebt die Autorin einmal mehr den intertextuellen Bezug zu Shakespeares Tragödie *Romeo und Julia* hervor. Nachdem das Mädchen Juliane die letztmögliche Verabredung verspätet erreicht und ihren Geliebten verfehlt, bricht sie zusammen. In Anlehnung an die weltliterarische Liebesgeschichte entstehen deutliche Konnotationen des Todes. Schlott resümiert: „Und dann haben sie gesagt: ‚Aber mit dem Schluss.' Der Fred Rodrian, der ja wirklich die Kinder geliebt hat, der Verlagsleiter, sagte: ‚Man kann die Kinder nicht entlassen mit so einem *Desaster*'" (9).

Zur Verteidigung ihrer literarischen Ansprüche gegen systeminterne Widerstände geht Schlott beharrlich und eigeninitiativ vor. Dabei weist sie der Durchsetzung ihrer literarischen Intention prioritären Status zu: „*Und* ich bin beim Schreiben zuerst der <u>Geschichte</u> verpflichtet, also meiner <u>literarischen</u> Geschichte verpflichtet. Und <u>dann</u> allem anderen" (33). Im Falle einer Stagnierung des gesamten Veröffentlichungsprozesses hält sie an ihrer persönlichen Zielsetzung fest und sucht aktiv nach alternativen Möglichkeiten. „Ich habe keinerlei Lust mich irgendwelchen Bedingungen unterzuordnen. Also was in der Geschichte vorkommen darf und was nicht. Das habe ich zu DDR-Zeiten nicht gemacht, dann <u>hat es</u> eben gelegen" (19). Eine ihrer zentralen Ausweichstrategien ist ihre Tätigkeit beim Hörfunk. „Da ging viel durch" (29). Als im Verlag Neues Leben analog der verzögerten Veröffentlichung des Manuskripts *Roman und Juliane* (1985) ein Text mit stark ähnelndem Plot der Autorin Christa Müller erscheinen soll, konzentriert sich ihr aktives Verhalten auf Gegenwehr. Sie kontaktiert den stellvertretenden Minister für Kultur Klaus Höpcke und erhält die für sie unerwartete Information, das Manuskript habe die Druckgenehmigungsbehörde bis dato nicht erreicht. Schlott reagiert offensiv: „Und dann habe ich im Kinderbuchverlag gesagt: ‚Also Christa Müllers Geschichte wird jetzt veröffentlicht', übrigens im Neuen Leben, und dann kleckert ihr hinterher und meine Geschichte liegt schon *so* lange in der Schublade'" (9). Auch innerhalb der pädagogischen Fachöffentlichkeit verteidigt sie die Brisanz ihres literarischen Werks:

> Und da musste ich mich manchmal zur Wehr setzen und sagen, es geht nicht um ein System von Sonderschulen, sondern es geht um ein Kind und in diesem Fall um diesen Jungen, der es in seiner Schule besser hat, höchstwahrscheinlich, als woanders. (31)

Weil sich die erfahrenen Interventionen und Kontroversen gegen die literarische Zielsetzung der Autorin richten, zeigt sich ihre Reaktion von besonders beharrlicher Art. Besteht ein nur geringer Konnex zwischen äußerer Barriere und literarischer Zielsetzung, relativiert sich dementsprechend auch die jeweilige Handlungsstrategie. In dieser Hinsicht gibt sie auch dem wirkungsästhetischen Einwand Fred Rodrians nach, die Schlussgestaltung des Manuskripts *Roman und Juliane* (1985) abzuschwächen: Schlott lässt die Ich-Erzählerin Juliane retrospektiv berichten und grenzt sich damit von der Tragödie Shakespeares ab. „Und wenn ich das aus heutiger Sicht betrachte, ist es o. k. Also es muss nicht in die Katastrophe gehen" (10).

Konsequenzen: Strukturen und Aktanten

Schlotts Sichtweise auf zensorische Beschränkungen des KJL-Systems der DDR richtet sich gegen die häufig verbreitete Meinung der Öffentlichkeit oder auch der Fachwissenschaft, Autoren wären im Falle von Konfliktsituationen rigiden und dogmatischen Anordnungen ausgesetzt gewesen. „Also man saß nicht wie das Kaninchen vor der Schlange und alle anderen waren die *Bösen*. Nein. Man hatte immer auch Fürsprecher" (33). Ihre Definition grenzt sich von der Deutung des Zensursystems als starres, unbewegliches Gefüge ab und verweist auf die Rolle der in den Strukturen agierenden Aktanten. Schlott verdeutlicht ihre Auffassung durch eine Erfahrung, die auf ihre umstrittene Erzählsammlung *Der Sonderfall* (1981) referiert: Obwohl das Manuskript viele Bedenken hervorruft, befürwortet es die zuständige Außengutachterin im Ministerium für Volksbildung, Abtei-

lung Sonderschulwesen, ohne Umstände. Grund für ihre Reaktion ist die frühere
Bekanntschaft zu Schlott:

> Das Manuskript landete auf dem Tisch. Und die Regina Bohn hat gesagt: ‚Das ist o. k. Die
> kenne ich‘, (Lachen*), ‚das könnt ihr machen.‘ (*) Ja? Also es gab schon <u>absurde</u> Sachen. Das
> war die Zensur. (21)

Um den ihrer Ansicht nach eher nonchalanten Umgang mit zensorischen
Beschränkungsmaßnahmen bekräftigen zu können, verweist Schlott auf die
umgangssprachliche, im Autorenkreis allgemein bekannte Substitution der offiziellen Bezeichnung „Außengutachter" durch den Begriff „Bösachter". Schlott
begreift die von außen gesteuerte Beeinflussung der Veröffentlichung eines
Manuskripts als normales Wechselspiel zwischen Affirmation und Ablehnung
entscheidungsbefugter Personen: „Es kam nur darauf an, wer sich <u>durchsetzt</u>.
Und das halte ich für einen normalen Vorgang" (33). Schlott versteht sich nicht
als Systemopfer, sondern betont die vertraute Bindung untereinander, aus der ein
gemeinsamer, konstruktiver Schaffensprozess hervorging: „Solche Auseinandersetzungen fanden zwischen Menschen statt, die auf andere Weise miteinander befreundet waren" (22). Schlott ist Teil des Systems, das ihr Vorteile bietet
(z. B. eine einfache, aber finanziell gesicherte Lebenssituation), dessen ideolo-
gisches Weltbild sie teilt und in dem sie sich frei von der Befürchtung massiver
Sanktionen bewegen kann.

Die Konstitution des KJL-Systems der DDR ruft Konfrontationen und Kontroversen hervor, gewährt Schlott jedoch zugleich auch die Möglichkeit, sich literarisch verwirklichen zu können. Rückblickend reflektiert sie: „Und manchmal
denke ich, ach guck mal, was das Mädel da so mit Ende 20 geschrieben hat. Finde
ich auch. in Ordnung. Bin ich sozusagen einverstanden mit mir" (25).

6.3.2 Leitthema: Die Notwendigkeit einer gesellschaftlichen Verantwortung für Kinder und Kinderliteratur

---

Motto

„‚Ich habe eine starke Abneigung
dagegen, <u>irgendetwas</u> <u>irgendeinem</u>
Verständnis anzupassen. Die Erfahrung
zeigte immer wieder, dass Kinder das,
was zu verstehen sich einigermaßen
lohnt, ganz gut verstehen. Ebenso wie
Erwachsene. Und es lohnt sich für sie
ungefähr dasselbe.‘ Bertolt Brecht." (24)

Bedingungsfeld: Einheit von Kind- und Erwachsenenwelt

In Anlehnung an das marxistisch-leninistische Verständnis einer Einheit von
Kind- und Erwachsenenwelt, lehnt es Schlott ab, junge Menschen von gesellschaftlichen Problemen fernzuhalten. Die Autorin erklärt eine Sentenz des Dra-
matikers und Lyrikers Bertolt Brecht (Finnland 1940) zu ihrem persönlichen
Credo:

> ‚Ich habe eine starke Abneigung dagegen, <u>irgendetwas</u> <u>irgendeinem</u> Verständnis anzupassen.
> Die Erfahrung zeigte immer wieder, daß Kinder das, was zu verstehen sich einigermaßen
> lohnt, ganz gut verstehen. Ebenso wie Erwachsene. Und es lohnt sich für sie ungefähr das-
> selbe.' Bertolt Brecht. Finnland 1940. (25)

Die „partnerschaftlich[e]" (14) Haltung betrachtet Schlott als zentrales Merkmal
der DDR-KJL. Ihrer Auffassung nach ein Beleg dafür, dass die KJL als ernst zu
nehmender Gegenstand angesehen war. Schlotts Sichtweise stimmt mit dieser
allgemein propagierten Zielvorstellung von KJL überein, die sie auch in den
Handlungen und Sichtweisen renommierter Kinder- und Jugendbuchautoren oder
wichtigen Mitgliedern des Kinderbuchverlags bestätigt sieht: „Und Fred Rodrian
und seine Mannschaft haben sich ja bemüht, alle guten DDR-Autoren auch für
Kinder- und Jugendbücher zu gewinnen" (23).

Interaktionen und Handlungsstrategien: Problemorientierte KJL

Fred Rodrian motiviert die Autorin bereits frühzeitig, sich analog ihres Erstlingswerks *Der Sonderfall* (1981) auf problemorientierte Stoffe zu konzentrieren. Die
Erzählsammlung *Der Sonderfall* (1981) enthält einzelne Schülerbiografien, die aus
ihrer Zeit als Lehrerin stammen und anhand derer sie ihre Abneigung gegen doktrinäre Schulstrukturen deutlich macht. „Die Zwänge – äußere und innere –, in
die der Schulbetrieb Kinder bringt, widerstrebten mir vehement" (Oy 1987, 1309).
Konflikte in der sozialistischen Gesellschaft werden zum Leitthema ihrer Werke,
das sowohl als Ausdruck ihres politischen Verständnisses als auch als Zeugnis
ihrer grundlegenden Ambition gelten kann, sich kinderliterarisch „streitend [...]
äußern" (Schriftstellerverband 1979, 218 f.) zu wollen. In ihrem Titel *Roman und
Juliane* (1985) greift sie das oftmals belastete Verhältnis zu den in der DDR leben-
den sowjetischen Streitkräften und deren Familien auf und thematisiert damit
ihre persönlichen Erfahrungen. In dem Schweriner Neubaugebiet Großer Dreesch
nimmt sie die bestehenden Missstände augenscheinlich wahr:

> [...] die Kinder wurden <u>beschimpft</u> und auf dem Spielplatz mit Steinen beschmissen. Also das
> war/ konnte man schon unter Rassismus verbuchen. Und sozusagen aus Protest dagegen habe
> ich diese Liebesgeschichte erfunden. (8)

In ihren Werken bearbeitet und kommentiert die Autorin gesellschaftspolitisch relevante Gegenwartsstoffe, die eng mit ihren eigenen Erfahrungen verbunden sind. Im Jahr 1987 reflektiert sie:

> Gesellschaftliches Leben ist für mich das, was offen und öffentlich verborgen und verdeckt jeden Tag für jeden in diesem Land und in anderen vor sich geht. Meine Haltung dazu bringe ich durch die Art meines Denkens, durch die Eigenart, Erlebnisse zu verarbeiten, in jede literarische Äußerung ein. Die Begegnung mit Menschen, ihr Alltag in Beruf und Familie, in Denken und Sein, fließt für mich in Geschichten zusammen. Eigene und andere Erfahrungen, Sehnsüchte, Niederlagen, Enttäuschungen und Hoffnungen versuche ich in ihnen aufzuheben. (Oy 1987, 1310)

Nachdem Schlott eine journalistische Reportage über ein Lederwerk durchführt, veröffentlicht sie die kinderliterarische Familienerzählung *Früh und Spät* (1984), in welcher sie die familiären Auswirkungen der Schichtarbeit schildert. „Und das waren hauptsächlich Frauen, die da gearbeitet haben" (2). Das literarische Profil der Autorin ist nicht Resultat einer realsozialistischen Reglementierung, sondern Verwirklichung ihres schriftstellerischen Anspruchs und Interesses. 1987 formuliert sie in einem Interview: „Ja, ich bin ein politischer Mensch. Was, wenn nicht das starke Empfinden für den veränderungswürdigen Zustand der Welt, sollte jemanden zur Kunst treiben!" (Oy 1987, 1309). Im Jahr 1990 erklärt sie: „Literatur kann zu tolerantem Verhalten ermutigen und dazu, eigenständig zu denken […]," bzw. „zu Haltungen ermutigen, Entwicklungen offen legen, auf Gefahren aufmerksam machen" (Raecke-Hauswedell 1990, 2629). Indem sie in *Kalter Mai* (1993), als eine der wenigen DDR-Kinder- Jugendbuchautoren, die gesellschaftlichen Folgen der Nachwendezeit zum Thema macht, behält sie auch im bundesdeutschen KJL-System ihren kritischen Stil bei. In *Kalter Mai* (1993) thematisiert sie zum einen die Probleme eines gewöhnlichen Teenagerdaseins der im Herbst 1989 sechzehnjährigen Protagonistin Katharina – erste Liebe, Alkoholgenuss –, zum anderen dessen Überschattung durch die Ereignisse der Wende: gebrochene Freundschaft, Einsamkeit, Fremdheit. Arbeitslosigkeit, beruflicher Abstieg und Perspektivlosigkeit der Eltern offenbaren ihre bedrückende Auswirkung auf das seelische Gleichgewicht des Mädchens. Mit betont kritischer Akzentsetzung zeigt Schlott die ostdeutsche Jugend der Nachwendejahre auf. Die familiären Strukturen bieten keinen Halt, sondern stellen eine zusätzliche Belastung dar, die sich nicht nur in materiellen Verlusten, sondern auch in zerstörten Identitäten widerspiegelt: Demonstrativ schonungslos lässt Schlott am Ende der Handlung die Familie eines befreundeten Jungen an ihrer ‚Stasivergangenheit' scheitern. Vergangenheit und Gegenwart sind nicht kompatibel, die Mutter begeht Selbstmord:

> Im obersten Stockwerk löste sich etwas von der Balustrade, etwas Schweres, das schnell nach unten fiel. Smaragdgrüner Stoff leuchtete, golden durchsetzt, in der Morgensonne auf.

»Maaaa…«, quälte sich ein gellender Laut aus der Kehle des Jungen. Katharina riß seinen Kopf an ihre Schulter. So standen sie. Sekunden oder Stunden. In dem Kopf des Mädchens verselbstständigte sich der Satz: Eine Gesellschaft von Freunden. (Kalter Mai 1993, 183 f.)

„Eine Gesellschaft von Freunden" lautet eine ironische Sentenz des Textes, die aufgrund der mehrfachen Wiederholung an Ernsthaftigkeit gewinnt.

Was die *jungen* Leute im Osten am meisten beschäftigt hat, war, glaube ich, die Situation der Eltern. […] Und ich glaube, viele Kinder oder junge Leute haben sich damals Sorgen um ihre., ja ich glaube zu 80 Prozent arbeitslosen, Eltern gemacht. (28)

Analog gilt auch Schlotts grundlegende Auffassung über die kindliche und erwachsene Lebenswelt als Einheit, als kennzeichnendes Merkmal ihres schriftstellerischen Profils. Diese Einstellung zeigt sich unter anderem auch an ihrer Neigung zu partiell schockierenden Schlussgestaltungen ohne Problemlösungsangebot:

Also, das ist jetzt sehr grob aber… wenn es etwas zu erzählen gibt in der Literatur, sind es ja Konflikte, also für mich. Und.. Konflikte müssen ausgetragen werden. Und sie gehen durchaus nicht immer. gut aus. Also ich halte das für. für ganz normal. Einer gescheiterten Ehe kann man kein gutes Ende anhängen. (17)

Im Jahr 1987 betont sie: „Für mein Selbstverständnis schreibe ich weder Frauen- noch Kinder- noch Männerbücher" (vgl. Oy 1987, 1306).

Konsequenzen: Literarische Selbstverwirklichung und neue Verhältnisse

Die ideologische Weltanschauung der Autorin, ihre gelungene Integration in das KJL-System der DDR und die Möglichkeit der literarischen Selbstverwirklichung gehen konform. Schlott wird als anerkanntes Mitglied der Kinderbuchgemeinschaft gefördert und erzielt einen renommierten Autorenstatus. Auch ihr einziges auf dem bundesdeutschen Kinder- und Jugendbuchmarkt veröffentlichtes Werk *Kalter Mai* (1993) entspricht ihren literarischen Ambitionen, indem es einen konfliktträchtigen Stoff und kritischen Duktus aufweist. Dennoch liegt keine Identifikation mit den Strukturen des KJL-Systems bzw. der KJL vor, widerspricht doch beispielsweise die verbreitete – tendenziell negative – Auffassung von Problemliteratur[98] und die allgemeine Vermeidung eines partnerschaftlichen Verhältnisses zwischen Kind und Erwachsenem ihren eigentlichen literarischen Ansprüchen:

---

98 Im Jahr 2006 stellt Hans-Heino Ewers heraus: „In einzelnen Bereichen der Literaturkritik wie auch des Verlagswesens haben sich seit gut einem Jahrzehnt die Bezeichnungen „Problembuch", „problemorientierte Kinder- und Jugendliteratur" oder „Problemliteratur" zu regelrechten Schimpfwörtern entwickelt" (Ewers 2006, 1).

[…] das Gros läuft darauf hinaus, die Kinder sind die Bussi-Bärchen. Und so werden sie behandelt. […]. Äh bei Lesungen kommen junge Mädchen oder so zwischen Kind und Mädchen und fragen, was sie denn lesen sollen. Wenn sie in die Bibliothek kommen, sagt die Bibliothekarin: ‚Da ist die Lila-Ecke, da findest du was für dich'. (14)

Desgleichen bewertet sie den ökonomischen Umgang mit KJL kritisch: „Und mein./ mein ehemaliger Lektor beim Kinderbuchverlag […], jetzt bei einem großen Süddeutschen Verlag, der hat gesagt: ‚Wir machen nicht Literatur […], sondern Bücher. Und Bücher sind Ware.' Punkt" (15). Die veränderte Ausrichtung des KJL-Systems begreift Schlott als tiefe Zäsur: „Und das ist <u>bitter</u>" (14).

6.3.3 „Differenzierte Erfahrungen" oder „Ohne sich unterzuordnen"

Motto
„Und äh ich habe keinerlei Lust mich irgendwelchen Bedingungen unterzuordnen. Das habe ich zu DDR-Zeiten nicht gemacht, dann <u>hat es</u> eben gelegen. Und das mache ich jetzt auch nicht." (19)

Bedingungsfeld: Ausgangsbedingungen der Nachwendezeit

Die Wendeprozesse bedeuten einen klaren Einschnitt in Schlotts berufliche Situation. Konsterniert reagiert sie auf die Aushändigung ihrer Buchrechte durch den Kinderbuchverlag Berlin: „Ich dachte, die produzieren munter weiter und ich werde rausgeschmissen. Wie man das dann so. persönlich nimmt, ne?" (4). Ein zusätzliches, stark negativ empfundenes Erlebnis beruht auf der massenhaften Entsorgung von DDR-Titeln, zu der auch ihre Erstveröffentlichung *Farbenspiele des Lebens des Malers Heinrich Vogler* (1989) zählt: „Also das war eine äh ziemlich <u>bittere</u> Erfahrung. Nicht? Das ist gar nicht mehr richtig in den Buchhandel gekommen; noch hingekommen, aber. dann weggeschmissen worden" (3). Als sie das Angebot des Alibaba-Verlags erhält, ein Buch über junge Menschen der neuen Bundesländer zu schreiben – aus dem im Jahr 1993 ihr Jugendroman *Kalter Mai* hervorgeht – erhält ihre Situation eine positive Wende.

Interaktionen und Handlungsstrategien: Geringe Erfahrungswerte und ablehnendes Verhalten

Schlott berichtet von nur geringfügig bis gar nicht vorhandenen Erfahrungen mit literarischen Interventionsbestrebungen des bundesdeutschen Verlagswesens. Als restriktiv empfindet sie solche an sie herangetragenen Verlagsangebote, in denen sie den ostdeutschen Bezug nicht erkennen lassen soll. „Ich hatte schon Angebote von Verlagen Anfang der 1990er. Aber es durfte nicht zu erkennen sein, dass es Geschichten aus der ehemaligen DDR sind. Oder aus Ostdeutschland" (21). Eine weitere Beschränkung betrifft den Abdruck ihres Titels *Roman und Juliane* in Schulbüchern, in denen einschlägige Textauszüge „sinnentstellt" (24) erscheinen. Deutlich betont Schlott die Einzigartigkeit beider Vorfälle: „aber. mehr auch nicht" (24). Während der Veröffentlichung des Manuskripts *Kalter Mai* (1993) widerfährt ihr keine direkte Lenkung. Die einzig hier verortete Konfrontation basiert auf einer Diskussion über die Substitution des umgangssprachlichen Terminus ‚Plaste' durch die Bezeichnung ‚Plastik': „Aber ansonsten haben sie mir durchaus nicht reingeredet" (24).

Weitere, außerliterarische Grenzbegegnungen beruhen auf einem veränderten Autorenumgang. Während Schlott das Verhältnis zwischen ihr und den Mitarbeitern des Kinderbuchverlags als respektvoll wahrnimmt, sind ihre Erfahrungswerte nach 1989/1990 durch einen finanziellen Betrug gekennzeichnet, sowie durch schlechte Informationspolitik und Zusammenarbeit.[99] Als stark erinnerungsprägend erweist sich ein Besuch der Leipziger Buchmesse, bei dem sie von der Veröffentlichung eines ihrer Werke erfährt, ohne durch den zuständigen Verlag benachrichtigt worden zu sein.

Schlotts Handlungsstrategie bildet sich aus abwehrendem Verhalten: „Und ich habe keinerlei Lust mich irgendwelchen Bedingungen unterzuordnen. Das habe ich zu DDR-Zeiten nicht gemacht [...]. Und das mache ich jetzt auch nicht" (19). Folglich setzt sie ihr Verhaltensmuster auch innerhalb des bun-

---

99 Auch im Bereich der Erwachsenenliteratur widerfahren Schlott ähnliche Situationen. In ihrem Reisebericht *Spaniens Himmel: ein Reisetagebuch auf den Spuren Picassos* (2009) kommentiert sie: „Vor einigen Monaten, im Oktober fragte mein Lektor, der mich Ende der 80er Jahre beim Schreiben der Heinrich-Vogeler-Biographie betreute, jetzt Literatur-Agent, ob ich mir einen biographischen Text über Picasso zutraue. Einer der großen Verlage will eine Biographie-Reihe aufbauen. Das Lektorat verlangt Probeseiten, vor Weihnachten müssen sie abgegeben werden. Ich liefere termingerecht. [...] Die zehn Probeseiten sind eingereicht und ich höre wochenlang – nichts. Weder vom Agenten, noch vom Verlag. Telefonische Nachfragen prallen an Anrufbeantwortern ab, meine Mails bleiben ohne Resonanz. Einstellen! Alles einstellen! Alles zurück! Schreit der Lektor Anfang Februar ins Telefon. Der Verlag hat das Projekt verworfen, weil die Mozartbiographie sich schlecht verkaufte. (Zu Recht, ich kenne sie.) Der Verlag, keiner von den armen, zahlt mir keinen Cent für die Probeseiten, keine Aufwandsentschädigung" (Schlott 2009, 7).

desdeutschen KJL-Systems fort: „Also ich habe keine schlechten Erfahrungen gemacht. Allerdings bin ich da auch absolut rigoros.. Ich diskutiere gar nicht. Wenn nicht, dann eben nein" (24). Weil sie sich nur selten in negative Interaktionen eingebunden sieht und es ihr auch weiterhin möglich ist, solche Eingriffe abzuwehren, die ihre literarische Zielsetzung gefährden, gibt sie sich mit ihrer nachwendezeitlichen Situation im System KJL zufrieden. Die erwünschte Distanzierung zur DDR oder den ‚neuen' Bundesländern lehnt sie konsequent ab: „Na ja und dann. muss ich eben auch Neinchen sagen. [...] Mein Erfahrungsumfeld ist hier" (21). Auch der verlagsinternen Diskussion über die Substituierung des Begriffs ‚Plaste' durch ‚Plastik' tritt sie kompromisslos entgegen. „Und dann habe (ich) gesagt, das spielt im Osten und da sagen sie Plaste und nicht Plastik" (24). Dessen ungeachtet ist der Erfolg ihrer Handlungstaktik nicht gleichermaßen groß, da ihr die Abwehr der „sinnentstellend[en]" (24) Textstellen ihres Titels *Roman und Juliane* in Schulbüchern misslingt:

> Ich habe mich manchmal geärgert oder ärgere mich auch heute noch, man kann sich ja nicht zur Wehr setzen, in den Schulbüchern wird eben veröffentlicht. Ob man zustimmt oder nicht.. Das wird dann eben so beschlossen. Das stammt noch aus der Kirchengesetzgebung (Lachen*) für Katechismus. (*) Ja. (24)

Hinsichtlich des veränderten Autorenumgangs wählt Schlott eine Strategie zurückhaltender Akzeptanz. Den finanziellen Betrug empfindet sie als „sehr unangenehm" (14) und klar systemkonstitutiv: **„Na ja, da haben sie mich beschissen. O. k. Das ist normal"** (5). Ihre Handlungstaktik ist gerade dann passiv ausgerichtet, wenn sie den Erfolg einer Abwehr einschlägiger Interaktionen als nur gering oder unmöglich einschätzt:

> Ich hatte den VS [Verband deutscher Schriftsteller] gebeten, die tatsächlichen Summen zu recherchieren und das haben sie auch gemacht. Und ich habe/ ich habe es sein gelassen. Da ein Prozess anzustrengen oder. / ich habe es aufgegeben. .... (13)

Auch im Rahmen der defizitären Informationspolitik des Verlagswesens äußert sie eine defensive Haltung: „Also. achtloser Umgang. mit Autoren. [...] Man ist Nobody.. Bücher ja, aber keine Autoren" (15). Ähnlich zurückhaltend agiert sie bei der Verweigerung ihrer Buchrechte, was auch auf ihre nur geringe Integrationsmotivation zurückzuführen ist. „Ich hätte mich aber auch gar nicht so richtig *bemüht*" (5). Weiter führt sie fort:

> Die Bücher waren *erschienen* und sie *waren* für die Menschen in der DDR geschrieben. Hauptsächlich, wenn auch nicht ausschließlich. [...] Ach mich interessiert eigentlich immer mehr, was ich gerade mache oder was Neues ist. Ja, also da mit rechtlichen Querelen/ das hat **für mich keine Rolle gespielt...** (5)

Konsequenzen: Sichtweisen und Rückzug aus dem
Handlungssystem KJL

Schlotts Erfahrungen sind unterschiedlich: „Das ist sehr differenziert" (14).
Dabei begreift sie es als „absolute Ausnahme" (21) nur selten mit Lenkungsinter-
ventionen konfrontiert worden zu sein. Eine ganz neue Form der Zensur zeigt
sich ihrer Auffassung nach in der Dominanz des Warencharakters: „Heute ist die
Zensur oder die Zäsur, wie man es immer nennen will: es verkauft sich oder es
verkauft sich nicht" (21). Aus ihrer Abwehr literarischer Interventionen durch das
Verlagswesen resultiert persönliche/literarische Zufriedenheit. Ihre zurückhal-
tende Akzeptanz des veränderten Autorenumgangs äußert sich als Arrangement
mit neu erfahrenen Grenzen.

Die Stagnation ihrer kinder- und jugendliterarischen Integration beruht jedoch
nicht auf der kapitalistischen Systemausrichtung, sondern auf neuen Interessensgebieten, die kinderliterarische Stoffe eher ausschließen. „[...] vielleicht ist das
zufällig mit der Wende zusammengefallen. Aber eher nicht" (19). Schlott erklärt:

> [...] es wachsen einem ja andere Themen zu. Andere Dinge, über die man unbedingt schrei-
> ben möchte. [...] Äh das mit der Erziehung meiner Kinder und meiner Schulkinder, das habe
> ich sozusagen absolviert. Ich darf mich auch irgendwann daraus. entlassen sozusagen.. Und
> ich glaube, das habe ich weitgehend getan. (33)

In der DDR interessierte sich die Autorin für die Aufbereitung kinderliterarischer Themen, weil Kinder immer auch ihre direkte Lebenswelt berührten. Im
Jahr 1980 weist sie darauf hin:

> Das Thema, wie Kinder und Erwachsene zusammenleben, beschäftigt mich von Kindheit an.
> Ich war die Älteste von vielen Geschwistern und habe relativ früh selbst Kinder gehabt, auch
> durch meinen Beruf gehörten Kinder immer zu meinem Leben. Ich kann mir ein Leben ohne
> Kinder nicht vorstellen, also auch keine Literatur ohne sie. (1980, 137)

Gegenwärtig konzentriert sich Schlotts literarische Arbeit auf die Erwachsenliteratur – *Ich sah etwas, was du nicht siehst* (2000), *Das Liebespaar vom Körnerplatz* (2006), *Spaniens Himmel. Auf den Spuren Picassos: ein Reisetagebuch*
(2009) – in der sie weiterhin soziale oder politische Konflikte aufgreift. Überdies
verfügt sie über ein kinderliterarisches Manuskriptfragment, dessen Vollendung
und Veröffentlichung sie intendiert.

Schlotts Rückzug aus dem Handlungs- und Symbolsystem KJL steht im Ein-
klang mit ihren persönlichen Absichten und Neigungen. Bereits im Jahre 1987
weist sie treffend darauf hin: „Ob sie [die Bücher, Anm. d. Verf.] [...] durch das
Sieb der Zeit fallen, beschäftigt mich kaum. Für mich ist die Welt von heute wichtig" (Oy 1987, 1307).

6.4 Peter Abraham

*„Heute geht es nur ums Geschäft. Und so
ne Welt ist mir unangenehm muss ich sagen.
Muss immer sagen, dass mir auch vieles
an der DDR unangenehm war oder ist,
aber ... das sind andere Dinge die mir da
unangenehm sind."*

Kurzbiographie

Peter Abrahams (*1936) Kindheit ist durch Krieg, den Tod seiner Mutter und ein Leben in der Illegalität geprägt. Nach dem Besuch der achtklassigen Volksschule absolviert er zwischen 1950–1953 eine Lehre als Verlagsbuchhändler, an die sich eine zweijährige Tätigkeit im Buchhandel anschließt. Zwischen 1956 und 1960 legt Abraham das Studium der Filmdramaturgie an der Filmhochschule Potsdam-Babelsberg ab, bis 1976 bleibt er als Dramaturg für Gegenwartswerke beim Fernsehfunk der DDR tätig. Im Jahr 1963 erscheint sein erster kinderliterarischer Text *Faulpelzchen* (1963). Seit 1976 ist er als Redakteur, Theaterkritiker, freischaffender Schriftsteller und Drehbuchautor beschäftigt. Sein größter Erfolg widerfährt ihm mit der phantastischen Schulerzählung *Das Schulgespenst* (1978). Bis 1990 veröffentlicht er in den Verlagen Kinderbuchverlag Berlin und Neues Leben 14 Titel für junge Leser und Erwachsene – unter anderem antifaschistische KJL (*Pianke* 1981, *Fünkchen lebt* 1988) –, von denen zahlreiche Titel verfilmt werden (*Das Schulgespenst* 1986, Regie: Rolf Losansky; *Ein Kolumbus auf der Havel* 1978, Regie: Hans Kratzert etc.). Abraham erhält mehrere Prämierungen, wie den Alex-Wedding Preis der Akademie der Künste (1983), die Erich-Weinert-Medaille (1973), den Berlin-Preis (1981) oder den Nationalpreis der DDR (3. Klasse) für Kunst und Kultur (1987). Als Mitglied des Deutschen Schriftstellerverbands (DSV) ist er für den Sektor Kinder- und Jugendliteratur zuständig. Durch den Friedrich-Bödecker-Kreis steht Abraham bereits vor 1989/1990 mit Personen des bundesdeutschen KJL-Systems in regelmäßigem Kontakt. Im Jahr 1990 gründet er den Landesverband Brandenburg des Friedrich-Bödecker-Kreises (FBK). Nach den Umbruchprozessen der Wende verfasst er zehn weitere Titel für Kinder, wie

Carolas Flucht nach Denkdirwas (1997), *Das Schulgespenst und die Superdetektive* (2003), *Das Schulgespenst tierisch in Fahrt* (2005). Zahlreiche Neuauflagen ehemaliger DDR-Ausgaben erscheinen. Abraham gehört einer kleinen Gruppe von DDR-Kinder- und Jugendbuchautoren an, deren literarische Entwicklung sich nach 1990 verhältnismäßig stabil bzw. erfolgreich fortsetzt.

Leitthemen des narrativen Interviews

Die zentralen Leitthemen Peter Abrahams umfassen vier Schwerpunkte[100]:

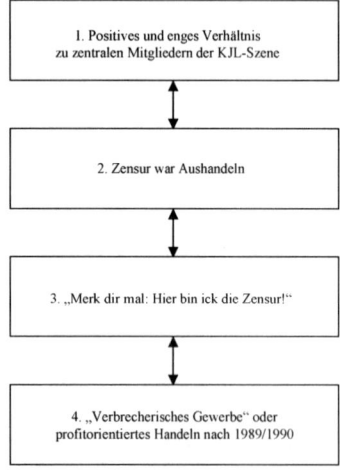

Tabelle 13: Leitthemen Peter Abraham

---

100 Die nachfolgende Fallanalyse erfolgt in Einbindung der folgenden sekundärliterarischen Beiträge:
1. Abraham, P.: Geständnis. In: Beiträge zur Kinder- und Jugendliteratur, H. 37, 1975, S. 7–8.
2. Abraham, P.: So wurde Frieden – ein Motto. Beitrag bei der theoretischen Konferenz des Schriftstellerverbandes der DDR: So wurde Frieden – der 40. Jahrestag der Befreiung vom Hitlerfaschismus und die Kinder- und Jugendliteratur der DDR, in: Kinderliteratur-Report 7, H. 1, 1985, S. 9–16.
3. Abraham, P.; Griebner, R.; Herkula, B. et al.: Autoren und Autorinnen der DDR zu dem, was war, was ist und zu dem, was werden könnte... In: Kinder- Bücher- Medien, H. 35/36 (1990), S. 6–12.
4. Abraham, P.: Brief vom 19. April 1993, in: Fragebogen Zensur, hg. von R. Zipser, Leipzig: Reclam 1995, S.43.
5. Peltsch, S.: „Wie vom Regen in die Traufe gekommen...". Ostdeutsche Antworten auf eine Autorenumfrage, in: Wende-Punkte. Zur Situation der Literatur und der Literaten in den neuen Bundesländern, hg. von S. Peltsch, Weinheim: Juventa 2001, S. 48–49.
6. Schriftstellerverband der DDR: X. Schriftstellerkongreß der Deutschen Demokratischen Republik. 24.-26. November 1987. Plenum, Berlin/Weimar: Aufbau 1988, S. 212–219.

6.4.1 Leitthema: Positives und enges Verhältnis zu zentralen Mitgliedern des Systems KJL

> **Motto**
>
> „Ja das war natürlich ein
> viel freundlicheres Verhältnis was man hatte,
> nicht?" (14)

Bedingungsfeld: Politische Haltung

Abraham negiert die seiner Auffassung nach defizitäre Umsetzung des realsozialistischen Gesellschaftsmodells, nicht aber die weltanschauliche Konzeption des Sozialismus. „[…] also ich bin ein <u>Linker</u> und ich bin einer, der eigentlich immer den Sozialismus <u>richtig</u> fand. Ich fand bloß nicht, wie er gemacht wird, richtig, ja" (44). Konsequent verteidigt er das DDR-System gegen stereotype Erklärungsmuster: „Also <u>so</u> schlimm, wie es geschildert wird, ist es nicht gewesen, nicht? Es war vieles <u>nicht</u> in Ordnung, das muss man ja leider sagen. Und äh/ es hat aber auch immer mehr nachgelassen, nicht?" (26). Als nicht weniger ausschlaggebende intervenierende Bedingung lässt sich das literarische Profil des Autors anfügen, das vor allem durch Ideenreichtum und Komik, nicht aber durch politischen Protest besticht: „Ich kriege es ja nie fertig mal ernsthaft zu bleiben" (14). Aufgrund seiner erzählfreudigen und humorvollen Art ist Abraham ein kommunikativer Charakter zuzuweisen, den auch Fred Rodrian im Jahr 1985 akzentuiert:

> Leute mit Humor sind relativ selten. Es sind gewiss nicht die, die jede Gelegenheit nutzen, um sich vor Lachen auf die Schenkel zu schlagen. Abrahams Humor ist mehr leise als laut, wenngleich der Autor auf den Gag nicht verzichtet. (Rodrian 1985, 168).

Interaktionen, Handlungsstrategien, Konsequenzen: Affirmative, aktive und erfolgreiche Systemintegration

Peter Abraham kann seine innerhalb des KJL-Systems der DDR bestehende Arbeitssituation ausdrücklich bejahen. Im Jahr 2001 begründet er seinen dortigen Erfolg unter anderem mit der nur schwachen Produktkonkurrenz: „In dieser Situation stellt unsereiner noch was dar" (Peltsch 2001, 48). Seine Arbeitssituation wird sowohl durch ein faires, engagiertes Auftreten als auch durch eine gezielte Förderung des Kinderbuchverlags positiv bedingt. Abraham kann auf eine feste Verlagsanbindung zurückblicken, die ihm zum einen eine finanziell gesicherte Situation, zum anderen eine produktive Arbeitsatmosphäre verschafft. Auch 2001 berichtet er:

> Die Mitarbeiter der Verlage freuten sich über Autoren und suchten ihre Nähe. Bei meinen
> Besuchen im Kinderbuchverlag konnte ich mich kaum vor Projekten retten, die man mir
> anbot. Kann sich ein Autor mehr wünschen? (Peltsch 2001, 48)

Folglich hängt Abrahams literarischer Erfolg eng mit der gezielten Förderung durch den Kinderbuchverlag zusammen. Exemplarisch dafür steht eine Begebenheit, die sich in Auseinandersetzung mit Fred Rodrian vollzieht: Als Abraham auf einer Verlagsveranstaltung von seiner außergewöhnlichen Kriegskindheit berichtet, motiviert ihn dieser, seine Autobiographie kinderliterarisch festzuhalten: „„Du das/ ich mach das so wie so früher die Kornhändler. Es ist noch nicht geerntet ja. Ich kauf es aber so, wie es auf dem (Halm) steht. Das ist gekauft, was du da erzählt hast"" (14). Auch Rodrian berichtet 1985:

> Zu diesem Stoff [...] haben ihm seine Freunde seit Jahren geraten. Er hatte, beim Bier, so
> ein paar Details, einige Anekdoten erzählt, Stücke aus seinem Leben, aus dem Leben seines
> Vaters, unglaubliche Sachen [...]. Wir hörten zu, denn Abraham kann, dies im doppelten
> Sinne, erzählen, und wir rieten ihm, schreib das! (Rodrian 1985, 170)

Im Jahr 1981 entsteht das antifaschistische Kinderbuch *Pianke*. Auftragsarbeiten nimmt er nicht als politische Bevormundung, sondern als gewöhnliche, fakultativ ausgerichtete Verlagsmethode wahr, die ihm eine Integration in die KJL-Szene ermöglicht. Humorvoll reflektiert er den außerliterarischen Vorteil der Auftragsarbeit *Von Elchen und Ohrenpilzen. Eine Reise nach Finnland* (1981), die im Rahmen der Kinderbuchverlagsreihe *Reisen?* entstand:

> Und jetzt ging der Krieg der einzelnen Autoren um die Plätze, äh ja. Also ich wollte schon
> Island haben, war aber einer vor mir. Aber. da haben sie gesagt, aber Finnland ist noch frei.
> [...] Und eigentlich haben wir das alle bloß gemacht, um da mal hinzufahren. (41)

Das positive Verhältnis beruht auch auf seiner Wertschätzung gegenüber den leitenden Mitarbeitern des Kinderbuchverlags bzw. deren literarischen Qualifikationen. „Der Unterschied zwischen den Verlegern in der DDR und denen im Westen heute ist der, dass unsere einen tiefen Glauben hatten an Literatur" (16). Sein Verhältnis zu anderen Autoren der Kinderbuchgemeinschaft betrachtet er als freundlich, eng und vertraut: „Es gibt, glaube ich, fast keinen, den man nicht kannte. [...] Also insofern, man hat sich eigentlich ganz schön wohl gefühlt auch" (22). Eine verhältnismäßig enge Bindung besteht ebenso zu Aktanten übergeordneter Institutionen wie dem Ministerium für Kultur: „wir kannten uns doch alle [...] Na klar. Wir *duzten* uns mit den meisten" (24). Im Falle ideologischer Kontroversen äußert er Verärgerung, ohne das gesamte Vertrauensverhältnis in Frage zu stellen:

> Also das waren manchmal ulkige Situationen, die da stattfanden, nicht? Aber sie waren nicht
> so böse, wie sich das anhört, ja? [...] manchmal hatte man auch ne Wut, natürlich hatte man
> die ja. Aber es war nicht so schrecklich (25).

Abrahams Handlungsstrategie ist durch eine affirmative und aktive Systemintegration gekennzeichnet, die sich unter anderem an seiner Tätigkeit im Schriftstellerverband belegen lässt. Seine Verbindung zu ehemaligen Aktanten des KJL-Systems
ist bis heute zumindest sporadisch vertreten: „Der [Klaus Höpcke, Anm. d. Verf.]
steht immer da [jährliche Kundgebung zum Todestag Rosa Luxemburg/Berlin, Anm.
d. Verf.]. Und da quatschen wir wieder mit ihm ein bisschen und dann gehen wir
wieder" (25). Aufgrund seiner hohen Integrationsmotivation und Integrationsaktivität kann er in Übereinstimmung mit den einschlägigen Arbeitsbedingungen seine
literarischen und außerliterarischen Zielvorstellungen erfolgreich verwirklichen.
Peter Abraham tritt als zentrales Mitglied des KJL-Systems der DDR in Erscheinung.

6.4.2 Leitthema: Zensur war Aushandeln

> **Motto**
>
> „Es gab eine Zensur in der/ unterm
> *Kaiser*, ja. Und das war ein Mann der
> sag/ hinterm Pult stand und das gelesen
> hat und das geschwärzt hat oder so ja.
> Das gab es <u>nicht</u> in der DDR." (23)

Bedingungsfeld: Ohne literarisches Konfliktpotential

Die Analyse dieses Leitthemas verlangt die Berücksichtigung der literarischen
Themen, Stoffe und Schreibstrategien des Autors. Wie bereits aufgezeigt, intendiert Abraham nicht die literarische Aufbereitung kritischer Botschaften: „‚Das
[Schreiben] macht mir Spaß', kann ich höchstens sagen, ja" (9). Im Jahr 1975
betont er außerdem, dass seine Texte nicht erziehen sollen, pädagogische Effekte
nur auf die Stärkung des kindlichen Selbstbewusstseins zielen (Abraham 1975,
7). Das nur geringe Konfliktpotential seiner Werke schließt politisch brisante
Kontroversen innerhalb des KJL-Systems nahezu aus.

Interaktionen und Handlungsstrategien: Aushandeln

Für Abraham erweist sich das kinder- und jugendliterarische Zensursystem weder
als besonders außergewöhnlich, noch als auffallend DDR-typisch. Im Jahr 2001
stellt er die Beschränkungen des DDR-Realsozialismus den literarischen Eingriffen anderer Länder vergleichend gegenüber: „Es ist reine Utopie zu glauben, es
wäre [sic!] ein Autor, der nie mit der Zensur zu tun gehabt hat" (Peltsch 2001, 49).

Zensurbedingte Konflikte sind ihm vertraut und werden von ihm akzeptiert. Das seiner Ansicht nach positive Verhältnis zwischen Mitarbeitern des Ministeriums für Kultur und Autoren des Kinderbuchverlags begründet er mit einer gegenseitigen Abhängigkeit der Betriebskollektive, welche aus der ideologischen Intention resultieren, „immer irgendetwas [zu] unternehmen, was dem ganzen Land nützlich war" (23). Analog begreift er auch den Terminus „Zensur" als unangemessenen Begriff:

> Es gab eine Zensur in der/ unterm *Kaiser*, ja. Und das war ein Mann der hinterm Pult stand und das gelesen hat und das geschwärzt hat oder so ja. Das gab es nicht in der DDR. [...] Beim Ministerium für Kultur gab es eine Abteilung, die nannte sich auch nicht Zensur, aber sie hatte Druckgenehmigungen zu vergeben, (war die Umschreibung). Das wird auch keiner im Westen begreifen wie das war. Es gab nämlich eine gegenseitige Abhängigkeit von den Zensoren und uns. (22 f.)
> Und da gab es immer in allen Betrieben so Kollektive. Also so nannte man die und die warens auch, also (insgesamt). [...] Und da war immer sehr gefragt, dass da Kontakte sind zwischen den Leuten, die da im Büro sitzen und denen die eben vielleicht am Gussofen stehen oder Eisenbahnschienen verlegen oder so, nicht? Und da hatte man immer solche Patenschaften hergestellt. Ja und die, die da im Büro saßen, da in der berühmten Zentrale, wo unter anderem auch Zensur war – war ja nur unter anderem ja -, die hatten einen Vertrag mit den Arbeitern in einer Papierfabrik.. Ja nun. mussten die ja immer was machen in der Papierfabrik, mussten irgendwie da mal auffallen. Denn sie waren ja immer verantwortlich dafür Papier zu besorgen, damit Bücher gedruckt werden können. [...] Denn eigentlich war immer zu wenig Papier da. So. Und. ja. Und wie macht man das nun? Also zum Beispiel hat diese Fabrik, die da Papier herstellte, einmal im Jahr ein Fest. So ein Betriebsfest. Nun wissen die nicht, was die da machen sollen, außer tanzen und saufen. Da will man dann *Kulturprogramm* haben. Und da muss man uns jetzt beschwatzen, damit *wir* da auch hinfahren und vielleicht mal mit denen schwatzen und vielleicht auch mal was *vorlesen...* (23)

In Bezug auf die von Christoph Hein auf dem X. Schriftstellerkongress getätigte Aussage, die Zensur sei „überlebt, nutzlos, paradox, menschenfeindlich, volksfeindlich, ungesetzlich und strafbar" (Schriftstellerverband der DDR 1988, 228), richtet sich Abraham bereits 1988 öffentlich gegen die Bezeichnung „Zensur" und deren negative Konnotation:

> Für mich ergibt sich bei diesen Ausführungen eine Schwierigkeit – das Wort Zensur. [...] Den Zensor im alten Sinne gibt es nicht. Sondern vielmehr ergeben sich die Schwierigkeiten bei der Herausgabe vieler Texte daraus, daß es in unserem Lande Fachleute gibt, ehrenwerte Leute, die von ihrer Warte aus Einwände hervorbringen, ohne immer die Spezifik von Literatur zu kennen. [...] vielleicht ist es an der Zeit, den Einmischungen von dem Literaturprozeß Fernstehenden grundsätzlich entgegenzutreten. Es muß klar werden, daß die Meinung eines einzelnen Autors nicht die Meinung des Außenministeriums oder der Landwirtschaftsakademie ist. (1988, 214)

Die Handlungsstrategie des Autors äußert sich in einer aktiven Bereitschaft zur Diskussion und Kontroverse. „Und in DDR-Zeiten haben wir manchmal monatelange Kämpfe gegen (Lachen*). gegen die Institute geführt" (6). Mit einer Taktik des Aushandelns wehrt er die an ihn herangetragenen Änderungsvorschläge

ab – ohne aggressives Konfrontationsverhalten und ohne kompromisslose Festigkeit. Abraham gibt sich mit einer Verminderung seiner literarischen Zielsetzung
zufrieden. „Dann haben wir es nicht ganz so deutlich gemacht" (26).

> Und da war es natürlich so, dass sie sagten: ‚Ja Mensch, was du hier geschrieben hast, dass
> der Polizist sich bekotzt. Weißte, das geht doch nicht. Da gibts doch nur Ärger mit der Polizei
> und...‘, ja? Ja und da sagte man denn: ‚Na ja, man kann ja/ (weißt du) mit dem kotzen, aber
> vielleicht kann man sagen, er erbricht sich.‘ ‚Na ja. Das wär schon besser!‘ So war das. So
> lief das Ganze immer. Also das war nicht (Lachen*), das war nicht so bösartig, wie man sich
> das vorstellt, ja. (*) Also man hat immer gegenseitig nachgelassen und hat immer gemeinsam
> Versuche gemacht: ‚Ja wenn ich dir den Absatz hier lasse, dann musst du aber den anderen
> streichen.‘ So war das. (24)

Konsequenzen: Literarische Selbstverwirklichung

Aufgrund des breiten Gestaltungsspielraums kann sich Abraham mit der literar-
und wirkungsästhetischen Qualität seiner Werke identifizieren. Er befürwortet
den Kompromisscharakter seiner zensurbedingten Auseinandersetzungen, weil
die einschlägigen Interventionsbestrebungen zum einen nicht solche literarischen
Zielsetzungen tangieren, die es vehement zu verteidigen lohnt, zum anderen, weil
die Kontroversen auf einer gleichwertigen, nicht hierarchischen Beziehungs-
ebene stattfinden.

> Ja. [...] ich nehme an, es gab irgendwelche so, wie Biermann, den haben sie nicht vertragen,
> ja. Da war dann nichts mehr zu machen, ja. Aber so im Allgemeinen haben wir dann auch
> unsere Dinger schon durchgesetzt ja. (26)
> [...] und irgendwie kam dann so ein Kompromiss raus oder manchmal hat man auch
> gesiegt ja? Aber das ging. (6)

6.4.3 Leitthema: „Merk dir mal: Hier bin ick die Zensur!" (Peltsch 2001, 49)

> **Motto**
>
> „Wir *beugen* uns, weil wir ja irgendwovon leben
> müssen. So sieht das nämlich
> aus." (6)

Bedingungsfeld: Die Ausgangssituation

Nach den politischen Umbruchsprozessen der Wende und Wiedervereinigung
veröffentlicht Abraham auf dem bundesdeutschen Kinder- und Jugendbuch-

markt acht Erstausgaben sowie eine – im Vergleich zu anderen Autoren – hohe Anzahl an Neuauflagen seiner ehemals erfolgreichen DDR-Titel. Seine finanzielle Situation ist dennoch problematisch: „da ich auch damals dachte, jetzt werde ich gleich verhungern" (3). Im Jahr 2001 erklärt der Autor: „Ich hätte ohne meine Drehbuchschreiberei nicht existieren können" (Peltsch 2001, 49). Seine Erwartungen an das KJL-System der BRD sind bereits zu Beginn wirklichkeitsnah: Im Jahr 2001 äußert Abraham: „Warum die Blütenträume verweht sind? Ich hatte nie welche. Da konnte nichts verwehen" (Peltsch 2001, 49). Aufgrund zahlreicher Lizenzveröffentlichungen und einer aktiven Einbindung in den Friedrich-Bödecker-Kreis ist ihm das kinder- und jugendliterarische System der Bundesrepublik bereits vor dem Fall der Mauer relativ – wenn auch nicht grundsätzlich positiv – vertraut. Auf dem X. Schriftstellerkongress der DDR im Jahr 1987 verweist er auf die kulturindustrielle Konstitution des Subsystems KJL.

> Im Zusammenhang mit dieser Diskussion fällt mir ein Forum ein, das kürzlich in Oberhausen stattfand, in dem bundesdeutsche Autoren die schwächer werdende Wirkung guter Kinder- und Jugendliteratur auf das Fehlen der staatlichen Förderung und somit auf die absolute ökonomische Abhängigkeit der Verleger zurückführen. (Abraham 1988, 215)

Interaktionen: Grenzfixierung

Nach 1989/1990 verfügt Abraham über zahlreiche in der DDR verfasste Manuskriptfragmente, die von Verlagen des bundesdeutschen KJL-Systems abgelehnt werden. Einen der hauptsächlichen Gründe für seine schwierige Systemintegration sieht Abraham in der thematischen Andersartigkeit der KJL ostdeutscher Provenienz begründet. Im Jahr 2001 äußert er: „Ich bin nun mal im anderen Teil Deutschlands aufgewachsen und habe meine Grunderlebnisse, die sich in den Charakteren der literarischen Gestalten niederschlagen" (Peltsch 2001, 49). Unter anderem bezieht er sich hier auf die thematische – teils autobiographisierte – Aufbereitung antifaschistischer Stoffe, wie in dem Titel *Piepheini* (1996).[101] Im Jahr 2001 akzentuiert er, die Auseinandersetzung mit der „Zeit des Faschismus" (Peltsch 2001, 49) würde gegenwärtig auf nur geringen Anklang stoßen: „Heute wird in den Medien auch vor der rechten Gewalt gewarnt, aber weder meine Bücher von damals, noch neugeschriebene dieser Thematik sind gefragt. Es ‚rechnet' sich offensichtlich nicht!" (ebd.).

Desgleichen sieht er die geringe Neuauflage seiner utopisch-phantastischen Weltraumgeschichte *Der Affenstern* (1985/1994) bzw. die von ihm vermutete

---

101 Vergleichbare Konfliktstoffe verarbeitet er ebenso in einschlägigen Werken der Erwachsenenliteratur *Kuckucksbrut: Roman eines Lebenskünstlers* 1991, *Kuckucksbrut, Roman einer Suche* 2009.

Aussichtslosigkeit auf künftigen Erfolg in dessen politischem Gehalt begründet. Mit Rückgriff auf die bereits in seiner Schulerzählung *Das Schulgespenst* (1978) verwendete Figurenkonstellation um Carola Huflattich präsentiert Abraham hier eine dystopische Handlungsstruktur: Auf dem Affenstern treffen fünf Kinder auf verfeindete Affenbewohner und Stämme, deren erbitterte Auseinandersetzungen den Planeten in Flammen setzen und ihn endgültig zu zerstören drohen. Der Unterhaltungsgeschichte ist nicht nur eine vehemente Kritik an kriegerischen Absichten eingeschrieben, sondern auch eine Darstellung verschiedener Gesellschaftskonzepte immanent, die unter anderem auf westliche Realitätsnormen verweisen: Auch die Stadt Schlaragossa als Sinnbild moderner Lebenswelt – vierrädrige gläserne Vehikel auf einer Autobahn, Fabrikgebäude, Hochhäuser, Bahnhof, Kaufhäuser, Büros – wird sich vor der bedrohlichen Zerstörung nicht schützen können. Hieran zeigt sich nicht nur die komisch-unterhaltende und doch vordergründige Politisierung des Textes, sondern auch eine kritische Beschreibung des Wohlstands westlicher Gesellschaften: Die Menschen sind geprägt durch Hektik, umgeben von aufdringlicher Reklame und verantwortungsloser Verschwendung: Möbel werden stündlich weggeworfen, wer seine Kleidung nicht innerhalb einer Woche wechselt, macht sich strafbar. Arme Affen tragen nur ihr natürliches Fell, leben in einer Stadt aus Kisten und sind „Nichtse" (*Der Affenstern* 1985, 187). Abraham kommentiert die Ablehnung seines Manuskripts durch das bundesdeutsche Verlagswesen wie folgt:

> Der ist ihnen [dem Verlagswesen, Anm. d. Verf.] zu politisch. Den bringen sie nicht [in weiteren Neuauflagen, Anm. d. Verf.]. Weil sie/ ja/ weil ja die Leute der Meinung sind/ also die Bevölkerung sicher und aber auch die Pädagogen, dass […] nichts Politisches in Kinderbüchern sein darf. Das ist so ungefähr die *Haltung*. Und der Verlag erst recht. Der sagt: ,Das werden wir doch nicht los. Wenn das politisch ist'. (35)

Auch ein mit der Illustratorin Gertrud Zucker verfasstes Manuskript stößt seiner Auffassung nach aufgrund der ökonomischen Ausrichtung des KJL-Systems auf Grenzen:

> […] das ist typisch. So ein Buch wollen die nicht haben. Das ist ihnen zu sanft, das ist ihnen äh. ich weiß nicht/ oder zu <u>hoch</u>. Ich weiß nicht, was es ist.. Es ist schwierig. Sie. gucken und denken: ,Wenn wir das verlegen, verdienen wir nichts daran. Dann lassen wir es.' (39)

Im Jahr 2001 akzentuiert Abraham, die kulturindustrielle Beschaffenheit des KJL-Systems würde zu einem hohen Anpassungsdruck führen:

> Und zu deren Wunschvorstellungen gehören nicht gerade Autoren, die das Leise in der Welt oder das Konfliktreiche im Leben beschreiben. Das bedeutet für die Autoren, ran an die Modethemen: Pferde eignen sich für die Mädchen und Abenteuergeschichten für die Jungen!

Wenn dir das nicht passt, musst du dir einen anderen Job suchen, Geld verdienen, um damit
die Herstellung der eigenen Bücher zu bezahlen. (Peltsch 2001, 48)

Vor allem aber sind es direkte textinterne Eingriffe, die seine restriktiven Erfahrungen mit dem bundesdeutschen Verlagswesen bestimmen. Er empfindet ein
kontinuierliches „Reinreden" (6), das ihm „immer mal" (16) widerfährt: „Es
ist nicht so, dass ich ein völlig *anderes* Buch geschrieben habe. Aber es wurde
immer dann so gelenkt, nicht?" (16). Auffällig äußert sich die Subtilität textinterner Beschränkungen, die er an vagen Verlagsbegründungen festmacht: „Die
sagen das nicht. ‚Nee nee. Ach wissen Sie, das ist jetzt nicht Mode!'" (15 f.). Die
Besonderheit seiner Grenzerfahrung sieht er in der ihm bis dahin unbekannten Kompromisslosigkeit gegeben: „Früher konnte man sich noch durchsetzen,
bei uns. Das ist jetzt nicht möglich. (14) An anderer Stelle formuliert Abraham: „**jetzt ist**/ sind wir eigentlich *rechtlos*. Jetzt. jetzt haben wir keine *Macht*
mehr" (6). Bereits im Jahr 2001 verweist er seine Erfahrung mit zensurähnli-
chen Restriktionen in der Bundesrepublik: „Einem Filmproduzenten, der nach
der Wende in meinen Drehbüchern herumstrich, sagte ich, dass ich glaubte, es
gäbe in der ‚freien Welt' keine Zensur. Er antwortete: ‚Merk dir mal: Hier bin
ick die Zensur!'" (Peltsch 2001, 49).

Handlungsstrategien und Konsequenzen: Anpassung und Systemintegration

Die maßgebliche Handlungsstrategie des Autors beläuft sich – trotz emotiona-
ler Ablehnung – auf ein konsequentes Anpassungsverhalten, das sich an einem
hohen Grad aktiver Handlungen bzw. Integrationsbemühungen festmachen lässt.
Nach dem Verlust der bis dahin noch festen Anbindung an den Kinderbuchverlag
initiiert er eigenständig neue Verlagskontakte: „Wie ein Anfänger klingelte ich
an den Türen der Verlagshäuser" (Peltsch 2001, 49). In diesem Rahmen zeigt die
erhebliche Anzahl einschlägiger Ablehnungen keine substanziellen Auswirkungen auf die Gesamtdauer seiner Aktivität.

Abraham akzeptiert die an ihn herangetragenen Forderungen bzw. Interventionen von Verlagen, statt die mögliche Konsequenz einer Vertragsableh-
nung hinzunehmen. Eine Reaktion, die er selbst als „*beugen*" (6) bezeichnet.
Abrahams aktive, selbst bestimmte Integrationslenkung basiert sowohl auf
monetären Argumenten als auch auf seiner – stark ausgeprägten – Intention,
auch nach 1989/1990 kinderliterarisch tätig sein zu wollen. „Es ist ja nicht nur
das Verdienen, sondern es ist ja auch das Rausbringen von Büchern, ist ja für
einen wichtig" (15). In der – von ihm selbst konstatierten – finanziellen Abhängigkeit und Unterlegenheit des allgemeinen Autors sieht er einen Zwang gege-

ben, sich dem System anpassen zu müssen. „Und wir *machen* das eben. Wir *beugen* uns, weil wir ja irgendwovon leben müssen. So sieht das nämlich aus" (6). Abrahams Handlungsstrategie führt zu Erfolg bzw. zur Systemintegration, was eine finanzielle Absicherung dennoch ausschließt.

> Wir <u>armen</u> Schriftsteller, wa? Gott sei Dank krieg ich Rente. [...] Von dem, was wir verdienen, würden wir nicht *leben* können. Das ist unmöglich. Wir würden im Jahr vielleicht so 3000 bis 4000 Euro verdienen. Also **mehr nicht**. (Lachen). (39)

Auch zeigt sich Abraham mit der Qualität seiner veröffentlichten Werke unzufrieden. Er kritisiert die von ihm wahrgenommene Dominanz verlegerischer Profitorientierung und deren Auswirkung auf die KJL:

> [...] das ist so wie nach einem [...] durchsoffenen [...] Abend ja? Am nächsten Morgen kommt dann eben auch die <u>Nachwirkung</u> ne. Und dann ist das raus. Und dann denkt man: Na ja. Warum hast du diese Scheiße eigentlich reingeschrieben ja? Warum hast du aus einem Krokodil einen Hasen gemacht oder so, ja? (15)

Einschlägige Beeinflussungsmechanismen erfährt er unter anderem auch hinsichtlich der Illustrationen neu veröffentlichter DDR-Titel, die entweder entfernt oder aber durch solche ersetzt werden, die der Autor als weniger gut befindet: „Also wenn ich das jetzt [*Das Schulgespenst* 1978] hier sehe. Da wird mir ganz schlecht, ja" (54). Die Folgen der Vereinigung des sozialistischen und kapitalistischen KJL-Systems erstrecken sich seiner Auffassung nach auf seine gesamte kinderliterarische Entwicklung:

> Und jetzt habe ich ja nun so viele geschrieben ja. Aber in der letzten Zeit bin ich auch nicht *zufrieden* mit dem, <u>was</u> ich geschrieben habe, in den <u>letzten Jahren</u> eben nicht. Weil sie immer/ sie waren immer das, was man uns immer nachsagte. Dass bei uns ja immer reingeredet wird. Genau das ist jetzt *immer passiert* ja? (13)

Abraham wird auf diese Weise zum Teil eines Systems, das er explizit ablehnt. Seine Systemintegration erfolgt im Vergleich zu dem Gros der DDR-Kinder- und Jugendbuchautoren nachhaltig erfolgreich – seine literarische Zufriedenheit ist gering.

6.4.4 „Verbrecherisches" Gewerbe oder profitorientiertes Handeln im KJL-System der BRD

Motto
„Eine <u>Bande</u> ist das, ja." (5)

Bedingungsfeld: Die Dominanz kapitalistischer Wertorientierung

Abraham bezeichnet sich selbst als „Linker" (44) und lehnt die führende Rolle der kapitalistischen Wertorientierung grundsätzlich ab:

> Aber da ich sowieso diese. diese Bundesrepublik zum Kotzen finde [...]. Ich sage immer: Das Land der Verbrecher und Lügner. So einer bin ich. (Lachen).. (Und dabei) habe ich mich immer über die DDR so geärgert (Lachen). (6)

Ähnlich profitorientiert sieht er die kinder- und jugendliterarische Produktion, der es seiner Auffassung nach an der Dominantsetzung literarischer Qualitätskriterien mangelt (vgl. Kap. 6.4.3).

> Es geht nur darum, den Gewinn zu erzeugen. Es geht auch nicht darum Kinder zu *erziehen* oder Kinder vielleicht auf einen schöngeistigen Ast zu bringen. Nein. Darum geht es nicht. Es geht immer darum die Bücher zu verscheuern und damit Geld zu machen. Und das ist das, was mich am Kapitalismus *stört*. Ich bin ja nicht dagegen, dass man Geld macht. Natürlich muss man das. Aber. so wie das ist, ist das **haarsträubend, nicht?** (17)

Abraham stellt der bundesdeutschen Verlagsstruktur die sozialistische Systembeschaffenheit gegenüber und macht die eigentliche Diskrepanz beider Systeme an einem unterschiedlich „tiefen Glauben" an Literatur fest (16): „Da [in der DDR] gab es immer feinsinnige Leute, die. die wussten, was Literatur ist" (16). Bereits im Jahr 2001 bekräftigt er:

> Sie sind verstorben, die Verleger, die im Herausgeben von Büchern mehr sahen, als das Erzielen maximaler Profite. Jetzt haben wir welche, denen das Klingeln in der Kasse wichtiger ist als ein literarischer Text. Sie haben die ehrenwerten Namen der Verlage gekauft und betreiben ihre Geschäfte so wie Konzerne, die Zigaretten, Autos oder sonst was verkaufen. (Peltsch 2001, 48)

Interaktionen, Handlungsstrategien und Konsequenzen: Neue Umgangsformen

Die kulturindustrielle Ausrichtung des gesamtdeutschen Kinder- und Jugendbuchmarkts konterkariert seiner Auffassung nach nicht nur die literarische Qualität der KJL, sondern wirkt sich prinzipiell auch auf die Arbeitsbedingungen von Kinder- und Jugendbuchautoren negativ aus. Insgesamt nimmt er ein nur geringes Mitbestimmungsrecht bzw. eine niedrige Autorenposition wahr, die sich an der unrechtmäßigen Zurückhaltung seiner Buchrechte, defizitären Abrechnungsverfahren und unzulänglicher Informationspolitik – zum Beispiel im Rahmen unbeantworteter Briefpost oder unabgesprochenen Überarbeitungen von Neuauflagen ehemaliger DDR-Titel – zeigt. Abraham wird mit einer hohen Anzahl einschlägiger Begebenheiten konfrontiert, die seinen Standpunkt nachhaltig prägen und festigen. So erscheint im Jahr 2007 seine phantastische Schulgeschichte *Das Schulgespenst* (1978) in medialem DVD-Video-Format, ohne dass er als Autor bzw. Eigentümer seiner Buchrechte vertraglich involviert wird. Eine ähnliche Begebenheit widerfährt ihm im Rahmen der Neuauflage eines DDR-Titels:

> [...] eigentlich habe ich denen die Rechte mal weggenommen. Das müssen sie <u>schriftlich</u> irgendwo haben, aber/ entweder haben sie es nicht gemerkt [...]. (5)
> Sie haben einfach so getan, als hätten sie nichts gehört oder gelesen, ne? Und heute drucken sie es eben. Ohne dass ich ihnen das erlaubt habe, aber ich bin ja glücklich, <u>dass</u> sie es gedruckt haben, nicht? (37)

Mit dem Rückgriff auf juristische Mittel wehrt sich Abraham konsequent gegen die unrechtmäßige Veröffentlichung des Video-Formats, doch schwächt seine Motivation stetig ab: „also ich habe x Prozesse schon geführt und mich kotzt es an" (38). Hinsichtlich der Neuveröffentlichung seines Kinderbuchs bemerkt er: „So ist das. [...] Es ist eigentlich. etwas <u>verbrecherisch</u> dieses Gewerbe geworden, nicht nur etwas" (5). Bereits aufgrund seiner politischen Grundhaltung negiert er seine neue Autorenrolle bzw. die kapitalistische Konstitution des Handlungssystems KJL grundlegend. Demgemäß führt er fort:

> Heute geht es nur ums Geschäft. Und so ne Welt ist **mir unangenehm muss ich sagen.** Muss immer sagen, dass mir auch vieles an der DDR <u>unangenehm</u> war oder <u>ist,</u> aber.. das sind andere Dinge die mir da unangenehm sind. (18)

6.5 Uwe Kant

„Und ich konnte meine künstlerischen Auffassungen und Ziele voll ausschöpfen. [...] Was nicht gelungen ist, das liegt dann an mir selbst."

Kurzbiographie

Uwe Kant (*1936) studiert zwischen 1956 und 1961 die Fächer Germanistik und Geschichte zunächst an der Universität Rostock, ab 1958 an der Humboldt-Universität zu Berlin. Analog zu der daran anschließenden Ausübung des Lehrerberufs veröffentlicht er unter anderem in der renommierten Literaturzeitschrift *Neue Deutsche Literatur* des Deutschen Schriftstellerverbands erste literarische Arbeiten, seit 1964 ist er Literaturredakteur der Zeitschrift *Das Magazin*. Ab 1967 erweitert er seine journalistischen Tätigkeiten um den Beruf des freischaffenden Autors: im Jahr 1969 folgt seine erste kinderliterarische Erzählung *Das Klassenfest*. Bis 1990 erscheinen elf weitere Titel (*Der kleine Zauberer und die große 5* 1974, *Die Reise von Neuckuckow nach Nowosibirsk* 1980 etc.), für die Kant unter anderem mit dem Nationalpreis der DDR (III. Klasse) prämiert wird. Zwei seiner Werke (*Der kleine Zauberer und die große 5* 1974, *Das Klassenfest* 1969) werden verfilmt.[102] Die Umbruchsprozesse der Wende markieren einen entscheidenden Karriereeinschnitt. Einzig die kinderliterarischen Texte *Die liebe lange Woche* (1971/2000) und *Der kleine Zauberer und die große 5* (1974/1994, 2006) werden als Neuauflage veröffentlicht. Von seinen drei nach 1989/1990 verfassten Erzählungen *Heinrich verkauft Friedrich* (1993), *Wer hat den Bären gesehen* (1995) und *Weihnachtsgeschichten* (1999) ist erstere im Jahr 1994 auf der Auswahlliste des Deutschen Jugendliteraturpreises vertreten. Im Jahr 2000 lanciert Kant während der Prämiere seines einzigen Erwachsenenromans *Mit Dank*

---

102 *Das Klassenfest* erscheint 1971 unter dem Titel: *Männer ohne Bart* (Regie: Rainer Simon) (BRD: *Der weiße Rabe* 1974). 1977 läuft der Film *Der kleine Zauberer und die große 5* (Regie: Erwin Stranka) an.

zurück (2000) seinen offiziellen Ausstieg aus dem System KJL: „Kinder sind mir fremd geworden. Weihnachtsgeschichten sind Ausnahmen."[103]

Leitthemen des narrativen Interviews

Die zentralen Leitthemen umfassen folgende Aspekte[104]:

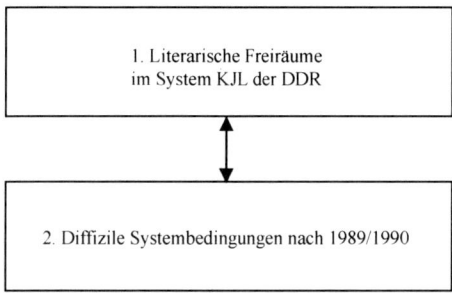

1. Literarische Freiräume
im System KJL der DDR

2. Diffizile Systembedingungen nach 1989/1990

Tabelle 14: Leitthemen Uwe Kant

---

103 Buchpremiere des Titels *Mit Dank zurück* (Termin: 24.3.2000). In: Hilzheimer (2001), 142 f.
104 Zur Ergänzung der Fallanalyse wurde auf einschlägige Beiträge der Sekundärliteratur zurückgegriffen:
1. Kant, U.: Hinweise und Anmerkungen. Die Wasserburg, in: Beiträge zur Kinder- und Jugendliteratur, H. 13, 1969, S. 45.
2. Kant, U.: Warum schreibe ich für Kinder? in: Neues Deutschland 35, Nr. 64 (16.3.1980), S. 9.
3. Kant, U.: Pranken immer erst ab Löwe, in: Neue Deutsche Literatur 32, H. 6, 1984, S. 98–99.
4. Kant, U.: Das Leben lieben – den Frieden schützen, in: Neue Deutsche Literatur 33, H. 8, 1985, S. 70–74.
5. Kant, U.: Schwanengesang. Brief, 2000 (unveröffentlicht).
6. Kant, U.: Geleit und Anmerkung, in: Komm mit sagte das Herz, E. Rimkus-Beseler, Kückenshagen: Scheunen-Verlag 2009.
7. Konzag, M.: Möglichkeiten und Grenzen der Kinderliteratur. Ein Gespräch Marianne Konzags mit Fred Rodrian, Hannes Hüttner und Uwe Kant, in: Beiträge zur Kinder- und Jugendliteratur, H. 50, 1979, S. 96–102.
8. Peltsch, S.: „Wie vom Regen in die Traufe gekommen…". Ostdeutsche Antworten auf eine Autorenumfrage, in: Wende-Punkte. Zur Situation der Literatur und der Literaten in den neuen Bundesländern, hg. von S. Peltsch, Weinheim: Juventa 2001, S. 74–75.
9. Walther, J.: Meinetwegen Schmetterlinge. Gespräch mit Schriftstellern, Berlin: Buchverlag Der Morgen 1972, S. 5–15.

6.5.1 Leitthema: Literarische Freiräume im System KJL der DDR

> **Motto**
>
> „Beim Kaiser Wilhelm, da kam der
> Zensor mit der Schere, hat es
> rausgeschnitten. [...] Solche Zensur gab
> es in der DDR nicht." (20)

Bedingungsfeld: Sozialismus ohne „Unsinn"

Eine signifikante Bedingung des Leitthemas referiert auf die politische Grundhaltung des Autors, die sich in seiner konsequenten Affirmation der sozialistischen Werte ausdrückt. Kants politische Haltung nimmt per se Einfluss auf sein kinder- und jugendliterarisches Profil, das sich jedoch nicht durch parteipolitische Intentionen, sondern insbesondere durch einen auffällig humorigen Duktus auszeichnet: „jedenfalls kann ich mir kein Buch vorstellen, welches nicht auf [...] hoffentlich intelligente Art lustig ist" (14). Indem Kant moderne Erzähltechniken nutzt und ein individuelles Kindbild aufzeigt, entsprechen seine Texte den neuen kinder- und jugendliterarischen Tendenzen der 1970er und 1980er Jahre (vgl. Kap. 2.3). Unter anderem an seiner Erzählung *Das Klassenfest* (1969) lässt sich exemplarisch seine literarische Distanz zu vordergründigen Erziehungsabsichten belegen. Wie auch viele andere Autoren der KJL greift Kant hier den Problembereich Schule auf. Otto Hinz ist aufgrund mangelnden Fleißes und seiner starken Neugierde an außerschulischen Begebenheiten versetzungsgefährdet. Gemeinsam mit anderen Klassenkameraden gelingt Klassenlehrer Nickel die pädagogische Reintegration seines Schützlings. Der Plot orientiert sich an dem gängigen Integrationsmodell dieser Zeit: Mit Hilfe des Lehrers kann ein schwieriger Schüler in die Gemeinschaft bzw. in das Schulsystem eingegliedert werden, wobei Kant eine ungewöhnlich unkonventionelle Lehrerfigur präsentiert:

> [...] aber da meldete sich die ordungsliebende Schülerin Helga Betke und sagte, sie habe nicht siebzehn, sondern nur sechzehn Tage entschuldigt gefehlt. „Soso", sagte ich, „nur sechzehn Tage, sieh einer an; wir können das natürlich korrigieren, aber es wird nicht besonders gut aussehen, weißt du, man müßte radieren, am besten, wir lassen das so, macht ja auch weiter nichts. Eigentlich hätte ich auf die winzige Differenz von nur einem Tag stolz sein können. Ich hatte einige Wochen vergessen, die Anwesenheitsliste im Klassenbuch zu führen, darum mußte ich es anhand der Entschuldigungszettel kalkulieren: ‚fiebrige Erkältung – vier Tage', ‚leichtes Unwohlsein – ein Tag'. (*Das Klassenfest* 1984, 3. Aufl., 13)

In der episodisch aufgebauten Erzählung überwiegt der komische Erzählton:

Genau in dem Moment, als ich mir mein Fahrrad schnappte, dachte ich: Otto Hinz, es sieht haarscharf so aus, als ob du eine Flasche bist. [...]. Bloß die Idee mit der Flasche, die war mir neu. Nagelneu. Eine Sekunde alt. Nickel, mein verehrungswürdiger Klassenlehrer Nickel, hat es allerdings schon immer gesagt: „Otto, mein kleiner Liebling, du bist ein Paarhufer, ein Fischauge, ein Bleisoldat, ein Schelmuffsky und eine große Flasche, du mußt bedeutend mehr Gebrauch von den kleinen grauen Gehirnzellen machen, du hast genug davon." (*Das Klassenfest* 1984, 3. Aufl., 5)

Auch in *Die Reise von Neukuckow nach Nowosibirsk* (1980) verwendet Kant ein neues Kindbild, das sich von dem sozialistischen Heldentyp der 1950er und 1960er Jahre abwendet. Der Protagonist wehrt sich zum einen gegen die ihm von den Erwachsenen aufoktroyierte Heldenfunktion, zum anderen gegen muster- gültige Denk- und Verhaltensweisen. Kant betont, er habe bewusst jegliche Pro- paganda oder Didaktik weggelassen und halte den Text für einen Qualitätssprung seiner literarischen Karriere.

In seiner phantastischen Erzählung *Der kleine Zauberer und die große 5* (1974) lässt Kant den Protagonisten Oliver Schneidewind zur Einsicht gelangen, dass eine schlechte Zensur nicht fortgezaubert werden kann, sondern nur der eigene Fleiß zu guten Noten verhilft. Kant betont, in seiner Kinderliteratur sozialisti- sche Normen und Werte bekräftigen, nicht desavouieren, zu wollen: „allerdings waren sie [die Texte] nicht <u>dagegen</u>. Sie waren eigentlich <u>dafür</u>. Wollten das was gut ist, was gut sein konnte an einer sozialistischen Gesellschaft äh <u>befördern</u>" (19). Im Rahmen eines internationalen Kolloquiums zum Thema Frieden im Jahr 1984 spricht er von der „künstlerische[n]", aber auch „politische[n]" Verantwor- tung des Künstlers (Kant 1985, 70). Folgerichtig distanziert er sich von dem Ziel, gesellschaftskritische Themen zu bearbeiten: „Aber ich habe die Konfrontation <u>nicht</u> gesucht. Das ist wahr. **Das ist wahr**" (19).

Interaktionen: Kulturpolitische Auseinandersetzungen

Die Untersuchung literarischer Freiräume verlangt nach der Frage, ob sich auch Systemgrenzen auftun, welche die literarische Autonomie des Autors konter- karieren. In diesem Rahmen sind seine Erfahrungen mit Texteingriffen, Auf- tragsarbeiten, der praktizierten Selbstzensur sowie sein Verhältnis zu Personen des Kinderbuchverlags von entscheidender Bedeutung. Kants Erfahrung mit literarischen Interventionen beruht auf einem einmaligen – inhaltlich unbedeu- tenden – Texteingriff. In seinem Erstlingswerk *Das Klassenfest* (1969) soll er die Figur des Fußballspielers „Jimmi Hoge" namentlich ändern, da dieser einen konkreten Bezug zu dem bekannten DDR-Fußballspieler Günter Hoge – Ruf- name „Jimmi" – evoziert. Der Konflikt beruht auf der öffentlichen Präsenz

Hoges, der durch wiederholten Alkoholmissbrauch und der groben Beleidigung seiner Mannschaftskameraden negativ aufgefallen war. Im Jahr 1968 wird dieser aufgrund von Disziplinarverfehlungen für insgesamt 7,5 Monate „für jeglichen Spiel- und Sportverkehr" (Karpa 2008, 56) gesperrt. Der offensichtliche Bezug erweist sich für den Verlag als untragbar: „Die sagten, das ginge nicht. Der müsste jetzt eliminiert werden" (18).

Verlagsexterne Auseinandersetzungen ergeben sich nur in einzelnen, wenigen Fällen. Nach Veröffentlichung seiner Erzählung *Das Klassenfest* (1969) wird er mit kritischen Stimmen des Volksbildungsministeriums konfrontiert, welche die ungezwungene Darstellung der Lehrerfigur Nickel als inadäquat bewerten: „Vom Ministerium gab es ein. Artikel, der erschien glaube ich in der Lehrerzeitung: ‚Bedenken angemeldet'" (17). Indessen negiert er die Existenz literarischer Lenkungsprozesse durch sogenannte Auftragsarbeiten des Kinderbuchverlags. Auftragsarbeiten weist er weder einen persuasiven, noch einen rigiden Charakter zu, weil er sich mit den jeweiligen Ansprüchen bzw. Themenvorschlägen des Verlags identifizieren kann: *Der kleine Zauberer und die große 5* (1974), *Roter Platz und ringsherum. Von einer Putjowka nach Moskau* (1977). Amüsiert moniert er bei seiner Teilnahme an einer Buchreihe über ferne Länder (Auftragsarbeit: *Roter Platz und ringsherum* 1977) lediglich die ihm zugeteilte Sowjetrepublik Russland: „Ja da fuhr man als DDR-Bürger lieber nach Schweden oder nach Finnland (Lachen) oder so" (5).

Kant beschreibt seinen Kontakt zu zensurverantwortlichen Mitgliedern des Kinderbuchverlags oder der Druckgenehmigungsbehörde als positiv. Seine Integration in die KJL-Szene der DDR befürwortet er: „Ich war nun Kinderbuchautor der DDR [...] Teufel, ich gehörte dazu!" (2009, 204). Das Verhältnis zwischen ihm und den Mitarbeitern des Ministeriums für Kultur ist durch politische Übereinstimmung und Distanzlosigkeit bestimmt. „Manchmal traf ich den einen oder den anderen in der S-Bahn oder beim Spazieren gehen" (18). Des Weiteren betont er:

> [...] wir waren Gesinnungsgenossen. Jedenfalls was mich betrifft, so ist es so. Bloß jeder macht eine andere <u>Arbeit</u>. Und ich dachte, [...] naja, wenn ich jetzt da in dieser Hauptverwaltung sitzen würde, würde ich vielleicht auch in den Manuskripten rumlesen und sagen: ‚Halt. (Sag mal), was hast du hier geschrieben', oder so. Also das konnte ich nicht ganz von mir abweisen. (18)

Deutlich bejaht er auch die literaturpolitischen Handlungen und Sichtweisen des Verlagsleiters Fred Rodrian:

> Also der Kinderbuchverlag [...] hieß ja offiziell Verlag der Pionierorganisation Ernst Thälmann. Also das war [...] diese Kinderorganisation, die wiederum der FDJ [...] unterstand und dem Zentralrat. Zentralrat war.. eine ziemliche Sammlung von dogmatischen Kräften eigentlich. Und er hatte vor allen Dingen den Ehrgeiz noch mal das Polit-Büro zu sein. Also auf <u>seinem</u> Sektor. Auf dem Sektor der <u>Jugend</u>. [...] Jetzt gab es da den Verlag der Pionierorga-

nisation Ernst Thälmann: ‚Warum gestaltet ihr nicht das Pionierleben?' Das wurde durchaus öfter mal (verlangt): Ihr müsst das/ und in vorbildhafter Weise herausarbeiten und weiß der Teufel. Äh das wurde aber schlicht nicht gemacht. Da gab es den Verlagsleiter Fred Rodrian. Dem so was ganz fern war. Ein Sozialist wie ich. Aber doch ein Mensch, der wusste was Literatur ist. Und da gab es die Katrin Pieper. Und die haben da schon aufgepasst. Und die haben sich auch. gegenüber diesen Pionierleuten fast immer durchgesetzt. Und sie hatten auf ihrer Seite die Argumente [...], die DDR-Kinderbücher [...] wurden unheimlich *verkauft*. Die haben ja die Subventionen für andere mitgetragen. Der Kinderbuchverlag war außerordentlich erfolgreich. Und konnte da eben auch ein bisschen auflehnen. Und der Fred Rodrian war eine Persönlichkeit. Das ist ganz wichtig. Äh.. ein anderer hätte sich vielleicht nicht so durchgesetzt, aber der konnte das. Der hatte ein Auftreten und der hatte eine unzweifelhafte weltanschauliche Festigkeit. Und der war intelligent. Der konnte auch selbst gut schreiben. So. Also, wenn jemand, da wurde nicht so genau hingeguckt. Ich weiß es nicht. Es kann auch sein, dass es besser abgewehrt wurde, was an Unsinnigem gekommen ist. (21)

Kant sieht das tatsächliche Ausmaß der Zensur in Abhängigkeit zu der ideologischen Stärke und Durchsetzungskraft einschlägiger Aktanten, wie zum Beispiel Fred Rodrian. In diesem Rahmen widerspricht er den Argumenten der gegenwärtigen Fachwissenschaft, der Kinderbuchverlag wäre weniger politischen Restriktionen ausgesetzt, weil der Zuständigkeitsbereich lediglich auf die Produktion von KJL fiel (vgl. auch Kap. 3.2.3).

Kant sieht sich im Rahmen des Kinderbuchverlags und der Kinderbuchgemeinschaft in eine positive Atmosphäre eingebunden. Der Kinderbuchverlag hat mir als erster zugetraut, ich könnte etwas Brauchbares schreiben, hat mich ermuntert und in der Folgezeit gut betreut" (Konzag 1979, 96). Im Jahr 2009 charakterisiert er Katrin Pieper, als „resolute Cheflektorin des Kinderbuchverlags" und berichtet:

[Sie] war die erste gewesen, die mir ein Buch zugetraut hatte. Na gut, jedoch sei ich mir nicht recht sicher, hatte ich prahlerisch geantwortet, ob ihr das zukünftige Manuskript auch in ihren Kinderkram passen werde. Ich sollte, sagte sie aber, besser erst einmal mit dem Schreiben anfangen, dann werde man schon sehen. (Kant 2009, 304)

Damit charakterisiert er nicht nur Rodrian, sondern auch andere Verlagsmitarbeiter als „kompetente" und „sympathische" Kollegen, die seine literarische Entwicklung erfolgreich unterstützen (38):

Handlungsstrategien und Konsequenzen: Systemintegratives Verhalten

Kennzeichnende Handlungsstrategien beruhen unter anderem auf selbstzensorischen Maßnahmen, durch die er den „kleinlichen Bedenken" (19) des Verlages im Vorfeld entgegenwirken möchte. In selbstironischer und offener Art akzentuiert Kant in der Fachzeitschrift Beiträge Jugendliteratur und Medien 2001: „Ich war ein ausgezeichneter Selbstzensor" (Peltsch 2001, 75). Innerhalb des narrativen Interviews 2007 nimmt er der Aussage ihre Brisanz:

> Ich habe ‚vielleicht' geschrieben: Vielleicht (Lachen) war ich ein. ein guter Selbstzensor. Aber vielleicht habe ich es auch so geschrieben. Äh. ja. ... das ist so. Das hat es natürlich/ hat das/ **hat es das gegeben. Und auch (bald)/ das kann ich von mir gar nicht. gar nicht abstreiten.** (19)

Kant akzeptiert die Selbstzensur als Teil des kinder- und jugendliterarischen Systems. Gleichwohl betrachtet er sein Verhalten nicht als Anpassung oder Unterordnung, sondern als pragmatischen Akt, der seine politische und künstlerische Integrität bzw. literarische Zielsetzung nicht untergräbt: „Und ja, was ich da sagen wollte, glaube ich, war, dass ich ein fixes Kerlchen war. Ein schlauer Junge. Und dass ich schön die Sachen so schreiben konnte und so, das wollte ich. **Darauf habe ich mir was zugute getan"** (19).

Kants Reaktion auf verlagsexterne und verlagsinterne Systemgrenzen hängt eng mit seiner konsequenten Bejahung des Subsystems KJL zusammen. Der einzigen direkten Konfrontation bzw. der Forderung, die Figur Jimmi Hoge (*Das Klassenfest* 1969) solle einen anderen Namen erhalten, stimmt er zu. Bedingungslos erteilt Kant sein Plazet: „Ja Gott Kinder. Was soll's denn. Dann [...] (geben) wir einen anderen Namen und dann ist gut" (18). Auch im Jahr 2001 äußert er: „Na, mein Gott, warum nicht?" (Peltsch 2001, 75). Kant begreift sein Vorgehen als unbedeutend, weil er seine literarische Zielsetzung nicht gefährdet sieht. Anders wiederum stellt er sich der offiziellen Kritik des Volksbildungsministeriums an der Lehrerfigur Nickel (*Das Klassenfest* 1969) entgegen, welche er in der Fachzeitschrift *Beiträge zur Kinder- und Jugendliteratur* vehement verteidigt: „Dies ist beabsichtigt und gründet sich auf die Tatsache, daß sie nicht von verschiedenen Sternen kommen" (Kant 1969, 45). Die mustergültige Darstellung repräsentativer Vorbildfiguren sieht er als überholtes Prinzip der KJL:

> [...] war lachhaft. [...] War lachhaft zu sagen, man/ so darf man die Lehrer/ in der Kinderliteratur nicht die Lehrer darstellen. Weil das ja Schüler lesen [...] Ist ja albern. Denn wenn es Fachleute sozusagen gibt für Lehrer, die ganz genau Bescheid wissen, dann sind es die Schüler. [...] wenn die in den Büchern. immer andere Lehrer finden, als in der Schule. Dann glauben sie uns bald gar nichts mehr. (17)

Kants Handlungsstrategie erfolgt in Abwägung moralischer, literarischer und ideologischer Ansprüche und bewirkt folglich bei Verletzung seiner literarischen Intention gezielte Gegenwehr. Die Existenz ideologischer Konflikte weist er nicht zurück, bezeichnet diese aber ebenso wenig als Zensur. Einschlägige Fälle sind seiner Auffassung nach „kulturpolitische Auseinandersetzung[en]" (20), in denen der Autor „für etwas sehr Wichtiges gehalten" (20) wird:

> Beim Kaiser Wilhelm, da kam der Zensor mit der Schere, hat es raus geschnitten und kam aber nicht im mindesten auf die Idee, mit Heinrich Heine oder so, nun zu sagen: ‚Du hast ja eine falsche Auffassung. Wir müssen doch jetzt hier das Kaiserreich vorantreiben.' Gar

nicht. (…) und zack. Das verstehe ich immer unter Zensur. Solche Zensur gab es in der DDR nicht. (20)

Die Ausrichtung des KJL-Systems der DDR steht seiner literarischen Selbstverwirklichung nicht entgegen: „Ich habe aber am Ende immer das geschrieben, was ich wollte" (19).

6.5.2 Leitthema: Diffizile Systembedingungen nach 1989/1990

Motto
„Ich bin auch nicht fleißig. Und bin auch nicht so ein Künstlermensch mit fliegenden Haaren und fliegendem Herzen und so. […] Insofern passe ich nicht in die heutige Zeit. Auch insofern nicht, ja." (7)

Bedingungsfeld: Wendepunkte

In den Jahren 1989/1990 gelangt der Autor an einen klaren Wendepunkt. Nicht nur seine kinder- und jugendliterarische Entwicklung stagniert, auch einstige Anbindungen an den Hörfunk und Journalismus entfallen. Die besondere Schwere seiner nachwendezeitlichen Situation beruht auf materiellen und ideellen Rückschlägen. Aufgrund des Wegbruchs von beruflichen Verbindungen sowie allgemein geringen Integrationsmöglichkeiten in das System KJL und der bis dahin politischen Identifikation mit dem sozialistischen Wertesystem, empfindet er die Folgen des Mauerfalls als „völlige Entwurzelung" (27).

> […] sagen wir mal so, ich lebte in dem Bewusstsein, ich kann ganz gut schreiben und ganz gut formulieren. Aber ich hatte plötzlich gar keine Chance mehr. (….) Die Leute, die ich kannte, die was von mir früher gerne gesendet haben und geschrieben haben wollten. Die gab es auch alle nicht mehr. Und ich hing also vollständig in der Luft, nicht? Ja, war ganz schön schlimm, nicht? War ganz schön schlimm. Weil ich konnte ja kein Geld mehr/ ich hatte kein Geld mehr, nicht? Und konnte keines verdienen. Das wäre die Formel, auf die ich es bringen müsste. (27)

Interaktionen: Literarizität und Verlagsinteraktionen

Auf die Frage nach tendenziell negativ zu bewertenden Bedingungen resümiert Kant im Jahr 2001: „Alles mehrmals täglich zum Kotzen" (Peltsch 2001, 74). Auch im Rahmen des narrativen Interviews betont er, sich nicht in den Kreis der „Wendehälse" einreihen und seine politische Überzeugung ablegen zu wollen.

Kant bewertet nicht nur das politische System negativ, sondern auch die gegenwärtige Kinder- und Jugendbuchmarktsituation vehement kritisch. Demgemäß sieht er sich mit einem kinder- und jugendliterarischen System konfrontiert, das bedingungslos ökonomisch ausgerichtet ist. Die am Markt beteiligten Aktanten äußern seiner Auffassung nach nur wenig Bereitschaft, Kinderliteratur als ernsten literarischen Gegenstand anzunehmen. Systemkonstitutiv sei eine Dominanz kulturindustrieller Faktoren. Diesbezüglich sieht er auch die bundesdeutsche Neuauflage seiner DDR-Lektüre *Der kleine Zauberer und die große 5* (1994/2006) in dem ehemaligen Erfolg des Titels, statt in der literarischen Qualität, begründet: „da hat [...] sich jemand die Verkaufszahlen durchgelesen" (30).

Kants literarisches Profil besticht auch durch einen hohen literarischen Anspruch. Die Herausforderung des kindlichen Lesers ist ein kennzeichnendes Merkmal seines Schreibens, für das er innerhalb der DDR-KJL-Szene noch vielfach gewürdigt wurde (vgl. Konzag 1979, 96) und welches er – wenn erforderlich – gegen kritische Stimmen verteidigte (vgl. ebd.). Einwände gegen die komplexe Erzählstruktur seines im Jahr 1969 erschienenen Titels *Das Klassenfest* wies er dezidiert zurück:

> Das scheint mir eher ein Symptom von Ungewohntheit zu sein. [...] Dann bleibe ich eben ein bißchen auf der Strecke, und wenn die Leser – vielleicht doch nicht völlig verschreckt – mal zu einem weiteren Buch greifen, und da treffen sie wieder etwas Ähnliches – vielleicht lernen sie es dann allmählich. Ich glaube, hier sind Mindestforderungen, und man muß darauf bestehen. (Konzag 1979, 100)

Auch im Jahr 1985 betont Kant in einem Zeitschriftenbeitrag zum Thema Frieden die Notwendigkeit des künstlerischen Anspruchs (Kant 1985, 70), den er auf seine kinderliterarische Komik überträgt. Im Jahr 1984 konstatiert er:

> Richtig, ich bin ein Spaßvogel. Ich habe Humor, und zwar in allen feineren Spielarten. Leisen Humor, hintergründigen, verhaltenen, trockenen, verborgenen – Ironie. Ach, es ist anstrengend. Und immer diese Angst, ob sie es auch merken. Ich wollte, mir fiele mal eine richtige Klamotte ein. (1984, 99)

Auch nach 1989/1990 hält er an den hohen literarischen Anforderungen fest. Charakteristisch erscheint hier seine Erzählung *Wer hat den Bären gesehen?* (1995), die sich durch einen permanenten Wechsel zwischen Handlungsebene und Reflexion des auktorialen, aber unzuverlässigen Erzählers auszeichnet. Der Leser wird nicht nur kontinuierlich in die Suche des Bären eingebunden, sondern auch mit der erzählerischen Reflexion des gesamten Schreibprozesses konfrontiert: „Hat jemand meinen Bären gesehen? Nein? Dann hilft es nichts, alte Banane, dann muß die Geschichte noch ein bißchen weitergeschrieben werden" (*Wer hat den Bären gesehen?* 1995, 25).

Die Bärensuche ist nicht nur konstruierte Handlungsebene, sondern auch Erzähl-
ebene, die dem Leser die Fiktion verdeutlicht[105]:

> Wer hat den Bären gesehen? Ich warte noch eine Stunde. Dann werde ich meine Geschichte lieber
> verbrennen. So wie sie ist, soll sie nicht aufhören. Du hältst die Geschichte in der Hand. Du siehst
> ja, sie ist nicht verbrannt worden. Und wie hört sie auf? (*Wer hat den Bären gesehen?* 1995, 14)

Auffällig zeigt sich, dass Kants persönliches Verständnis von guter Kinderliteratur
den gegenwärtigen Bedingungen des KJL-Systems diametral gegenübersteht. Aktuelle Kinder- und Jugendbücher hält er für „doch etwas entrückt [...] von der Literatur" (14). Weiter führt er fort: „Also <u>Uschi Glas</u> kann auch Kinderbücher schreiben.
Oder <u>Henry Maske</u> oder so, wenn er nur Zeit hätte" (14). Analog kritisiert Kant
den engen Zusammenhang zwischen der kapitalistischen Systemausrichtung und der
gescheiterten Marktintegration von ehemals erfolgreichen DDR-Autoren der KJL:

> [...] herrschte heute noch die Auffassung, dass Kinderliteratur <u>auch</u> Literatur ist, dann würde
> man sich vielleicht <u>mehr</u> darum bemühen. Aber es herrscht diese Auffassung nicht. Kinder-
> literatur ist etwas, was im <u>besten</u> Fall. gut gelingt. (31)

Mit der neuen Arbeitssituation geht nicht nur eine geringe Wertschätzung seiner
literarischen Werke einher, sondern auch ein nur geringes Wissen um seinen
vorherigen literarischen Status durch bundesdeutsche Verlagshäuser. Das nachwendezeitliche Interesse an seiner Person bzw. an seinen Titeln vermindert sich
sukzessiv: „hat dann bald nachgelassen" (29). Er habe verschiedene Erfahrungen
gemacht, bemerkt Kant im Jahr 2001, „wie es sich gehört" (Peltsch 2001, 75). Doch
beschreibt er sein literarisches Umfeld bereits zu diesem Zeitpunkt mit kritischem
Unterton (ebd.). Als er sich innerhalb eines Verlages gezielt nach den thematischen
Schwerpunkten des Programms erkundigt, erfolgt der Hinweis, das Einreichen
eines Manuskripts wäre der erste Schritt der Kontaktherstellung. Erstmalig wird
Kant mit Ablehnungen konfrontiert. Im Jahr 2007 reflektiert er: „Meine Erfahrung
mit den Verlagen besteht darin, dass keiner mich gefragt hat, ob ich was für ihn
schreiben will. Obwohl ich ja vorher ganz unbekannt nicht *war*" (33). Das selbstständige Werben um Verlage begreift er als neue Systemgrenze.

Schließlich unterstützen auch zwei textbezogene Interaktionen seine Auffassung, die ökonomische Ausrichtung des KJL-Systems stehe in einem unangemessenen Verhältnis. Insbesondere eine nachwendezeitliche Erfahrung im
Handlungssystem KJL erweist sich für Kant als stark erinnerungsprägend: Als
er zusammen mit anderen Kinder- und Jugendbuchautoren der DDR von einem
größeren bundesdeutschen Verlagshaus eingeladen wird, um mögliche Auf-

---

105   Auch Hilzheimer verdeutlicht die gestalterische Besonderheit: „Sein Spiel mit dem Leser
      erfordert von diesem die Akzeptanz der irrationalen Grundlage des Vorgangs und nimmt ihn
      mit hinein in die Geschichte, gerad [sic!] so, als teile er mit ihm den Handlungsschauplatz"
      (Hilzheimer 2001, 137).

tragsarbeiten zu besprechen, sieht er sich mit neuen, ihm bis dahin unbekannten
Anforderungen konfrontiert:

> Da begab sich etwas Ulkiges. Da wurden nämlich Aufträge. ausgesprochen, sagen wir mal
> so: ‚Folgend solche Bücher könnten wir gebrauchen.' Und das ging aber weiter, als es je in
> der DDR gegangen war mit den Aufträgen. Nämlich, wie lang die Sätze sein sollten. und die
> Zeilen. und der Umbruch. und so. (28 f.)

Handlungsstrategien: Integrationsmotivation und Friktionen

Kants nachwendezeitliche Autorenposition erfordert einen beruflichen Neuanfang. Die veränderte Arbeitssituation stellt hohe motivationale und dispositionale
Anforderungen, denen er nicht ohne Weiteres nachkommen kann bzw. möchte.
Während er innerhalb des KJL-Systems der DDR den Freiraum hat, sich künstlerisch entfalten und ohne zeitlichen Druck tätig sein zu können, begreift er die
jetzigen Bedingungen als Beschränkung seiner literarischen Möglichkeiten

> […] wenn mir jemand gesagt hätte: ‚So, du willst also Schriftsteller sein, dann musst du jetzt/
> Kinderbuchautor/ dann musst du aber jedes Jahr mindestens ein Buch schreiben. Dann hätte
> ich es gelassen. Also dann wäre ich lieber was anderes geworden. Denn das ist für mich mehr
> eine lustvolle Beschäftigung. Ich bin auch nicht fleißig. Und bin auch nicht so ein Künstler-
> mensch mit fliegenden Haaren und fliegendem Herzen und so. […]. Insofern passe ich nicht
> in die heutige Zeit. Auch insofern nicht, ja. (7)

Des Weiteren korreliert Kants geringe Integrationsbereitschaft mit seinen literarischen Intentionen und Neigungen. Obwohl Kant um den potentiellen Erfolg einer
seriellen Fortsetzung seiner DDR-Erzählung *Der kleine Zauberer und die große 5*
(1974) weiß, lehnt er ab: „aber das/dieser Gedanke war mir immer ganz fern, weil
[…] diese Art Buch hatte ich nun geschrieben" (5). Doch auch wenn er eine völlige Anpassung an die kapitalistische Konstitution des KJL-Systems ausschließt,
betrachtet er seine literarische Situation nicht als unveränderlichen Zustand. Gleichwohl versucht er seine Integration aktiv zu beeinflussen: Um seine Wendegeschichte
Heinrich verkauft Friedrich veröffentlichen zu können, bemüht er sich trotz zahlreicher Ablehnungen um erfolgsversprechende Verlagskontakte.

Kant weist der heutigen Berufsgruppe Kinder- und Jugendbuchautoren einen
niedrigen Status zu, mit dem eine seiner Auffassung nach deutlich spürbare Recht-
losigkeit einhergeht. In der Folge wird zum einen die Anpassung an systemkonstitutive Faktoren unumgehbar, zum anderen eine aktive Abwehr verlegerischer
Forderungen beinahe unmöglich. Analog seines persönlichen Verständnisses von
Zensur (Kap. 6.5.1) vergleicht er die Bedingungen des bundesdeutschen Kinder-
und Jugendbuchmarkts mit zensorischen Beschränkungen. Lachend zitiert er
eine Anekdote seines befreundeten Schriftstellers Peter Abraham: „Pass mal auf
mein Lieber. Die Zensur, das bin ich, wa!" (22).

Konsequenzen: Der Rückzug

Kants Integrationsmotivation schwächt sukzessiv ab. Auch wenn er seine literarische Entwicklung lediglich als logische oder auch normale Folgeerscheinung
eines dicht gedrängten Buchmarkts begreift, äußert er unzufrieden: „Und wenn
ich, wie gesagt, nicht eine Frohnatur wäre, dann würde ich/ könnte ich manchmal heulen oder Zähne knirschen oder so, ne. Mache ich aber nicht" (13). Den
Versuch, sich erfolgreich im System KJL zu etablieren, sieht er inzwischen als
gescheitert an. Nur kurzzeitig, aufgrund der Neuauflage seiner Veröffentlichung
Wer hat den Bären gesehen? (1995), hofft er auf einen einschlägigen Wirkungsef-
fekt: „Dass ich einen Moment dachte: ‚Ah. Jetzt hast du es gepackt.' […] Aber das
war natürlich eine. eine Illusion. Das war eine Illusion. Weil, das ist ja heutzutage
gar nicht drin" (30). Gegenwärtig ist Kant im Besitz zweier rudimentär ausgearbeiteten Manuskripte, von denen er sich allerdings keinen Erfolg verspricht.

> […] zwei Fragmente, die ich mir immer abwechselnd angucke und sicherlich auch irgendwann
> noch zu Ende schreibe. Ähm aber, dass ich dann nun noch irgendwie eine große Nummer werden
> kann mit. Das/ habe ich mir abgeschminkt. Das kann ich auch nicht. Da muss man entweder so
> ganz. gut sein. Wie., ja., meinetwegen Härtling. Oder man muss so viel schreiben […]. (30)

Seinen im Jahr 2001 offiziell verkündeten, bewusst gewählten Ausstieg aus dem
KJL-System begründet der Autor damit, den Bezug zur kindlichen Lebenswelt
verloren zu haben (vgl. Hilzheimer 2001, 142). Bereits 1979 erklärt Kant – der
seine literarische Stärke noch immer in der Beschreibung alltäglicher Situationen
(Schule, Familie) sieht – er würde Kinder nicht beobachten und pedantisch studie-
ren, sondern erst der direkte Umgang versetze ihn in die Lage, „die Umwelt, zu
denen im starken Maße Kinder gehören, durch die Haut aufzunehmen" (Konzag
1979, 101). Diesbezüglich führt er aus:

> Davon habe ich aber nach 1989 sozusagen keine Ahnung mehr. Ich weiß nicht, wie es heute
> an der Schule so zugeht. Gut. Ich bin ja noch mal da gewesen. Früher wusste ich das aber
> ganz genau.. Und. ich weiß auch nicht, wie es in den Familien so ist. Ich weiß es nicht. Also
> früher wusste ich auch das ganz genau. Deshalb kann ich solche Art Geschichten nicht mehr
> schreiben. Und deshalb hatte ich gesagt, dann will ich es. lieber lassen. (12)

Im Vergleich zu seinem literarischen Profil als DDR-Autor schreibt Kant der
Erzählung *Heinrich verkauft Friedrich* (1993) und partiell auch seinem Werk
Wer hat den Bären gesehen? (1995) eine stärkere thematische Ernsthaftigkeit zu,
deren Ursache er in den veränderten Gesellschaftsverhältnissen sieht. „Ja. Das
ist richtig. Also.. Ja. Das brachten die Zeiten so.. mit sich" (38). In der Nach-
wendegeschichte *Heinrich verkauft Friedrich* beleuchtet er die Auswirkungen
der Umbruchsprozesse kritisch. Der Fall der Mauer prägt die Familie des jungen
Heinrich durch Arbeitslosigkeit und Streit. Bei einem lautstarken Wortwechsel

der Eltern macht Heinrichs Vater den Vogel seines Sohnes für die schlechte finanzielle Situation mitverantwortlich. In seiner Hilflosigkeit versucht der Junge das Haustier auf der Straße zu verkaufen. Als sein Vater von der verzweifelten, aber fest entschlossenen Reaktion Heinrichs erfährt, verkleidet er sich als französischer Käufer und nimmt sowohl Heinrich als auch den Vogel Friedrich mit nach Hause. Komische Elemente sind vorhanden, doch wird die Erzählgestaltung von dem bestehenden Konflikt bzw. der inneren Zerrissenheit des Kindes dominiert. Auch nach 1989/1990 setzt Kant seine literarischen Ansprüche und Interessen gezielt um. Er kann sich mit seinem literarischen Profil identifizieren.

6.6 Günter Saalmann

„Es geht mir aber gut, muss ich sagen."

Kurzbiographie

Günter Saalmann (*1936) studiert ab 1955 Slawistik/Russistik an der Karl-Marx-Universität Leipzig, im Jahr 1958 wird er aus politischen Gründen relegiert. Analog der Ausübung verschiedener beruflicher Tätigkeiten als Straßenbahnschaffner, Materialverbrauchsnormhilfssachbearbeiter oder Berufsdekorateur widmet er sich als Schlagzeuger, Gitarrist, Leadsänger und später Posaunist verstärkt der Tanzmusik. Nach der Absolvierung einer Berufsmusikerprüfung wirkt er ab 1962 im Tanzorchester „Gerhard Stein – Combo" und „Praxis Zwo" mit. Aufgrund seiner Teilnahme an einem Zirkel schreibender Arbeiter erfolgt im Jahr 1972 die Delegation an das Literaturinstitut Leipzig. Nach einem Ein-Jahres-Fernstudium erhält er ab 1973 die Möglichkeit eines dreijährigen Direktstudiums, währenddessen eine Redakteurin des Kinderbuchverlags Berlin auf sein kinderliterarisches Potential aufmerksam wird. Seitdem verfasst er Lyrik und Prosa sowie Übersetzungen aus dem Russischen und Hörspiele vorwiegend für Kinder. Bis zur deutschen Wiedervereinigung 1990 veröffentlicht er 14 Bücher für junge Leser – sowohl im renommierten Kinderbuchverlag Berlin als auch in kleinen Verlagen wie Karl Nitzsche in Niederwiesa oder dem Abel und Müller-Verlag in Leipzig. Sein literarischer Durchbruch gelingt ihm mit der Familienerzählung *Umberto* (1987), für die er unter anderem den Maxim-Gorki-Preis für Jugendliteratur des Kuratoriums International Board on Books for Young People (IBBY) der osteuropäischen Länder erhält. Während der politischen Umbruchprozesse 1989 engagiert er sich aktiv in der Bürgerbewegung „Neues Forum". Die Integration in den bundesdeutschen Kinder- und Jugendbuchmarkt tangiert seine literarische Entwicklung nur marginal. Bereits im Jahr 1991 erscheint der autobiographisierte Kinderroman *Mops Eisenfaust* (1991)[106]. Es folgen zwölf weitere Texte, wie *Fernes Land Pa-isch* (1994).[107] Im Jahr 1998 ist sein Adoleszenzroman *Ich bin der King* (1997) auf der Auswahlliste des Deutschen Jugendliteraturpreises vertreten. Dabei erscheint lediglich seine erfolgreichste Erzählung *Umberto* (1987) als Neuauflage eines DDR-Titels, der unter anderem auch in die österreichische Ehrenliste des Staatspreises für Jugendliteratur aufgenommen wird. Saalmanns letzte kinderliterarische Veröffentlichung geht mit dem Titel *Leselöwen-Geschichten von Schulfreunden und Streichen* auf das Jahr 2005 zurück. Seine Literatur ist im Internet partiell frei zugänglich.[108]

Leitthemen des narrativen Interviews

Die nachfolgende Fallanalyse umfasst drei Leitthemen[109]:

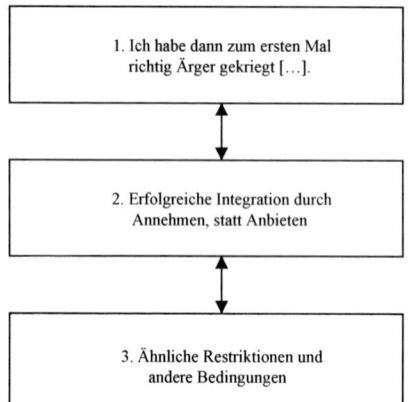

1. Ich habe dann zum ersten Mal richtig Ärger gekriegt [...].

2. Erfolgreiche Integration durch Annehmen, statt Anbieten

3. Ähnliche Restriktionen und andere Bedingungen

Tabelle 15: Leitthemen Günter Saalmann

---

106   Im Jahr 1994 unter dem Titel *Der Blindgänger* im Rowohlt – Verlag erschienen.
107   Im Jahr 2000 erscheint Fernes Land Pa-isch als Kinofilm (Regie: Rainer Simon).
108   Unter: www.guenter-saalmann.de (1.3.2010).
109   Die Fallanalyse wird durch die folgenden Interviews und Beiträge gestützt:
      1. Rouvel, C.: Der Leser will eine Geschichte lesen, gut erzählt... Gespräch mit Günter Saal-
      mann, in: Almanach zur Kinderliteratur der DDR, hg. von M. Gorschenek, M., Hamburg:
      Katholische Akademie 1989, S.46–51.
      2. Fretter, D.: „Die jungen Pioniere haben an dieser Stelle immer sehr gelacht.", in: Börsen-
      blatt, H. 71, 1990, S. 2630–2631.
      3. Kliewer, H.-J.; Kliewer, U.: Schreiben nach der Wende. Jugendliteratur ostdeutscher Auto-
      ren zum Thema „Gewalt", in: Diskussion Deutsch 25, 1995, S. 259–265.

6.6.1 Leitthema: „Ich habe dann zum ersten Mal richtig Ärger gekriegt [...]." (6)

> **Motto**
>
> „Wenn man so nachdenkt, das ist ja
> doch eine ganze Menge, was. was
> einem da so unterlaufen ist oder
> widerfahren. Aber wie gesagt, das hat
> man nicht übel genommen." (59)

Das Bedingungsfeld: Nonkonforme Sichtweisen und Aktivitäten

Die Veröffentlichung der Familienerzählung *Umberto* (1987) ist für Saalmann nachhaltig prägend: „Ich habe dann zum ersten Mal richtig Ärger gekriegt" (6). In *Umberto* (1987) thematisiert er die Kindheit des 13jährigen – später 14jährigen – Protagonisten Umberto, der mit seiner einjährigen Schwester sowie seiner egozentrischen und völlig überforderten Mutter Ilona in asozialen Verhältnissen lebt. Umberto akzeptiert und forciert seine Außenseiterrolle bedingungslos: er stiehlt, beweist sich durch Mutproben, ist Störfaktor des Schulunterrichts. Seine Situation endet mit einer Heimeinweisung, womit dem Leser ein positives und gesellschaftskonformes Lösungskonzept offeriert wird. Dieses Leitthema spiegelt vor allem das zensorische KJL-System der DDR wider, weshalb in einem nachfolgenden Schritt zunächst Saalmanns (literatur-)politische Haltung betrachtet werden soll:

Saalmann setzt seine gegenwärtige politische Position in ein tendenziell linkspolitisches Umfeld: „im *Vergleich* also zu. zu westdeutschen Denkweisen also sagen wir mal CDU- oder CSU-Denkweisen, da sind wir Kommunisten, glatt. Und es wird [...] nicht differenziert" (13). Im Handlungs- und Symbolsystem KJL der DDR agiert er kritisch reflektiert, nicht renitent. Gleichwohl machen seine autobiographischen Zeugnisse und kinderlitera-

---

4. Peltsch, S.: „Wie vom Regen in die Traufe gekommen...". Ostdeutsche Antworten auf eine Autorenumfrage, in: Wende-Punkte. Zur Situation der Literatur und der Literaten in den neuen Bundesländern, hg. von S. Peltsch, Weinheim: Juventa 2001, S. 98–99.

5. Saalmann, G.: Poetikvorlesung (http://www.guenter-saalmann.de/essay/ poetikvorlesung. htm, 30.11.2010).

6. Saalmann, G.: Wer wundert sich da noch? Essay. (http://www.guenter-saalmann.de/essay/ wer wundert sich da noch.htm, 4.11.2010).

7. Strobel, G.: Saalmann, G.: „Ich will direkt politische Bücher schreiben!" Günter Saalmann im Gespräch mit Gabi Strobel, in: Eselsohr, H. 3, 1995, S. 46.

rischen Texte nonkonforme Handlungen evident. So wird er im Jahr 1958 wegen seines offenkundig despektierlichen Verhaltens von der Karl-Marx-Universität relegiert.

> [...] es wurde immer irgendeine Resolution angenommen. Alle Hände hoch. ‚Ich stelle Ein-stimmigkeit fest. Gegenstimmen? Soweit ich sehe keine. Danke.‘ Immer. Und *einmal* melde ich mich in der FDJ-Vollversammlung mit hunderten Studenten. Germanisten, Anglisten, Slawisten. und. und. und. und. Erst spreche ich gegen die Resolution. Und dann stimme ich dagegen. Ne? Und da hieß es gleich: ‚Mit dem Jugendfreund müssen wir uns noch besonders unterhalten.‘ [...] Das war das Ende/ Anfang vom Ende bei mir. (43)

Mehr als 30 Jahre später nimmt er an den Leipziger Montagsdemonstrationen teil und engagiert sich aktiv in der Bürgerbewegung Neues Forum. Auch das Wirkungs-potential seiner realistischen Kinderliteratur, seiner Kinderlyrik und Schlagertexte beruht auf Tabubrüchen und kritischen Anspielungen. In einem Essay reflektiert der Autor:

> Wichtig dabei: Thematisiere nur, was dich selbst bedrängt, bewegt, wütend macht. Nur dann wirst du die Sprache finden, die auch andere bewegt. Ich kam zu der vielfach wider-sprochenen Aussage: Mein Schreib-Antrieb ist Wut. Muss es, hieß es da, nicht auch Liebe sein, Begeisterung? Ja, sicher, aber den Anlass zum Schreiben bot mir immer Zorn über ein bestimmtes, aktuelles Ereignis, irgendeinen Zustand, der ja immer ein Missstand ist. Und dieses Ereignis, dieser Zustand muss für alle wichtig sein. Ärgert dich nur des Nachbarn Maschendrahtzaun, wirst du zum Gespött. Es geht in der Kunst, die Bestand hat, eigentlich immer um Menschheitsbeträge, auch, wenn sie an einem winzigen Beispiel abgehandelt werden. [110]

Auch in seinen Gedichten setzt Saalmann kritische Akzente: „Eingängig reimen, und später, wenn der Leser wieder mal so einen Reim im Gedächtnis wälzt, merkt er vielleicht: Halt, da war doch noch mehr" (Rouvel 1989/50). Auch in seinem kinderlyrischen Text *Das Mausehaus* (1978) deckt Saalmann Missstände des Sozialismus auf:

> Inzwischen bringt die Taube
> auch Nagel Stift und Schraube,
> die Elster, Donnerwetter!
> Besorgt die Dielenbretter. (Das Mausehaus 1978, o. S.)

Die Taube steht bildhaft für die Westverwandschaft. Sie überbringt den ostdeut-schen Verwanden/Freunden Alltagsutensilien, die aufgrund der schlechten wirt-schaftlichen Situation Mangelware sind. Die Elster versteht sich als diebische

---

110   In: http://www.guenter-saalmann.de/essay/poetikvorlesung.htm (30.11.2010).

Elster, eine Anspielung darauf, dass in der DDR auch Dinge gestohlen, untereinander verschachert oder getauscht werden. Holz ist knappes Baumaterial, das häufig aus Beständen sozialistischer Betriebe oder Baustellen entwendet bzw. ‚abgezweigt‘ wird.

Seine Erzählung *Umberto* (1987) gilt aufgrund der für die KJL bis dahin ungewöhnlich realistischen, detaillierten und umfangreichen Darstellung des Themas Asozialität als hervorstechend couragiert:

> »Bin auf keinen Fall zu Hause«, krächzt Ilona aus ihrem Bett und ein gewaltiges Sprungfedernächzen ist zu hören. [...] Hat die Frau nun Ilonas Gekrächz mit angehört oder nicht? Der Fernseher läuft zwar wieder in voller Lautstärke, aber ... immerhin... Außerdem steht er in kaputter Turnhose, durch den Triangel kann er eine nackte Hinterhälfte fühlen. (*Umberto* 1987, 20f.)
>
> Es ist in den letzten zwei Jahren wirklich selten passiert, daß er in dieser Wohnung richtig im Bett übernachtete und nicht auf dem Fußboden. Ilona hat die Einzelteile seines zusammengebrochenen Kinderbetts nach und nach verheizt und der Jugendhilfe erzählt, ihr Sohn schliefe immer mit im Doppelbett. Ob ihr Frau Kilian nun glaubt oder nicht, das Gegenteil kann sie nicht beweisen. (*Umberto* 1987, 100)

Bereits in *Das Vorbild mit dem Schnauzebart* (1978) nähert sich Saalmann dem Stoff literarisch an, allerdings in wenig durchdringender Form. Asozialität gilt in der DDR als schwer zugängliches Thema. Kontroverse Reaktionen sind folglich vorausschaubar und machen die Veröffentlichung nicht ohne Grund zu einem teils schwierigen Unterfangen.

Interaktionen: Der Veröffentlichungsprozess Umberto (1987)

In einem Interview aus dem Jahr 1989 teilt Saalmann mit, der Veröffentlichungsprozess des Manuskripts *Umberto* (1987) habe sechs Jahre betragen (vgl. Rouvel 1989, 7).[111] „Die anderen Texte sind eigentlich gut durchgegangen" (8). Eingriffe in die literarische Produktion äußern sich partiell äußerst massiv. So scheitert der Autor bereits an seinem ursprünglichen Ziel, ein umfassendes Panorama über asoziale Erscheinungsformen aufzeigen zu können: „Und da haben die einfach nicht mitgemacht, ne?" (7). Einen ersten Texteingriff führt die Cheflektorin Katrin Pieper mit dem Hinweis durch, das Manuskript könne eine Konfrontation mit dem Volksbildungsministerium hervorrufen und mache deshalb Änderungen unumgänglich.[112]

---

111 In einem Beitrag Dagmar Fretters wird eine achtjährige Bearbeitungszeit erwähnt (Fretter 1990, 2631). Aus der Druckgenehmigungsakte geht eine fünfjährige Dauer hervor, die aber nicht zwangsläufig die tatsächliche Gesamtzeit umfassen muss (BArch, DR 1 /2306a, 24.11.1986, Bl. 60).

112 Auch nach der Veröffentlichung werden Einwände laut. So lässt die parteiunterstützende Tageszeitung *Neues Deutschland* eine positive Rezension ungedruckt, obwohl diese der Redaktion bereits vorlag (vgl. Fretter 1990, 2631).

Nach der Druckgenehmigungsbestätigung des Ministeriums für Kultur wird ihm eine erneute Bearbeitung auferlegt:

> Und dann geht die Befehlskette weiter runter und. und dann sagt mir mein Lektor: ‚Die politische Situation hat hat sich geändert, wir müssen noch mal ran. Am besten streich das und das und das und das. Hundert Seiten raus'. (7)

In einem Interview mit Claudia Rouvel erklärt er:

> Die Einstellung des Verlags schien sich im Laufe der Arbeit zu ändern, auf einmal wollte man nicht mehr so recht ran. Zum Beispiel an das Thema Punk. Nach 300 Seiten, die nach vielem Hin und Her und vielen Streichungen als druckreif angenommen waren, sagte mein Lektor auf einmal: ‚Wir müssen da noch mal drüber reden.' Die übliche Naturalismuskritik. (Rouvel 1989, 46)

Eine Grenzsetzung ganz anderer Art ereignet sich, als Saalmann eine Widmung an den westdeutschen Kinderbuchautor Jochen Ziem streichen soll, dessen Jugendroman *Boris, Kreuzberg, 12 Jahre* (1988) einen nahezu identischen Handlungsrahmen aufweist. Saalmann sieht den tatsächlichen Konfliktpunkt in dem nahe liegenden Vergleich ost- und westdeutscher Literatur gegeben und fasst die Verlagsreaktion wie folgt zusammen: „Es tut uns leid [...]. Schreib ‚Für meine Tante' oder irgendwas" (59). Verlegerische Bedenken beruhen ebenso auf der Intention Saalmanns, die gesellschaftlichen Verhältnisse wirklichkeitsnah bzw. mit Verzicht auf kindgemäßes Schreiben abzubilden. In seinem Essay *Poetikvorlesung* setzt er klare Akzente:

> Für Kinder die Wahrheit, aber nicht die ganze Wahrheit, sie würde sie töten – diese Sentenz (sinngemäß zitiert) wurde immer Maxim Gorki untergeschoben. Man muss wohl den Satz bestätigen, aber andererseits bessert es nichts, die Wahrheit – im Sinne von bitterer, brutaler Wahrheit – diese in der Literatur von den Kindern fern zu halten. Denn sie holt sie sowieso ein. Es gibt da nur den Kompromiss, und für diesen eine Faustregel, die Kinderliteratur betreffend, formuliert von dem Literaturtheoretiker Günter Ebert: Simplifikation [...]. Das heißt schlicht: Schreibe simpel genug. Und lass den Tod eine Randerscheinung bleiben.[113]

Die konsequente Umsetzung dessen gelingt ihm jedoch erst im wiedervereinigten Deutschland. „Ich habe von vorneherein gewusst: jetzt kannst du. brutaler schreiben. Was ich schon vorher auch schon gerne gewollt hätte" (57). Auch innerhalb des Manuskripts *Umberto* muss er seine literarischen Ambitionen zurückstellen und eine Textsequenz streichen, in der eine Handlungsfigur die körpereigenen Tätowierungen verbrennt:

> Er trinkt zwei Flaschen Rotwein auf. auf einen Zug. aus. Wartet eine halbe Stunde und macht ein Bügeleisen heiß und setzt sich das hier drauf. Und die Szene, die stank förmlich, sagt mir mein Lektor – das fand ich ja auch – nach verbranntem Fleisch. ‚**Das kannst du nicht machen**. Das kannst du den Kindern nicht servieren.' (57)

---

113   In: Saalmann, Günter: Poetikvorlesung. – http://www.guenter-saalmann.de/essay/poetikvorlesung.htm (30.11.2010).

Analog wird ihm die Darstellung positiver Charaktere nahe gelegt: „Wir müssen auch die positive Seite zeigen, so das Lektorat" (Rouvel 1989, 56).

Auch die erst nach 1989/1990 veröffentlichten Werke *Mops Eisenfaust* (1991) und *Fernes Land Pa-isch* (1994) weisen kritisches Potential auf. In seinem autobiographisierten Kindheitsroman *Mops Eisenfaust* (1991) thematisiert der Autor die Kriegs- und Nachkriegserlebnisse eines Jungen zwischen 1940 und 1946, der in ein Dorf nahe Dresden umsiedeln und seine Heimatstadt Köln zurücklassen muss. Der thematische Fokus des Problemstoffs liegt auf der kindlichen Internalisierung des faschistischen Glaubenssystems. Obwohl „im Grunde wohlmeinend" (68) will Saalmann auch das Fehlverhalten sowjetischer Soldaten offenlegen, so dass das Manuskript vom Kinderbuchverlag abgelehnt wird: „da wollte der Kinderbuchverlag auch nicht so recht ran. Weil eben die sowjetischen. Soldaten, die – als sie hier einmarschiert sind – nun *auch* nicht immer zimperlich waren, nicht?" (8).

Die Fortsetzung der Erzählung *Umberto* (1987), *Fernes Land Pa-isch* (1994) scheitert dagegen an der selbstzensorischen Einsicht: „das hätte die DDR nicht gebracht" (31). In *Fernes Land Pa-isch* (1994) führt Saalmann die Handlungsstruktur des kinderliterarischen Werks *Umberto* (1987) fort, verlegt den Handlungsort jedoch in die westdeutschen Städte Hamburg und Berlin: Ein Ausbruch aus seiner desolaten Lebenssituation scheint dem Protagonisten Umberto unmöglich. Ein Fluchtversuch nach Afrika, zu dem ihm wohl gesonnenen Vater seiner Schwester misslingt. Als er im Wald ein Feuer entfacht, um sich und seine Schwester zu wärmen, entsteht ein Waldbrand. Die Feuerwehr rückt an, der Körper seiner Schwester scheint leblos.

Trotz der erfahrenen Beschränkungen, nimmt Saalmann im KJL-System der DDR ausreichend literarische Freiräume wahr: „Der Kinderbuchverlag [...] hatte uns nie vorgeschrieben, wie wir was zu schreiben hatten. Der hatte nicht mal eine Wunschliste. [...] Wir haben einfach angeboten, was wir wollten" (11). Im Falle von Auftragsarbeiten gehen seine Interessen mit denen des Kinderbuchverlages konform (zum Beispiel: *Ein Rucksack voll Ukraine* 1986).

Während des gesamten Prozesses der Erstellung und Veröffentlichung seines Manuskripts *Umberto* (1987) erfährt er zugleich die hilfreiche Unterstützung seines Umfelds. So geht bereits seine Themenfindung auf den Vorschlag eines auf einem Jour fixe referierenden Staatsanwalts zurück, der ihm Einblick in juristische Dokumente offeriert. Ebenso nimmt Saalmann eine primär zustimmende Reaktion der Verlagsmitarbeiter wahr: „Jeder freute sich ja, wenn so was kam. Es war ja nicht so, dass nun bis oben der Daumen draufgedrückt wurde" (6). Bereits zu Beginn erfährt er die Unterstützung, Affirmation und Offenheit seines Lektors, dessen Stellungnahme er wie folgt erinnert: „,Mach. Schreib, schreib schreib!' Und dann sehen wir.' [...] ,Pack rein, was du kannst, aber schreibe es zwischen die Zeilen, es versteht sowieso jeder'" (7). Ähnliches Verhalten schreibt er seiner Cheflektorin Katrin Pieper zu, welche seiner Auffassung nach nicht die Verzögerung der Veröffentlichung intendiert, sondern die Druckgenehmigung sicherstellen will. Pieper zeigt ihm mögliche Schwierigkeiten auf, die der Text bei Vorlage im Ministerium für Kultur herbeiführen könnte. Saalmann beschreibt ihre Reaktion: „Na.. Ehe ich das oben einreiche und es wird nicht gedruckt. Und wir haben die größten Schwierigkeiten mit einem neuen Anlauf, schreib mal noch mal" (7). Weil Pieper sowohl das Ministerium für Kultur als auch das Ministerium für Volksbildung als die eigentlichen Grenzfaktoren bezeichnet, ohne Saalmanns politische Festigkeit anzuzweifeln, empfindet dieser den Verlagsumgang als transparent und offen.

Handlungsstrategien und Konsequenzen: Kompromissorientierung und literarischer Gewinn

Im Jahr 1990 formuliert Saalmann: „Ich habe mir manches einreden lassen" (Fretter 1990, 2631). Seine Gesamtreaktion beläuft sich auf zwei Handlungsstrategien: Auf Anraten seines Lektors, er solle zwischen den Zeilen schreiben, konzentriert er sich auf die Darstellung zweier Sinnebenen: „Und so habe ich es dann auch gemacht" (7). Zugleich passt er sich, um die Veröffentlichung sicherstellen zu können, den darauffolgenden Verlagsforderungen konsequent an, statt an seiner literarischen Zielsetzung festzuhalten: „Eh es so weit war, dass ein Buch abgelehnt wurde, wurde es so lange geschrieben, bis man sicher war, dass es genommen wurde" (48).

Diese Taktik zeigt sich unter anderem an der Lektoratsforderung nach positiven Figuren mit Konflikt kompensierender Funktion. Entgegen seiner ursprünglichen Zielsetzung arbeitet er die gesamte Figurenkonstellation neu aus. „Nun fällt es mir immer schwer, so sehr positive Figuren glaubhaft zu erfinden. Ich schreibe nicht aus Freude über »heile« Zustände, sondern aus Zorn über Zustände" (Rouvel 1989, 56). Gleichwohl macht er deutlich: „Ich habe aber unter Kürzungszwang, dem Zwang, etwas von dem vielen ‚Dreck‘, der den Text so ‚naturalistisch‘ machte, wegzunehmen, auf diese Figur verzichtet" (Rouvel 1989, 52). Im Rahmen des narrativen Interviews betont Saalmann: „Und da musste ich es streichen. Was mir sehr leid getan hatte" (58). Offen berichtet er auch von der „Schere im Kopf" (48) als indirektes Arrangement mit ideologischen Anforderungen (vgl. auch Peltsch 2001, 99). Exemplarisch dafür steht eine Textstelle, in welcher der Protagonist Umberto eine Republikflucht nach Afrika anstrebt (vgl. *Umberto* 1987). Die BRD erscheint Saalmann als nicht weniger interessantes oder handlungslogisches Fluchtziel, doch ist ihm die Problematik der Darstellung durchaus bewusst: „Also das sind so kleine Beispiele von Zensur. ja?" (59). Trotz wiederholt auftretender Widerstände äußert Saalmann ein insgesamt stark motiviertes und engagiertes Verhalten: „<u>Da</u> habe ich eben noch den <u>Mumm</u> gehabt und habe mich <u>wieder</u> dran gesetzt" (27).

Saalmann bezeichnet sein schriftstellerisches Arrangement als eine Zusammenarbeit mit zensurverantwortlichen Personen des Kinderbuchverlags. Aufgrund des Gemeinschaftsgefühls und der verlegerischen Offenheit gegenüber literarischen Konfliktfeldern betrachtet er die erfahrenen Beschränkungen nicht als Anfeindung seiner Person. Er akzeptiert einschlägige Interventionen des Verlags als gemeinsame Maßnahme, die vor anderen entscheidungsbefugten Instanzen bzw. dem Ministerium für Volksbildung schützen soll. Wobei er zu Vertretern des Ministeriums für Kultur eine ebenso affirmative Bindung empfindet.

> Die <u>kannte</u> man alle. Die waren auch immer zusammen, wenn. wenn diese Jours fixes waren. Die kannte man alle und war per ‚Du'. Ja? Man war um eine gute Atmosphäre bemüht. Das war nicht wie. wie in der Armee oder so. Sondern man war per du. Man. saß beim Bier. gerne zusammen und redete über Gott und die Welt. Und am Ende wusste man aber doch, also wenn die <u>Margot Honecker</u> den Satz lesen würde, dann würde sie sagen: ‚Nee das Buch drucken wir nicht.' [...] Und das war in allen Köpfen sozusagen. (48 f.)

Auch in der Retrospektive begreift Saalmann seine Anpassung an zensorische Beschränkungen nicht als Gehorsam oder Fehlentscheidung. In der Zusammenarbeit mit zentralen Vertretern des Kinderbuchverlags sieht er ein konstruktives Verhältnis gegeben, das auf gemeinsamem Handeln, statt auf politischem Druck beruht:

> [...] das war nicht so, dass <u>alles</u> <u>Parteilinie</u> und wehe du weichst ab oder so. Sondern die saßen alle da und überlegten ernsthaft, wie können wir es besser machen? Wie können wir erstens den Leser erreichen? [...] Und wie behalten wir Niveau. (41)

Das Bestehen literarischer Freiräume hängt seiner Auffassung nach eng mit der allgemeinen Öffnung des literarischen Systems im Zuge politischer Entwicklungsprozesse der 1970er und 1980er Jahre zusammen, in denen die Bindung an die literaturtheoretische Doktrin des sozialistischen Realismus bzw. des politischen Erziehungsauftrags – den er selbst als „humanistischen Auftrag" (41) bezeichnet – gelockert wird. Dennoch reflektiert er: „Wenn man so nachdenkt, das ist ja doch eine ganze Menge, was. was einem da so unterlaufen ist" (59). Die direkten Auswirkungen auf den Text sieht der Autor allerdings nicht kritisch. So versteht er die Bearbeitung des Manuskripts *Umberto* (1987) aufgrund der stetigen, mehrere Jahre umfassenden Überarbeitung sogar als Qualitätssteigerung. Bereits im Jahr 1989 expliziert er: „Aber das ganze Theater hat im Grunde dem Buch nicht geschadet. Ich hab' bei jeder neuen Fassung versucht, die Sache noch gründlicher anzupacken" (Rouvel 1989, 46). Zwar scheitert seine anfängliche Intention, die Erscheinungsformen von Asozialität vollständig porträtieren zu wollen, doch garantiert die Konzentration auf den Protagonisten Umberto vor allem Kohärenz und Spannung:

> Und da habe ich mich dann auf diese Familie beschränkt.., sehr wohl also der Zensur folgend. Aber ohne/ aber mit Gewinn. Also das Gedi/ das Buch ist dichter geworden, spannungsreicher dadurch. Es ist einfach viel Handlung drin. (7)

Das positive Ergebnis relativiert das Ausmaß literarischer Interventionen. Während des gesamten Entstehungsprozesses setzt er die Veröffentlichung seines Manuskripts als primäres Ziel, das er mit überragendem Erfolg erreicht. Seine ursprüngliche Intention ordnet er soweit unter, wie es einschlägige Aktanten einfordern bzw. die Aussicht auf eine Veröffentlichung verlangt.

6.6.2 Leitthema: Erfolgreiche Integration durch Annehmen, statt Anbieten

Motto
„… da wurde die Wende noch mal zu meinem Vorteil." (9)

Bedingungsfeld: Bedingungen des literarischen Erfolges

Saalmanns Integration in das bundesdeutsche KJL-System der Nachwendezeit stellt aufgrund seiner zu Beginn verhältnismäßig hohen Anzahl an veröffentlichten Texten sowie seiner relativ konstanten Anbindung an größere Verlagshäuser westdeutscher Provenienz eine Ausnahmeerscheinung dar. Seine Integration wird zum einen durch den Erfolg, zum anderen durch die Aktualität seiner Familienerzählung *Umberto* (1987) unterstützt. Die im bundesdeutschen KJL-System veröffentlichte Lizenz fällt in das Wendejahr 1989. Literaturkritiker westdeutscher Provenienz honorieren sein Werk nicht weniger enthusiastisch als wichtige Vertreter der DDR. In der Wochenzeitung *Die Zeit* heißt es 1989:

> Mit ‚Umberto' emanzipiert sich DDR-Literatur für junge Leser ausdrücklich von borniert polit-pädagogischer Schwerfracht. Das Entscheidende: Saalmann formuliert konstruktive Kritik mit sozialer Empfindsamkeit, mit sprachlicher Brillanz, mit Zärtlichkeit, mit Humor. Und er formuliert sie als Autor in der DDR. Nicht bequem zurückgelehnt aus einem West-Sofa. (Blaich 1989, 2)

Die auffällige Abkehr von einst für die DDR-KJL typischen Heldenfiguren und plakativen Erziehungsintentionen verschaffen ihm Zuspruch und aussichtsreiche Integrationschancen. Analog betrachtet der Autor auch seine politische Abwendung von der defizitären Gesellschaftspolitik des Staates als maßgeblichen Grund für seine Integrationschancen:

> Also die wussten, das ist kein. kein Angepasster gewesen. Das hatte sich irgendwie doch herumgesprochen. Eben weil ich bei dem Neuen Forum war. <u>Weil</u> alle wussten was mit dem Umberto/ nicht <u>alle</u>, aber die. Leute die es angeht, die Verlagsleute und auch viele Bibliothekare und Lehrer. Die sich überhaupt für den Osten interessierten, die wussten, der Saalmann, der könnte für uns vielleicht interessant sein. (19)

Günstige Ausgangsbedingungen ergaben sich zugleich auch durch den bis dahin unveröffentlichten DDR-Titel *Mops Eisenfaust* (1991) sowie bereits vorhandenen Manuskriptansätzen wie *Fernes Land Pa-isch* (1994). Seine zumindest rudimentär ausgearbeiteten Manuskriptentwürfe bieten ihm wichtige Editionsmöglichkeiten: „Ich brauchte eigentlich nur noch auszuführen.. Sachen wo ich wusste, das hätte die DDR <u>nicht</u> gebracht" (31).

Interaktionen, Handlungsstrategien, Konsequenzen: Äußere Förderung ohne Eigenaktivität

Saalmanns Interaktionen mit Verlagen und Personen des Subsystems KJL sind zahlreich, vielseitig und ausschlaggebend für seinen literarischen Erfolg. Nachdem das Programm des Kinderbuchverlags nach 1989/1990 primär ökonomisch ausgerichtet ist, erhält Saalmann die Absage eines bereits geplanten Lyrikbandes mit Illustrationen des renommierten Grafikers und Illustrators Klaus Ensikat. Indessen fällt dem Manuskript *Mops Eisenfaust* eine unerwartete Wertschätzung zu: „und der Verlag arbeitete weiter und da wurde das Buch auf einmal hoch <u>gelobt</u>: ‚Das ist doch eigentlich ein gutes Manuskript'" (8).

Die literarische Entwicklung des Autors wird durch weitere begünstigende Situationen akzeleriert. Im Jahr 1991 zählt er zu einem kleinen Kreis von Kinder- und Jugendbuchautoren der DDR, deren Erzählung bei einer verlagsinternen Ausschreibung des Arena-Verlags angenommen und veröffentlicht wird (*Am Katzentisch* 1991). Im Jahr 1994 erscheint die Fortsetzung des DDR-Titels *Umberto* (1987) *Fernes Land Pa-isch*. Saalmanns Systemintegration beruht maßgeblich auf der gezielten Förderung durch Einzelpersonen, wie zum Beispiel der Mitherausgeberin der rororo-rotfuchs-Reihe Ute Blaich (1991–1997).[114] Im Auftrag Blaichs entsteht im Jahr 1992 die Lektüre *Füchse, Fez und Firlefanz* (1992),

---

114   Bereits als Redakteurin der Wochenzeitung *Die Zeit* rühmt Blaich Saalmanns literarische Befähigung als herausragend: „Saalmann - ein unglaublicher Erzähler: Es sind nicht nur Sug-

eine Verbindung von Gedichten und Illustrationen Klaus Ensikats. Im Jahr 1994 folgt eine Neuauflage seines Kindheitsromans *Mops Eisenfaust* unter dem Titel *Der Blindgänger* (1994). „Und da muss ich die Ute Blaich erwähnen, die mir viele Tore geöffnet hat, [...] die mir sehr geholfen hat übrigens, <u>Fuß</u> zu fassen im Westen" (9). Unterstützend agiert auch sein ehemaliger Lektor des Kinderbuchverlags Burkhard Heiland, auf den sein Jugendroman *Ich bin der King* (1997) zurückgeht:

> Und <u>der</u> hat mich <u>dort</u> wieder. eingeführt. Und warum. ist der überhaupt dort Lektor geworden? Weil er gesagt hat, er hat den <u>Umberto</u> bei Kinderbuch gemacht. Und <u>den</u> kannten sie. Weil der im Westen eben auch erschienen war. Und dann haben sie gesagt: ‚Na wenn das der Lektor von Umberto ist, dann nehmen wir ihn.' Und da verdankt er <u>mir</u> seine Stelle dort. Und <u>ich</u> verdanke ihm mein nächstes Buch. (12)

Als ausschlaggebend für seine erfolgreiche Systemintegration erweist sich außerdem das Interesse einer Lektorin, die sich bereits als Studentin mit DDR-Kinderliteratur bzw. speziell mit dem Autor Günter Saalmann beschäftigte:

> Das war eine westdeutsche Literaturstudentin, die hatte sich aber speziell <u>mich</u>, speziell die DDR-Kinderliteratur, aber speziell <u>mich</u> sozusagen zu ihrem <u>Fach</u> erkoren. Die kannte jedes Buch von mir. Äh (wo) ich <u>ganz platt</u> war als ich das hörte. Und dann haben wir uns mal in Berlin getroffen. Da hat sie gesagt: ‚[...] könnten Sie mir nicht. was schreiben?' (21)

Sein Status als erfolgreicher DDR-Autor ist nun von entscheidendem Vorteil. Bereitwillig bejaht er das Veröffentlichungsangebot, aus dem auch eine zweite Zusammenarbeit hervorgeht: *Leselöwen-Lehrergeschichten* (2000), *Leselöwen-Geschichten von Schulfreunden und Streichen* (2005). Gleichwohl lässt die Intensität seines literarischen Netzwerkes sukzessiv nach. Im Jahr 2001 erklärt er: „Und ich hatte Glück auf der ersten Ossi-Welle zu schwimmen, nämlich, als wir noch Exoten waren – ich wurde gedruckt [...]" (Peltsch 2001, 98). Die verhältnismäßig hohe Anzahl an kinderliterarischen Neuerscheinungen ist folglich auf einzelne Befürworter des bundesdeutschen KJL-Systems sowie auf seine Verbindung zu ehemaligen Aktanten des KJL-Systems der DDR (Kinderbuchverlag Berlin) zurückzuführen. Saalmanns Systemintegration wird von außen dirigiert und basiert auf der Entgegennahme einschlägiger Angebote. Selbstgesteuerte Integrationshandlungen sind insofern kaum vorhanden, da er ein eigenständiges Zutreten auf Verlage konsequent ausschließt.

Die neuen Bedingungen kontrastieren mit seinen bisherigen Erfahrungen innerhalb des KJL-Systems der DDR und bewirken ein stark ausgeprägtes Fremdheitsempfinden, das sich an einer neuen, für Kinder- und Jugendbuchautoren notwendig gewordenen Aktivität und Anpassung ausdrückt:

---

gestion und Dichte der Sprache. Hinter artistischer Präzision und Brillanz der Wörter: Engagement, Wärme, heilsame Wut" (Blaich 1989, 1).

[...] und da war in irgendeiner kleinen Stadt eine Art Buchmesse, in einem großen. Zelt, [...] mit Kojen und da waren die einzelnen Verlage. Und da sagt er [ein ihm bekannter Kinderbuchautor westdeutscher Provenienz, Anm. d. Verf.]: ‚Jetzt zeige ich dir mal, wie man das machen muss. Du Ostdeutscher, (Lachen) damit du das mal lernst.‘ Und da ist er mit mir von Stand zu Stand. Hat sich vorgestellt und hat mich auch vorgestellt. Hat mit allen einen Kaffee getrunken oder ein Schnäpschen und geplauscht.. Und dann ging es zum nächsten Stand. Äh das war eine reine Werbe-Tour. Und es war furchtbar anstrengend. Aber als wir dann raus waren, mit einigem Alkohol und mit so viel Kaffee, dass uns beiden schlecht war, sagt er: ‚So musst du das aber machen. Sonst wird`s nichts.‘ Äh und das habe ich aber nie gemacht. Also auch nicht nach der Belehrung. (18)

Die marktwirtschaftlich ausgerichteten Systemstrukturen weisen ihm – wenn auch zeitlich verzögert – eine Grenze auf, die seine dauerhafte Integration konterkariert.

Aber ich. ich habe nie Flyer verschickt oder so. Ich besitze nicht mal eine Visitenkarte. Also das. das kommt uns vor wie krämerhaft. kleinkariert. ‚Kauf mich‘, sagte meine Mutter zu so was, wenn man sich so anbiederte. Wie ein Hausierer.. Ja. (18)

Stattdessen entwickelt er autonome und innovative Eigenstrategien. Seinen Text *Besuch im Großen Zoo: Reime, Rätsel, Gedichte aus drei Jahrzehnten* (2005) vertreibt er mittels des Publikationsverfahrens Book on Demand. Auf seiner persönlichen Homepage publiziert er Gedichte und Romane,[115] ohne im Besitz der jeweiligen Buchrechte zu sein: „Ich kümmere mich nicht mehr drum. [...] Weil ich weiß, druckt sowieso niemand mehr" (29). Gelegentlich erhält er aufgrund des dargebotenen Informationsmaterials eine Einladung, in Schulbüchern, Zeitungen oder Anthologien einzelne Gedichte zu veröffentlichen. Saalmann akzeptiert die derzeit geringe Systemintegration als Konsequenz seines Verhaltens. Seine Integrationsmotivation ist nicht ausreichend für die Überwindung individuell definierter Grenzfaktoren. „Ich habe immer gewartet, bis das Telefon klingelt, nicht? Und das ist natürlich dann seltener geworden" (18). Im Jahr 2001 äußert er: „Ja ich kann von meinen Einkünften leben. (Zubrot ist das Posaunenspiel zu öffentlichen Auftritten)" (Peltsch 2001, 98). Auch während des narrativen Interviews betont er zusammenfassend: „es geht mir aber gut, muss ich sagen" (18).

[...] ich denke immer., du hast im Leben eine ganze Menge vollbracht. Es ist zwar nicht *viel*. Aber wenn. wenn jeder alle deine Bücher gelesen hat, dann ist er ein belesener Mensch. Wenn er es nicht macht, ist seine Sache. Und jetzt bin ich alt. Jetzt will ich Musik machen. Weil ich sowieso immer gerne Musik gemacht habe. (34)

---

115   Vgl. www.guenter-saalmann.de (1.3.2010).

Saalmann akzeptiert und bejaht den Verlauf seiner literarischen Entwicklung vor und nach 1989/1989, ohne sein ehemaliges literarisches Umfeld im Handlungssystem KJL der DDR höher bewerten zu wollen.

6.6.3 Leitthema: Ähnliche Restriktionen und andere Bedingungen

> **Motto**
>
> „Und da haben wir jetzt die gleichen Schwierigkeiten, die wir zu DDR-Zeiten hatten. Bloß jetzt diktiert eben nicht die Partei, sondern der Markt." (18)

Bedingungsfeld und Interaktionen: Literarische Lenkungsprozesse vor und nach 1989/1990

Saalmann sieht sich nach 1989/1990 sowohl mit neuen Möglichkeiten als auch mit neuen Grenzen konfrontiert, die sowohl durch Texteingriffe und thematische Beschränkungen als auch durch die Veränderung seiner Autorenrolle bestimmt sind.

Saalmanns politische Haltung ist auch im vereinten Deutschland kritisch und geht mit der Beurteilung seiner neuen Arbeitssituation konform. Im Jahr 1995 akzentuiert er das Motiv seiner literarischen Intention wie folgt:

> Ich habe immer gesagt, was das Hauptmotiv für mein Schreiben war, in der DDR und auch heute: Wut. Was regt mich jetzt am meisten auf, woran entzündet sich meine Wut in den letzten Jahren? An der Gewalt, insbesondere an der physischen. Das Thema liegt in der Tat auf der Straße. (Kliewer 1995, 261)

In seinem Essay *Wer wundert sich da noch?* formuliert er:

> Was uns die Praxis auch vorführte, ist die schier unglaubliche Produktivität unter diesen Produktionsverhältnissen, deren Schokoladenseite viele von uns schätzen gelernt haben. Aber bekanntlich liegt die Ursache für diese Produktivität im alle Bereiche durchdringenden Konkurrenzdruck, und der hat eben seine bittere Kehrseite.[116]

In einer von Steffen Peltsch initiierten Befragung aus dem Jahr 2001 legt er seine Sichtweise offen dar: „An die Stelle der genannten Bevormundung ist die durch den Markt getreten. Harry Potter und kein Ende" (Peltsch 2001, 98). Wiederholt sieht er sich mit verlegerischen Ansprüchen konfrontiert, die

---

116 Saalmann, G.: Wer wundert sich da noch? Essay. (http://www.guenter-saalmann.de/essay/wer wundert sich da noch.htm, 4.11.2010).

seine Anpassung verlangen. Diese Erfahrung macht Saalmann unter anderem im Rahmen der Bearbeitung seines Manuskripts *Klawdija* (unveröffentlicht), in welchem er die schwierigen Integrationsbedingungen eines kasachstandeutschen Mädchens in der Bundesrepublik schildert. Saalmann gibt an, das Manuskript könne möglicherweise „ausgeufert" (17) sein. Vielmehr aber erinnert ihn die Intervention seines Lektors an ehemals in der DDR erfahrene Textbeschränkungen. So wird er dazu angehalten, die teils vorhandene russische Sprachverwendung sowie den Begriff der „Sowjetunion" zu streichen, da dieser eine Definition bzw. politische Explikation notwendig mache und folglich das Interesse des Lesers gefährde: „also muss ich. viel Hintergrund liefern und da sagt er: ‚Das ist keine Action, das <u>krieg</u> ich nicht los'" (17). Auch nach dem Zusammenbruch des sozialistischen KJL-Systems der DDR sind literarische Lenkungsprozesse feststellbar – in veränderter Gestalt.

Bezeichnenderweise vollzieht sich die Bearbeitung des Manuskripts *Klawdija* (unveröffentlicht) in Zusammenarbeit mit seinem ehemaligen Lektor des Kinderbuchverlags, der bereits für die Familienerzählung *Umberto* (1987) zuständig war. Aus diesem Grund sieht Saalmann die eigentliche Problematik nicht in der direkten Auseinandersetzung mit verlagsinternen Personen bzw. seinem Lektor, sondern in der Dominanz äußerlicher Umstände gegeben.

> Und da haben wir jetzt die gleichen Schwierigkeiten, die wir zu DDR-Zeiten hatten. Bloß jetzt diktiert eben nicht die Partei, sondern der Markt. [...] Ich brauchte nur noch streichen, sozusagen. ‚Wasser rauslassen', wie wir immer gesagt haben. (17 f.)

Ergänzend akzentuiert er die ihm bis dato unbekannte Konfrontation mit lesedidaktischen Prämissen der einschlägigen Fachwissenschaft.

> Und da [auf einer Verlagsveranstaltung, Anm. d. Verf.] lernten wir erst einmal, was es so alles an <u>Vorgaben</u> geben kann. [...] Also möglichst kurze Sätze, <u>wenig</u> lange., zusammengesetzte Substantive. [...] Und noch so ein paar andere [...]. (11)

Bereits dieses Beispiel veranschaulicht, dass Saalmann den Grad der erfahrenen Beschränkungen höher einschätzt als im KJL-System der DDR. Diese Auffassung zeigt sich noch deutlicher an einem Texteingriff, bei dem er auch die Wertschätzung seines Autorenstatus konterkariert sieht: „hat mir <u>so</u> drin rumgeschmiert, also das. das hätte <u>kein</u> DDR-Lektor <u>gewagt</u>, eine ganze Seite durchzustreichen. Und. am Rand einen eigenen Text zu schreiben" (21 f.). Die neue Form des Autorenumgangs spiegelt sich gleichermaßen in verzögerten Honorarzahlungen und direkten Vertragsverletzungen wider. Dennoch betont er im Jahr 2001: „Ich kann mich in keinem Fall beschweren, habe das Gefühl, fair behandelt zu werden" (Peltsch 2001, 99).

Die neue Ausrichtung des KJL-Systems der BRD spiegelt sich für Saalmann auch in dem veränderten Berufsprofil wider. An einer in der Nachwendezeit initiierten

Einladung eines westdeutschen Verlagshauses, welcher zahlreiche renommierte
DDR-Kinderbuchautoren nachkommen, macht sich ihm die ökonomische Über-
legenheit des neuen KJL-Systems bemerkbar:

> Das war uns auch neu, dass es so was gibt. Man gibt erst einen Auftrag [...] und sucht sich
> dann das Beste raus. Das kannten wir nicht. und. und hier haben wir gedacht, es läuft genauso.
> Hatten zwar noch keinen Vertrag, wir dachten der kommt schon noch. (11)

Obwohl sein Manuskript angenommen und veröffentlicht wird, betont er die
Abhängigkeit der Gruppe Kinder- und Jugendbuchautoren von den als beschränkend erfahrenen Verlagsmechanismen.

> Äh. und.. mit westdeutschen Verlagen ist es so: ‚Schreib erst mal das ganze Buch und dann
> sehen wir, ob wir das nehmen.' Und dann kannst du glatt zwei Jahre da gesessen haben
> und sie nehmen es nicht. Nicht? Wenn du nicht, was ja sein kann, ein eingeführter Name
> bist. (23)

Ein „eingeführter Name" (23) ist er trotz seiner erfolgreichen Integration in den
bundesdeutschen Kinder- und Jugendbuchmarkt nicht. Analog der beschrän-
kenden Erfahrungen wird sein kinder- und jugendliterarisches Profil aber auch
positiv gestärkt, zum Beispiel durch größere literarische Freiräume, die Saalmann als Bereicherung seiner schriftstellerischen Arbeit begreift. Die neuen
literarischen Möglichkeiten nutzt der Autor vor allem im Rahmen seines
Jugendromans *Ich bin der King* (1997), in welchem er Gewalt und Brutalität
bewusst in Szene setzt: „Das konnte ich jetzt machen. [...] Also. da brauche ich
überhaupt keine Sorge mehr zu haben" (58). Saalmann schildert hier den sozialen Abstieg einer ostdeutschen Familie als Resultat der gesellschaftspolitischen
Umbruchsprozesse 1989/1990. Die neuen Verhältnisse erweisen sich als kras-
ser Einschnitt in die Lebenswelt des Protagonisten Rex, der sich vom guten
Schüler zum kriminellen Bandenführer entwickelt. Kritisch betont Saalmann
die Schwachstellen seiner Umgebung, seiner Eltern und Schulklasse. Liebe,
Emotionen und Gefühle werden nicht zugelassen, die Rohheit und Kälte des
Alltags dominant gesetzt.

Trotz der nun wahrnehmbaren literarischen Freiräume stößt Saalmann an
Grenzen. Obwohl 1998 für den Jugendliteraturpreis nominiert, erhält er noch
im gleichen Jahr die Mitteilung, das Buch werde aufgrund seines Makulatur-
status' „verramscht" (20):

> Das kauft niemand. Warum? Weil das eine ostdeutsche Problematik ist. Die Ostdeutschen
> kaufen keine Bücher, weil sie kein Geld haben. Und die Westdeutschen interessieren sich
> nicht für ostdeutsche Probleme. Nicht? Bis auf wenige. Bis auf wenige. Und deshalb ist das
> Buch auch wieder im Grunde ein Flop gewesen. (20)

Eine thematische Grenze entsteht außerdem, als ein mit dem Kinderbuchverlag Berlin geplanter Lyrikband nach 1989/1990 unerwartet abgesagt wird, denn „der Kinderbuchverlag traute sich nicht mehr Lyrik zu machen" (14).

Handlungsstrategien und Konsequenzen: Abwägungen

Saalmann begreift die Veränderung seiner Arbeitsbedingungen nicht als grundsätzlich negativ oder als persönlich bedeutsam. Obgleich der Veröffentlichungsprozess des Manuskripts *Klawdija* deutliche Parallelen zu dem des DDR-Titels *Umberto* (1987) aufweist, wendet er nach 1989/1990 neue Handlungsstrategien an. Noch im KJL-System der DDR verhält er sich anpassungsorientiert, was sich an seinen geduldigen und auch aktiven Handlungen festmachen lässt, mit denen er seine Manuskriptveröffentlichungen sicherstellen will. Nach 1989/1990 lehnt Saalmann Forderungen des Lektorats ab: „Und. irgendwann sagt man: ‚Weißt du was., wir lassen es.' Und der Lektor sagt: ‚Gut. **Ich bin einverstanden.**' (Lachen)" (26). Die Gründe für sein Verhalten sind in motivationalen Faktoren zu suchen. Saalmann geht davon aus, dass der Titel keinen Erfolg haben wird.

> […] nachdem ich nun bald in Rente ging, habe ich dann gedacht: ‚Muss ich das? Habe ich das nötig?' Nun immer wieder, immer wieder, um dann zu *erfahren*, dass es sowieso eine geringe Auflage hat. Und dann nicht nachaufgelegt wird'. (27)

Weil die Veröffentlichung des Manuskripts *Umberto* (1987) von Beginn an in einen fachlichen Diskurs eingebettet ist, wird der Bekanntheitsgrad bzw. der literarische Erfolg des Titels positiv beeinflusst.

Anders wiederum verhält er sich, als er der Veröffentlichung des Manuskripts *Leselöwen-Eisenbahngeschichten* (2002) aus finanziellen Gründen zustimmt. Saalmann schließt sich einer Kompromisslösung an und veröffentlicht den Titel unter der Verwendung eines Pseudonyms. „Das/ so *was* passiert (mal). Ich hätte auch sagen können/ aufrecht sozusagen: ‚Nee. Dann lassen wir es ganz.' Das wollte ich nicht. Weil ich eben das Geld haben wollte. Das brauchten wir eben. Ja" (22).

Saalmanns Bemühungen um eine Integration in das bundesdeutsche System KJL sind nur dann vorhanden, wenn sie mit seinen persönlichen Ansprüchen konform gehen:

> Und so eifrige Literaten sind wir offenbar nicht, dass wir für die Schublade schreiben wollen. Es gibt ja Besessene, die schreiben, schreiben, schreiben. Einfach aus. aus innerem Zwang. Da/ dazu gehörte ich nie. (24)

Erfahrene Systemgrenzen erscheinen ihm nicht auffällig negativ. Sowohl anpassendes als auch ablehnendes Verhalten führen zu persönlicher Zufriedenheit oder zumindest zur Akzeptanz der jeweiligen Konsequenzen.

Um in einem letzten Schritt die zentralen Gemeinsamkeiten und Unterschiede der Fälle theoretisch zusammenfassen zu können, werden im nachfolgenden Kapitel die Leitthemen der sechs Autoren, einschließlich der jeweils relevanten Interaktionen/ Handlungsstrategien und Konsequenzen, vergleichend gegenübergestellt.

7. Fallvergleichende Analyse

Der Fallvergleich ist ein grundlegender Bestandteil qualitativer Einzelfallanalysen und wird ebenso von Flick in das Verfahren des Thematischen Kodierens integriert: „Aus dem konstanten Vergleich der Fälle auf der Grundlage der entwickelten Struktur lässt sich das inhaltliche Spektrum der Auseinandersetzungen der Interviewpartner mit den jeweiligen Themen skizzieren" (Flick 2010, 407). Der Fokus liegt nunmehr auf vier zentralen Kategorien, die sich innerhalb des thematischen Leitfadens stark positioniert hatten.

Leitthema: Textbezogene Bedingungen des literarischen Schreibens	Leitthema: Äußere Bedingungen des literarischen Schreibens
Kategorie 1: Textbezogene Bedingungen im KJL- System der DDR	Kategorie 3: Äußere Bedingungen im KJL-System der DDR
Kategorie 2: Textbezogene Bedingungen im KJL-System der BRD nach 1989/1990	Kategorie 4: Äußere Bedingungen im KJL-System der BRD nach 1989/1990

Tabelle 16: Analysekategorien Fallvergleich

Zur Validierung des Fallvergleichs und der darauf beruhenden Theoriegenerierung werden die zentralen Forschungsergebnisse anhand der Erfahrungen und Wahrnehmungen weiterer Aktanten des Handlungssystems KJL vor 1989/1990 überprüft: Dementsprechend dienen zwei sowohl mit der ehemaligen Cheflektorin des Kinderbuchverlags Berlin Katrin Pieper als auch mit dem ehemals stellvertretenden Minister für das Ministerium für Kultur Klaus Höpcke durchgeführte Interviews (2010) als unterstützende Quelle.

Der Fallvergleich basiert auf der Herausstellung zentraler Interaktionen und Handlungsstrategien sowie den daraus folgenden Konsequenzen. Die vier Analysekategorien beruhen auf den folgenden drei Kriterien, welche die von allen sechs Autoren gleichermaßen wahrgenommenen Systembeschränkungen aufzeigen.

a) Lenkung literarischer Prozesse
b) Berufsprofil

c) Verlagsbezogene Formen der Kommunikation und Interaktion

Der vergleichenden bzw. konstrastierenden Analyse geht eine einleitende Erläuterung der gemeinsamen bzw. unterschiedlichen Voraussetzungen der Autoren voran.

7.1 Persönliche Voraussetzungen

Das literarische und außerliterarische Erleben und Bewerten der KJL-Systeme vor und nach 1989/1990 unterliegt den individuellen Voraussetzungen der Autoren. Nachfolgend werden zwei gemeinsame Berührungspunkte aufgezeigt, die für den generellen Fallvergleich von Bedeutung sind: Sichtweisen auf die politischen bzw. kinderliterarischen Systeme sowie das Lebensalter der Autoren.

Sichtweisen auf politische und kinder- und jugendliterarische Systeme

Eine der signifikanten Voraussetzungen spiegelt sich in der gemeinsamen literaturpolitischen Autorenposition vor 1989/1990 wider. Keiner der Autoren ist eine in der Öffentlichkeit stehende Person, die aufgrund renitenten Verhaltens unter kritischer Beobachtung kultur- oder bildungspolitischer Aktanten gerät. Sichtweisen auf gesellschaftspolitische Verhältnisse der BRD äußern sich in unterschiedlich gradueller Ausprägung vereinzelt kritisch oder ablehnend.

Ein der Struktur des thematischen Leitfadens entnommener Gesichtspunkt ist die Definition von Aufgabe und Stellenwert der KJL, welcher hier aufgrund seiner eher geringen Signifikanz und seines bedingenden Charakters nur kurz aufgeführt wird: Innerhalb des KJL-Systems der DDR können die sechs Autoren ihre Zielsetzungen verwirklichen und ihr literarisches Profil befürworten. Insbesondere Jutta Schlott, Christa Kożik, Peter Abraham und Günter Saalmann merken an, dass die „Einheitlichkeit der Kind- und Erwachsenenwelt", eine Maxime der DDR-KJL, heute nicht mehr prioritär gesetzt wird und diese Tatsache als deutlicher Verlust begriffen werden muss. Sie nehmen innerhalb des KJL-Systems der BRD eine nur schwache kinderliterarische Qualität wahr, als deren Ursache sie die neuen kulturindustriellen Bedingungen sehen.

Lebensalter

Wie stark sich die Autoren nach 1989/1990 um eine Integration in das bundesdeutsche KJL-System bemühen, hängt vor allem auch von Faktoren ab, die eng mit dem Lebensalter zusammenhängen: finanzielle Absicherung/Rente, physische Schaffenskraft, allgemeine Integrationsmotivation. In Bezug auf die bereits in Kap. 5.2 dargestellte Aufgliederung der Autorengeneration ist zu berücksichtigen, dass alle männlichen Literaten im Jahr 1936 geboren sind. Die beiden Schriftstellerinnen Christa Kożik (geb. 1944) und Jutta Schlott (geb. 1941) gehören dagegen der jüngsten Gruppe renommierter DDR-Kinder- und Jugendbuchautoren an.

7.2 Literarische Lenkung im Handlungssystem KJL der DDR

Alle sechs Autoren wurden im KJL-System der DDR mit literarischen Lenkungen konfrontiert.

Die vergleichende Analyse von Interaktionen, Handlungsstrategien und Konsequenzen erfordert zunächst eine Auseinandersetzung mit literarischen Zielsetzungen bzw. werkimmanenten Friktionsflächen. Es wurde bereits detailliert aufgezeigt, dass die kinder- und jugendliterarischen Texte der Autoren keine einseitig ideologischen Tendenzen aufweisen und sogar partiell kritisch sind (vgl. Kap. 5.2). Entsprechend können die Literaten in zwei Gruppen eingeteilt werden:

Gruppe 1: Christa Kożik, Jutta Schlott, Wolf Spillner, Günter Saalmann
Gruppe 2: Uwe Kant, Peter Abraham

Während Autoren der ersten Gruppe auch die thematische Aufbereitung politischer Konfliktstoffe intendieren, schließen die literarischen Werke Abrahams und Kants einen deutlich politischen bzw. gesellschaftskritischen Bezug weitgehend aus. Die literarische Kritik Kożiks, Schlotts, Spillners und Saalmanns ist nicht zufällig, sondern sehr bewusst inszeniert. In Christa Kożiks Werken erhöht sich die Kritik sukzessiv: In ihrem 1990 erschienenen phantastischen Kinderroman *Kicki und der König* (1990) zeigt sie in der deutlichen Bezugnahme auf den Staatsratsvorsitzenden Erich Honecker bzw. den sozialistischen Staat dagegen eine für die DDR-Literatur ungewohnte Klarheit und Schärfe. Auch Saalmann bricht in seiner Familienerzählung *Umberto* (1987) ein Tabu, indem er sich auf das Thema Asozialität konzentriert. Wolf Spillner dient die Liebesgeschichte seines Adoleszenzromans *Wasseramsel* (1984) als Rahmenhandlung, um den falschen Umgang mit der Natur und die Bereicherung durch Privilegien anzuprangern. In seinem Fotosachbuch *Schätze der Heimat* (1986) setzt er klare Akzente hinsichtlich der defizitären Umweltpolitik des Landes. Jutta Schlott bezieht in ihren Texten *Der Sonderfall* (1980) und *Roman und Juliane* (1985) sowohl mit der Thematisierung schulischer Integration bzw. Ausgrenzung behinderter Kinder als auch der unzulänglichen Integration sowjetischer Offiziersfamilien ebenfalls deutlich Stellung – auch wenn ihr die faktische Brisanz des Werks *Der Sonderfall* (1980) zunächst unbewusst bleibt.

Die kinder- und jugendliterarischen Erzeugnisse der Autoren Uwe Kant und Peter Abraham sind durch einen primär unterhaltsamen oder humorigen Duktus gekennzeichnet. Gesellschaftliche Realitäten und Spannungen werden nicht verschwiegen[117], gelten aber auch nicht als ungewöhnlich konfliktär. Uwe Kant äußert konkret: „Aber ich habe die Konfrontation nicht gesucht. Das ist wahr" (20). Die unterschiedlichen Erfahrungen beider Autorengruppen machen eine vorerst getrennte Analyse notwendig.

Das Zensursystem KJL: Autorengruppe 1

Innerhalb der ersten Autorengruppe lassen sich in allen Fällen Interessenskonflikte konstatieren, die entweder mit Verlagsmitarbeitern oder mit Außengutachtern ausgetragen werden, jedoch nicht in direkter Auseinandersetzung mit dem Ministerium für Kultur stattfinden. Auch Katrin Pieper verweist auf Differenzen:

> […] aber es gab doch Themen, wo Empfindlichkeiten herrschten. Und mussten reparieren, wie wir das nannten. Und das heißt, man musste dann mit dem Autor reden und sagen: Du, lass diesen Satz weg. Dann war die Frage, ob er das gemacht hat oder nicht. (Becker 2010, 17)

Christa Kožik stößt mit ihren Manuskripten *Der Engel mit dem goldenen Schnurrbart* (1983) und *Kicki und der König* (1990) auf verlagsinternen Widerstand. Wolf Spillner wird selbst nach Erhalt der Druckgenehmigung *Wasseramsel* (1984) zu Textänderungen angehalten, um den langfristigen Erfolg garantieren zu können. Rigider äußert sich der literarische Eingriff hinsichtlich seines Manuskripts *Schätze der Heimat* (1986), dessen kritisch verfasstes Vorwort auf konsequente Ablehnung stößt. Jutta Schlott spricht bezüglich ihres Textes *Roman und Juliane* (1985) generell von „Auseinandersetzungen" (22) innerhalb des Verlages und von konträren Ansichten ihrer Gutachter hinsichtlich des Titels *Der Sonderfall* (1980). Günter Saalmanns Werk *Umberto* (1987) weist einen ungewöhnlich langwierigen Veröffentlichungsprozess auf. Gemeinsam ist allen Autoren, dass sie keinen literarischen Skandal und damit einhergehend scharfe Sanktionen provozieren wollen. Ihre grundsätzliche Intention ist die faktische Manuskriptveröffentlichung – unter Beibehaltung ihres literaturpolitischen Anliegens. Zur Verteidigung ihrer literarischen Intention/Selbstverwirklichung werden sie aktiv und praktizieren bei auftretendem Widerstand ausdauerndes Verhalten, statt die

---

117   Zum Beispiel Peter Abraham: Meine Hochzeit mit der Prinzessin (1972), Der Affenstern (1985) oder Uwe Kant: Die Reise von Neuckuckow nach Nowosibirsk (1980).

Ultima Ratio in einem verlagsinternen Eklat zu suchen. Damit offenbaren sich zwei grundlegende Handlungsstrategien:

a) aktives Verhalten

b) ausdauerndes Verhalten

Insbesondere Günter Saalmann offenbart während des sechs Jahre andauernden Überarbeitungsprozesses seiner Familienerzählung *Umberto* (1987) ein stark ausdauerndes Verhalten. Saalmann arrangiert sich mit einer großen Zahl textinterner Eingriffe, ohne seine primär gesetzte Intention – die literarische Bearbeitung des Themas Asozialität – aufzugeben. Indem er kontinuierlich Manuskriptänderungen durchführt, äußert er zugleich eine besondere Form aktiven Verhaltens. Christa Kožik sieht die Möglichkeit der Veröffentlichung ihrer kritischen Texte gerade in ihrer beharrlichen Handlungtaktik begründet: „Das ist wie ein ungeborenes Kind" (38). Auch Jutta Schlott beweist im Rahmen der Veröffentlichung ihres Manuskripts *Roman und Juliane* (1985) Ausdauer, als der verlagsinterne Bearbeitungsprozess stagniert. Beide Autorinnen zeigen zudem eine besondere Form aktiven Verhaltens, indem sie sich eigeninitiativ (aktive Gegenwehr) direkt an entscheidungsbefugte Personen wie den stellvertretenden Minister für Kultur Klaus Höpcke oder den Verlagsleiter Fred Rodrian wenden. Kožik deklariert ihre Handlungsstrategie als Kämpfen und drückt damit eine klare Selbststeuerung ihrer Veröffentlichungsprozesse aus (2). Analog tritt bei beiden Autorinnen eine auffallend starke Tendenz zur Verteidigung ihrer literarischen Zielsetzung hervor. So akzentuiert Jutta Schlott: „Ich habe keinerlei Lust mich irgendwelchen Bedingungen unterzuordnen" (19). Christa Kožik reagiert ähnlich: „Also ich finde, jeder Künstler muss ja widerständig sein, ja? Er hat ja auch irgendwie einen Auftrag, eine Verantwortung kritisch zu sein" (9). Da Wolf Spillner die erwünschte Manuskriptänderung seines Adoleszenzromans *Wasseramsel* (1984) akzeptieren kann bzw. dessen politische Brisanz nicht gefährdet sieht, zeugt seine Handlungstaktik weder von auffallend starker Aktivität noch von hoher Ausdauer. Unter Berücksichtigung des Fotosachbuchs *Schätze der Heimat* (1986) lässt sich konstatieren, dass seine Handlungsstrategien denen der anderen fünf Autoren sogar diametral entgegengesetzt sind. Sein primäres Ziel ist die faktische Textveröffentlichung, so dass er eine Abschwächung seiner umweltpolitischen Botschaft toleriert. Trotz partieller Einschränkungen ist allen Autoren die Verwirklichung ihrer literarischen Zielsetzung möglich. Besonders stark äußert sich dies bei Günter Saalmann, der in dem langfristigen Überarbeitungsprozess sogar eine Potenzierung der gesamten Textqualität sieht. Und auch wenn Spillner mit dem literarischen Ergebnis unzufrieden ist, weist er darauf hin, dass er mehr Möglichkeiten der Gegenwehr hätte ausschöpfen können. Saalmann, Kožik, Schlott und Spillner nehmen die erfahrenen Eingriffe als inakzeptablen Vorgang wahr, doch betonen Sie heute ausdrücklich, dass derartige Auseinandersetzungen nicht unter Gegnern stattfanden bzw. Literatur nach selbst gesetzten Maßstäben veröffentlicht werden konnte.

Das Zensursystem KJL: Autorengruppe 2

Peter Abraham nimmt keine auffällig restriktiven Texteingriffe wahr, wohl aber eine prinzipielle Einschränkung seiner kinderliterarischen Freiräume, deren Dominanz jedoch sukzessiv nachlässt. „Und es wurde im Laufe der Jahre eigentlich besser. Also die ganz schlimme Zeit, wo man also nun gar nichts mehr schreiben durfte, [...] das war dann vorbei" (25). Dagegen widerfährt Uwe Kant eine konkrete Textintervention, als er innerhalb des Kinderbuchverlags aufgefordert wird, die – aus seiner Sicht triviale – Anspielung auf den durch Disziplinarverstöße auffällig gewordenen DDR-Fußballspieler Günter Hoge in seiner Schulerzählung *Das Klassenfest* (1969) zurückzunehmen. Wie auch die vier Autoren Kożik, Schlott, Saalmann und Spillner fühlen sich Abraham und Kant nicht mit negativen Anforderungen des Ministeriums für Kultur konfrontiert, sondern stellen sogar eine tendenziell vertraute Verbindung fest: So formuliert Kant: „wir waren Gesinnungsgenossen. [...] Bloß jeder macht eine andere Arbeit" (18). Auch Abraham expliziert: „und dadurch kannten wir uns doch alle. [...] Wir duzten uns mit den meisten" (24). Aus ihrer Sicht heraus betont auch Katrin Pieper ein enges Verhältnis:

> Und man kannte sich. Wissen Sie? Es war nicht anonym... Keiner von denen. Überhaupt, dieses ganze Ressort der Kinder- und Jugendliteratur war nicht anonym unter den Autoren. Das war in der Erwachsenenliteratur anders [...] Aber hier waren wir eine relativ eingespielte Truppe, ohne Positionen zu verlieren. [...] Also wir haben uns nicht eingemeindet. Aber man konnte gut miteinander reden. (Becker 2010, 53)

Weil Abraham darum bemüht ist, zensorische Eingriffe direkt auszuhandeln, kann seine Handlungsstrategie als aktiv bezeichnet werden. „Ja und da sagte man denn: ‚Na ja, man kann ja/ (weißt du) mit dem Kotzen, aber vielleicht kann man sagen, er erbricht sich.' ‚Na ja. Das wär schon besser!' So war das. So lief das Ganze immer" (24). Auch Uwe Kant definiert Zensur als „kulturpolitische Auseinandersetzung" (20) und damit als spezielle Form aktiven Verhaltens. Da die an ihn herangetragenen Verlagsforderungen seine literarische Zielsetzung unberührt lassen (vgl. auch Spillner), kann er diese ohne Verlust akzeptieren. Aktiven Widerstand äußert er in dem Moment, als sich das Volksbildungsministerium gegen die unkonventionelle Darstellung der Lehrerfigur in seiner Schulerzählung *Das Klassenfest* (1969) auflehnt und er sich gezwungen sieht, eine Gegenposition zu beziehen. Auch bei Abraham und Kant ist das Resultat ihrer Handlungsstrategien eine gewisse literarische Zufriedenheit, da sie die Auseinandersetzungen nicht als Beschränkung ihrer schriftstellerischen Zielsetzung wahrnehmen. Entsprechend nonchalant reagiert Kant: „Da habe ich gesagt: ‚Ja Gott Kinder. Was soll's denn'" (19).

Ergänzende Perspektiven durch Katrin Pieper und Klaus Höpcke

Katrin Pieper bestätigt das Bestehen literarischer Freiräume und begründet diese unter anderem mit der Gesamtkonstitution des Subsystems KJL:

> Wir waren zwar Rebellion, aber wir waren mehr im Kinderbuchbereich Rebellion. Ich meine, die Autoren waren die Gleichen. Natürlich war Abraham sowohl im Schriftstellerverband in der Leitung wie beim Verlag Neues Leben... aber ihre Titel bei uns waren natürlich weniger aufmüpfig als vielleicht woanders, ja. (Becker 2010, 32)[118]

Auch Klaus Höpcke ist der Auffassung, die KJL wäre weniger Eingriffen ausgesetzt als die Erwachsenenliteratur. Diese Tatsache liegt seiner Ansicht nach in einem höheren Übereinstimmungspotential über Ziel und Zweck der Literatur begründet. Streitgespräche sind existent, aber weniger präsent: „die Entwicklung der Kinderliteratur hat darunter.. nicht so gelitten, wie Teile der Erwachsenenbelletristik" (14). In Ausweitung auf die dem Kinderbuchverlag übergeordnete Instanz des Ministeriums für Kultur begreift Pieper den für das Ressort Kinderliteratur zuständigen Mitarbeiter Richard Müller als zentralen Faktor, über den auch Kožik urteilt: „[...] es ist nicht immer so, dass da solche fiesen Typen saßen" (9). Pieper bezeichnet Müller als eine Persönlichkeit, die „kommunikativ genug war, seine Position. darzulegen, zu revidieren, zu verteidigen" (Becker 2010, 53). Auch Klaus Höpcke beschreibt diesen als engagiert und zugänglich:

> Richard war richtig mit der Kinderliteratur verheiratet, nicht? Und hat sich wirklich gekümmert [...], so dass die Autoren Vertrauen zu staatlichen Stellen hatten. Unter anderem dadurch, dass er/ wie er mit Ihnen umgegangen ist. Wie er ihre Interessen wahrgenommen hat., ihre Sorgen auch erkannt hat, Bescheid wusste. *Ja. Richard war/. das war ein* guter *Mann...* (Becker 2010, 22)

Auseinandersetzungen innerhalb der KJL-Szene empfindet Höpcke nicht als bedrohlichen Akt, sondern als „manchmal kameradschaftlichen Streit" (Becker 2010, 15) und „Hickhack" (ebd.): „doch doch, den hat es gegeben" (ebd. 15). Die

---

118 Literarische Freiräume schafft Pieper unter anderem auch durch die Auswahl der Außengutachter: „Soviel Gutachter gab es in der DDR dann auch wieder nicht. Denen man also so gnadenlos vertrauen konnte. Deswegen war die Wahl des Gutachters, wenn ich oder das Lektorat eine bestimme/ das war schon wichtig. Weil man dann also die zwei Fliegen mit einer Klappe möglicherweise schlagen konnte. Also Herr Dr. Sowieso für dieses Buch war der Garant für das Ministerium für Kultur. Das ging" (Becker 2010, 39).

Verbindung zum Kinderbuchverlag Berlin schildert er als gewöhnlich, nicht von anderen Verlagen differierend (ebd. 3), aber verhältnismäßig eng konstituiert: „wir wussten, wir haben ein und dieselbe Aufgabe. Jeder an einem anderen Platz und sollten möglichst günstige Bedingungen dafür schaffen, dass diese Aufgabe gelöst wird" (ebd. 3). Pieper beurteilt das Verhältnis als relativ intakt: „problemlos, zuweilen auch hilfreich. In keinster Weise Literatur verhindernd" (Becker 2010, 52). Wie bereits Höpcke, bestätigt auch sie die Existenz literarischer Kontroversen und relativiert zugleich deren Brisanz:

> [...] und eigentlich bin ich also, oder wir alle, an sich offen in die Auseinandersetzung reingegangen. Sie war nicht so gewaltig. Wirklich nicht. [...] Das waren keine Tragödien. Es gab Ärgerlichkeiten. (Becker 2010, 22)[119]

Exkurs: Politische Auftragsarbeiten und selbstzensorische Maßnahmen

Eine Zensurdefinition, die über die Erteilung von Druckgenehmigungen hinausgeht, schließt vor allem auch die Selbstzensur sowie die direkte Verteilung politisch relevanter Auftragsarbeiten als zensorische Handlungen ein. Generell ist zu konstatieren, dass sich keiner der sechs Autoren mit politischen Auftragsarbeiten konfrontiert sieht. Zwar gehören Aufträge zum offiziellen Verlagsbetrieb, doch sehen sie weder die einschlägigen Themenschwerpunkte propagandistisch motiviert (Reiseliteratur, Weihnachtsgeschichten etc.), noch deren Verteilung dogmatisch ausgerichtet. Pieper bestätigt sowohl den fakultativen Ablauf als auch die primär unpolitische Anordnung der Themen. Eine monolithisch ideologische Ausrichtung war ihrer Auffassung nach nur dort gegeben, wo die Anbindung des Kinderbuchverlags an den sozialistischen Jugendverband der Freien Deutschen Jugend (FDJ) obligatorisch die Erstellung von Pionierkalendern sowie „mora-

---

119 Eine gemeinschaftliche Verbindung beider Institutionen sieht Pieper allerdings bereits dadurch konterkariert, dass sich bestimmte Begebenheiten inoffiziell und verdeckt abspielten, z. B. das Weiterreichen eines konflikär angelegten Manuskriptes an das Volksbildungsministerium durch das MfK. Die Herausgabe kritischer Texte deklariert sie als „Durchsetzungsprozess" gegen das Volksbildungsministerium und Ministerium für Kultur. „Das war damals wirklich die Frage: ‚Machen wir das? Kriegen wir das durch?'" (Becker 2010, 17). Pieper fühlt sich im Rahmen ihrer Tätigkeit selbst mit ideologischen Grenzen konfrontiert, unter anderem hinsichtlich des Manuskripts Blaues Meer und weißes Schiff des russischen Autors Gennadij N. Maškin: „[...] und da, das habe ich richtig nicht durchgekriegt, weil. das nicht in das Bild des sowjetischen Menschen passte, in unsere Gesellschaft. Und der Minister (.) mir dann sagte, wo ich denn eigentlich lebe.?" (ebd. 19). Im Rahmen der Erstellung von Jahresplänen sieht sich Pieper keiner Kontroverse ausgesetzt: „Also das war ein Grundgerüst, woran man. seine Positionen festmachen konnte. [...] Das war eine Frage der Proportionen auch, also für uns speziell. Wie viel Bilderbücher, wie viel Prosa, wie viel Sachliteratur. Am Ende war es ja auch eine Tonnagenfrage, [...] musste man schon sehen, dass man die einzelnen Ressorts ähm proportional bedient, ne?" (ebd. 50).

lisch" die Veröffentlichung kinderliterarischer Armee-Literatur einforderte (Becker 2010, 42).[120] Pieper bezeichnet die Vergabe thematischer Aufträge als normales Verfahren, das auf einem generell ungezwungenen Verhältnis beruhte: „Es gab auch Autoren, die haben das Geld genommen und haben keine Zeile geschrieben" (ebd. 45).

Im Jahr 2001 akzentuiert Uwe Kant ironisch: „Ich war ein ausgezeichneter Selbstzensor" (Peltsch 2001, 75). Kant, der Selbstzensur als Bestandteil seiner schriftstellerischen Tätigkeit sieht, beschreibt sein Vorgehen nicht als literaturbedrohlichen Akt, sondern als geschickte Handlung, die künstlerische Selbstbestimmung sehr wohl zulässt.

7.3 Literarische Lenkung im Handlungssystem KJL der BRD

Analog zum oben durchgeführten Fallvergleich handelt es sich nachfolgend um eine Untersuchung der restriktiv angelegten Bedingungen des KJL-Systems der BRD. Die Interaktionen, Handlungsstrategien und Konsequenzen aller sechs Autoren sind ungleich, denn sie sind abhängig von intervenierenden Faktoren wie Verlagsanbindungen oder Integrationsmotivation. Den Autoren ist gemeinsam, dass sie die Systemveränderungen als beschränkend und auch vergleichbar mit den zensorischen Anforderungen des Kinder- und Jugendbuchmarktes der DDR begreifen.

Restriktionen des kinderliterarischen Marktes

Die Systemintegration unterliegt auch hier einer direkten (in Form von Texteingriffen) und indirekten (in Form von thematischen Beschränkungen) Lenkung. Eine gemeinsame – wenn auch unterschiedlich beurteilte – Erfahrung ist die Eliminierung des DDR-Bezugs neu verlegter DDR-Titel. Die Textänderungen werden von

---

120 Pieper begründet die Umsetzung kinderliterarischer NVA-Literatur und Pionierkalender wie folgt. „Und ähm... / und die Unterstellung unter das Kulturministerium machte uns im Grunde genommen frei von. ähm Pflichtübungen, die wir wiederum der FDJ schuldeten. Irgendwann brauchte die FDJ einen Verlag der Pionierorganisation. Es gab den Verlag Junge Welt., der brachte die Sachliteratur zur Pionierorganisation.. Und wir waren sozusagen das künstlerische Programm. Es gab einen Auftrag und den haben wir auch unter/ um alles andere, dieses zarte Gebilde nicht anzutasten, haben wir also zwei Pionierkalender gebracht, einmal für die Kleinen, einmal für die Großen. Das war unser jährliche/ unser jährliches Deputat" (Becker 2010, 11). In Bezug auf die NVA und deren kinderliterarische Adaption führt sie fort: „Waren immer schwache Bücher, aber wir hatten immer das Gefühl: Dann haben wir das Thema mal wieder erledigt. So ne thematischen Förderungen gab es dann auch. Das sind Aufträge gewesen" (ebd. 41).

den Verlagen vorrangig mit der Verbesserung des Leseverständnisses begründet, sind jedoch partiell auch ideologisch motiviert, wie insbesondere Christa Kožik feststellt. Als die Autorin noch vor 1989/1990 die Möglichkeit einer bundesdeutschen Lizenzveröffentlichung ihrer phantastischen Erzählung *Der Engel mit dem goldenen Schnurrbart* (1983) erhält, soll sie die Bezeichnung „Rotes Rathaus" streichen. „Und da haben die mir [...] seiten- und doppelseitenweise Streichungen gemacht. [...] Es sollte dann eigentlich ein Buch sein, wo ein Engel in der DDR gequält wird, ja?" (22). Desgleichen empfindet Wolf Spillner die seinen Adoleszenzroman *Wasseramsel* (1984) betreffenden Verlagsforderungen als stark restriktiv: „Und dann erwartete der [...] Verlagschef von mir, dass ich dieses Buch umschreiben sollte auf neue Verhältnisse. Wörtlich" (8). Jutta Schlott erachtet die einzige Begriffsdiskussion um ihre Neuauflage *Roman und Juliane* (1995) als unerheblich, weist aber auch auf Verlagsangebote hin, in denen die Tilgung des DDR- bzw. ostdeutschen Bezugs gefordert wird: „Aber es durfte nicht zu erkennen sein, dass es Geschichten aus der ehemaligen DDR sind. Oder aus Ostdeutschland" (21). An dieser Stelle werden bereits indirekte, thematische Beschränkungen offensichtlich, die sich vor allem auf schwer zugängliche Themen und Genres beziehen. Trotz der vorwendezeitlichen Vereinbarung einer Lyrik-Herausgabe im Kinderbuchverlag Berlin erhält Günter Saalmann nach 1989/1990 eine Absage des Projekts. Den entscheidenden Grund sieht er in der damaligen Angleichung des neuen kinder- und jugendliterarischen Programms an veränderte kulturindustrielle Bedingungen, die lyrische Werke zu einem eher vermittlungsbedürftigen Genre werden lassen. Ähnliche Erfahrungen macht Uwe Kant mit seiner Wende-Erzählung *Heinrich verkauft Friedrich* (1993), in der er die nachwendezeitlichen Entwicklungsprozesse als Beschränkung kindlichen Glücks thematisiert. Christa Kožik und Peter Abraham nehmen thematische Grenzen insbesondere auch im Kontext ihrer politisch motivierten Kinderliteratur wahr. Abraham sieht die verweigerten Neuauflagen seines ehemals erfolgreichen Kinderbuchs *Der Affenstern* (1985) in dessen gesellschaftspolitischem Gehalt begründet. Auch Christa Kožik stößt nach der Wende aufgrund des sozialkritischen Gewichts ihrer Erzählung *Schatten eines Engels* (unveröffentlicht) auf zahlreiche Absagen verschiedene Verlagshäuser.

Reaktionsmuster und Konsequenzen

Die exemplarisch aufgeführten Interaktionen verweisen auf gemeinsame Erfahrungen, die nicht zwangsläufig auch gemeinsame Reaktionen hervorrufen. So lassen sich von Fall zu Fall verschiedene Handlungsstrategien identifizieren, die sich von den noch vor 1989/1990 praktizierten Handlungsstrategien unterscheiden können. Textbezogene Interventionen werden auch weiterhin zustimmend anerkannt, wenn die Bedeutung des verlegerischen Anliegens nachvollziehbar erscheint oder künstlerische Einsicht vorliegt. Infolgedessen liegt der Analysekern des nachfolgenden Fallvergleichs auf solchen Erfahrungen, die individuelle Grenzpunkte markieren.

Es sind vor allem Christa Kożik, Jutta Schlott und Wolf Spillner, die eine Anpassung an Verlagsvorgaben tendenziell ausschließen. Jutta Schlotts Erfahrungswerte mit westdeutschen Verlagshäusern sind generell gering, doch setzt sie die Verwirklichung ihrer literarischen Zielsetzung auch weiterhin als primäres Ziel fort – obgleich ohne ausdauerndes oder aktives Handeln. „Na ja und dann. muss ich eben auch Neinchen sagen" (21). Ferner verleiht sie ihrer Haltung durch den direkten Hinweis Ausdruck, ihre Reaktion bliebe auch in anderen Fällen unverändert: „Ich diskutiere gar nicht. Wenn nicht, dann eben nein" (24). Ähnlich präsentieren sich Christa Kożiks Reaktionsmuster. Bereits in der DDR lehnt sie einen Texteingriff bundesdeutscher Verleger und damit die Möglichkeit einer Lizenzausgabe ihrer phantastischen Erzählung *Der Engel mit dem goldenen Schnurrbart* (1983) ab. Auch hinsichtlich der geforderten Tilgung DDR-spezifischer Begriffe interveniert sie vielfach. Darüber hinaus verweigert sie sich einer Anpassung an thematische Präferenzen: „Die sagen mir dann glatt: ‚Wissen Sie, wenn Sie über einen Schutzengel schreiben würden…' Ne? Nee, will ich nicht" (21). Durch ein kontinuierliches Herantreten an zahlreiche Verlagshäuser, durch das sie die Veröffentlichung ihres DDR-Titels *Der Engel mit dem goldenen Schnurrbart* (1983) als auch dessen Fortsetzung *Schatten eines Engels* (bislang unveröffentlicht) anstrebt, äußert sie aktives und ausdauerndes Verhalten: „Und ich habe da, also bestimmt 18 Absagen von Verlagen" (20). Kożiks Konfrontationsbereitschaft/Eigeninitiative, die Verteidigung ihrer literarischen Zielsetzung und ihr ausdauerndes Verhalten gleichen ihren bereits in der DDR verwendeten Handlungsstrategien.

Auch Wolf Spillner tritt der geforderten Tilgung des DDR-Bezugs in der Neuauflage seines Jugendromans *Wasseramsel* (1984) konsequent entgegen, so dass erst ein für ihn tragbarer Kompromiss Einigung ermöglicht. „Und dann hat er sich noch mal zurückgemeldet. Und dann habe ich zumindest also eine/ ein kleines *Vorwort* dazu geschrieben" (8). Damit verteidigt Spillner seine literarische Intention auch nach 1989/1990. Verlegerischen Anforderungen aufgrund monetärer Faktoren und unter Aufgabe der literarischen Zielsetzung nachzugeben, begreift er als eine für ihn völlig inakzeptable Vorgehensweise. Anders verhält sich Günter Saalmann. Als es zu einem für ihn untragbaren Texteingriff kommt, verwendet er ein Pseudonym. In einer weiteren Interaktion, im Rahmen seines unveröffentlichten Manuskript *Klawdija*, zeigt Saalmann – im Gegensatz zu seiner in der DDR praktizierten Handlungsweise – keine besondere Aktivität und Ausdauer: „Und. irgendwann sagt man: ‚Weißt du was., wir lassen es'" (27). Diese Entscheidung beruht unter anderem auf seiner Vermutung, der Text würde ohnehin einen nur geringen Verkaufserfolg auslösen (Motivationssteuerung).

Der Autor Peter Abraham gilt in dieser Hinsicht als kontrastierendes Beispiel. Zwar zwingen ihn die Verlage nicht zu inhaltlichen und formalen Abweichungen des Ursprungstextes, doch registriert er eine subtile Beeinflussung: „Es ist nicht so, dass ich ein völlig anderes Buch geschrieben habe. Aber es wurde immer dann so gelenkt, nicht?" (16). Aufgrund finanzieller Faktoren und einer hohen Integrationsmotivation erteilt er den kulturindustriellen Anforderungen sein Plazet. Diese Strategie steht im Gegensatz zu seinen vor 1989/1990 praktizierten Handlungen, die sich durch ein aktives Aushandeln – unter Verteidigung seiner literarischen Zielsetzung – auszeichnen. In der Konsequenz zeigt sich, dass Abraham mit der literarischen Qualität seiner Werke partiell unzufrieden ist, während die anderen Autoren ein Gefühl der literarischen Selbstverwirklichung wahrnehmen/zufrieden sind.

Abschließend soll die vergleichende Untersuchung auch auf indirekte literarische Lenkungsprozesse gerichtet werden. Grundsätzlich sind es Schlott, Kožik, Spillner und Kant, die indirekte literarische Lenkungen eher selten akzeptieren. Christa Kožik kritisiert die ökonomische Ausrichtung des KJL-Systems und lehnt leicht vermarktbare Serienproduktionen ab. Auch Kant verweigert die Möglichkeit einer erfolgreichen Serialisierung seiner phantastischen Erzählung *Der kleine Zauberer und die große 5* (1974) grundsätzlich und sieht sich nicht in der Lage, thematischen Verlagsaufträgen nachzukommen. Anders dagegen agieren Peter Abraham und Günter Saalmann mit Titeln wie *Das Schulgespenst und die Superdetektive* (Abraham 2003), *Das Schulgespenst tierisch in Fahrt* (Abraham 2005) oder *Leselöwen-Lehrergeschichten* (2000), *Leselöwen-Geschichten von Schulfreunden und Streichen* (2005).

Der Systemvergleich

Die persönlich erfahrenen, aber auch allgemein wahrgenommenen Beschränkungen des Handlungssystems KJL der BRD regen alle sechs Autoren zu einem direkten Vergleich mit den vor 1989/1990 bestehenden Bedingungen an. Statt neuer Freiheiten nehmen sie vor allem neue Einschränkungen wahr, deren Ausmaß sie gleich hoch oder sogar höher einschätzen. Auch Pieper konstatiert bei einem Vergleich ihrer in den KJL-Systemen der DDR und BRD gesammelten Erfahrungen einen deutlichen Anstieg literarischer Lenkungsprozesse:

> Es hört sich alles individueller an, aber letztendlich hat jeder Verlag sein Profil und will die Autoren genau in die Kasten reinkriegen, wo. sie. hingehören, wenn sie ein Buch schreiben.. Hm. Und da höre ich dann auch mit Entsetzen, dass die Lektoren dort sagen: Ach das gefällt

uns nicht, schreiben sie das mal um… Diese Formulierung war vor der Wende im Kinderbuchverlag undenkbar. Ich hätte nicht sagen können, es gefällt mir nicht.. Es gab ganz wenig
Einschränkungen.. […] mal abgesehen jetzt von Qualität. (Becker 2010, 17)

Die sechs Autoren sehen kaum noch die Möglichkeit, verlagsinterne Unstim-
migkeiten auszuhandeln, sondern fühlen sich in einen ökonomischen Entschei-
dungsprozess eingebunden, der Ablehnung oder Anpassung fordert. Spillner
beschreibt die Bedingungen des Marktes als restriktiv. „Das Grundgesetz
sagt eine Zensur findet nicht statt. (Lachen)" (9). Lakonisch formuliert Jutta
Schlott: „Heute ist die Zensur oder die Zäsur, wie man es immer nennen will,
es verkauft sich oder es verkauft sich nicht'" (21). Die gesamten Handlungen
und Sichtweisen der Autorin Christa Kożik sind Ausdruck ihrer kritischen
Gegenüberstellung beider Systeme: „es heißt dann, so etwas ist nicht gefragt"
(Peltsch 2001, 66). Auch Günter Saalmann vergleicht seine Arbeitsbedingungen nach der Wende mit den Gegebenheiten des KJL-Systems der DDR und
verwendet analog die Bezeichnung „Wasser rauslassen" (18) (vgl. Kap. 6.3.3):
„Bloß jetzt diktiert eben nicht die Partei, sondern der Markt" (18).

Als besonders aufschlussreich erscheinen solche Autorenäußerungen, die darauf
hinweisen, dass die Rigidität aktueller Lenkungsprozesse teilweise stärker wahrgenommen wird, als es vor 1989/1990 der Fall war. So akzentuiert Uwe Kant: „Und
das ging aber weiter, als es je in der DDR gegangen war mit den Aufträgen. Nämlich, wie lang die Sätze sein sollten. Und die Zeilen. Und der Umbruch. und so"
(29). Auch Günter Saalmann betont: „da lernten wir erst einmal, was es so alles an
Vorgaben geben kann" (11). Ferner akzentuiert er das ihm bis dahin unbekannte
Ausmaß der erfahrenen Texteingriffe: „hat mir so drin rumgeschmiert, also das. das
hätte kein DDR-Lektor gewagt, eine ganze Seite durchzustreichen. Und. am Rand
einen eigenen Text zu schreiben" (22). Peter Abraham akzentuiert die Subtilität der
Verlagsanforderungen, die er als „Reinreden" (6) deklariert und eine Gegenwehr
unmöglich machen: „Früher konnte man sich noch durchsetzen, bei uns. Das ist
jetzt nicht möglich" (14).

7.4 Berufsprofil

Im Fokus der Analyse des Berufsprofils stehen systemkonstitutive Merkmale der
Berufsgruppe Kinder- und Jugendbuchautoren, wie Honorarzahlungen (im Vergleich zum System Erwachsenenliteratur) oder Verlagsanbindungen.

Die sechs Autoren erfahren das Berufsprofil vor und nach 1989/1990 unterschiedlich. Dieses Faktum zeigt sich insbesondere an dem Verlust der ehemals
festen Verlagsanbindung sowie der kulturindustriellen Ausrichtung des Systems

KJL der BRD. Der literarisch renommierte Status der Autoren reicht nicht aus, um eine neue Verlagsanbindung dauerhaft aufbauen zu können. Diesbezüglich fordert die veränderte Arbeitssituation vor allem auch die Anwendung neuer Handlungsstrategien. Gemeinsam ist allen Literaten, dass sie in den Anfangsjahren der deutschen Wiedervereinigung eine – wenn auch unterschiedlich starke – Integrationsmotivation offenbaren, auch wenn sie nicht an eine dauerhaft erfolgreiche Integrationschance glauben. Keiner der sechs Literaten greift ausschließlich auf solche Strategien zurück, die ihren Zweck außerhalb des Kinder- und Jugendbuchmarkts erfüllen sollen.

Das Berufsprofil im Handlungssystem KJL der DDR und der BRD

Die Autoren fühlen sich vor 1989/1990 in ein System integriert, das sie fordert – und fördert. Durch die bestehende Auflagen- und Honorargarantie haben sie die Möglichkeit, die Quantität ihrer Veröffentlichungen frei zu bestimmen, ohne sich einem Veröffentlichungsdruck ausgesetzt fühlen zu müssen. Ihr kinder- und jugendliterarischer Status verschafft ihnen im Vergleich zu Autoren der Erwachsenenliteratur weder finanzielle Nachteile noch einen spürbaren Prestigeverlust. Treffend beschreibt Uwe Kant die Besonderheit der Gruppe DDR- Kinder- und Jugendbuchautoren:

> Ich war nun Kinderbuchautor der DDR; und das war nicht viel weniger, als wäre ich Eishockeyspieler bei Dynamo Weißwasser geworden. Oder Oboist hier und dort. Teufel, ich gehörte dazu! (Rimkus-Beseler 2009, 304)

Der Verlust der bis dahin festen und sicheren Anbindung an den Kinderbuchverlag ist eine substanzielle Erfahrung, die eine Anpassung an das westdeutsche Berufsprofil einfordert, zum Beispiel durch die Initiierung von Verlagskontakten, durch die Orientierung an weiteren Finanzierungsmöglichkeiten oder durch die Steigerung der kinderliterarischen Produktion.

Die Ereignisse der Wendeprozesse zwingen die sechs Autoren zu einer möglichst schnellen und effizienten Reaktion. Insbesondere die Autoren Kożik, Kant und Abraham empfinden die wende- und nachwendezeitliche Situation als finanziellen Verlust oder zumindest als Unsicherheit. Christa Kożik verliert im Jahr 1991 ihre Anstellung bei der DEFA (Deutsche Film AG). Zwei ihrer Kinderbücher werden massenhaft entsorgt. Uwe Kant wird nach 25-jähriger Mitarbeit bei der Zeitschrift *Das Magazin* entlassen, weitere Veröffentlichungsmöglichkeiten von Rundfunkhörspielen stagnieren. Auch Peter Abraham spricht von Existenzsorgen und widmet sich einer langjährigen außerkinderliterarischen Tätigkeit als Drehbuchautor: „da ich auch damals dachte, jetzt werde ich gleich verhungern" (3). Gleichwohl widerfahren nicht allen Autoren dieselben anfänglichen Schwierigkeiten. Eine eklatant positive Entwicklung verzeichnet Günter Saalmann, dem es vor allem auch aufgrund seines Bucherfolgs *Umberto* (1987) gelingt, die Quantität seiner kinderliterarischen Veröffentlichungen beizubehalten oder sogar zu potenzieren. Aber auch Wolf Spillner wird durch den im Jahr 1991 erhaltenen Jugendliteraturpreis eine positive Ausgangssituation zuteil. Die Prämierung offeriert ihm nicht nur die Aussicht auf erfolgreiche Verlagskontakte, sondern auch eine finanzielle Förderung. Für Jutta Schlott ist die offizielle Entsorgung der Textauflage *Farbenspiele. Das Leben des Malers Heinrich Vogeler* (1989) eine „ziemlich bittere Erfahrung" (3). Positiv dagegen spricht sie von einer sich kurze Zeit später ergebenden Verlagsanbindung.

Aktive/passive Handlungsstrategien und Konsequenzen

Die zentralen Handlungsstrategien lassen sich vor allem an nichtliterarischen Aktivitäten wie Lesetouren – vorrangig in die alten Bundesländer und die Schweiz (Kant, Kožik, Spillner, Saalmann) – festmachen. Eine faktisch erfolgreiche Integration in das System KJL ist abhängig von dem Grad der Integrationsbemühungen. Insbesondere die Handlungsstrategien der Autoren Spillner und Schlott sind durch eine nur geringe Eigenaktivität gekennzeichnet. Spillner nimmt trotz des renommierten Jugendliteraturpreises 1991 bereits frühzeitig davon Abstand, sich aktiv und angepasst zu integrieren: „Ob das, was ich mir ausdenke, von Verlegern […] gewollt werden wird, wird sich zeigen" (Spillner 1991, 46). Konkrete Bemühungen um einschlägige Verlagskontakte schließt er nahezu vollständig aus. Die Veröffentlichung seines Werks *Lieber weißer Vogel. Eine Liebesgeschichte aus Mikilenburg* (1996) beruht auf der vertrauten Bindung zu seiner ehemaligen Cheflektorin Katrin Pieper. Bereits hier zeigt sich der negative Einfluss der kulturindustriellen Beschaffenheit auf Spillners gesamte Integrationsmotivation. „Aber.. ich habe auch keine große Lust mehr mich also in diesem Verlagsgeschäft also nun tatsächlich nun.. **anzubieten und zu machen**" (5). Ähnlich agiert auch Jutta Schlott, deren einzige Neuerscheinung für junge Leser *Kalter Mai* (1993) sowie eine weitere Erzählung in der Neuauflage des DDR-Titels *Roman und Juliane* (1995) auf dieselbe Verlagsanbindung zurückgehen. Auch um Neuauflagen ihrer Kinder- und Jugendbücher möchte sie sich nicht selbständig bemühen. Ihre schwache literarische Entwicklung nach 1989/1990 begründet sie allerdings mit einem schwindenden Bezug zur Kindwelt und dem Aufkommen neuer, persönlicher Interessensgebiete. Diesem Verlauf stehen die eigenaktiven Handlungsstrategien der Autoren Kožik und Abraham diametral gegenüber. Im Jahr 2001 prononciert Abraham: „Wie ein Anfänger klingelte ich an die Türen der Verlagshäuser" (Abraham 2001, 49). Die hohe Anzahl seiner seit 1990 erschienenen Kinderbücher machen den Erfolg seines Vorgehens evident.

Auch andere Faktoren, wie die aktive Anpassung an literarische Lenkungspro-
zesse, zeugen von hoher Integrationsmotivation. Die Handlungstaktik der Autorin
Christa Kożik ist ähnlich ausgerichtet. Ihre Aktivität basiert insbesondere auf ihrem
persönlichen Engagement um eine Neuauflage der phantastischen Erzählung *Der
Engel mit dem goldenen Schnurrbart* (1983) sowie um eine Erstveröffentlichung des
Manuskripts *Schatten eines Engels.*

Günter Saalmann lehnt es dagegen ab, aktiv auf Verlage zuzugehen bzw. selbst
zu werben. „Ich weiß aber nicht wo ich (hingehen) soll und ich bin nie hausieren
gegangen" (18). Analog führt er aus: „Ich habe immer gewartet, bis das Telefon
klingelt, nicht? [...] Aber ich. ich habe nie Flyer verschickt oder so. Ich besitze
nicht mal eine Visitenkarte" (18). Anders als die Autoren Schlott und Spillner
offenbart Saalmann eine Vielzahl förderlicher Handlungsstrategien, die eng mit
dem Berufsprofil verknüpft sind, zum Beispiel eine aktive Schreibtätigkeit ohne
Vertragsgarantie, die Errichtung einer Homepage, die Orientierung an Kleinstauf-
lagen durch das Publikationsverfahren Book on Demand (*Besuch im großen Zoo.
Reime, Rätsel und Gedichte aus drei Jahrzehnten* 2005). Auch Uwe Kant äußert
in Form von selbst eingereichten Manuskriptangeboten oder der Sondierung von
Verlagspräferenzen ein aktives Zugehen auf Verlage, wobei er die Schnelllebigkeit
des Buchmarkts generell ablehnt: „Ich bin auch nicht fleißig. [...] insofern passe ich
nicht in die heutige Zeit" (7). Innerhalb des KJL-Systems der DDR konnte sich sein
literarischer Prozess ohne zeitlichen oder finanziellen Druck entwickeln.

Die passiven Handlungsstrategien der Autoren Wolf Spillner und Jutta Schlott
hängen eng mit ihrer literarischen Position im KJL-System zusammen. Bereits
das jeweilige Erscheinungsjahr sowie die auffallend geringe Anzahl ihrer nach
1989/1990 veröffentlichten Werke machen den kinder- und jugendliterarischen
Rückzug evident: *Lieber weißer Vogel. Eine Liebesgeschichte aus Mikilenburg*
(Spillner, 1996), *Kalter Mai* (Schlott, 1993). Beide Autoren sind dagegen im
Bereich der Erwachsenenliteratur aktiv tätig. Wolf Spillner veröffentlicht 1993
Der Seeadler. Ansichten, Einsichten, Aussichten, im Jahr 1996 *Naturansichten
oder die Macht der Kamille* und beendet anschließend seine erwachsenenlite-
rarische Tätigkeit. Jutta Schlott widmet sich derzeit ausschließlich erwachsen-
literarischen Erzeugnissen[121]: *Ich sah etwas, was du nicht siehst: Erinnerungen
aus Ostdeutschland* (2000), *Das Liebespaar vom Körnerplatz* (2006), *Spaniens
Himmel. Auf den Spuren Picassos: ein Reisetagebuch* (2009). Grundsätzlich ist
festzuhalten, dass beide Autoren die Stagnation ihrer kinder- und jugendliterarischen Entwicklung selbst initiieren oder dieser zumindest nicht entgegensteuern.

Zwei Jahre nach der Veröffentlichung seines letzten Titels *Weihnachtsgeschichten* (1999) gibt Uwe Kant bekannt, sich nur noch solcher KJL widmen zu wollen,

---

121   Derzeit verfügt Schlott auch über zwei kinderliterarische Manuskriptansätze.

die er als „Spezialliteratur" (12) deklariert (z. B. Weihnachtserzählungen). Günter Saalmanns Integrationsmotivation sinkt aufgrund der Rückläufigkeit greifbarer Verlagskontakte sowie seiner geringen Zuversicht auf hohe Erfolgsmöglichkeiten sukzessiv: „Nachdem ich nun bald in Rente ging, habe ich dann gedacht: ‚Muss ich das? Habe ich das nötig?'" (27). Saalmann erklärt, er gebe seinen musikalischen Präferenzen nunmehr Vorrang. Aufgrund von zahlreichen Verlagsablehnungen verringert sich auch Christa Kożiks Integrationsaktivität und Motivation: „Man traut sich kaum noch was wegzuschicken, weil man immer Angst vor den Absagen hat" (21). Peter Abraham ist bereits durch eine verhältnismäßig hohe Anzahl von Neuauflagen dauerhaft und stabil in das KJL-System integriert. Bezeichnenderweise ist die gegenwärtige Integrationsmotivation und Integrationsbemühung der Autoren vor allem dann stärker ausgeprägt, wenn bereits in den Anfangsjahren eine graduell hohe Motivation und Aktivität bestand.

7.5 Verlagsbezogene Formen der Kommunikation und Interaktion

Die Kategorie „Verlagsbezogene Formen der Kommunikation und Interaktion" umfasst die von den Autoren akzentuierte Veränderung der bis dahin gewohnten Umgangsformen im KJL-System nach 1989/1990 und subsumiert infolgedessen einen substantiellen Leitaspekt der Fallanalysen. Allen Autoren ist gemeinsam, dass sie einen positiven Umgang in der DDR und für sie inakzeptable Interaktionen in der BRD wahrnehmen.

Formen der Kommunikation und Interaktion im Handlungssystem KJL der DDR und BRD

Laut aller Autoren stützt sich das Verhältnis zu den Mitarbeitern des Kinderbuchverlags Berlin auf zwei entscheidende Faktoren: gegenseitiger Respekt/freundliches Klima sowie eine faire Zusammenarbeit. Alle sechs Literaten betrachten damalige Angestellte in verantwortungsvollen Positionen als förderlich oder zumindest nicht hinderlich für ihre gesamte kinderliterarische Entwicklung. Katrin Pieper bestätigt die Behauptung: „Aber es war. ein guter Haufen, über Jahrzehnte hinweg ein guter Haufen. Das muss man schon sagen" (Becker 2010, 63). Aus den narrativen Interviews geht deutlich hervor, dass sie insbesondere den Verlagsleiter Fred Rodrian sowie die Cheflektorin Katrin Pieper als kompetente Akteure schätzen und die fachkundigen Kenntnisse des Lektoratsbereichs betonen. Dieses Faktum trifft auch auf Autoren konfliktärer Texte zu, wie Schlott, Kożik, Spillner und Saalmann. Verlagsinterne Konfrontationen, die den Unmut der Autoren provozieren, sind sehr wohl existent, doch zugleich in eine im Normalfall respektvolle und wohlwollende Atmosphäre eingebettet. So formuliert Schlott prägnant: „solche Auseinandersetzungen fanden zwischen Menschen statt, die auf andere Weise miteinander befreundet waren" (22). Daran zeigt sich gleichwohl, dass keiner der Literaten ein grundsätzliches Klima des Misstrauens oder der Unsicherheit verspürte.

Die Wahrnehmung einer generell fairen Zusammenarbeit gründet sich auch auf als gerecht erfahrene Vertragsregularien, unterstützt durch bestehende Vertragsgarantien. Die sechs Literaten betonen das positive Verlagsverhältnis insbesondere dann, wenn sie von Auseinandersetzungen/Konflikten vor 1989/1990 oder von als negativ erlebten Situationen nach 1989/1990 berichten.

Unterstützende Interaktionen sehen sie ebenfalls in der Organisation von wissenschaftlichen Veranstaltungen, Preisverleihungen und Arbeitsurlauben gegeben, die sie als wichtiges Mittel der Autorenförderung und als Bemühung um eine gute und feste Verlagsbindung empfinden (vgl. Berufsprofil). Fred Rodrian akzentuiert im Jahr 1985:

> So verlangt die Förderung junger oder jüngerer oder einfach neuer Talente Behutsamkeit, Analyse, Sachlichkeit und Zutrauen. Die Förderung junger Autoren muß frei sein von jeder Überhebung durch die Älteren, muß frei sein von jeder Schulterklopferei, frei von dem Beigeschmack jovialer Herablassung. Fördern und fordern sind untrennbar. (Rodrian 1985, 138)

Diese Eindrücke kontrastieren stark mit den erfahrenen Umgangsformen in der BRD. Zwar werden auch positive Erfahrungsmomente akzentuiert, wie die Unterstützung durch Literaturwissenschaftler und Verlagsangehörige oder den Erhalt von Stipendien, doch nimmt die Benennung negativer Faktoren einen deutlich höheren Stellenwert ein. Dementsprechend beziehen sich die neu erfahrenen Kommunikations- und Interaktionsformen vor allem auf verlegerische Handlungen, die den folgenden Kriterien zugeordnet werden können:

a) Verweigerung der Buchrechte an ihren DDR-Titeln
b) keine Rückmeldungen (u. a. in Bezug auf Anfragen hinsichtlich des Rückerhalts von Buchrechten)
c) fehlerhafte Honorarabrechnungen
d) unzureichende Informationspolitik (u. a. in Bezug auf den Verkauf des Kinderbuchverlags Berlin 1992)
e) diskreditierende Kommunikation und Interaktion (partiell in Verbindung mit der Missachtung des vorherigen literarischen Status)

Die fünf Kriterien beruhen nicht zwangsläufig auf einem Vergleich mit dem als positiv wahrgenommenen KJL-System der DDR, sondern auf dem jeweiligen Verständnis von Fairness. Die Erfahrungen und Sichtweisen der Autoren lassen sich in ein kategorisches Gefüge einteilen: Wolf Spillner, Uwe Kant und Jutta

Schlott machen lediglich eine geringe Anzahl von Erlebnissen geltend, während Christa Kožik, Peter Abraham und Günter Saalmann – die eine hohe Integrationsaktivität aufweisen – eine Vielzahl partiell stark prägender Begebenheiten thematisieren. Wolf Spillner nimmt aufgrund seiner gegenläufigen Erfahrungen mit Kleinverlagen und größeren Verlagshäusern von einem generalisierenden Resümee Abstand. Eines seiner nachhaltigsten Erlebnisse bezieht sich auf die Kategorien ‚diskreditierende Kommunikation und Interaktion‘ sowie ‚unzureichende Informationspolitik‘, weil eine potentielle Vertragsverhandlung erst auf Nachfrage unkommentiert abgebrochen wird: „Und das fand ich sehr unanständig. […] Das fand ich nicht schön" (11). Uwe Kant erhält bei der Rückforderung seiner Buchrechte keine Rückmeldungen. Sehr befremdend präsentiert sich auch eine unabgesprochene und ihm unverständliche Manuskriptänderung, durch die er sich „ausgetrickst" (38) fühlt. Jutta Schlotts Erfahrungen sind durch einen finanziellen Betrug gekennzeichnet, wobei sie das Verlagswesen insgesamt sehr unterschiedlich bewertet. Hier schlägt sich die Besonderheit des Vorfalls in der Stärke des Ausmaßes nieder: „Na ja da haben sie mich beschissen. O. k. Das ist normal" (5). Anders wiederum verhält es sich bei den Autoren Kožik, Abraham und Saalmann. Ein Schlüsselerlebnis Christa Kožiks fußt auf dem verlegerischen Hinweis, die Praktikantin werde für die Neuauflage ihrer phantastischen Erzählung *Der Engel mit dem goldenen Schnurrbart* (1983) einen „besseren" (16) Titel finden. Kožik begreift diese Haltung sowohl hinsichtlich ihres renommierten Status als DDR-Autorin als auch der DDR-KJL im Allgemeinen als anmaßend und despektierlich. Obwohl die Literaten Abraham und Saalmann eine eher hohe Integration in den bundesdeutschen Kinder- und Jugendbuchmarkt verzeichnen können, sind ihre Erfahrungen ähnlich negativ bestimmt. Saalmann verweist unter anderem auf fehlerhafte Honorarzahlungen und ausbleibende Verlagsrückmeldungen. Auch Peter Abrahams Erfahrungen basieren auf ausbleibenden Rückmeldungen, unzureichender Informationspolitik, defizitären Abrechnungen und nachhaltigen Diskrepanzen bei der Rückgabe von Buchrechten. Abraham bekräftigt seine Erfahrungen in einer zusammenfassenden Sentenz: „Es ist eigentlich. etwas <u>verbrecherisch</u> dieses Gewerbe geworden, nicht nur etwas" (5).

Reaktionsmuster und Konsequenzen

Die Handlungsstrategien der sechs Autoren sind weder vielseitig, noch überraschend. Bereitwillig integrieren sie sich in die als respektvoll, fair und förderlich wahrgenommene Atmosphäre des Kinderbuchverlags, zum Beispiel durch die Teilnahme an literarischen Veranstaltungen. Als anerkannte Schriftsteller gehen sie davon aus, dass selbst vehemente Kontroversen ihre feste Verlagsanbindung nicht gefährden können. Auseinandersetzungen führen zu Unmut, doch fühlen sie sich in ihrer Person oder in ihrem literarischen Profil nicht grundsätzlich diskreditiert.

Die nach 1989/1990 erfahrenen Umgangsformen erzwingen weder passive Handlungsstrategien/Anpassung, noch sehen sich die Autoren als betrogene Literaten des Systemwechsels. Nach einem Abwägen potentieller Konsequenzen entwickeln sie Handlungsstrategien, die sich an ihrer persönlichen Auffassung eines angemessenen Umgangs orientieren und der Verteidigung ihrer individuellen Bedürfnisse dienen. Exemplarisch verweigert die Autorin Christa Kożik die Titeländerung der Neuauflage *Der Engel mit dem goldenen Schnurrbart* (1983), weil sie die als impertinent empfundene Verlagshandlung/-äußerung höher gewichtet als die faktische Veröffentlichung des Titels. Peter Abraham äußert zu einem Streit über Buchrechte: „also ich habe x Prozesse schon geführt und mich kotzt es an" (38). Als Günter Saalmann keine Information über die Rückgabe seiner Buchrechte erhält, veröffentlicht er auf seiner Homepage sowie über das Publikationsverfahren Book on Demand eigenverantwortlich: „Ich kümmere mich nicht mehr drum. [...] Weil ich weiß, druckt sowieso niemand mehr" (29). Die Autoren akzeptieren die neuen Umgangsformen als konstitutiven Bestandteil des Systems, die einen hohen Fremdheitsgrad evozieren. Zusammenfassend generalisiert Saalmann: „wir passen nicht in die Wirtschaft" (21).

8. Theoretische Zusammenfassung

Sowohl die Fallanalyse als auch der Fallvergleich umfassen einen signifikanten Bestandteil der gesamten Einzelfallanalyse. Gleichwohl dienen die beiden Verfahren als Grundlage zur Identifikation und Analyse typologischer Elemente, die konkrete Antworten auf die Forschungsfrage bieten sollen. Die bisher konstatierte Themenstruktur der Fallanalyse findet auch in diesem letzten Auswertungsschritt Anwendung. Mit dem Ziel, „eine einzelne Lebensgeschichte hinsichtlich möglichst vieler Dimensionen zu erforschen und daran vom Einzelfall abstrahierend typische Vorgänge zu identifizieren", werden die bereits im Fallvergleich konstatierten Gemeinsamkeiten der sechs Autorenbiographien nun verallgemeinert und theoretisch zusammengefasst (Lamnek 2005, 693).[122] Der Ansatz der formalen Theoretisierung nach Strauss/Corbin (1996) wird dem besonderen Charakteristikum der Einzelfallanalyse angepasst und entsprechend modifiziert:

> Gegenstandsbezogene Theorien sind Konzepte, Hypothesen, die aus der Untersuchung spezifischer Gegenstandsbereiche [...] entstanden sind und in ihrer Geltung auf spezifische Gegenstandsbereiche beschränkt sind. Ihnen systematisch übergeordnet sind die formalen Theorien [...]. Sie beruhen auf gegenstandsbezogenen Theorien und treffen Aussagen über einen größeren sozialen Handlungs-, Geschehens- oder Institutionenbereich [...] in wissenschaftlich-formalisierter Begriffssprache, die dann einen allgemeinen Geltungsanspruch haben. (Fuchs-Heinritz 2005, 208)

Der Geltungsanspruch der theoretischen Zusammenfassung schließt folglich eine allumfassende bzw. auf alle weiteren renommierten Kinder- und Jugendbuchautoren übertragbare Generalisierung aus (vgl. Kap. 5.3).[123]

Nachfolgend werden die subjektive Wahrnehmung restriktiver Systemkonstanten sowie kennzeichnende Handlungsmuster herausgestellt. Auf diese Weise können die einzelnen Teilbiographien sowie die darin enthaltenen Sichtweisen und Erfahrungen renommierter Kinder- und Jugendbuchautoren der DDR als Beispiel zeitgeschichtlichen Erlebens aufgefasst werden. Die formale Theoretisierung erfolgt im Kontext der folgenden Forschungsfragen:

---

122 Dabei bleiben die kategorialen Bezüge „bei variierenden kontextuellen Bedingungen" aufgrund der Betonung von Einzelfällen unberücksichtigt (Strauss/Corbin 1996, 110).

123 Zugleich lässt sich vermuten, dass die konstatierten Erfahrungen, Sichtweisen und Handlungsweisen mit denen anderer Literaten konform gehen. Die Validierung dieser Annahme würde jedoch eine quantitative Untersuchung erforderlich machen.

Welche Faktoren beeinflussen die Stabilität der Systemintegration vor und nach 1989/1990?

Welche Systemkonstanten erfahren renommierte DDR-Kinder- und Jugendbuchautoren vor und nach 1989/1990 als fundamental restriktiv?

Welche literarischen und außerliterarischen Strategien benutzen renommierte DDR-Kinder- und Jugendbuchautoren vor und nach 1989/1990 als Reaktion auf Systemgrenzen und welche Konsequenzen sind zu konstatieren?

8.1 Motivationales Handeln

Die gesellschaftspolitischen Umbruchsprozesse der Wende und deutschen Wiedervereinigung bewirken einen eklatanten Einschnitt in die Lebens- und Arbeitssituationen der sechs Autoren. Als Aktanten des DDR-Subsystems KJL werden sie nach 1989/1990 mit einem Fremdsystem konfrontiert, dessen kulturindustrielle Grundstruktur der Ausrichtung des sozialistischen Kinder- und Jugendbuchmarkts diametral gegenübersteht. Die Differenz beider Systeme erfordert von den Autoren besondere Integrationshandlungen. Denn, so zeigt sich klar ersichtlich: Die literarischen Werke renommierter Kinder- und Jugendbuchautoren der DDR büßen sehr bald ihr hohes Ansehen ein, so dass neue Handlungsstrategien unumgänglich werden.

8.1.1 Motive

Die sechs Autoren reagieren auf die neuen Anforderungen im Rahmen ihrer individualbiographischen Disposition und Motivation. Keiner der Autoren lehnt die kinder- und jugendliterarischen Systembedingungen der Wende- und Nachwendezeit grundlegend ab, vielmehr intendieren sie deren Bewältigung im Kontext persönlicher Motive. Ergänzt durch individuelle Merkmale sind es vor allem drei Faktoren, welche die Entscheidung für oder gegen eine Anpassung an als restriktiv erfahrene Arbeitsbedingungen vor und nach 1989/1990 beeinflussen: das Bedürfnis kinder- und jugendliterarisch tätig zu sein/veröffentlichen zu können, die persönliche Relevanz monetärer Gesichtspunkte sowie der Anspruch auf literarische Selbstverwirklichung. Im KJL-System der BRD ist das Motiv, kinderliterarisch tätig zu sein/veröffentlichen zu können – unter Berücksichtigung erfolgsorientierter Bestrebungen – bei allen Autoren vorhanden, aufgrund der schwierigen Bedingungen jedoch weniger stark und weniger konstant ausgeprägt als im KJL-System der DDR. Im Falle von verlagsinternen Kontroversen in der DDR können sowohl Ausmaß als auch Konstanz des Motivs abnehmen, was allerdings nicht zu einer dauerhaften Verweigerung der kinder- und jugendliterarischen Tätigkeit führt. Bei fünf Autoren bewirken die marktwirtschaftlichen Anforderungen eine sukzessive Abschwächung des Motivs. Bei einem der Autoren ist das Motiv stark vorhanden, weil auch der Übergang in das kapitalistische KJL-System verhältnismäßig bruchlos verläuft und sich neue Möglichkeiten des Schreibens bieten.

Auch monetäre Faktoren können bei der generellen oder situativen Entscheidung für eine Anpassung an neue Systembedingungen ausschlaggebend sein. Je geringer die Dimension bzw. die persönliche Relevanz dieses Motivs, umso höher die Wahrscheinlichkeit, dass sich der Autor den neuen Systembedingungen verweigert. Aufgrund der bis dahin gewohnten finanziellen Sicherheit in der DDR, resultierend aus der bestehenden Honorar- und Auflagengarantie, sowie dem Verlust der Anbindung an den Kinderbuchverlag Berlin und der Veränderung wirtschaftlicher Verhältnisse, nimmt dieses Motiv bei allen Autoren nach 1989/1990 einen höheren Stellenwert ein als vor 1989/1990.

Das persönliche Bedürfnis nach literarischer Selbstverwirklichung als drittes zentrales Motiv spielt bei der Anpassung an neue Systemansprüche eine nicht weniger entscheidende Rolle. Dieses Motiv ist bei allen Autoren sowohl vor als auch nach 1989/1990 vorhanden. Zwar passen sich die Autoren den neuen Bedingungen unterschiedlich stark an, doch reklamieren sie aufgrund der von ihnen als hoch eingeschätzten Möglichkeit zur literarischen Selbstverwirklichung in der DDR auch nach 1989/1990 die Umsetzung ihrer persönlichen literarischen Maßstäbe/Zielsetzungen.

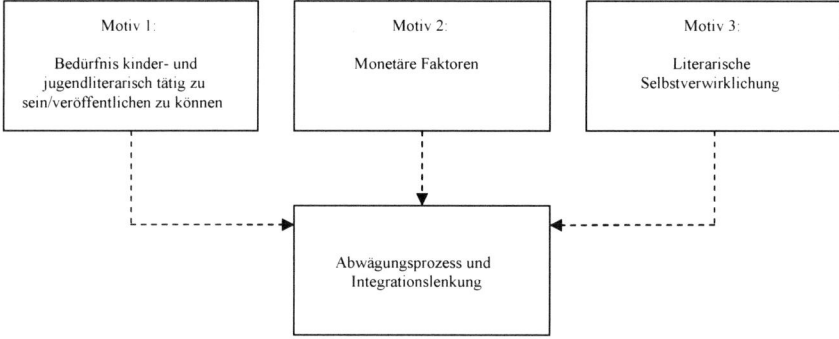

Tabelle 17: Intervenierende Motive

8.1.2 Ausgangsbedingungen und Grenzwahrnehmungen

Ihren beruflichen Einstieg nehmen die Autoren als einen sich unter positiven Bedingungen entwickelnden Weg zur Integration in das KJL-System der DDR wahr. Entweder initiieren sie diese Integration selbst oder sie werden von einer Person des Kinderbuchverlags angesprochen und ausgebildet. In beiden Fällen sehen sie ihre literarischen Fähigkeiten gefördert und gefordert.

Die literarischen Ausgangsbedingungen der Umbruchsprozesse 1989/1990 werden von nur einem der sechs Autoren positiv begriffen. Hier besteht sowohl eine frühe dynamische Entwicklung aktiver Verlagskontakte und Veröffentlichungsangebote als auch die Möglichkeit des Rückgriffs auf bis dato unveröffentlichte Manuskripte oder Manuskriptansätze. In den anderen Fällen betrachten die Literaten ihren renommierten DDR-Status als nicht ausreichend, um sich innerhalb des KJL-Systems der BRD erfolgreich etablieren zu können. Die Bindung an einen Verlag, Prämierungen, Stipendien oder Neuauflagen werden zwar als förderliche Momente wahrgenommen, jedoch nicht als finanzielle Sicherheit oder Integrationsgewähr begriffen. Den Bruch der festen Anbindung an den Kinderbuchverlag, die neue finanzielle Unsicherheit oder auch die massenhaften Bücherentsorgungen nach der Wende empfinden sie als stark negative und entwicklungshemmende Ereignisse. Viele der Autoren sind in nicht-schriftstellerische Tätigkeiten, wie zum Beispiel Lesungen, eingebunden.

Beschränkungen im kinder- und jugendliterarischen System der DDR werden entweder verneint oder aber in der direkten Lenkung des literarischen Produktionsprozesses (ideologisch begründete Texteingriffe) gesehen. Die Autoren beobachten nach 1989/1990 einen deutlichen Anstieg der restriktiven Arbeitsbedingungen, der ihrer Ansicht nach in der veränderten Wertschätzung des allgemeinen Berufsstatus kulminiert. Diesen Eindruck gewinnen die Literaten weniger in Interaktion mit ihrer Leserschaft, der Literaturkritik oder der Literaturwissenschaft, als vielmehr in der direkten Auseinandersetzung mit den am Markt beteiligten Aktanten. Folglich wird die zentrale Beschränkung des KJL-Systems der DDR in dem Bestehen literarischer Lenkungsprozesse gesehen, die aber auch in der BRD wahrgenommen und außerdem durch zwei weitere restriktive Faktoren ergänzt werden: neue Anforderungen des Berufsprofils sowie neue verlagsbezogene Kommunikations- und Interaktionsformen.

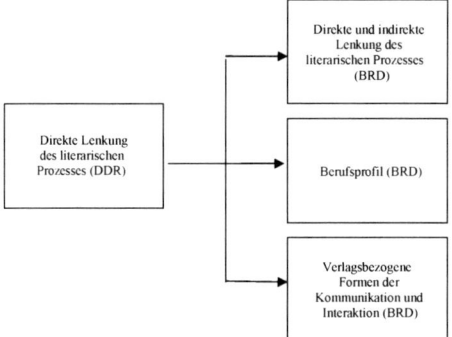

Tabelle 18: Veränderte Grenzen des Arbeitsprozesses

Aufgrund der veränderten und als problematisch befundenen Arbeitsbedingungen (Grenzfaktoren) innerhalb des KJL-Systems der BRD wägen die Autoren nach motivationalen Faktoren ab, ob sie der neuen Situation entsprechen wollen (Integration/Nicht-Integration).

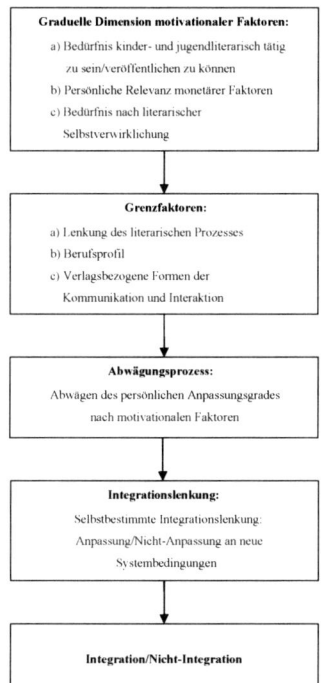

Tabelle 19: Nachwendezeitlicher Integrationsprozess

Direkte Lenkungsprozesse

Im Falle einer direkten (restriktiven) literarischen Lenkung des Verlags reagieren die Autoren in der DDR – aufgrund ihres hohen Bedürfnisses nach literarischer Selbstverwirklichung – mit der Verteidigung ihrer literarischen Zielsetzung. Schätzen sie die an sie herangetragenen Texteingriffe als unbedeutend ein, verhalten sie sich affirmativ. Werden diese nicht akzeptiert, versuchen sie eine Kompromisslösung auszuhandeln (aktives Verhalten). Sofern der Prozess des Aushandelns scheitert, bleiben einige Autoren geduldig, wobei diese Strategie als spezielle Form des aktiven Verhaltens gelten kann. In diesem Fall warten die Autoren, bis sich neue Möglichkeiten zur Arbeit am Manuskript ergeben oder aber sie schränken ihren gesamten Schreibprozess ein. Diese Handlungstaktiken basieren auf der Gewissheit, keine substanziellen Sanktionen oder finanzielle Konsequenzen befürchten zu müssen und führen vorwiegend zum Erfolg.

Auch im kulturindustriell konstituierten KJL-System der BRD sehen sich die Autoren literarischen Lenkungsprozessen ausgesetzt. Bei einem konfrontativen Zusammenstoß von literarischer Zielsetzung und direkter Lenkung ist es ihnen ein persönliches Anliegen, ihre Zielsetzung auch weiterhin zu verteidigen – was sich jedoch nicht in jedem Fall durchführen lässt. Einige der Literaten verweigern sich den Texteingriffen konsequent, andere äußern eine tendenzielle Akzeptanz – obwohl diese Affirmation ihrem subjektiven Bedürfnis nach literarischer Selbstverwirklichung widerspricht. Die Wahl der Handlungsstrategien ist abhängig von dem Ausmaß motivationaler Faktoren.

Alle Autoren vergleichen die Beschränkungen des gesamtdeutschen Kinder- und Jugendbuchmarktes mit der gesellschaftlich verbreiteten Vorstellung von realsozialistischer Zensurpraxis. Einige der Autoren fühlen sich nach 1989/1990 mit Situationen konfrontiert, die ihre bisherigen Zensurerfahrungen sogar übersteigen. Wie zuvor auch, lassen sie sich auf textbezogene Interventionen ein, sofern diese ihr persönliches Bedürfnis nach literarischer Selbstverwirklichung nicht konterkarieren. Je höher die Kompromissbereitschaft bzw. literarische Anpassung der Autoren, desto geringer ihre Zufriedenheit mit dem literarischen Ergebnis – eine Situation, die bei einem der sechs Autoren besonders stark ausgeprägt ist. Die wenigen Autoren, die auch Serienproduktionen oder Buchreihen veröffentlichen (indirekte literarische Lenkung), empfinden diese Maßnahme nicht als Widerspruch zu ihrem bisherigen literarischen Anspruch. Andere wiederum verweigern sich dem kommerziellen Charakter der Kulturindustrie gänzlich. Insgesamt kann konstatiert werden, dass alle sechs Autoren, unabhängig ihrer graduellen Anpassung an literarische Lenkungsprozesse, ihr kinderliterarisches Profil nach 1989/1990 nicht grundsätzlich verändert sehen.

Während monetäre Faktoren (motivationaler Kontext) im KJL-System der DDR kaum relevant erscheinen, nehmen diese aufgrund von wirtschaftlichen Einbußen und kontrastierenden Honorarhöhen nach 1989/1990 einen höheren Stellenwert ein. Bei einer starken Ausprägung des Motivs wird die Möglichkeit, sich den literarischen Lenkungsprozessen zu verweigern, als gering eingeschätzt. Die Autoren sehen ihre individuellen Fähigkeiten als austauschbar/ersetzbar an. Ihrer Auffassung nach ist die Zeit und Motivation für das „Aushandeln" von Konflikten insbesondere in größeren Verlagshäusern kaum vorhanden. Der Profitorientierung des Verlagswesens stehen sie – wenn auch mit unterschiedlich starker Emotionalität – kritisch gegenüber.

Berufsprofil

Die Autoren nehmen aufgrund der festen Verlagsanbindung, den Honorargarantien, günstigen Vertragsbedingungen oder Privilegien im KJL-System der DDR ein sehr positives Berufsprofil wahr, welches sie bejahen und welchem sie sich bereitwillig anpassen. Neben niedrigen Honorarzahlungen und dem Verlust des literarischen Ansehens liegt die wahrscheinlich markanteste Veränderung nach 1989/1990 in der Notwendigkeit eines aktiven Verhaltens, das sich in selbst zu initiierenden Verlagskontakten ausdrückt. Einige der Autoren lehnen diesen Schritt – tendenziell – ab. Andere erleben ihn – z. B. aufgrund häufiger Manuskriptablehnungen – als unbefriedigend. Eine Anpassung an das neue Berufsprofil hängt stark mit der persönlichen Integrationsmotivation zusammen (Bedürfnis weiterhin kinderliterarisch tätig zu sein/veröffentlichen zu können, monetäre Faktoren).

Hinsichtlich der graduellen Dimension von Aktivität und Anpassung bei neuen Lenkungsprozessen und verändertem Berufsprofil lässt sich festhalten, dass die sechs Autoren zum Teil einen hohen Anpassungs- und Aktivitätsgrad aufweisen, dieser jedoch auch sehr gering sein kann. Gleichwohl ist eine Kombination aus tendenzieller Abwehr der literarischen Lenkungsprozesse und tendenziell hoher Bereitschaft zur Aktivität im Rahmen des Berufsprofils möglich.

Verlagsbezogene Formen der Kommunikation und Interaktion

Die Autoren sind im Kinderbuchverlag Berlin einen beruflichen und zwischenmenschlichen Umgang gewohnt, der auf Vertrautheit, Respekt und Unterstützung beruht. In Konfliktsituationen kann die Beziehung zu involvierten Personen zwar beeinträchtigt, doch aufgrund des positiven Verhältnisses nicht grundsätzlich gestört werden. Nach 1989/1990 stellen die Autoren eine negative Veränderung der verlagsbezogenen Kommunikations- und Interaktionsformen fest. Die Literaten weisen dieser Situation keine absolute Gültigkeit zu, sehen aber insbesondere bezüglich größerer Verlagshäuser kontraproduktive Bedingungen gegeben. Einige der sechs Autoren wehren einschlägige Umgangsformen konsequent (aktiv) ab, andere dagegen weniger. Dabei erzeugt abwehrendes Verhalten eine nur geringe Befriedigung, da die negativen Konsequenzen überwiegen. Die Umgangsformen werden als systemtypisch betrachtet und als systemkonstitutiv hingenommen. Alle sechs Autoren bewerten solche Vorfälle nicht in Abhängigkeit ihrer positiven Erfahrungen im KJL-System der DDR, sondern urteilen nach ihrem persönlichen Werteverständnis.

Systemintegration

Insgesamt lassen sich im Rahmen der verschiedenen Handlungsstrategien nach 1989/1990 drei Integrationsstufen konstatieren: sehr geringe Integration, geringe Integration und hohe Integration. Inzwischen beendeten alle Literaten ihre kinder- und jugendliterarische Tätigkeit oder aber sie äußern eine nur geringe Motivation, sich auch weiterhin aktiv in das KJL-System integrieren zu wollen. Als Begründung nennen sie den inzwischen fehlenden Bezug zu Kindern bzw. kinderliterarischen Stoffen sowie die neuen kapitalistischen Bedingungen des KJL-Systems der BRD.

9. Resümee und Ausblick

Ziel der Untersuchung war es, die Integration von sechs renommierten DDR-Kinder- und Jugendbuchautoren in das sozialistische KJL-System vor- sowie in das bundesdeutsche KJL-System nach 1989/1990 unter der Prämisse zu beleuchten, welche Faktoren den jeweiligen Erfolg oder Misserfolg maßgeblich beeinflussten. Die Autoren waren:

Christa Kożik	Peter Abraham
Wolf Spillner	Uwe Kant
Jutta Schlott	Günter Saalmann

In diesem Punkt wurden zum einen Systemkonstanten herausgestellt, welche die Autoren als besonders förderlich oder aber als besonders hinderlich wahrnahmen, zum anderen darauf bezogene Reaktionsmuster bzw. Handlungsstrategien aufgezeigt. Die Fragestellungen lauteten:

Welche Faktoren beeinflussen die Stabilität der Systemintegration vor und nach 1989/1990?

Welche Systemkonstanten erfahren renommierte DDR-Kinder- und Jugendbuchautoren vor und nach 1989/1990 als förderlich, welche als restriktiv?

Welche literarischen und außerliterarischen Strategien benutzen renommierte DDR-Kinder- und Jugendbuchautoren vor und nach 1989/1990 als Reaktion auf Systemgrenzen und welche Konsequenzen sind zu konstatieren?

Die Untersuchung umfasste sieben Schritte: Um einen Einblick in die Besonderheit der DDR-KJL geben zu können, erfolgte zunächst die Zusammenfassung ihrer konstitutiven Merkmale, aufgeteilt in die Zeit der Sowjetischen Besatzungszone von 1945–1949, der sozialistischen Entwicklungsprozesse der 1950er und 1960er Jahre sowie der neuen literarischen Tendenzen in den 1970er und 1980er Jahren (Kap. 2). Die daran anschließende Darlegung der *Empirischen Theorie der Literatur* nach Siegfried J. Schmidt (Kap. 3) bot wesentliche Einsichten in die Funktion und die innere Struktur des Literatursystems sowie in dessen Außen-Innen-Differenzierung als Abgrenzungsmerkmal zu anderen Systemen. Diese Bestimmung wurde anschließend speziell auf das Subsystem

KJL übertragen und im Hinblick auf die besondere Ausrichtung des kinder-
und jugendliterarischen Systems der DDR reflektiert. Im Rahmen der Bestimmung literarischer Produktionshandlungen nach Schmidt (1980) führte daran
anknüpfend sowohl der Vergleich des ökonomischen, sozialen und politischen
Voraussetzungssystems von DDR-Kinder- und Jugendbuchautoren vor und
nach 1989/1990 als auch die Beschreibung der kulturpolitischen Entwicklungen der Wende- und Nachwendezeit in das Thema der Untersuchung ein. Während mit der *Empirischem Theorie der Literatur* die grundlegende Beschaffenheit des Handlungssystems KJL möglichst wertungsfrei bestimmt werden
sollte, bot die *Theorie der Kulturindustrie* Theodor W. Adornos eine Grundlage für die kritische Auseinandersetzung mit der marktwirtschaftlichen Ausrichtung des bundesdeutschen Handlungssystems KJL (Kap. 4) – welche sich
als zentrales Thema der Autoren herausstellte.

Die empirische Untersuchung ist mit der Erläuterung des gesamten metho-
dischen Vorgehens eingeleitet worden (Kap. 5). Das Untersuchungsdesign
umfasste eine Übersicht über grundsätzliche Dispositionen und Entscheidungen (z. B. Autorenauswahl), über grundlegende Aspekte der qualitativen
Sozialforschung sowie über die Einzelanalyse als Forschungsansatz. Darüber
hinaus wurde das narrative Interview als Erhebungsmethode sowie das Thematische Kodieren als Auswertungsverfahren, welches sich an der Analyse-
methode der Grounded Theory (Strauss/Corbin 1996) orientiert, vorgestellt. In
einer Fallanalyse wurden zunächst die Leitthemen der interviewten Autoren
herausgefiltert und nach erfahrenen Interaktionen mit kinder- und jugendliterarischen Akteuren sowie nach persönlichen Handlungsmustern und den
daraus folgenden Konsequenzen untersucht (Kap. 6). Der Fallanalyse folgte
ein Vergleich der wichtigsten Ergebnisse (Kap. 7), die im abschließenden
Kapitel theoretisch zusammengefasst worden sind (Kap. 8).

Untersuchungsergebnisse

In der Wende- und Nachwendezeit ist das Ausmaß der beruflichen Veränderungen so hoch, dass die sechs Autoren ihre Lebenserinnerung in „gut und nicht-
gut" bzw. „davor und danach" trennen (vgl. Rosenthal 1995). In Anlehnung an
die durchgeführten Fallanalysen, den daran anschließenden Fallvergleich und die
theoretische Zusammenfassung kann festgehalten werden, dass sie die Ausrichtung des bundesdeutschen Handlungssystems KJL intensiv diskutieren und diese
als Abgrenzungsmerkmal im Hinblick auf das KJL-System der DDR betrachten.
Demzufolge lassen sich drei Faktoren identifizieren, durch welche die Autoren

ihre Arbeitssituation nach 1989/1990 definiert (begrenzt) sehen und die sie ihren vorherigen Erfahrungen komparativ gegenüberstellen.

a) Berufsprofil
b) Verlagsbezogene Formen der Kommunikation und Interaktion
c) Literarische Lenkung

Die Behauptung, die Bedingungen des Schreibens wären innerhalb des sozialistischen KJL-Systems beschränkend gewesen, wird von den Autoren entweder voll und ganz verneint oder aber ausschließlich in Bezug auf das Vorhandensein von literarischen Lenkungsprozessen bestätigt. Dagegen steigen nach Ansicht der Autoren die einschränkenden Systemfaktoren innerhalb des bundesdeutschen KJL-Systems an, indem sich nicht mehr nur die literarischen Lenkungen, sondern auch das allgemeine Berufsprofil der Gruppe Kinder- und Jugendbuchautoren sowie die verlagsbezogene Kommunikation und Interaktion als restriktiv erweisen.

a) Berufsprofil

Die sechs Autoren bestimmen das gegenwärtige Berufsprofil der Gruppe Kinder- und Jugendbuchautoren in erster Linie durch lose Verlagskontakte und niedrige Honorarzahlungen. Aufgrund der bestehenden Auflagen- und Honorargarantien unterliegen sie keiner finanziellen Unsicherheit oder dem Druck, eine Vielzahl an Veröffentlichungen hervorbringen zu müssen. Sie empfinden die Autorentätigkeit als gesellschaftlich geschätzten Beruf, der staatlich bzw. durch den Kinderbuchverlag unterstützt und von dem Gros der DDR-Literaten engagiert und verantwortungsbewusst ausgeübt wird.

Nach 1989/1990 erweisen sich insbesondere die Trennung der bis dahin festen Bindung an den Kinderbuchverlag Berlin sowie die prinzipiell niedrigen Honorarzahlungen als Zäsuren. Die Autoren sehen sich gezwungen selbständig Verlagskontakte zu initiieren, neue Finanzierungsmöglichkeiten zu sondieren und ihre kinder- und jugendliterarische Produktion zu erhöhen. In dieser Hinsicht empfinden sie nicht nur die neue Dringlichkeit, sich gegenüber den marktwirtschaftlichen Gesetzen konform zu verhalten, sondern auch aktiv zu werden, um eine erfolgreiche Integration in das bundesdeutsche KJL-System garantieren zu können. Die nur losen Verlagskontakte sowie die daraus resultierende Notwendigkeit der Gewinnung von Verlagen bringen eine Art existenzielle Abhängigkeit von konkreten Verlagserwartungen mit sich, die bei allen Autoren Ablehnung oder sogar Verweigerung der neuen Rollenzuschreibung hervorruft. Bei einigen Autoren ist der Grad ihrer Integrationsbemühung besonders hoch, bei anderen

Autoren auffallend niedrig. Das jeweilige Ergebnis ihrer Handlungen ist abhängig von dem persönlichen Engagement.

b) Verlagsbezogene Formen der Kommunikation und Interaktion

Die Interaktionen mit dem bundesdeutschen Verlagswesen bewirken, dass sich die Autoren als Teil einer hierarchischen Ordnung begreifen, innerhalb derer sie sich in einer nur untergeordneten Position gegenüber dem Verlagswesen befinden. Während alle sechs Autoren die Zusammenarbeit mit dem Kinderbuchverlag als besonders förderlich sowie den allgemeinen Umgang (insbesondere mit dem Verlagsleiter Fred Rodrian sowie der Cheflektorin Katrin Pieper) als respektvoll und freundlich beschreiben, sind ihre Erfahrungen nach 1989/1990 primär negativ ausgerichtet. Die in der DDR bestehende Autorenförderung und die als fair wahrgenommenen Vertragsregularien werden nach 1989/1990 durch folgende Faktoren ersetzt: Verweigerung der Buchrechte an in der DDR verlegten Titeln, ausbleibende Rückmeldungen (u. a. in Bezug auf Anfragen hinsichtlich des Rückerhalts von Buchrechten), fehlerhafte Honorarabrechnungen, unzureichende Informationspolitik (u. a. in Bezug auf den Verkauf des Kinderbuchverlags Berlin 1992), diskreditierende Kommunikation und Interaktion (partiell in Verbindung mit der Missachtung des vorherigen literarischen Status).

Während sich alle sechs Literaten bereitwillig in die KJL-Szene der DDR einfügten und aufgrund des festen und positiven Verhältnisses zum Kinderbuchverlag auch keine Konfliktsituationen scheuten, werden die neuen verlagsbezogenen Kommunikationen und Interaktionen abwertend als systemkonstitutiv betrachtet und akzeptiert. Die Handlungsstrategien sind abhängig von den individuellen Bedürfnissen der Autoren (Abwägen der Konsequenzen).

c) Literarische Lenkung

Die Autoren fühlen sich im Rahmen konkreter Interventionen durch das Verlagswesen sowohl direkten literarischen Lenkungen ausgesetzt als auch mit subtilen Beeinflussungen durch Marktpräferenzen konfrontiert, den sogenannten indirekten literarischen Lenkungen.

Katrin Pieper macht darauf aufmerksam, dass Konfliktsituationen innerhalb des Kinderbuchverlags Berlin „sozusagen Einzelfälle" waren: „In der Regel haben wir bei 140 Erstauflagen im Jahr [...] die Bücher rausgehauen" (Becker 2010, 20). Um ihre teils auch kritischen Zielsetzungen verteidigen zu können, verhalten sich die Autoren aktiv und ausdauernd. Trotz der literarischen Lenkung betrachten sie das Schreiben als ein Prozess des Aushandelns bzw. sehen sie noch immer ein gewisses Maß an Selbstbestimmtheit garantiert. Äußere

Eingriffe werden nicht als dogmatische Zensur, sondern als normales, gleich-
berechtigtes Aushandeln zwischen Verlag und Autor empfunden. Ohne dass
tiefgreifende Sanktionen befürchtet werden müssen. Rückblickend nehmen sie
größere kinder- und jugendliterarische Freiräume (Möglichkeiten der literarischen Selbstverwirklichung) wahr, als im KJL-System der BRD. Ebenso wenig
sehen sie die Intention zentraler Mitarbeiter des Ministeriums für Kultur vorder-
gründig restriktiv bestimmt. So betonen sie unter anderem die unterstützende
Funktion des für das Ressort Kinderliteratur zuständigen Mitarbeiters Richard
Müller sowie die Vertrautheit zwischen Autor und Behörde und deren gegenseitige Abhängigkeit. Die Interventionen aus eigentlich nicht-literarischen Systemen
konnten bereits aufgrund dessen nicht als massiver Eingriff empfunden werden,
weil keine klare Abgrenzung des Literatursystems zu anderen Systemen bestand
(vgl. auch Gansel 1997).

Dass die Zensur im kinderliterarischen Bereich weniger stark ausgeprägt war
als in der Erwachsenenliteratur, ist innerhalb der KJL-Forschung bereits erwähnt
worden. Den Grund dafür in der angeblich niedrigeren Rangposition der KJL zu
suchen, scheint jedoch kaum haltbar. Denn maßgebend waren zum einen zensur-
verantwortliche Personen wie Fred Rodrian, zum anderen auch die kleine Größe
des KJL-Systems an sich. Die Akteure kannten sich, waren per du – und wirkten
untereinander Literatur fördernd, nicht Literatur verhindernd.

Im bundesdeutschen KJL-System widerfahren den Autoren nicht mehr nur
konkrete Texteingriffe bzw. direkte literarische Lenkungen, sondern auch indirekte Lenkungen durch thematische Verlagspräferenzen oder Vermarktungsstrategien (z. B. dem ökonomischen Prinzip der Serialisierung), deren Ausmaß sie
vor 1989/1990 – selbst in Form von Auftragsarbeiten – so nicht kannten. Ihre
Handlungsstrategien sind nicht homogen, sondern alternieren zwischen konsequenter Verweigerung und tendenzieller Akzeptanz. Stärker anpassendes Verhalten löst geringere literarische Zufriedenheit aus.

Gegenwärtige Lenkungsprozesse werden nicht mehr aus einer relativ gleich-
gestellten, sondern aus einer untergeordneten Position heraus erfahren, die auf
dem kulturindustriellen Mechanismus von Angebot und Nachfrage beruht. „Der
Kapitalismus muss gelernt werden", erklärt Katrin Pieper jene Herausforderungen, die sich den Autoren nach der Wende stellten (Becker 2010, 2). Dabei steht
die tatsächliche Integration in das kapitalistische KJL-System der BRD auch in
engem Zusammenhang mit allgemein motivationalen Kriterien wie dem generellen Bedürfnis kinder- und jugendliterarisch tätig sein bzw. veröffentlichen zu
wollen oder monetären Gesichtspunkten. Als Steffen Peltsch im Jahr 1995 mit
der zuversichtlichen Verkündung „ALLE schreiben, schreiben weiter und schreiben irgendwas zwischen Tulpenknittelversen und Memoiren" auf den starken
Schreibdrang der DDR-Kinder- und Jugendbuchautoren hinweist, bekräftigt er

unbewusst auch deren spürbare Distanzierung zu ihrer eigentlich kinder- und jugendliterarischen Profession (Peltsch 1995b, 6). Die aktuellsten Veröffentlichungen der sechs Autoren stammen aus dem Jahr 2005. Die Integrationsmotivation ist stark gesunken, so dass sich die Literaten nahezu vollständig aus dem System KJL zurückzogen haben (siehe Abb. 20).[124]

	Veröffentlichungen vor 1989/1990 (ohne Neuauflagen)	Veröffentlichungen nach 1989/1990 (ohne Neuauflagen)	Titel und Erscheinungsjahr der letzten Veröffentlichung
Christa Kožik	5 Titel (1980–1990)	3 Titel (1991–2011)	Philipp und der Katzentiger (2001)
Wolf Spillner	18 Titel (1976–1990)	1 Titel (1991–2011)	Lieber weißer Vogel (1996)
Jutta Schlott	4 Titel (1981–1990)	1 Titel (1991–2011)	Kalter Mai (1993)
Peter Abraham	14 Titel (1963–1990)	8 Titel (1991–2011)	Das Schulgespenst tierisch in Fahrt (2005)
Uwe Kant	11 Titel (1969–1990)	3 Titel (1991–2011)	Weihnachtsgeschichten (2002)
Günter Saalmann	15 Titel (1976–1990)	10 Titel (1991–2011)	Leselöwen-Geschichten von Schulfreunden und Streichen (2005)

Tabelle 20: Veröffentlichungen vor und nach 1989/1990 (ohne Neuauflagen)

Die wendebedingten materiellen und positionellen Einbußen, die veränderten Herausforderungen, aber auch die neuen (teils literarischen) Interessen machen die Rückzugsintentionen aus dem gegenwärtigen KJL-System verstehbar.

---

124   Im Vergleich zu der Gesamtzahl der innerhalb des kinder- und jugendliterarischen Systems der DDR veröffentlichten Titel ist zu berücksichtigen, dass vor allem renommierte Autoren keinem direkten Schreibdruck oder finanziellen Notwendigkeiten unterlagen. Diese Auflistung schließt Neuauflagen sowie Beiträge in Anthologien oder Herausgaben aus. Die genannten Titel umfassen alle Gattungen der Kinder- und Jugendliteratur, wie zum Beispiel Bilderbücher (teils Pappbilderbücher).

Parallelisierung der literarischen Lenkungsprozesse in DDR und BRD

Innerhalb des Literatursystems der DDR besticht die Zensur nicht durch ihre ständige Präsenz, sondern durch ihre subtile Unsichtbarkeit. Auch offizielle Definitionen in Wörterbüchern der Literaturwissenschaft unterstützen die sukzessiv geschaffene Intransparenz, indem sie die „volle Verantwortlichkeit der Produzenten (der Autoren, Verlage, Redaktionen)" betonen (Träger 1986, 582). Artikel 5 des bundesrepublikanischen Grundgesetzes vom 23. Mai 1949 unterstreicht dagegen: „Eine Zensur findet nicht statt", mit Ausnahme jugendgefährdender Medien und der Verletzung des Persönlichkeitsrechts (vgl. Kap. 3.4.4). Im *Metzler-Lexikon Literatur* heißt es: „Z. [Zensur] in der vereinten BRD konzentriert sich vornehmlich auf das Verbot der Darstellung von Gewalt, wendet sich gegen Rechtsradikalismus und Pornographie", doch ist die erwähnte Unsichtbarkeit zensorischer Beschränkungen auch dem bundesdeutschen Literaturmarkt nicht gänzlich fern (Burdorf et al. 2007, 842). Im Jahr 2006 betont der Zensurforscher Bodo Plachta, dass sich „zensurähnliche Eingriffe […] in Redaktionen, Lektorate oder Gremien unterschiedlichster gesellschaftlicher Institutionen" verlagern würden (Plachta 2006, 218). Voller Ironie bemerkt auch Steffen Peltsch 1995 über die nachwendezeitliche Situation von DDR-Kinder- und Jugendbuchautoren: „Von der Zensur der Partei in die Zensur des Marktes – das will gelernt sein" (Peltsch 1995b, 12).

Rekurrierend auf das Literatursystem der DDR hebt Manfred Jäger in seinem Beitrag *Das Wechselspiel von Selbstzensur und Literaturlenkung in der DDR* die essentielle Rolle der Literaten im Kontext Zensur hervor. Jäger geht von einer Überrepräsentation selbstzensorischer Handlungen aus, weil der Autor immer „billigen oder billigend in Kauf nehmen" musste (Jäger 1993, 36). Dass nun letztendlich „alles auf Selbstzensur hinaus[lief]" (Jäger 1993, 36) gibt Anlass zu einer denkwürdigen Parallelisierung beider KJL-Systeme, die sich in der Begrenzung von literarischen Schaffensprozessen ausdrückt – einerseits parteipolitisch, andererseits marktwirtschaftlich. Die offenkundigen Interferenzen zwischen Marktanforderungen und der damit zwangsläufig einhergehenden Form von Selbstzensur sind nur schwer zu leugnen, denn die Bedingungen des literarischen Schreibens sind aufgrund der geforderten ökonomischen Rentabilität auch weiterhin mitunter schwierigen Bedingungen unterworfen.

Ausblick

Caroline Roeder betont 2006 das Fehlen einer detaillierten „Aufarbeitung der KJL-Zensurgeschichte" (Roeder 2006, 758). Der gegenwärtige Stand der Forschung zur aktuellen KJL im Kontext DDR/Wiedervereinigung offenbart einen eindeutigen Fokus auf die allgemeine literarische Aufbereitung des Themas Wende, wie unter anderem in der 2010 erschienenen Anthologie *Grenzenlos. Mauerfall und Wende in (Kinder- und Jugend-) Literatur und Medien* deutlich wird. Die spezifische Untersuchung neuer Stoffe, Motive oder auch Figurenensembles ehemaliger DDR-Autoren nach 1989/1990 bleibt weitestgehend unberücksichtigt. Eine reflektierte Trennung der Literatur ostdeutscher Autoren der jüngeren Generation und Autoren mit DDR-Provenienz findet ohnehin kaum statt. Diese Situation bietet interessante Impulse für weitere Untersuchungen, die auch Handlungen am Gegenstand KJL einbeziehen sollten. Einen anderen aufschlussreichen Forschungsansatz schlägt Karin Richter bezüglich nicht-veröffentlichter oder verspätet editierter DDR-Titel vor. Denn die Aufarbeitung des Untersuchungsgegenstands kann möglicherweise, so Richter, „auch die Charakterisierung der einzelnen [literarischen] Phasen verändern" (Richter 2005, 154). Diese Anregung wird unter anderem durch den Autor Günter Saalmann bekräftigt, der auf von ihm unveröffentlichte bzw. erst nach 1989/1990 editierte Texte aufmerksam macht. Eine gewinnbringende Bereicherung des aktuellen Forschungsstands kann auch eine Untersuchung der nachwendezeitlichen Überarbeitungen von Neuauflagen ehemaliger DDR-Titel mit sich bringen, wie sie bereits von Claudia Rouvel ansatzweise für die phantastische KJL durchgeführt worden ist. Auch hieran zeigt sich der Nutzen, Symbol- und Handlungssystem miteinander zu verbinden.

Die Ergebnisse der vorliegenden Untersuchung bieten analog der Betrachtung marktwirtschaftlicher Besonderheiten auch einen neuen Blick auf das kinder- und jugendliterarische Zensursystem der DDR, indem die Strukturen und Interaktionen zwischen Autor, Verlag und Ministerium für Kultur erkennbar und Möglichkeiten zur ungewöhnlich deutlichen Zivilisationskritik anschaulich gemacht werden. Einschlägige Informationen sind auch anders zugänglich, wie zum Beispiel innerhalb des Archivguts der Stiftung Archiv der Parteien und Massenorganisationen der DDR (Bundesarchiv Berlin). Doch Kontroversen oder „heftige Widerstände" (Strobel 2005, o. S.) allein an Dokumenten festmachen zu wollen scheint problematisch, da das geschlossene Kommunikationssystem der DDR einen nur fragmentarischen und eingefärbten Schriftverkehr zuließ. Wissenschaftliche Vollständigkeit kann erst der Rückgriff auf Autoren oder auf Zeitzeugen des Kinderbuchverlags oder des Ministeriums für Kultur garantieren. Eine profunde Betrachtung des KJL-Systems macht die Einbeziehung der Akteure notwendig.

Literaturverzeichnis

Sekundärliteratur

Abraham, P.: Geständnis, in: Beiträge zur Kinder- und Jugendliteratur, H. 37, 1975, S. 7–8.

Abraham, P.: So wurde Frieden – ein Motto. Beitrag bei der theoretischen Konferenz des Schriftstellerverbandes der DDR: So wurde Frieden – der 40. Jahrestag der Befreiung vom Hitlerfaschismus und die Kinder- und Jugendliteratur der DDR, in: Kinderliteratur-Report 7, H. 1, 1985, S. 9–16.

Abraham, P.: Arbeitsgruppe IV: Literatur und Wirkung, in: X. Schriftstellerkongreß der Deutschen Demokratischen Republik vom 25.-26. November 1987, hg. vom Schriftstellerverband der DDR, Berlin/Weimar: Aufbau 1988, S. 212–219.

Abraham, P.; Griebner, R.; Herkula, B. et al.: Autoren und Autorinnen der DDR zu dem, was war, was ist und zu dem, was werden könnte... , in: Kinder- Bücher- Medien, H. 35/36, 1990, S. 6–12.

Abraham, P.: Brief vom 19. April 1993, in: Fragebogen Zensur, hg. von R. Zipser, Leipzig: Reclam 1995, S.43.

Adorno, T. W.: Einleitung in die Musiksoziologie, Reinbek: Rowohlt 1968.

Adorno, T. W.: Stichworte. Frankfurt: Suhrkamp 1969.

Adorno, T. W. / Tiedemann, R., Adorno, G. (Hg.): Ästhetische Theorie (GS 7), Frankfurt: Suhrkamp 1973.

Adorno, T. W. / Tiedemann, R. (Hg.): Kulturkritik und Gesellschaft I (GS 10), Frankfurt: Suhrkamp 1977.

Adorno, T. W. / Tiedemann, R. (Hg.): Minima Moralia (GS 4), Frankfurt: Suhrkamp 1980.

Adorno, T. W. / Tiedemann, R. (Hg.): Musikalische Schriften VI. (GS 19), Frankfurt: Suhrkamp 1984.

Ahbe, T.: Die diskursive Konstruktion Ostdeutschlands und der Ostdeutschen seit dem Beitritt der DDR. Medienbilder, Ostalgie und Geschichtspolitik. Ein Überblick, in: Grenzenlos. Mauerfall und Wende in (Kinder- und Jugend-)Literatur und Medien, hg. von U. Dettmar, Heidelberg: Winter 2010, S. 97–124.

Altenhein, H.: Bemerkungen zum Verlagswesen der DDR, in: Die Verlage der DDR, hg. von H.-L. Schütz, Frankfurt: Börsenverein des deutschen Buchhandels 1990a, S. 4–12.

Altenhein, H.: Alfons Zitterbacke, Ronja Räubertochter, Pony Pedro und die anderen, in: Verlage in der DDR, hg. von H.-L. Schütz, Frankfurt: Börsenverein des deutschen Buchhandels 1990b, S. 28–30.

Arbeitsgemeinschaft Jugendliteratur und Medien der GEW: Sie sind wieder da, die Kinderbuch-Klassiker der DDR, 2006 (http://www.ajum.de/html/j-j/pdf/0102_klass_ddr.pdf, 24.1.2011).

Arends, P.: Das Urhebervertragsrecht der DDR, Frankfurt: Lang 1991.

Auer, D.; Bonacker, T.; Müller-Doohm, S. (Hg.): Die Gesellschaftstheorie Adornos. Themen und Grundbegriffe, Darmstadt: Wissenschaftliche Buchgesellschaft 1998.

Barsch, A.: Komponenten des Literatursystems. Zur Frage des Gegenstandsbereichs der Literaturwissenschaft, in: Systemtheorie der Literatur, hg. von J. Fohrmann, H. Müller, München: Fink 1996, S. 134–158.

Baumgärtner, A. C.: Perspektiven der Jugendlektüre, Weinheim: Beltz (2. Aufl.) 1969.

Becker, M.: Aktuelle Kinder- und Jugendbücher der DDR. Zum Verhältnis von Aktualität und sozialistischer Provenienz bei Benno Pludra, in: Interjuli, H. 1, 2010, S. 23–40.

Becker, M.: Der Kinderbuchverlag. Interview mit Katrin Pieper, 3.2.2010, Berlin (unveröffentlicht).

Becker, M.: Kinder- und Jugendliteratur. Interview mit Klaus Höpcke. 4.2.2010, Berlin (unveröffentlicht).

Beer, E.; Flemming, A.; Glaubrecht, S. et al.: Entwicklung der Öffentlichen Bibliotheken in den neuen Bundesländern, in: Bibliothek 19, H. 3, 1995, S. 295–321.

Beßlich, B.; Grätz, K.; Hildebrand, O.: Wende des Erinnerns? In: Wende des Erinnerns? Geschichtskonstruktionen in der deutschen Literatur nach 1989, hg. von B. Beßlich, K. Grätz, O. Hildebrand, Berlin: Schmidt 2006, S. 7–20.

Blaich, Ute: Ohne Pappheld und Trara, Die Zeit 44, Nr. 23 (2.6.1989), S. 75.

Böhm, A.: Theoretisches Codieren: Textanalyse in der Grounded Theory, in: Qualitative Forschung. Ein Handbuch, hg. von U. Flick, E. v. Kardorff, I. Steinke, Reinbek: Rowohlt (6. Aufl.) 2008, S. 475–484.

Börsenverein des deutschen Buchhandels: Buch und Buchhandel in Zahlen, Frankfurt: Mvb Buchhändler-Vereinigung 2009.

Börsenverein des deutschen Buchhandels: Kinder- und Jugendliteratur. Wirtschaftszahlen, 2010 (http://www.boersenverein.de/de/portal/Kinder_und_Jugendbuch/188188, 10.10.11).

Börsenverein des deutschen Buchhandels: Wirtschaftszahlen, 2010 (http://www.boersenverein.de/de/158446/Wirtschaftszahlen/158286, 1.12.2010).

Brandt, L.: Kicki und der König. Gespräch mit der Kinderbuchautorin Christa Kożik, in: Sonntag, Nr. 37 (2.9.1990), S. 6.

Brosche, H.: Kinder- und Jugendbuch schreiben und veröffentlichen, Berlin: Autorenhaus (3. Aufl.) 2009.

Brüsemeister, T.: Qualitative Forschung. Ein Überblick, Wiesbaden: VS Verlag für Sozialwissenschaften (2. Aufl.) 2008.

Bundesjustizministerium: Gemeinsame Vergütungsregeln für Autoren belletristischer Werke in deutscher Sprache, vom 9.06.2005. VS-Verband deutscher Schriftsteller, 1.07.2005 (http://vs.verdi.de, 2.10.09).

Bund-Länder-Arbeitsgruppe Bibliothekswesen: Abschlussbericht 1990–1992. Empfehlungen und Materialien, Berlin: Deutsches Bibliotheksinstitut 1993.

Burdorf, D.; Fasbender, C.; Moennighoff, B. et al. (Hg.): Metzler-Lexikon Literatur. Begriffe und Definitionen, Stuttgart: Metzler (3. Aufl.) 2007.

Dahrendorf, M.: Die deutsche (Wieder-)Vereinigung in der Perspektive westdeutscher Kinder- und Jugendbuchautoren, in: Wende-Punkte. Zur Situation der Literatur und der Literaten in den neuen Bundesländern, hg. von S. Peltsch, Weinheim: Juventa 2001, S. 125–133.

Dettmar, U.; Oetken, M. (Hg.): Grenzenlos. Mauerfall und Wende in (Kinder- und Jugend-) Literatur und Medien, Heidelberg: Winter 2010.

Doderer, K.: Die Literatur der Jugend aus dem Blickwinkel der Theorie betrachtet: zur Arbeit im Institut für Jugendbuchforschung der Johann-Wolfgang-Goethe-Universität, Frankfurt: Freundeskreis des Inst. für Jugendbuchforschung 1990.

Doderer, K.: Ostdeutsche Kinder- und Jugendliteratur nach der Wende. Fakten, Beobachtungen und Einschätzungen, in: Fundevogel 133, 1999, S. 5–53.

Dolle-Weinkauff, B.; Peltsch, S.: Kinderliteratur der DDR, in: Geschichte der deutschen Kinder- und Jugendliteratur, hg. von R. Wild, O. Brunken, Stuttgart: Metzler (3. Aufl.) 2008.

Dreier, H.; Lampert, C.: Kinder im Netz der Marken? Zur Rolle der Medienmarken im Alltag von Kindern, in: MERZ. Zeitschrift für Medienpädagogik 49, H. 1, 2005, S. 24–30.

Dreßler, I.: Veränderungen in Leseverhalten und Bibliotheksbenutzung von Kindern 1988/1993, in: Medienverhalten und Bibliotheksnutzung vor und nach der Wende. Untersuchungen 1988/1993 im Regierungsbezirk Magdeburg, hg. von S. Rückl, Berlin: Trafo-Verl. Weist 2000, S. 95–112.

Dubiel, H.: Die Aufhebung des Überbaus. Zur Interpretation der Kultur in der Kritischen Theorie, in: Sozialforschung als Kritik. Zum sozialwissenschaftlichen Potential der Kritischen Theorie, hg. von W. Bonß, Frankfurt: Suhrkamp 1982, S. 456–481.

Duclaud, J.: Verlage und Buchhandel in der DDR, in: Buch. Lektüre. Leser, hg. von H. Göhler, Berlin/Weimar: Aufbau 1989, S. 26–35.

Ebert, G.: Ansichten zur Entwicklung der epischen Kinder- und Jugendliteratur in der DDR von 1945 bis 1975, Berlin: Kinderbuchverlag 1977.

Eckart, G.: So sehe ick die Sache. Protokolle aus der DDR, Köln: Kiepenheuer & Witsch 1984.

Emmrich, C.: Die sozialistische Kinderliteratur und die Aufgaben der siebziger Jahre, in: Weimarer Beiträge 16, H. 10, 1970, S. 120–136.

Erd, R.: Kulturgesellschaft oder Kulturindustrie? Anmerkungen zu einer falsch formulierten Alternative, in: Kritische Theorie und Kultur, hg. von R. Erd, Frankfurt: Suhrkamp 1989, S. 181–200.

Esche, H.; Harych, I.; Hüttner H.: Was lesen unsere Kinder? Eine literatursoziologische Studie zu den Beziehungen zwischen Vorschulkind und Buch, Berlin: Zentrum für Kinderliteratur 1983.

Even-Zohar, I.: Polysystem Studies, in: Poetics Today 11, H. 1, 1990, S. 9–94.

Ewers, H.-H.: Theorie der Kinderliteratur zwischen Systemtheorie und Poetologie. Eine Auseinandersetzung mit Zohar Shavit und Maria Lypp, in: Kinderliteratur im interkulturellen Prozeß: Studien zur allgemeinen und vergleichenden Kinderliteraturwissenschaft, hg. von H.-H. Ewers, G. Lehnert, E. O'Sullivan, Stuttgart/Weimar: Metzler 1994, S. 16–26.

Ewers, H.-H.: Literatur für Kinder und Jugendliche. Eine Einführung in grundlegende Aspekte des Handlungs- und Symbolsystems Kinder- und Jugendliteratur, München: Fink 2000.

Ewers, H.-H.: Skizze einer Theorie kinder- und jugendliterarischen Handelns, in: Kinder- und Jugendliteraturforschung Frankfurt 2003/04, hg. von H.-H. Ewers, U. Nassen, K. Richter, H. Steinert, Frankfurt: Lang 2004, S. 13–26.

Ewers, H.-H.: Zu unrecht verschmäht. Problemliteratur für Jugendliche und die Gattung der Problemerzählung. Vortrag auf der Kinder- und Jugendliteraturtagung in der Evangelischen Akademie Tutzing, 16. bis 18. Juni 2006 (http://user.uni-frankfurt.de/~ewers/word-dl/Vortrag%20Tutzing%202006.pdf, 2.3.2011).

Ewert, G.: Antikes in neuem Gewand: Bewahrenswerte Kinder- und Jugendbücher aus der ehemaligen DDR, in: Buch und Bibliothek 43, H. 12, 1991, S. 1014–1024.

Fischer-Rosenthal, W.: Schweigen-Rechtfertigen-Umschreiben. Biographische Arbeit im Umgang mit deutschen Vergangenheiten, in: Biographien in Deutschland. Soziologische Rekonstruktionen gelebter Gesellschaftsgeschichte, hg. von W. Fischer-Rosenthal, P. Alheit, E. M. Hoerning, Opladen: Westdeutscher Verlag 1995, S. 43–86.

Fischer-Rosenthal, W.; Rosenthal, G.: Narrationsanalyse biographischer Selbst-präsentationen, in: Sozialwissenschaftliche Hermeneutik, hg. von R. Hitzler, A. Honer, Opladen: Leske & Budrich 1997, S. 133–164.

Flick, U.: Triangulation. Eine Einführung, Wiesbaden: VS Verlag für Sozial-wissenschaften 2004.

Flick, U.: Qualitative Sozialforschung. Eine Einführung, Reinbek: Rowohlt (3. Aufl.) 2010.

Fretter, D.: „Die jungen Pioniere haben an dieser Stelle immer sehr gelacht.", in: Börsenblatt, H. 71, 1990, S. 2630–2631.

Freund, W.: Von der Agression zur Angst. Zur Entstehung der phantastischen Novellistik in Deutschland, hg. von R. A. Zondergeld, Frankfurt: Insel-Verlag 1978, S. 9–31.

Friedrich-Bödecker-Kreis in Mecklenburg-Vorpommern (Hg.): Usedomer Gespräche / Internationales Treffen von Kinder- und Jugendbuchautoren, Zin-nowitz u. a. 1993.

Fuchs, A.: Erzählen in der Schule und spontanes Erzählen, in: Erzählen in der Schule, hg. von K. Ehlich, Tübingen: Narr 1984, S. 176–200.

Fuchs-Heinritz, W.: Biographische Forschung. Eine Einführung in Praxis und Methoden, Wiesbaden: VS Verlag für Sozialwissenschaften (4. Aufl.) 2009.

Fuchs-Heinritz, W.: Biographieforschung, in: Handbuch Spezielle Soziologien, hg. von G. Kneer, M. Schroer, Wiesbaden: VS Verlag für Sozialwissenschaf-ten/GWV Fachverlage 2010, S. 85–104.

Gansel, C.: Systemtheorie in der Kinder- und Jugendliteraturforschung, in: Kinder- und Jugendliteraturforschung Frankfurt 1994/95, hg. von H.-H. Ewers, U. Nassen, K. Richter, H. Steinert: Frankfurt: Lang 1995a, S. 25–42.

Gansel, C.: „Wende" und „Vorwende" in der KJL. Geschichten-Bilder auf dem literarischen Prüfstand, in: Zwischen Büllerbü und Schewenborn. Auf Spu-rensuche in 40 Jahren deutschsprachiger Kinder- und Jugendliteratur, hg. von R. Raecke, München: Arbeitskreis für Jugendliteratur e. V. 1995b, S. 106–122.

Gansel, C.: Zwischen Wirklichkeitserkundung und Stereotypenbildung. Vom Dilemma einer Jugendliteratur zur „Wende", in: Der Deutschunterricht 48, H. 4, 1996, S. 32–43.

Gansel, C.: Kinder- und Jugendliteratur in der SBZ/DDR in modernisierungs-theoretischer Sicht. Aufriß eines Problemfeldes; in: Gesellschaftliche Moder-nisierung und Kinder- und Jugendliteratur, hg. von R. Wild, St. Ingbert: Röhrig 1997, S. 177–197.

Gansel, C.: Geschichten-Bilder auf dem literarischen Prüfstand oder Wende und Vorwende als Darstellungsgegenstand in der Kinder und Jugendliteratur, in: Kinder- und Jugendliteratur in Deutschland, hg. von R. Raecke, München: Arbeitskreis für Jugendliteratur e. V. 1999, S. 106–123.

Gansel, C.: Moderne Kinder- und Jugendliteratur. Vorschläge für einen kompetenzorientierten Unterricht, Berlin: Cornelsen Scriptor (4. Aufl.) 2010.

Garton Ash, T. (Hg.): Wächst zusammen, was zusammen gehört?, Berlin: Bundeskanzler Willy Brandt Stiftung 2001.

Gesetzblatt der DDR: Verordnung über die Herausgabe und Herstellung periodisch erscheinender Presseerzeugnisse, in: Gesetzblatt der DDR, Berlin: Deutscher Zentralverlag 1962, S. 239.

Glaser, B. G.; Strauss, A. L.: The Discovery of Grounded Theory: Strategies for Qualitative Research, Chicago: Aldine Transaction 1967.

Gorschenek, M. (Hg.): Almanach zur Kinderliteratur der DDR, Hamburg: Katholische Akademie 1989.

Gropengießer, H.: Qualitative Inhaltsanalyse in der fachdidaktischen Lehr-Lernforschung, in: Die Praxis der qualitativen Inhaltsanalyse, hg. von P. Mayring, M. Gläser-Zikuda, Weinheim: Beltz (2. Aufl.) 2008, S. 172–189.

Haas, G.: Kinder- und Jugendliteratur in der DDR, in: Kinder- und Jugendliteratur. Ein Handbuch, hg. von G. Haas, Stuttgart: Reclam (3. Aufl.) 1984, S. 22–36.

Hager, F. (Hg.): Das unerhört Moderne. Berliner Adorno-Tagung, Lüneburg: zu Klampen 1990.

Hager, K.: Zu Fragen der Kulturpolitik der SED. 6. Tagung d. ZK d. SED, 6./7. Juli 1972, Berlin: Dietz 1972.

Hauptmeier, H.; Schmidt, S. J.: Einführung in die empirische Literaturwissenschaft, Braunschweig: Vieweg 1985.

Heidtmann, H.: Kindermedien, Stuttgart: Metzler 1992.

Heidtmann, H.: Kinder- und Jugendbuchmarkt – Entwicklungen, Probleme, Prognosen, in: Beiträge Jugendliteratur und Medien 45, H. 3, 1993, S. 146–170.

Heidtmann, H.: Der Kinder- und Jugendbuchmarkt, in: Kinder- und Jugendliteratur: Material, hg. von M. Dahrendorf, M., Leipzig: Volk und Wissen 1995, S. 8–15.

Helfferich, C.: Die Qualität qualitativer Daten. Manual für die Durchführung qualitativer Interviews, Wiesbaden: VS Verlag für Sozialwissenschaften (2. Aufl.) 2005.

Hermanns, H.: Das narrative Interview in berufsbiographisch orientierten Untersuchungen. Arbeitspapiere des wissenschaftlichen Zentrums für Berufs- und Hochschulforschung an der Gesamthochschule Kassel 1981 (http://www.hermanns.it/publikationen.htm, 20.1.2010).

Hillebrandt, I.: Die Ordnung der Medienkontrolle in Deutschland. Das neue System – Die neuen Regelungen, Berlin: Bundesarbeitsgemeinschaft Kinder- und Jugendschutz 2003.

Hilzheimer, H.: Lockere Bermerkungen zu Büchern von Uwe Kant und der Wunsch, er möge die Feder nicht aus der Hand legen, in: Wende-Punkte. Zur Situation der Literatur und der Literaten in den neuen Bundesländern, hg. von S. Peltsch, Weinheim: Juventa 2001, S. 134–144.

Hofer, K.-J.; Glander, H. (Hg.): Land zwischen Meer und Bodden: Fischland, Darss, Zingst und Boddenküste, Leipzig: Brockhaus 1980.

Hoffmann-Riem, C.: Die Sozialforschung in einer interpretativen Soziologie – Der Datengewinn, in: Kölner Zeitschrift für Soziologie und Sozialpsychologie 32, H. 2, 1980, S. 339–372.

Holland, B.: Die privaten Kinder- und Jugendbuchverlage „Altberliner Verlag Lucie Groszer“ und „Alfred Holz Verlag“, in: Leipziger Jahrbuch zur Buchgeschichte, hg. von T. Keiderling, L. Poethe, V. Titel, Wiesbaden: Harrassowitz 2003, S. 195–229.

Holtz-Baumert, G.: Kunst ist Waffe. Die Kinderliteratur als wichtigstes Mittel zur sozialistischen Erziehung, in: Der Pionierleiter 8, H. 12, 1957, S. 16.

Holtz-Baumert, G.: Alltag – Elend oder Ansporn?, in: Helden nach Plan? Kinder- und Jugendliteratur der DDR zwischen Wagnis und Zensur, hg. von H. Havekost, S. Langenhahn, A. Wicklein, Oldenburg: Bibliotheks- und Informationssystem 1993.

Honecker, E.: Bericht des Politbüros. 4. Tagung des Zentralkomitees der SED vom 16./17.12.1971, Berlin: Dietz 1971.

Hopf, C.: Die Pseudo-Exploration. Überlegungen zur Technik qualitativer Interviews in der Sozialforschung, in: Zeitschrift für Soziologie 7, H. 2, 1978, S. 97–115.

Hopf, C.: Familie und Rechtsextremismus. Familiale Sozialisation und rechtsextreme Orientierungen junger Männer, Weinheim: Juventa 1995.

Horkheimer, Max; Adorno, T. W. , Horkheimer M.: Dialektik der Aufklärung. Philosophische Fragmente, Frankfurt: Fischer 1969.

Humbert, G.: Die kinderliterarische Szene in der DDR seit dem VIII. Parteitag der SED, in: Literatur für Kinder. Studien über ihr Verhältnis zur Gesamtliteratur, hg. von M. Lypp, Göttingen: Vandenhoeck & Ruprecht 1977, S. 114–123.

Hurrelmann, B.: Stand und Aussichten der historischen Kinder- und Jugendliteraturforschung, in: IASL 17, H. 1, 1992, S. 105–142.

Hurrelmann, B.; Hammer, M.; Nieß, F.: Lesesozialisation. Leseklima in der Familie, Gütersloh: Bertelsmann Stiftung 1993.

Hüttner, H.: Lesen im Kindesalter, in: Buch – Lektüre –Leser. Erkundungen zum Lesen, hg. von H. Göhler, B. Lindner, D. Löffler, Berlin/Weimar: Aufbau 1989, S. 50–76.

Iconkids & youth: Kids: Weniger Taschengeld, aber ungebrochene Konsumlust, 2009 (http://www.iconkids.com/deutsch/download/presse/2009/07_14/pm_iconkids_taschengeld%20_09.pdf, 1.12.2010).

Jäger, M.: Das Wechselspiel von Selbstzensur und Literaturlenkung in der DDR, in: „Literaturentwicklungsprozesse". Die Zensur der Literatur in der DDR, hg. von E. Wichner, H. Wiesner, Frankfurt: Suhrkamp 1993, S. 18–49.

Jäger, G.: Systemtheorie und Literatur. Teil I. Der Systembegriff der Empirischen Literaturwissenschaft, in: IASL 19, H. 1, 1994, S. 95–125.

Jendis, M.: Mumins wundersame Deutschlandabenteuer. Zur Rezeption von Tove Janssons Muminbüchern, 2001 (http://www.mos.umu.se/forskning/Publikationer/files/jendis-diss.pdf, 1.2.2011).

Josting, P.; Kammler, C.; Schubert-Felmy, B. (Hg.): Literatur zur Wende. Grundlagen und Unterrichtsmodelle für den Deutschunterricht der Sekundarstufen I und II, Baltmannsweiler: Schneider-Verl. Hohengehren 2008.

Kahlefendt, N.: Abschied vom „Leseland"? Die ostdeutsche Buchhandels- und Verlagslandschaft zwischen Ab- und Aufbruch, in: Politik und Zeitgeschichte, B13, 2000, S. 29–38.

Kant, U.: Hinweise und Anmerkungen. Die Wasserburg, in: Beiträge zur Kinder- und Jugendliteratur, H. 13, 1969, S. 45.

Kant, U.: Warum schreibe ich für Kinder? in: Neues Deutschland 35, Nr. 64 (16.3.1980), S. 9.

Kant, U.: Pranken immer erst ab Löwe, in: Neue Deutsche Literatur 32, H. 6, 1984, S. 98–99.

Kant, U.: Das Leben lieben – den Frieden schützen, in: Neue Deutsche Literatur 33, H. 8, 1985, S. 70–74.

Kant, U.: Schwanengesang. Brief, 2000 (unveröffentlicht).

Kant, U.: Geleit und Anmerkung, in: Komm mit sagte das Herz, E. Rimkus-Beseler, Kückenshagen: Scheunen-Verlag 2009.

Karpa, G: „Schlimmer als eine Niederlage", in: Horch und Guck. Zeitschrift zur kritischen Aufarbeitung der SED-Diktatur 1, H. 59, 2008, S. 56–59.

Keiderling, T.; Poethe, L.; Titel, V. (Hg.): Leipziger Jahrbuch zur Buchgeschichte, Wiesbaden: Harrassowitz 2003.

Kelle, U.: Empirisch begründete Theoriebildung. Zur Logik und Methodologie interpretativer Sozialforschung, Weinheim: Dt. Studien-Verlag 1994.

Kelle, U.; Kluge, S.: Vom Einzelfall zum Typus. Fallvergleich und Fallkontrastierung in der qualitativen Sozialforschung, Wiesbaden: VS Verlag für Sozialwissenschaften (2. Aufl.) 2010.

Kirschey-Feix, I.: Es war einmal ein Jugendbuchverlag, in: Helden nach Plan? Kinder- und Jugendliteratur der DDR zwischen Wagnis und Zensur, hg. von

H. Havekost, S. Langenhahn, A. Wicklein, Oldenburg: Bibliotheks- und Informationssystem 1993, S. 99–102.

Kliewer, H.-J.; Kliewer, U.: Schreiben nach der Wende. Jugendliteratur ostdeutscher Autoren zum Thema „Gewalt", in: Diskussion Deutsch 25, H. 138, 1995, S. 259–265.

Klopotek, F.: Kulturindustrie ist alles. Ein Interview mit dem Frankfurter Soziologen Heinz Steinert über Theodor W. Adorno, die Universität und über linke Kritiker. Interview mit Heinz Steinert, 2003 (http://jungle-world.com/artikel/2003/37/11383.html, 3.3.2011).

Knill, D.: Vermarktungsstrategien für Kinder- und Jugendliteratur. Veranstaltung vom 23.8.2001, aus der Reihe „Sommertagung des Internationalen Instituts für Jugendliteratur und Leseforschung Wien", 2001 (http://www.jugendliteratur.net/download/knill.pdf, 2.3.2011).

Knobloch, J; Peltsch, S.: Lexikon Deutsch. Kinder- und Jugendliteratur. Autorenportraits und literarische Begriffe, Freising: Stark 1998.

Konzag, M.: Möglichkeiten und Grenzen der Kinderliteratur. Ein Gespräch Marianne Konzags mit Fred Rodrian, Hannes Hüttner und Uwe Kant, in: Beiträge zur Kinder- und Jugendliteratur, H. 50, 1979, S. 96–102.

Kormann, J.: Literatur und Wende. Ostdeutsche Autorinnen und Autoren vor und nach 1989, Wiesbaden: Deutscher Universitäts-Verlag 1999.

Kožik, C.: Meine Kindheit, in: Begrenzt glücklich. Kindheit in der DDR, hg. von W. Solms, Marburg: Hitzeroth 1992, S. 145–165.

Kožik, C.: Erinnerung an ein Bücherdorf, in: SchriftZüge: Brandenburgische Blätter für Kunst und Literatur 4, H. 1, 2001, S. 27–28.

Kožik, C.: Verlagskorrespondenzen 2003–2004 (unveröffentlicht).

Kreßler, C. (Hg.): Sprachsystem – Text – Stil. Festschrift für Georg Michel und Günter Starke zum 70. Geburtstag, Frankfurt: Lang 1997.

Kuckartz, U.: Einführung in die computergestützte Analyse qualitativer Daten. Wiesbaden: VS Verlag für Sozialwissenschaften (2. Aufl.) 2007.

Kuhnert, H.: Kinderliteratur der DDR – Was bleibt?, in: Helden nach Plan? Kinder- und Jugendliteratur der DDR zwischen Wagnis und Zensur, hg. von H. Havekost, S. Langenhahn, A. Wicklein, Oldenburg: Bibliotheks- und Informationssystem 1993a, S. 107–130.

Kuhnert, H.: Aus ostdeutschen Kinderbibliotheken notiert, in: BuB 45, H. 6/7, 1993b, S. 550–556.

Küsters, I.: Narrative Interviews. Grundlagen und Anwendungen, Wiesbaden: VS Verlag für Sozialwissenschaften (2. Aufl.) 2009.

Lamnek, S.: Methoden und Techniken, München: Psychologie-Verl.-Union 1995.

Lamnek, S.; Krell, C.: Qualitative Sozialforschung, Weinheim: Beltz (5. Aufl.) 2010.

Legewie, H.; Schervier-Legewie, B.: Im Gespräch: Anselm Strauss. Journal für Psychologie 3, H. 1, 1995, S.64–75.

Leitner, M.: Lebenslauf und Identität. Die kulturelle Konstruktion von Zeit in der Biographie. Frankfurt: Campus 1982.

Lindner, B.: Lesen als lebenslanger Prozess. Zum Stellenwert von Literatur und Lesen in den einzelnen Lebensabschnitten, in: Leser und Lesen in Gegenwart und Zukunft. Beiträge einer internationalen wissenschaftlichen Konferenz des Instituts für Verlagswesen und Buchhandel der Karl-Marx-Universität anlässlich der iba 1989, hg. von J. Duclaud, R. Riese, G. Strauß, Leipzig: Institut für Verlagswesen und Buchhandel 1989, S. 168–176.

Links, C.: Das Schicksal der DDR-Verlage. Die Privatisierung und ihre Konsequenzen, Berlin: Links 2009.

Lokatis, S.: Produktionsbedingungen, Zensur- und Verlagswesen in der DDR, in: Handbuch zur Kinder- und Jugendliteratur. SBZ/DDR. Von 1945 bis 1990, hg. von R. Steinlein, H. Strobel, T. Kramer, Stuttgart/Weimar: Metzler und Carl Ernst Poeschel 2006, S. 101–113.

Lokatis, S.: Die Hauptverwaltung des Leselandes, 2009 (http://www1.bpb.de/ publikationen/535ZZB,1,0,Die_Hauptverwaltung_des_Leselandes.html, 2.3.2011).

Lorenz, M. N.: Literatur und Zensur in der Demokratie. Die Bundesrepublik und die Freiheit der Kunst, Göttingen: Vandenhoeck & Ruprecht 2009.

Lüdecke, M: Zum Wandel des Bildes vom kindlichen Helden in der Kinderliteratur der DDR, in: Rückblicke auf die Literatur der DDR, hg. von H.-C. Stillmark, C. Lehker, Amsterdam: Rodopi 2002, S. 433–454.

Lux, C.: Probleme beim Aufbau einer neuen Identität in ostdeutschen Bibliotheken. Veranstaltung vom 16.-21. August 1998. Amsterdam. 64th IFLA General Conference. (http://archive.ifla.org/IV/ifla64/140–157g.html, 2.3.2011).

Matthies, H.: Kraft zur Verweigerung. Wolf Spillner zum 70. Geburtstag, in: Neues Deutschland 61, Nr. 124 (30.5.2006), S. 12.

Mayring, P.: Qualitative Inhaltsanalyse. Grundlagen und Techniken, Weinheim: Beltz 1983.

Merkens, H.: Stichproben bei qualitativen Studien, in: Handbuch qualitative Forschungsmethoden in der Erziehungswissenschaft, hg. von B. Friebertshäuser, Weinheim/München: Juventa 1997, S. 97–106.

Moser, S.: Komplexe Konstruktionen: Systemtheorie, Konstruktivismus, empirische Literaturwissenschaft, Wiesbaden: Deutscher Universitätsverlag 2001.

Mücke, A.: Herzlich willkommen bei der DSA! (http://www.dsa-media.de/dsa/, 1.12.2010).

Nassen, U.: Einige programmatische Bemerkungen zum hermeneutischen Verständnis des interkulturell und intrakulturell Differenten in der deutschsprachigen Kinder- und Jugendliteratur nach 1945, in: Konfigurationen des Fremden in der Kinder- und Jugendliteratur nach 1945, hg. von U. Nassen, München: Iudicium 2000, S. 9–20.

Neuhaus, S.: Grundriss der Literaturwissenschaft, Tübingen/Basel: A. Francke 2009.

Nowotny, J.: „Gedanken zur Kinderliteratur", in: Neue Deutsche Literatur 24, H. 1, 1976, S. 45–48.

Nünning, A. (Hg.): Literaturwissenschaftliche Theorien, Modelle und Methoden, Trier: Wissenschaftlicher Verlag 2004.

Oevermann, U.; Allert, T.; Konau, E.; Krambeck, J.: Die Methodologie einer „objektiven Hermeneutik" und ihre allgemeine forschungslogische Bedeutung in den Sozialwissenschaften, in: Interpretative Verfahren in den Sozial- und Textwissenschaften, hg. von H.-G. Soeffner, Stuttgart: Metzler 1979, S. 352–434.

Osberghaus, M.: Der Engel lässt den Schnurrbart hängen. In: FAZ, Nr. 76 (31.3.1998), S. 43.

Osberghaus, M.: Bildungsverhungert. In: FAZ, Nr. 102 (3.5.2005), S. 33.

O'Sullivan, E.: Der implizite Übersetzer in der KJL, in: JuLit 25, H4, 1999, S. 41–53.

Oy, M.: Interview mit Jutta Schlott, in: Weimarer Beiträge – Zeitschrift für Literaturwissenschaft, Ästhetik und Kulturtheorie 33, H. 8, 1987, S. 1306–1312.

Paech, M.: Zur DDR-Kinderliteratur der achtziger Jahre, in: Helden nach Plan? Kinder- und Jugendliteratur der DDR zwischen Wagnis und Zensur, hg. von H. Havekost, S. Langenhahn, A. Wicklein. Oldenburg: Bibliotheks- und Informationssystem 1993, S. 131–135.

Paetzel, U.: Kunst und Kulturindustrie bei Adorno und Habermas. Perspektiven kritischer Theorie, Wiesbaden: Deutscher Universitätsverlag 2001.

Panitz, E.: Weg und Thema. Eberhard Panitz im Gespräch mit Jutta Schlott, in: Neue Deutsche Literatur 28, H. 2, 1980, S. 135–140.

Paus-Hasebrink, I.: Medienkindheit – Markenkindheit. Untersuchungen zur multimedialen Verwertung von Markenzeichen für Kinder, München: kopaed 2004.

Peltsch, S.: Kinderliteratur der DDR. Fakten und Zahlen, in: Almanach zur Kinderliteratur der DDR, hg. von M. Gorschenek, Hamburg: Katholische Akademie 1989, S. 15–16.

Peltsch, S.: Weiße Flecken oder: Die Schere im Kopf. Ein paar Sätze über die DDR-Kinderliteratur, die gehabte …, in: Grundschule 23, H. 2., Beil. Beiträge zur Kinder- und Jugendliteratur, 1991, S. 1–3.

Peltsch, S.: Was sieht „das dritte Auge" heute? Fragen an Christa Kožik, in: Beiträge zur Kinder- und Jugendliteratur 1, H. 4, 1992, S. 19–20.

Peltsch, S.: Die Wende kein Thema für die Jugendliteratur? Oder: guter Wille allein reicht nicht aus. Beil. Beiträge zur Jugendliteratur, in: Praxis Schule 5–10, H. 6, 1995a, S. 13–15.

Peltsch, S.: Schwuba oder die neuen Konditionen. DDR-Kinderbuchautoren zwischen Anpassung, Resignation und Optimismus, in: 1000 und 1 Buch. Das Magazin für Kinder- und Jugendliteratur, H. 3, 1995b, S. 6–12.

Peltsch, S.: Verlage, Zahlen, Preise – ein Rückblick auf das ‚Leseland‘ DDR, in: Kinder- und Jugendliteratur: Material, hg. von M. Dahrendorf, Leipzig: Volk und Wissen 1995c, S. 16–20.

Peltsch, S. (Hg.): Wende-Punkte. Zur Situation der Literatur und der Literaten in den neuen Bundesländern, Weinheim: Juventa 2001.

Peltsch, S.: „Wie vom Regen in die Traufe gekommen...". Ostdeutsche Antworten auf eine Autorenumfrage, in: Wende-Punkte. Zur Situation der Literatur und der Literaten in den neuen Bundesländern, hg. von S. Peltsch, Weinheim: Juventa 2001, S. 42–103.

Pieper, K.: Jugendbuchverlage und Jugendliteratur in der DDR. Umschau. in: Tausendundein Buch, H. 4, 1988, S. 13–19.

Plachta, B.: Zensur, Stuttgart: Reclam 2006.

Pohlmann, C.: Kein Druckort Nirgends? Die Verlagslandschaft nach 1989 in den neuen Bundesländern, in: Beiträge Jugendliteratur und Medien 56, H. 4, 2004, S. 262–267.

Popper, K. R.: Der Zauber Platon, Bern: Francke 1957.

Popper, K. R.: Falsche Propheten. Hegel, Marx und die Folgen, Bern: Francke 1958.

Prokop, D.: Mit Adorno gegen Adorno. Negative Dialektik der Kulturindustrie, Hamburg: St. Georgs Kirchhof 2003.

Pubanz, B.: Reaktionen der Kinder- und Jugendliteratur auf die gesellschaftlichen Umbrüche in Ostdeutschland und Osteuropa, in: Das eigene Bild im Bild des anderen, hg. von S. Peltsch, Riga: Spriditis 1993, S. 70–75.

Pubanz, B.: Auf der Suche nach dem Begriffsinhalt von „Heimat". Hilfe durch den Kinder- und Jugendbuchautor Wolf Spillner, in: Sprachsystem – Text – Stil. Festschrift für Georg Michel und Günter Starke zum 70. Geburtstag, hg. von C. Kreßler, Frankfurt: Lang 1997, S. 213–225.

Raecke-Hauswedell, R.: Aufrechter Gang, in: Börsenblatt, H. 71, 1990, S. 2628–2629.

Reichertz, J.: Fallstudien in der medienpädagogischen Forschung, in: Qualitative Medienforschung. Ein Handbuch, hg. von L. Mikos, C. Wegener, Claudia, Konstanz: UVK 2005, S. 152–161.

Reinfandt, Ch.: Systemtheorie, in: Metzler Lexikon Literatur- und Kulturtheorie. Ansätze – Personen – Grundbegriffe, hg. von A. Nünning, Stuttgart: Metzler 2008, S. 521–523.

Renner, B. G.: Kommunikationspolitik im Kinderbuchmarkt. Eine empirische Untersuchung zu den kommunikationspolitischen Maßnahmen von Kinderbuchverlagen im Kontext des Marketing-Mix, München: peniope 2006.

Richter, K.: Zeitgenössische Kinder- und Jugendliteratur der DDR aus wirkungsästhetischer Sicht. Analysen und Interpretation epischer Texte (1970–1985), Berlin: DDR-Zentrum für Kinderliteratur 1990.

Richter, K.: Erzählen für Kinder. Zum Struktur- und Funktionswandel der Kinder- und Jugendliteratur in der DDR, in: Kindliches Erzählen, Erzählen für Kinder. Erzählerwerb, Erzählwirklichkeit und erzählende Kinderliteratur, hg. von H.-H. Ewers, Weinheim: Beltz 1991, S. 134–153.

Richter, K.: Moritz, Kicki und ein Engel. Heiteres und Ernstes in den Kinderbüchern Christa Kożiks, in: Grundschule 24, H. 5, 1992, S. 12–14.

Richter, K.: Was bleibt? Bewahrenswerte Kinderbücher, in: Grundschulunterricht 41, H. 4, 1994, S. 5–9.

Richter, K.: DDR-Kindheit – Wendekindheit: der neue Alltag in ostdeutschen Kinder- und Jugendromanen, in: Veränderte Kindheit in der aktuellen Kinderliteratur, hg. von H. Daubert, Braunschweig: Westermann 1995a, S. 134–150.

Richter, K.: Vom „Hasenjungen Dreiläufer" zum „Engel mit dem goldenen Schnurrbart". Gedanken zum Zusammenhang von Modernität und kritischem Gestus in der kinderliterarischen Prosa der DDR, in: Moderne Formen des Erzählens in der Kinder- und Jugendliteratur der Gegenwart unter literarischen und didaktischen Aspekten, hg. von G. Lange, Würzburg: Königshausen & Neumann 1995b, S. 83–98.

Richter, K.: Kinderliteratur und Kinderliteraturforschung in der DDR, in: Theorien der Jugendlektüre. Beiträge zur Kinder- und Jugendliteraturkritik seit Heinrich Wolgast, hg. von B. Dolle-Weinkauff, Weinheim: Juventa 1996, S. 191–209.

Richter, K.: Kinder- und Jugendliteratur der DDR, in: Taschenbuch der Kinder- und Jugendliteratur, hg. von G. Lange, Baltmannsweiler: Schneider-Verl. Hohengehren (4. Aufl.) 2005, S. 137–157.

Rimkus-Beseler, E.: Komm mit sagte das Herz, Kückenshagen: Scheunen-Verlag 2009.

Rodrian, F.: Fragen und Notizen zur Situation der Kinderliteratur. Aus der Rede vor dem Verlagsbeirat November 1977, in: Beiträge zur Kinder- und Jugendliteratur, H. 48, 1978, S. 105–109.

Rodrian, F.: Für den Tag geschrieben, Berlin: Kinderbuchverlag 1985.

Röhring, H.-H.: Wie ein Buch entsteht. Einführung in den modernen Buchverlag, Darmstadt: Primus-Verlag (8. Aufl.) 2008.

Rosenthal, G.: Erlebte und erzählte Lebensgeschichte. Gestalt und Struktur biographischer Selbstbeschreibungen, Frankfurt: Campus 1995.

Rosenthal, G.: Interpretative Sozialforschung, Weinheim: Juventa 2005.

Rother, B.: „Jetzt wächst zusammen, was zusammen gehört" – Oder warum Historiker Rundfunkarchive nutzen sollten, in: Wächst zusammen, was zusammen gehört?, hg. von T. Garton Ash, Berlin: Bundeskanzler Willy Brandt Stiftung Schriftenreihe 8, 2001, S. 25–29.

Rouvel, C.: Der Leser will eine Geschichte lesen, gut erzählt... Gespräch mit Günter Saalmann, in: Almanach zur Kinderliteratur der DDR, hg. von M. Gorschenek, M., Hamburg: Katholische Akademie 1989, S.46–51.

Rouvel, C.: 3 Fragen an Wolf Spillner, in: Eselsohr, H. 10, 1991, S. 45–46.

Rouvel, C.: „Macht nichts, Leute, was wir erlebt haben, kann uns keiner nehmen ...". Von den Verwandlungen märchenhaft-phantastischer DDR-Kinderbücher, in: Zwischen Büllerbü und Schewenborn. Auf Spurensuche in 40 Jahren deutschsprachiger Kinder- und Jugendliteratur, hg. von R. Raecke, München: Arbeitskreis für Jugendliteratur e. V. 1995, S. 177–186.

Rückl, S. (Hg.): Medienverhalten und Bibliotheksnutzung vor und nach der Wende. Untersuchungen 1988/1993 im Regierungsbezirk Magdeburg, Berlin: Trafo 2000.

Rüß, Gisela (Hg.): Dokumente zur Kunst-, Literatur- und Kulturpolitik der SED, 1971–1974, Stuttgart: Seewald 1976.

Saalmann, G.: Poetikvorlesung. (http://www.guenter-saalmann.de/essay/ poetikvorlesung.htm, 30.11.2010).

Saalmann, G.: Wer wundert sich da noch? Essay. (http://www.guenter-saalmann. de/essay/wer wundert sich da noch.htm, 4.11.2010).

Schacter, D. L.: Wir sind Erinnerung. Gedächtnis und Persönlichkeit, Reinbek: Rowohlt 2001.

Scherf, A.: Ein Engel im Unterricht. Schüleransichten zu Christa Kożiks Kinderbuch „Der Engel mit dem goldenen Schnurrbart, in: Grundschule 24, H. 5, 1992, S. 15–16.

Schmidt, H.-D.: Das Bild des Kindes – eine Norm und ihre Wirkungen, in: Neue Deutsche Literatur 30, H. 10, 1982, S. 71–81.

Schmidt, S. J.: Grundriß der empirischen Literaturwissenschaft. Der gesellschaftliche Handlungsbereich Literatur, Braunschweig: Vieweg 1980.

Schmidt, S. J.: Die Selbstorganisation des Sozialsystems Literatur im 18. Jh., Frankfurt: Suhrkamp 1989.

Schmidt, S. J.: Geschichten und Diskurse: Abschied vom Konstruktivismus, Reinbek: Rowolth 2003.

Schmidt, C: Analyse von Leitfadeninterviews, in: Qualitative Sozialforschung, hg. von U. Flick, E. v. Kardorff, I. Steinke, Reinbek: Rowohlt (6. Aufl.) 2008.

Schoeller, R.: Blaue Kinderschaukel. Ein Lesebuch zur Geschichte der Kinderliteratur in der DDR, Darmstadt: Luchterhand 1981.

Schriftstellerverband der DDR (Hg.): VIII. Schriftstellerkongreß der Deutschen Demokratischen Republik. 29.-31. Mai 1978. Rede und Diskussion, Berlin/Weimar: Aufbau 1979.

Schriftstellerverband der DDR (Hg.): IX. Schriftstellerkongreß der Deutschen Demokratischen Republik. 31. Mai – 2. Juni 1983. Rede und Diskussion, Berlin: Schriftstellerverband der DDR 1984.

Schriftstellerverband der DDR: X. Schriftstellerkongreß der Deutschen Demokratischen Republik. 24.-26. November 1987. Plenum, Berlin/Weimar: Aufbau 1988.

Schulz, G.: Phantastische Kinder- und Jugendliteratur in der ehemaligen DDR, in: Literarische und didaktische Aspekte der phantastischen Kinder- und Jugendliteratur, hg. von G. Lange, W. Steffens, Würzburg: Königshausen & Neumann 1993, S. 135–148.

Schulz, N.: „Es ist genauso wie die anderen Kinderbücher", in: Grundschulunterricht 46, H. 7–8, 1999, S. 14–18.

Schuster, S.: Bundesministerium für Familie Senioren Frauen und Jugend Referat 504: Jugendschutzgesetz Medienkompetenz: Indizierungsantrag nach dem Jugendschutzgesetz. Bonn an Bundesprüfstelle für jugendgefährdende Medien, 21.12.2007 (http://www.ferkelbuch.de/, 1.3.2011).

Schütz, H.-L. (Hg.): Die Verlage der DDR, Frankfurt: Börsenverein des deutschen Buchhandels 1990.

Schütze, F. (Hg.): Die Technik des narrativen Interviews in Interaktionsfeldstudien dargestellt an einem Projekt zur Erforschung von kommunalen Machtstrukturen, Bielefeld: Manuskript 1977.

Schütze, F.: Kognitive Figuren des autobiographischen Stehgreiferzählens, in: Biographie und soziale Wirklichkeit, hg. von M. Kohli, G. Robert, Stuttgart: Metzler 1984.

Schütze, F.: Rätselhafte Stellen im narrativen Interview und ihre Analyse, in: Handlung, Kultur und Interpretation 1, 2001, S. 12–28.

Shavit, Z.: Poetics of children's literature, Athens: University of Georgia Press 1986.

Shavit, Z.: Systemzwänge der Kinderliteratur, in: Kinderliteratur – Literatur auch für Erwachsene? Zum Verhältnis von Kinderliteratur und Erwachsenenliteratur, hg. von D. Grenz, München: Fink 1990, S. 24–41.

Siegel, E.-M.: Eine Flaschenpost ins Meer geworfen… Gespräch mit Christa Kožik, in: Beiträge zur Kinder- und Jugendliteratur, H. 75, 1985, S. 46–52.

Solms, W. (Hg.): Begrenzt glücklich. Kindheit in der DDR, Marburg: Hitzeroth 1992.

Spillner, W.: Wo sind wir – wo bin ich?, in: Usedomer Gespräche / Internationales Treffen von Kinder- und Jugendbuchautoren, hg. vom Friedrich-Bödecker-Kreis in Mecklenburg-Vorpommern, Zinnowitz u. a. 1993, S. 23–26.

Steinke, I.: Gütekriterien qualitativer Forschung. In: Qualitative Forschung. Ein Handbuch, hg. von U. Flick, E. v. Kardorff, I. Steinke, Reinbek: Rowohlt (6. Aufl.) 2008, S. 319–331.

Steinlein, R.; Strobel, H.; Kramer, T. (Hg.): Handbuch zur Kinder- und Jugendliteratur. SBZ/DDR. Von 1945 bis 1990, Stuttgart/Weimar: Metzler und Carl Ernst Poeschel 2006.

Strauss, A.; Corbin, J.: Basics of Qualitative Research. Grounded theory procedures and Techniques, Newbury Park: Sage 1990.

Strauss, A.; Corbin, J.: Grounded Theory. Grundlagen qualitativer Sozialforschung, Weinheim: Beltz 1996.

Strewe, U.: Kinder- und Jugendliteratur und literarisches Leben in der DDR, in: Handbuch zur Kinder- und Jugendliteratur. SBZ/DDR. Von 1945 bis 1990, hg. von R. Steinlein, H. Strobel, T. Kramer, Stuttgart/Weimar: Metzler und Carl Ernst Poeschel 2006, S. 82–100.

Strewe, U: Bücher von heute sind morgen Taten – Geschichtsdarstellung im Kinder- und Jugendbuch der DDR, Frankfurt: Lang 2007.

Strobel, G.: Saalmann: G.: „Ich will direkt politische Bücher schreiben!" Günter Saalmann im Gespräch mit Gabi Strobel, in: Eselsohr, H. 3, 1995, S. 46.

Strobel, H.: Unser Ferkel Eduard – glücklich in der LPG, 2005 (http://mobil.zeit. de/2005/17/KL-DDR-Jugendliteratur, 20.3.2011).

Tabbert, R. (Hg.): Kinderbuchanalysen. Autor-Themen-Gattungen, Frankfurt: dipa-Verlag 1990.

Tabbert, R.: Naturschutz. Ein Gespräch mit Wolf Spillner, in: Kinderbuchanalysen. Autor-Themen-Gattungen, hg. von R. Tabbert, Frankfurt: dipa-Verlag 1990, S. 189–201.

Träger, C. (Hg.): Wörterbuch der Literaturwissenschaft, Leipzig: Bibliographische Institution 1986.

Ulbricht, W.: Zu einigen Fragen der Literatur und Kunst. Aus der Rede auf dem 11. Plenum, in: Neue Deutsche Literatur 14, H. 2, 1966, S. 3–10.

Ulbricht, W.: Grußadresse des Zentralkomitees der SED an den VII. Pädagogischen Kongress, in: DLZ 17, H. 20/21, 1970, S. 1.

Umlauf, K.: Moderne Buchkunde. Bücher in Bibliotheken und im Buchhandel heute, Wiesbaden: Harrassowitz (2. Aufl.) 2005.

Verfassung der Deutschen Demokratischen Republik vom 6. April 1968. Fassung des Gesetzes zur Ergänzung und Änderung der Verfassung der Deutschen Demokratischen Republik vom 7. Oktober 1974, Berlin: VEB Deutscher Zentralverlag 1989.

Wallesch, F.: Sozialistische Kinder- und Jugendliteratur in der DDR. Ein Abriß zur Entwicklung von 1945–1975, Berlin: Volk und Wissen 1977.

Walther, J.: Meinetwegen Schmetterlinge. Gespräch mit Schriftstellern, Berlin: Buchverlag Der Morgen 1972, S. 5–15.

Walther, J.: Sicherungsbereich Literatur. Schriftsteller und Staatssicherheit in der Deutschen Demokratischen Republik, Berlin: Links 1996.

Weber, H.: Der Traum vom Erwachsensein, in: Neue Deutsche Literatur 30, H. 2, 1982, S. 5–19.

Weinkauff, G.: Kinder- und Jugendliteratur im Lehramtsstudium. Zentrum für Kinder- Jugendliteratur, 2009 (http://www.ph-heidelberg.de/fileadmin/user_upload/deutsch/ Zentrum_KJL/Umfrage_KJL_LAS/Umfage_KJL_im_Lehramtsstudium.pdf, 3.2.2011).

Welzer, H.: Das kommunikative Gedächtnis. Eine Theorie der Erinnerung, München: Beck (2. Aufl.) 2008.

Wenke, G.: Der deutsch(sprachig)e Kinder- und Jugendbuchmarkt, in: Taschenbuch der Kinder- und Jugendliteratur, hg. von G. Lange, Baltmannsweiler: Schneider Verlag Hohengehren (4. Aufl.) 2005, S. 889–901.

Wensierski, H.-J. von: Mit uns zieht die alte Zeit. Biographie und Lebenswelt junger DDR-Bürger im gesellschaftlichen Umbruch, Opladen: Leske und Budrich 1994.

Weskott, M.: Die vergessenen Bücher: was mit der Buchproduktion der DDR nach 1990 geschah, Katlenburg: Edition Berg 1995.

Weyh, F.: Taler, Taler, du musst wandern. Wie geht es den Kreativen im boomenden Kinderbuchmarkt? (Büchermarkt: Bücher für junge Leser). Ausgestrahlt am 24.5.2008. Deutschlandfunk. (http://www.dradio.de/dlf/sendungen/jungeleser/789676/, 1.10.09).

Wichner, E.; Wiesner, H. (Hg.): Zensur in der DDR. Geschichte, Praxis und ,Ästhetik' der Behinderung von Literatur, Berlin: Literaturhaus Berlin 1991.

Wieckhorst, K.: Die Darstellung des „antifaschistischen Widerstandes" in der Kinder- und Jugendliteratur der SBZ, DDR, Frankfurt: Lang 2000.

Wiesner, H.: Zensiert-gefördert-verhindert-genehmigt. Oder wie legt man Literatur auf Eis?, in: „Literaturentwicklungsprozesse". Die Zensur der Literatur in der DDR, hg. von E. Wichner; H. Wiesner, Frankfurt: Suhrkamp 1993, S. 7–17.

Witzel, A.: Verfahren der qualitativen Sozialforschung. Überblick und Alternativen, Frankfurt: Campus 1982.

Wolfgramm, G.; Wolfgramm, M.: Verdammte und geliebte Kinderliteratur. Mit Sichtweisen von Benno Pludra zur Kinderliteratur in der DDR, in: Erinnerungsreise – Kindheit in der DDR. Studierende erforschen ihre DDR-Kind-heiten, hg. von U. Geiling, F. Heinzel, Baltmannsweiler: Schneider-Verl. Hohengehren 2000, S. 139–151.

Ziermann, K.: Der deutsche Buch- und Taschenbuchmarkt. 1945–1995, Berlin: Volker Spiess 2000.

Zipser, R. A.: Fragebogen Zensur. Zur Literatur vor und nach dem Ende der DDR, Leipzig: Reclam 1995.

Zondergeld, R. A. (Hg.): Phaïcon. Almanach der phantastischen Literatur, Frankfurt: Insel-Verlag 1978.

Primärliteratur

Abraham, P.: Kuckucksbrut. Roman eines Lebenskünstlers. Berlin: Neues Leben 1991.

Bauer, W.; Hänisch, M. [Illustr.]: Mit 2:2 für Klasse 8, Berlin: Kinderbuchverlag 1954.

Böttcher, A. R.; Jessel, R. [Illustr.]: Betragen: 4, Berlin: Neues Leben 1968.

Brezan, J.; Klemke, W. [Illustr.]: Die schwarze Mühle, Berlin: Neues Leben 1968.

Fühmann, F.; Binder, E. u. E. [Illustr.]: Das Nibelungenlied, Berlin: Neues Leben 1971.

Gaidar, A.; Kobrin, A. [Illustr.]: Timur und sein Trupp, Berlin: SWA-Verlag 1947.

Hacks, P.; Neumann, G. [Illustr.]: Meta Morfoß und ein Märchen für Claudias Puppe, Berlin: Kinderbuchverlag 1975.

Heiduczek, W.; Würfel, W. [Illustr.]: Die seltsamen Abenteuer des Parzival, Berlin: Neues Leben 1974.

Hein, C.; Bofinger, M. [Illustr.]: Das Wildpferd unterm Kachelofen, Berlin: Altberliner Verlag 1984.

Herzog, G.; Schumann, B. [Illustr.]: Das Mädchen aus dem Fahrstuhl, Berlin: Kinderbuchverlag 1985.

Hüttner, H.; Rappus, G. [Illustr.]: Das Blaue vom Himmel, Berlin: Kinderbuchverlag 1974.

Kant, U.: Mit Dank zurück, Berlin: Eulenspiegel 2000.

Korn, I.; Bormann, H. [Illustr.]: Mit Bärbel fing es an, Berlin: Kinderbuchverlag: 1951.

Lazar, A.; Keil, A. [Illustr.]: Sally Bleistift in Amerika, Moskau: Verlagsgenossenschaft ausländ. Arbeiter in der UdSSR 1935.

Nowotny, J.; Zimmermann, K. [Illustr.]: Der Riese im Paradies, Berlin: Kinderbuchverlag 1969.

Ostrowski, N.; Kende, R. [Illustr.]: Wie der Stahl gehärtet wurde, Berlin: Neues Leben 1947.

Pieper, K.; Ernst, H.-E. [Illustr.]: Wie Opa und ich die deutsche Einheit feierten. Schöneiche bei Berlin: Individuell 2009.

Pludra, B.; Klemke, W. [Illustr.]: Lütt Matten und die weiße Muschel, Berlin: Kinderbuchverlag 1963.

Pludra, B.; Großmann, G. [Illustr.]: Herz des Piraten, Berlin: Kinderbuchverlag 1985.

Reimann, B.: Ankunft im Alltag, Berlin: Neues Leben 1961.

Renn, L.; Zimmermann, K. [Illustr.]: Trini, Berlin: Kinderbuchverlag 1954.

Sakowski, H.: Wie ein Vogel im Schwarm, Berlin: Neues Leben 1984.

Schlott, J.: Ich sah etwas, was du nicht siehst, Schweinfurt: Wiesenburg 2000.

Schlott, J.: Das Liebespaar vom Körnerplatz, Schweinfurt: Wiesenburg 2006.

Schlott, J.: Spaniens Himmel. Auf den Spuren Picassos: ein Reisetagebuch, Schweinfurt: Wiesenburg 2009.

Schumacher, H. u. S.; Appelmann, K.-H. [Illustr.]: Die Riesenwelle, Berlin: Kinderbuchverlag 1973.

Schuhmacher, H. u. S.; Golz, K. [Illustr.]: Der Brillenindianer, Berlin: Kinderbuchverlag 1982.

Spillner, W.: Der Wald der großen Vögel: ein Buch vom Grauen Reiher u. a. Vögeln, Berlin: Landwirtschaftsverlag 1969.

Spillner, W.: Der Wald der kleinen Vögel: Unbekanntes u. Bekanntes von bekannten und unbekannten Vögeln, Berlin: Deutscher Landwirtschaftsverlag 1976.

Spillner, W.: Die Inseln der Vögel, in: Land zwischen Meer und Bodden: Fischland, Darss, Zingst und Boddenküste, hg. von K.-J. Hofer, H. Glander, Leipzig: Brockhaus 1980.

Spillner, W.: Ferne nahe Welt, Berlin: Deutscher Landwirtschaftsverlag 1981.

Spillner, W.; Zimdahl, W.; Wunderlich, H. (Hg.): Feldornithologie, Berlin: Deutscher Landwirtschaftsverlag 1990.

Spillner, W.: Der Seeadler: Ansichten, Einsichten, Aussichten, Rostock: Hinstorff 1993.

Spillner, W.: Natur-Ansichten oder die Macht der Kamille, Schwerin: Demmler 1996.

Strittmatter, E.; Appen, C. v. [Illustr.]: Tinko, Berlin: Aufbau 1954.

Wedding, A.; Rämer, A. [Illustr.]: Das Eismeer ruft, London: Malik-Verlag 1936.

Wedding, A.; Klemke, W. [Illustr.]: Hubert, das Flußpferd, Berlin: Kinderbuchverlag 1963.

Wellm, A.; Klemke, W. [Illustr.]: Karlchen Duckdich, Berlin: Kinderbuchverlag 1979.

Wellm, A.; Linke, S. [Illustr.]: Das Mädchen mit der Katze, Berlin: Kinderbuchverlag 1983.

Ziem, J.: Boris, Kreuzberg, 12 Jahre, München: Klopp 1988.

Zimmering, M.: Honba za botou (Die Jagd nach dem Stiefel), Praha (Prag): Roz-
sevačka 1932.

Zimmering, M.; Hänisch, M. [Illustr.]: Buttje, Pieter und sein Held, Berlin: Dietz
1951.

Kinder- und Jugendliteratur der Autoren

Peter Abraham:

Abraham, P.; Parschau, H. [Illustr.]: Faulpelzchen, Berlin: Kinderbuchverlag
1963.

Abraham, P.; Bofinger, M. [Illustr.]: Meine Hochzeit mit der Prinzessin, Berlin:
Neues Leben 1972.

Abraham, P.; Binder, E. [Illustr.]: Frederic, Berlin: Kinderbuchverlag 1973.

Abraham, P.; Binder, E. [Illustr.]: Die windigen Brauseflaschen, Berlin: Kinderbuchverlag 1974.

Abraham, P.; Zucker, G. [Illustr.]: ABC – Lesen tut nicht weh, Berlin: Kinderbuchverlag 1974.

Abraham, P.; Binder, E. [Illustr.]: Ein Kolumbus auf der Havel, Berlin: Kinderbuchverlag 1975.

Abraham, P.; Zucker, G. [Mitverf.]: Das Schulgespenst, Berlin: Kinderbuchverlag 1978.

Abraham, P.; Bofinger, M. [Illustr.]: Komm mit mir nach Chikago, Berlin: Neues
Leben 1979.

Abraham, P.; Zucker, G. [Illustr.]: Pianke, Berlin: Kinderbuchverlag 1981.

Abraham, P.; Hüttner, H.; Kant, U.; Vonderwerth, K. [Illustr.]: Das achte Geißlein. Geschichten von Meck Meckentosch. Veröffentlicht unter dem Pseudonym: Karl Georg von Löffelholz, Berlin: Kinderbuchverlag 1983.

Abraham, P.; Zucker, G. [Illustr.]: Weshalb bekommt man eine Ohrfeige?, Berlin:
Kinderbuchverlag 1983.

Abraham, P.; Zucker, G. [Illustr.]: Der Affenstern, Berlin Kinderbuchverlag
1985.

Abraham, P.; Köhler, S. [Illustr.]: Von Elchen und Ohrenpilzen, Berlin: Kinderbuchverlag 1987.

Abraham, P.; Zucker, G. [Illustr.]: Fünkchen lebt, Berlin: Kinderbuchverlag 1988.

Abraham, P.; Hafermaas, G. [Illustr.]: Der Dackel Punkt, Würzburg: Arena 1991.

Abraham, P.; Zucker, G. [Illustr.]: Bevor ich da war, Berlin: Volk und Wissen 1992.

Abraham, P.: Piepheini, München: Ellermann 1996.

Abraham, P.; Zucker, G. [Illustr.]: Carolas Flucht nach Denkdirwas, Leipzig: leiv 1997.

Abraham, P.; Honnen, F., Selbach, G. [Illustr.]: Tiergeschichten, Ravensburg: Ravensburger 1999.

Abraham, P.; Selbach, G. [Illustr.]: Feriengeschichten, Ravensburg: Ravensburger 2001.

Abraham, P.; Bunse, R. [Illustr.]: Das Schulgespenst und die Superdetektive, Ravensburg: Ravensburger 2003.

Abraham, P.; Bunse, R. [Illustr.]: Das Schulgespenst tierisch in Fahrt, Ravensburg: Ravensburger 2005.

Uwe Kant:

Kant, U.: Das Klassenfest, Berlin: Kinderbuchverlag 1969.

Kant, U.; Handschick, H. [Illustr.]: Die liebe lange Woche, Berlin: Kinderbuchverlag 1971.

Kant, U.; Bofinger, M. [Illustr.]: Der kleine Zauberer und die große 5, Berlin: Kinderbuchverlag 1974.

Kant, U.; Bofinger, M. [Illustr.]: Roter Platz und ringsherum. Von einer Pujowka nach Moskau, Berlin: Kinderbuchverlag 1977.

Kant, U.; Bluhm, S. [Ill.]: Vor dem Frieden, Berlin: Kinderbuchverlag 1979.

Kant, U.; Herfurth, E. [Illustr.]: Wie Janek eine Geschichte holen ging, Berlin: Kinderbuchverlag 1979.

Kant, U.; Pfüller, V. [Illustr.]: Die Reise von Neukuckow nach Nowosibirsk, Berlin: Kinderbuchverlag 1980.

Kant, U.; Abraham, P.; Hüttner, H.; Vonderwerth, K. [Illustr.]: Das achte Geißlein: Geschichten von Meck Meckentosch. Veröffentlicht unter dem Pseudonym: Karl Georg von Löffelholz, Berlin: Kinderbuchverlag 1983.

Kant, U.; Otto, L. [Illustr.]: Panne auf Poseidon Sieben, Berlin: Kinderbuchverlag 1987.

Kant, U.; Kurze, C.-P. [Illustr.]: Alfred und die stärkste Urgroßmutter der Welt, Berlin: Kinderbuchverlag 1988.

Kant, U.; Bofinger, M. [Illustr.]: Hatschplatschmaxmux, Berlin: Kinderbuchverlag 1989.

Kant, U.; Müller, T. [Illustr.]: Heinrich verkauft Friedrich, Berlin: Kinderbuchverlag 1993.

Kant, U.; Denecke, G. [Illustr.]: Wer hat den Bären gesehen?, Weinheim: Beltz und Gelberg 1995.

Kant, U.; Bunse, R. [Illustr.]: Weihnachtsgeschichten, Ravensburg: Ravensburger 1999.

Christa Kożik

Kożik, C.; Wongel, G. [Illustr.]: Moritz in der Litfaßsäule, Berlin: Kinderbuchverlag 1980.

Kożik, C.; Mossner, R. [Illustr.]: Der Engel mit dem goldenen Schnurrbart, Berlin: Kinderbuchverlag 1983.

Kożik, C.; Oelschlaeger, E. [Illustr.]: Ein Schneemann für Afrika, Berlin: Kinderbuchverlag 1988.

Kożik, C.; Schumann, B. [Illustr.]: Kicki und der König, Berlin: Kinderbuchverlag 1990.

Kożik, C.; Röder, G. [Illustr.]: Die Schnecke Henriette, Berlin: Junge Welt 1990.

Kożik, C.; Lange, D. [Illustr.]: Gritta vom Rattenschloß, Stuttgart: Hoch Verlag 1991.

Kożik, C.; Wongel, G. [Illustr.]: Der verzauberte Einbrecher, Leipzig: leiv 1994.

Kożik, C.; Lauris, E. [Illustr.]: Philipp und der Katzentiger, Leipzig: leiv 2001.

Günter Saalmann

Saalmann, G.; Klein, E. [Illustr.]: Mutti, schau aus dem Fenster, Berlin: Kinderbuchverlag 1976.

Saalmann, G.; Klein, G. [Illustr.]: Frank ist krank, Berlin: Kinderbuchverlag 1976.

Saalmann, G.; Rappus, G. [Illustr.]: Der Hahnenkran, Berlin: Kinderbuchverlag 1977.

Saalmann, G.; Baarmann, E. [Illustr.]: Das Mausehaus, Niederwiesa: Nitzsche 1978.

Saalmann, G.; Schuppan, I. [Illustr.]: Das Vorbild mit dem Schnauzebart, Berlin: Kinderbuchverlag 1978.

Saalmann, G.; Graetz, E. [Illustr.]: Sieben Löffel Pudding und andere Geschichten um Ulrike und Jörg, Berlin: Kinderbuchverlag 1978.

Saalmann, G.; Friebel, I. [Illustr.]: Keiner darf durch, Niederwiesa: Nitzsche 1979.

Saalmann, G.; Elsner-Schwintowsky, D. [Illustr.]: Schön festhalten, Niederwiesa: Nitzsche 1980.

Saalmann, G.; Gürtzig, E. [Illustr.]: Im Tierpark, Leipzig: Abel und Müller 1980.

Saalmann, G.; Lahr, G. [Illustr.]: Der Umzug, Berlin: Kinderbuchverlag 1980.

Saalmann, G.; Wongel, G. [Illustr.]: Streit um Legohr, Berlin: Kinderbuchverlag 1981.

Saalmann, G.; Wiegandt, P. [Illustr.]: Die Spielkiste, Niederwiesa: Nitzsche 1982.

Saalmann, G.; Wongel, G. [Illustr.]: Ein Rucksack voll Ukraine, Berlin: Kinderbuchverlag 1986.

Saalmann, G.; Golz, K. [Illustr.]: Umberto, Berlin: Kinderbuchverlag 1987.

Saalmann, G.; Schallnau, T. [Illustr.]: Heut heiratet Grit, Niederwiesa: Nitzsche 1989.

Saalmann, G.: Mops Eisenfaust, Berlin: Kinderbuchverlag 1991.

Saalmann, G.; Lange, D. [Illustr.]: Am Katzentisch, Würzburg: Arena 1991.

Saalmann, G.; Ensikat, K. [Illustr.]: Füchse, Fez und Firlefanz, Reinbek: Rowohlt 1992.

Saalmann, G.: Zu keinem ein Wort!, Berlin: Kinderbuchverlag 1993.

Saalmann, G.; Vonderwerth, K. [Illustr.]: Der Räuber mit dem großen Koffern 1994.

Saalmann, G.: Fernes Land Pa-isch, München: Klopp 1994.

Saalmann, G.; Franta, E. [Illustr.]: Stärker als mein Nachbar, Chemnitz: Chemnitzer Verlag 1996.

Saalmann, G.: Ich bin der King, Ravensburger: Ravensburg 1997.

Saalmann, G.; Butschkow, R. [Illustr.]: Leselöwen-Lehrergeschichten, Bindlach: Loewe 2000.

Saalmann, G.; Mechtel, A.: Leselöwen-Geschichten von Schulfreunden und Streichen, Bindlach: Loewe 2005.

Jutta Schlott

Schlott, J.; Leue, H. [Illustr.]: Der Sonderfall: Eine Geschichte mit gutem Ende, Berlin: Kinderbuchverlag 1981.

Schlott, J.; Mossner, R. [Illustr.]: Früh und spät, Berlin: Kinderbuchverlag 1982.

Schlott, J.; Knorr, C. [Illustr.]: Roman und Juliane, Berlin: Kinderbuchverlag 1985.

Schlott, J.: Farbenspiele. Das Leben des Malers Heinrich Vogeler, Berlin: Kinderbuchverlag 1989.

Schlott, J.: Kalter Mai, Frankfurt: Alibaba 1993.

Wolf Spillner

Spillner, W.; Würfel, W. [Illustr.]: Die Vogelinsel, Berlin: Kinderbuchverlag 1976.

Spillner, W.; Pfüller, V. [Illustr.]: Gänse überm Reiherberg, Berlin: Kinderbuchverlag 1977.

Spillner, W.; Schleusing ‚T. [Illustr.]: Der Bachstelzenorden, Berlin: Kinderbuchverlag 1979.

Spillner, W.; Hussel, H. [Illustr.]: Der Luftballon und die Warzenkröte, Berlin: Kinderbuchverlag 1979.

Spillner, W.; Friedrich, W.-U. [Illustr.]: Staatenbildende Insekten, Berlin: Kinderbuchverlag 1981.

Spillner, W.; Bodecker, A. v. [Illustr.]: Die Baumräuber, Berlin: Kinderbuchverlag 1982.

Spillner, W.; Appelmann, K.-H. [Illustr.]: Die Hexe mit der Mundharmonika und andere Geschichten, Berlin: Kinderbuchverlag 1983.

Spillner, W.; Lahr, G. [Illustr.]: Der Riese von Storvalen, Berlin: Kinderbuchverlag 1983.

Spillner, W.; Hennig, J. [Illustr.]: Wasseramsel, Berlin: Kinderbuchverlag 1984.

Spillner, W.; [Illustr.]: Durch Urwald und Dünensand, Berlin: Kinderbuchverlag 1984.

Spillner, W.; Spillner, W. [Illustr.]: Schätze der Heimat: In Naturschutzgebieten entdeckt und fotografiert von Wolf Spillner, Berlin: Kinderbuchverlag 1986.

Spillner, W.; Spillner, W. [Illustr.]: Der Alte vom Hammer. Eine Bilderbuchgeschichte aus den Bergen der Schweiz, aufgeschrieben und fotografiert von Wolf Spillner, Berlin: Kinderbuchverlag 1986.

Spillner, W.; Nast, B. [Illustr.]: Taube Klara oder Zufälle gibt es nicht, Berlin: Kinderbuchverlag 1987.

Spillner, W.; Spillner, W. [Illustr.]: Zwischen Alpen und Eismeer. Begegnungen mit Tieren, aufgeschrieben und fotografiert von Wolf Spillner, Berlin: Kinderbuchverlag 1987.

Spillner, W.; Hommers, G. [Illustr.]: Claas und die Wunderblume, Berlin: Kinderbuchverlag 1988.

Spillner, W.; Spillner, W. [Illustr.]: Im Walde wohnt der schwarze Storch, beobachtet, erzählt und fotografiert von Wolf Spillner, Berlin: Kinderbuchverlag 1989.

Spillner, W.; Spillner, W. [Illustr.]: Schmetterlinge. Text und Fotos von Wolf Spillner, Berlin: Kinderbuchverlag 1989.

Spillner, W.; Spillner, W. [Illustr.]: Die Graugans. Text und Fotos von Wolf Spillner, Berlin: Kinderbuchverlag 1990.

Spillner, W.; Ernst, H.-E. [Illustr.]: Lieber weißer Vogel. Eine Liebesgeschichte aus Mikilenburg, Leipzig: leiv 1996.

Kinder- und Jugendkultur, -literatur und -medien
Theorie – Geschichte – Didaktik

Herausgeber: Prof. Dr. Hans-Heino Ewers, Prof. Dr. Ute Dettmar
und Prof. Dr. Gabriele von Glasenapp

Band 19   Jörg Richard (Hrsg.): Netkids und Theater. Studien zum Verhältnis von Jugend, Theater und neuen Medien. 2002.

Band 20   Rolf und Heide Augustin: Gelebt in Traum und Wirklichkeit. Biographie und Bibliographie der einst berühmten Ludwigsburger Kinderbuchautorin Tony Schumacher – eine Recherche. 2002.

Band 21   Veljka Ruzicka Kenfel (Hrsg.): Kulturelle Regionalisierung in Spanien und literarische Übersetzung. Studien zur Rezeption deutschsprachiger Kinder- und Jugendliteratur in den zweisprachigen autonomen Regionen Baskenland, Galicien und Katalonien. 2002.

Band 22   Gerhard Haas: Aspekte der Kinder- und Jugendliteratur. Genres – Formen und Funktionen – Autoren. 2003.

Band 23   Roland Stark: Der Schaffstein Verlag. Verlagsgeschichte und Bibliographie der Publikationen 1894–1973. 2003.

Band 24   Kodjo Attikpoe: Von der Stereotypisierung zur Wahrnehmung des ‚Anderen'. Zum Bild der Schwarzafrikaner in neueren deutschsprachigen Kinder- und Jugendbüchern (1980–1999). 2003.

Band 25   Rüdiger Steinlein: Kinder- und Jugendliteratur als Schöne Literatur. Gesammelte Aufsätze zu ihrer Geschichte und Ästhetik. 2004.

Band 26   Maria Rutenfranz: Götter, Helden, Menschen. Rezeption und Adaption antiker Mythologie in der deutschen Kinder- und Jugendliteratur. 2004.

Band 27   Susanne Richter: Die Nutzung des Internets durch Kinder. Eine qualitative Studie zu internetspezifischen Nutzungsstrategien, Kompetenzen und Präferenzen von Kindern im Alter zwischen 11 und 13 Jahren. 2004.

Band 28   Jutta Schödel: Erziehung im Untertanengeist – wider Willen? Anpassungen und Widerstände in Leben und Werk der Kinderbuchautorin Tony Schumacher. 2004.

Band 29   Hajna Stoyan: Die phantastischen Kinderbücher von Michael Ende. Mit einer Einleitung zur Entwicklung der Gattungstheorie und einem Exkurs zur phantastischen Kinderliteratur der DDR. 2004.

Band 30   Jana Mikota: Alice Rühle-Gerstel. Ihre kinderliterarischen Arbeiten im Kontext der Kinder- und Jugendliteratur der Weimarer Republik, des Nationalsozialismus und des Exils. 2004.

Band 31   Nicolette Bohn: *Im Bann der Seelenfänger*. Jugendbücher über Sekten (1981–2000). 2004.

Band 32   Holger Zimmermann: Geschichte(n) erzählen – Geschichtliche Kinder- und Jugendliteratur und ihre Didaktik. 2004.

Band 33   Nils Kulik: Das Gute und das Böse in der phantastischen Kinder- und Jugendliteratur. Eine Untersuchung bezogen auf Werke von Joanne K. Rowling, J.R.R. Tolkien, Michael Ende, Astrid Lindgren, Wolfgang und Heike Hohlbein, Otfried Preußler und Frederik Hetmann. 2005.

Band 34   Elisabeth Pries-Kümmel: Das Alter in der Literatur für junge Leser. Lebenswirklichkeiten älterer Menschen und ihre Darstellung im Kinder- und Jugendbuch der Gegenwart. 2005.

Band 35   Birte Tost: *Moderne* und *Modernisierung* in der Kinder- und Jugendliteratur der Weimarer Republik. 2005.

Band 36   Anchalee Topeongpong: Familienbilder in der deutschsprachigen und der thailändischen Kinderliteratur der Gegenwart. Kulturvergleichende Analysen und didaktische Möglichkeiten für den Unterricht *Deutsch als Fremdsprache* in Thailand. 2005.

Band 37   Verena Köbler: Jugend thematisierende Literatur junger AutorInnen. Postadoleszente Identitäten an der Wende vom 20. zum 21. Jahrhundert. 2005.

Band 79   Nirredatiningtyas Rinaju Purnomowulan: Deutsche Bilderbücher der Gegenwart im Unterricht Deutsch als Fremdsprache in Indonesien. Eine Studie zur Anwendung von Bilderbüchern im Landeskundeunterricht für Studienanfänger. 2013.

Band 80   Andrea Weinmann: Kinderliteraturgeschichten. Kinderliteratur und Kinderliteraturgeschichtsschreibung in Deutschland seit 1945. 2013.

Band 81   Maria Becker: Schreiben in Ost und West. Ostdeutsche Autoren von Kinder- und Jugendliteratur vor und nach der Wende. 2013.

Band 82   Liping Wang: Figur und Handlung im Märchen. Die „Kinder- und Hausmärchen" der Brüder Grimm im Licht der daoistischen Philosophie. 2013.

Band 83   Kaspar H. Spinner: Erziehung oder Lust am Ausleben von Fantasien? Beiträge zur Kinder- und Jugendliteratur und ihrer Didaktik. 2013.

www.peterlang.de